AS

Den geduldigen Menschen, die mir halfen,
die Sprache zu finden, die ich beinahe verloren hatte.

www.as-verlag.ch

Die Originalausgabe ist 2008 in englischer Sprache
unter dem Titel «Psychovertical»
bei Hutchinson, London, erschienen.

Gestaltung: www.vonarxgrafik.ch,
Heinz von Arx, Urs Bolz, Zürich
Lektorat: Emil Zopfi, Zürich
Druckvorstufe/Fotolithos: Urs Bolz, Zürich
Druck und Einband: Kösel GmbH & Co. KG, Altusried-Krugzell
ISBN 978-3-909111-72-5

Andy Kirkpatrick

Psychovertikal

Aus dem Englischen übersetzt
von Robert Steiner

AS Verlag

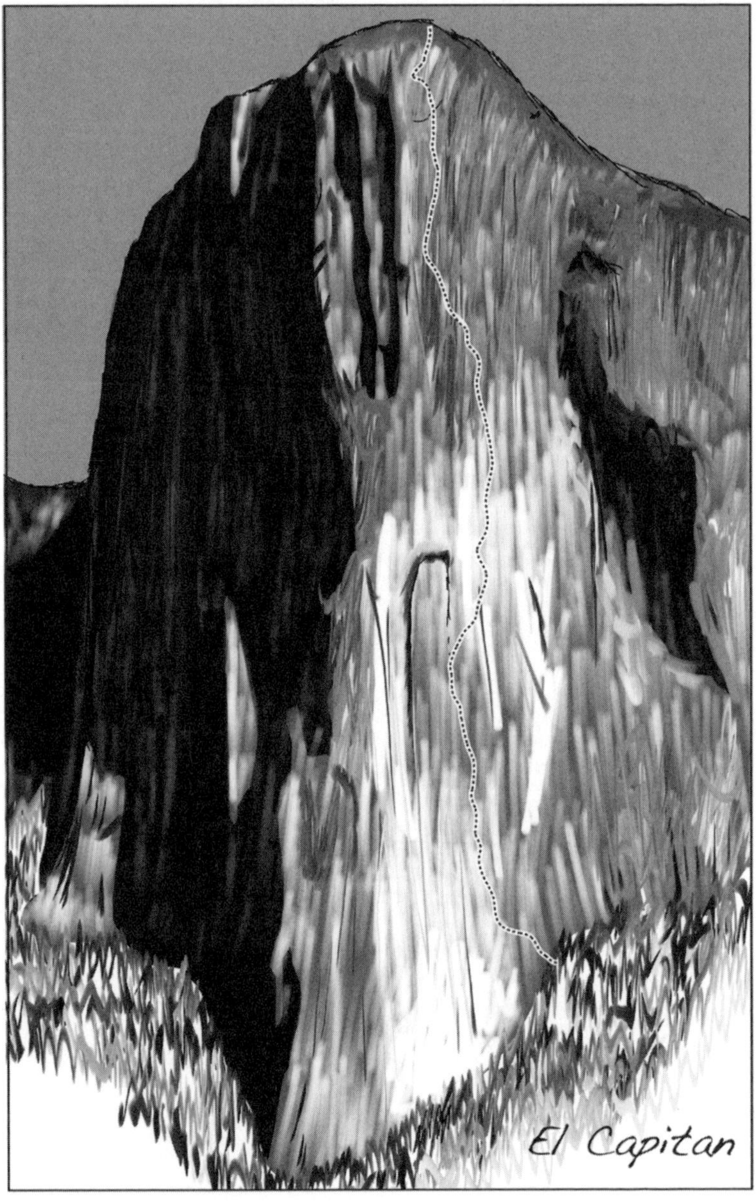

El Capitan, gezeichnet von Andy Kirkpatrick:
«Die Reticent Wall, 1995 von Steve Gerberding,
Lori Reddel und Scott Stowe erstbegangen, hatte den
Nimbus der schwersten Bigwallroute der Welt.»

Inhalt

Widmung

Mandy, ich danke dir: du hast viele Türen für mich geöffnet und mir geholfen, zu entdecken, wer ich bin. Außerdem warst du meine härteste Kritikerin. Mit Ella und Ewen hast du mir Geschenke gemacht, die auszupacken mich mein ganzes Leben lang beschäftigen wird.

Danke meiner Mutter – dem stärksten Menschen, den ich je getroffen habe. Es ist eine Schande, dass niemand Bücher über Menschen schreibt, die die Berge der Realität erklimmen und überwinden, Tag für Tag. Jetzt endlich verstehe ich, was du meintest, als du mir erklärt hast, die Welt liege mir zu Füßen.

Danke meinem Vater Pete, der mir zum ersten von vielen Abenteuern verhalf. Er ist einer der großartigsten Menschen, die ich gesehen habe. Je älter ich werde, desto deutlicher steht mir das vor Augen.

Dank auch an meinen Bruder Robin (du bist ein echter Held, nicht das Weichei, als das ich dich dargestellt habe). Ich muss mich bei dir entschuldigen: dafür, dass ich dich damals in das Hafenbecken gestoßen habe, für die Sache mit dem Fischtank. Ebenso gebührt meiner Schwester Joanne Dank, die ihren ganz persönlichen Berg bestiegen hat und nun dort steht, wo sie gut ist: als eine Lehrerin, wie sie sich jedes Kind nur wünschen kann. Herrn Peterson von der Villa Junior School möchte ich auch erwähnen. Er nahm sich die Zeit und Mühe, um meine vielen Fehler zu übersehen und zu lesen, was dahintersteht.

Dieses Buch ist auch Karen Darke gewidmet, die mich davon abhielt zu schreiben, indem sie mich daran erinnerte, dass es noch wichtiger ist, Abenteuer zu erleben, als Bücher darüber zu verfassen.

Für Tony Whittome, Marni Jackson, Jim Perrin sowie Andrew und Sharisse Kyle von der Mount Engadine Lodge und alle anderen am Banff Centre soll auch Platz sein. Ihr habt mir die Chance gegeben (und auch den nötigen Schubs, den ich brauchte), damit dieses Buch entstand. Dank auch an Bill Gates für das Programm Word und die eingebaute Rechtschreibfunktion, ohne die ich vermutlich nie ein lesbares Wort geschrieben hätte. Duane Raleigh und Alison Osius vom *Climbing Magazine* schafften es, dass ich anfing zu glauben, ich könne ein Schriftsteller werden. Und natürlich für das Geld, das sie mir für meine Worte zahlten. Nicht vergessen möchte ich die vielen bedauernswerten Lektoren, die wohl über meinen Fehlern – zumindest denen, die durch die Rechtschreibkorrektur schlüpften – graue Haare bekommen haben.

Dick Turnbull möchte ich in die Arme schließen. Er gab mir einen Job (nicht immer einen leichten) und inspirierte mich dafür, dass ich anfing, Leiden zur Leidenschaft zu machen. Ich stehe auch in der Schuld der Firmen Berghaus, Black Diamond, des British Mountaineering Council, von Buffalo, Lyon Equipment, Petzl, PHD, der Mount Everest Foundation, von Sportiva und Patagonia, die mich bei meinen Unternehmungen unterstützten. Ohne sie hätte ich es mir nie leisten können, aufzubrechen oder die vielen hundert Kilo Ausrüstung zu ersetzen, die ich über die Jahre aus Versehen in die Tiefe fallen ließ. Chris Watts und Siobhan Sheridan von First Ascent haben dazu beigetragen, dass ich mir immer wie ein gesponserter Held vorkam.

Als Letztes danke ich all meinen Kletterpartnern, von denen ich annehme, dass sie jedem, der sie darauf anspricht, erzählen, jeder Sturz in diesem Buch sei in Wirklichkeit nur halb so weit gewesen wie ich erzählt habe, und meine Nahtoderlebnisse seien kaum erwähnenswert. Glaubt ihnen nicht – sie haben das Abstreiten der Wirklichkeit zu ihrem Dogma gemacht. In Wirklichkeit war alles noch viel schlimmer. Außerdem hat es mehr Spaß gemacht ... oder etwa nicht?

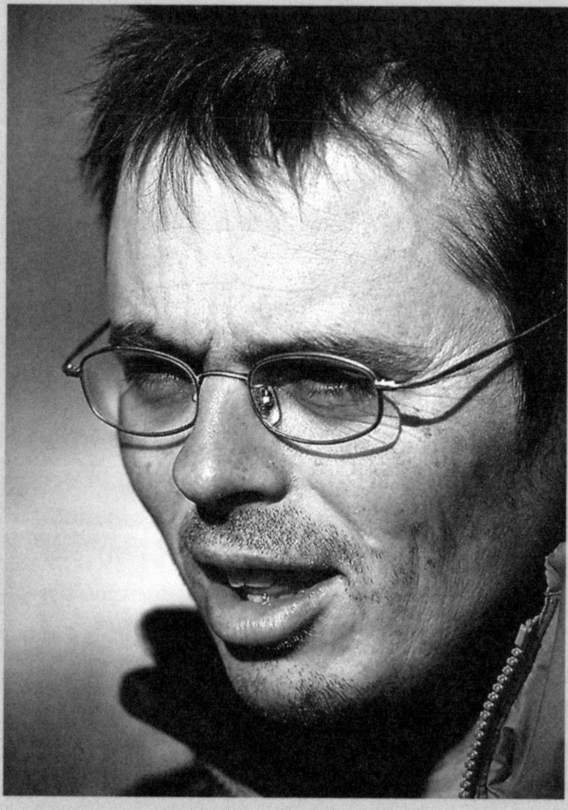

Andy Kirkpatrick, britischer Extremkletterer und Buchautor: «Die Kletterei ist die Frage. Ich bin die Antwort.»

Prolog

Ich saß allein in dem weißen, kleinen Raum und versuchte, mich zu konzentrieren. Nur schwer gelang es, die Aufmerksamkeit vom Schnee abzulenken, der auf dem Fenstersims lag, hin zu den zwei Testbögen vor mir auf dem Tisch. Ich spielte mit meinem Stift, kaute auf dem Ende herum, bis an meinen Lippen kleine Splitter vom roten Lack klebten. In meinem Mund der Geschmack von feuchtem Holz. Der Wind rüttelte am Wellblechdach des Gebäudes. Das Geräusch der Luft, die vom Wind unter den Türen und zwischen den schlecht isolierten Fenstern nach draußen gezogen wurde, nahm auch meine Konzentration mit.

Der Abgabetermin rückte näher.

Obwohl dieser Test etwas war, für das ich gezielt gelebt hatte, fühlte er sich um nichts besser an als alle anderen Prüfungen. Ich fühlte mich klein, abstoßend und dumm. Der erste Bogen war einfach gewesen, aber der zweite hatte mein Gehirn in eine zähe Masse aus Klebstoff verwandelt, sodass alle Zahlen vor meinen Augen durcheinander gerieten und wie verloren auf dem Blatt lagen. Obschon der Raum kalt war, stand mir eine fieberhafte Hitze im Gesicht. Es war die allzu bekannte, panische Angst. Für kurze Zeit glaubte ich, wieder auf der Schulbank zu sitzen, die ich so gehasst hatte. Die vergessen geglaubte Abscheu vor mir selbst kam zurück. Mit Mühe und Not brachte ich mein Gehirn dazu, Antworten aus dem dunklen Nichts zu formulieren.

Doch es kamen keine.

Der Sturm lässt nach. Unsere Spur durch den Schnee gleicht einem tiefen Graben, und endlich gelangen wir zu einem See, dessen Oberfläche gefroren unter einer winterlichen Decke liegt. Mein Partner hält an, bestimmt mit dem Kompass die Richtung und ruft mir ins Ohr, dass es nicht mehr weit ist. Als die Wolken für einen Moment vom Gipfel weggerissen werden, bekommen wir den Grat über uns zu Gesicht.

Wir hatten das Auto in der Dunkelheit verlassen. Schon früh hatte uns der Wind aufgeweckt, der auf der einsamen Gebirgsstraße unruhig um das Auto flatterte. Noch müde vom langen Weg durch ganz England zogen wir uns um, noch im Auto sitzend. Das Anziehen von Hosen und Schuhen war nicht leicht auf dem winzigen Platz – man fühlte sich dabei fast wie der Entfesselungskünstler Houdini, wie er mit einer Zwangsjacke ringt. Keiner von uns beiden wollte sich nach draußen wagen. So zögerten wir es hinaus, bis es nicht mehr anders ging. Der frühe Aufbruch stellte sich als sinnvoll heraus, denn der Anmarsch war lang und das Gehen durch die Schneeverwehungen mühselig und langsam. Mit etwas Glück würde die Zeit reichen, um die Route zu klettern.

Wir überprüfen unseren Weg auf der Karte. Den lawinengefährdeten Hang auf der linken Seite des Sees wollen wir vermeiden. Für kurze Zeit erspähen wir durch die vorbeitreibenden Wolken die Wand. Sie ist steil und mit Anraum bedeckt, der am Fels haftet wie Eis auf der Innenseite einer Tiefkühltruhe.

Die Verhältnisse sind alles andere als gut. Aber so ist eben das Winterbergsteigen in Schottland. Hier klettert man Routen so, wie man sie vorfindet. Ich erinnere mich an die Worte eines bekannten slowenischen Bergsteigers, der uns besuchte und meinte, dass man in Schottland «auf Gras Ski fährt und auf Fels eisklettert». Zumindest sieht heute der Fels weiß aus. Wir stecken die Karte in den Rucksack, ziehen die Skibrillen an und entscheiden uns für die leichte Variante: über das ächzende Eis des Sees.

Ich drehte das Blatt um und schaute wieder zum Schnee. Er lag dort auf dem Fensterbrett wie dicke Bettwäsche. Ein paar Minuten blieben noch, bis ich die Testbögen abgeben musste, aber ich wusste aus leidvoller Erfahrung, dass es mehr brauchte als Zeit, um die richtigen Antworten zu finden.

Die Lehrer hatten immer behauptet, ich sei faul, es mangele mir an Konzentrationsfähigkeit, ich würde langsam lernen. Danach behauptete man, ich hätte so etwas wie eine Lernbehinderung. Die Schulen, die ich besuchte, waren voll von «Problemkindern», und auch ich war dort eines unter vielen. In Biologie lernten wir einmal, dass ein Gehirn zwei Hälften hat. Für mich war das damals eine Art Offenbarung. Es schien zu erklären, warum ich mich manchmal so langsam und dumm fühlte, als sei ich der Ausgestoßene schlechthin, das hoffnungsloseste aller Förderkinder. In andern Momenten hingegen fühlte ich mich hell und intelligent, konnte Zeichnungen anfertigen und Rätsel lösen, besser als jeder andere in der Klasse. Meistens versuchte ich, meine dunkle, schwache Seite im

Hintergrund zu halten und mich auf das zu konzentrieren, worin ich gut war. Aber in der Schule war das nicht leicht, denn die enge und dunkle Welt des Unterrichts ließ einem so gut wie keine Möglichkeit, zu glänzen.

Die Route sieht schwierig aus. Wackelige Mixedkletterei über eine steile Wand und dann über einen Grat. Im Sommer war es ein Klassiker. Jetzt, mit einer dünnen Eisschicht überzogen und mit Schnee bedeckt, ist es eine der schwierigsten Routen an diesem Berg. Ich lasse meine Augen dem Fels entlanggleiten und stelle mir vor, wie man dort klettert, welche Bewegungen man machen muss. Ich denke an die runden, horizontalen Risse und die senkrechten Spalten, die den eisummantelten Fels durchziehen. Hier muss man die Hauen der Eisgeräte verklemmen.

Schon lange wollte ich diese Route klettern, jeder Fetzen Information, der mir unter die Augen kam, war in meinem Kopf gespeichert. Obwohl ich weder den Namen der Route noch den Namen des Berges buchstabieren kann, weiß ich alle Bergsteiger auswendig, die eine Begehung versucht haben, warum sie umgekehrt sind, und welche anderen Berge sie in ihrem Leben bestiegen haben.

Als ich die letzten Meter zum Fels gehe, erinnere ich mich an die entmutigenden Worte eines Kletterers, der zweimal an der Tour scheiterte: «Du wirst es nie schaffen. Es gibt dort einen weiten Zug, der absolut größenabhängig ist. Und sorry – du bist zu klein.»

Dumpf fahren die Eisgeräte in die harten, kalten Polster aus Gras und Moos. Ich schließe meine Augen. Die Route ist wie ein Puzzle, dessen Stücke im Schnee vor mir liegen. Vor mir liegt das erste Stück. Ich nehme es und fange an zu klettern.

Der Prüfer öffnete die Tür und sagte, ich solle nun den Stift weglegen. Es war vorbei. Ich schaute aus dem Fenster, fühlte mich krank und leer.

In der Schule war der schlimmste aller Alpträume stets das Einmaleins gewesen. Die Lehrer fingen in einer Ecke des Klassenzimmers an und gingen dann die ganze Klasse durch. Man musste Zahlen aufzählen oder etwas ausrechnen. Jedes Kind musste, wenn es an der Reihe war, aufstehen und die richtige Zahl sagen. Je näher das Schicksal zu mir kam, desto kälter wurde mir. Das Blut wich aus dem Gesicht, mein

Herz klopfte schneller und schneller. Ich fühlte mich wie ausgehöhlt, wie krank. Die dunkle Hälfte in meinem Kopf machte jedes Denken unmöglich, und alles Rechnen blieb ohne Ergebnis. Endlich stand ich auf zitternden Beinen und sprach. Stets war die Antwort falsch. Die anderen Kinder lachten, während ich mich wieder hinsetzen durfte, dankbar, dass die Pein vorüber war.

Versunken bin ich in der Kletterei, mein Gehirn arbeitet unter Hochspannung, unter Aufbietung und Ausnutzung aller Energie. Frei ist es nun, frei von den Beschränkungen und den wirren Wegen, unter denen es in der normalen Wirklichkeit leidet. Hier oben ist für mich alles begreifbar, alles echt. Keine Zahlen. Keine Worte. Alle Berechnungen sind physisch, die einzigen Fragen sind die nach dem nächsten Griff und wie ich es anstelle, dass ich nicht stürze.

Winterbergsteigen entscheidet sich lediglich zu zehn Prozent physisch, neunzig Prozent sind mental. Wenn du gut im Puzzlespielen bist, dann bist du wahrscheinlich auch gut in dieser Art Klettern. Es ist nichts anders als ein Puzzle: Die Teile sind gefroren, du fügst sie mit klemmenden Eisgeräten und schrammenden Steigeisen zusammen. Alles ist einfach, so wie die Teile eines Puzzles, das man gelöst hat. Nur sie zu finden, ist schwer.

Der Prüfer hob die Bögen auf und bat mich, ihm in sein Büro zu folgen und zu warten, während er die Ergebnisse auswertete. Während wir durch das alte, viktorianische Gebäude schritten, fiel ihm auf, dass ich nachdenklich war. Wohl deswegen fing er an, in lockerem Ton über den Schneesturm zu sprechen.

Eigentlich war nicht das Ausschlaggebende, dass ich die Schule mit schlechten Noten verließ. Weder mich noch sonst jemand schien das zu interessieren. Viel schlimmer war das Gefühl, das mir die Gesellschaft eingeflößt hatte. Sie ließen mich glauben, dass wirklich alles davon abhing. Mit sechzehn fühlte ich mich genug geprüft für den Rest des Lebens. Die einzige Fähigkeit, von der ich wusste, dass ich sie besaß, war meine Kreativität. Ursprünglich hatte sie sich in meinen Zeichnungen und Malereien gezeigt, aber wie bei allem, das einem leicht fällt, war ich nie darauf gekommen, dass es sich überhaupt um eine nutzbringende Fähigkeit handeln könnte. Ich fand heraus, dass mich die Leute nicht ernst nahmen, sobald sie entdeckt hatten, dass ich mir meinen Geburtstag oder die Reihenfolge der Monate nicht merken konnte. Immer hatte ich Angst, dass ich entdeckt und entlarvt würde und dass mich die Leute von da an für begriffsstutzig oder gar für dumm halten würden. Langsam lernte ich, mich der Misere zu entziehen, indem ich Mittel und Wege fand, jeden Kontakt mit Zahlen oder Worten zu vermeiden.

Ich zog von zu Hause aus und lebte in einem winzigen Zimmer in der Nähe der Universität. Allmählich lernte ich Leute kennen, die normal waren und mit dem normalen Leben zurechtkamen. Solche hätte ich in meinem Status als Behinderter nie kennengelernt. Für mich war es, als träfe ich Menschen einer anderen Kultur. Trotzdem war es mir, als seien wir nicht allzu unterschiedlich. Ja, ich fand sogar heraus, dass diesen Menschen Fähigkeiten fehlten, die mir im Überfluss zur Verfügung standen. Langsam lernte ich, dass ich abstrakte Wörter oder Zahlen mit Bildern oder Eselsbrücken verbinden musste. So gelang es mir, den matschigen Teil in meinem Gehirn zu umgehen. Mein ultimatives Ziel war es damals, mir alle zwölf Monate zu merken, und zwar in der richtigen Reihenfolge. Es war fast wie eine Utopie. Erst zu dieser Zeit öffneten mir meine Bekannten die Augen dafür, dass all dies und alles andere, was mir immer als ungeheuerlich wichtig eingeimpft worden war, gar keine Rolle spielte. Eines Abends sagte mir jemand auf einer Party, meine linearen Gehirnfunktionen seien vielleicht ein Zeichen von Legasthenie. Ich solle mich doch testen lassen, um herauszufinden, was genau mit meinem Gehirn nicht stimmte – und so kam es, dass ich mich in jenem Test wiederfand und mich – ich war neunzehn – fragte, ob es noch eine Rolle spielte.

Nun komme ich an die Stelle, wo die anderen Kletterer gescheitert sind. Zwei stumpfe, horizontale Risse. Ihr Abstand zu weit, als dass ich ihn mit den Eisgeräten überbrücken könnte. Ich hänge an den Geräten, suche fieberhaft nach einer Lösung.

Eines der Geräte hämmere ich auf Brusthöhe in den Riss, drücke mich hoch. Ein «Mantle», wie die Kletterer dazu sagen. Auf dem Eisgerät in labiler Position abgestützt strecke ich meinen Arm aus. Eines der Steigeisen kratzt am Fels, in der Nähe des Eisgerätes. Das andere Eisen habe ich hinter einer Ecke verkantet. Es ist, als versuchte ich, einen Handstand zu machen. Ohne viel sehen zu können, räume ich mit dem zweiten Eisgerät den widerspenstigen Raureif vom Fels und suche nach einer Stelle, an der ich das Gerät sicher platzieren kann. Doch es gibt nichts.

Ich denke darüber nach, ob auch ich umkehren soll, ob es besser ist, sich hier geschlagen zu geben. Aber ich weiß nicht, ob ich das so einfach kann. Ich stelle mir die guten Klemmkeile vor, die ich unten in einen dubiosen, eisigen Riss gelegt habe. Für mich gibt es kein Zurück, nicht hier, nicht jetzt. Mit verkrampften Armen versuche ich, um die runde Ecke zu kommen. Es ist die einzige Chance. Endlich gelingt es, nach vielem Suchen und Scharren, eine Stelle zu finden, wo das Eisgerät sich verhängt. Ich vertraue ihm und schiebe mich langsam hinüber. Das andere Eisgerät befreie ich durch Hin- und Herdrücken aus dem Riss, dann stehe ich auf, den Körper auf den Zehenspitzen balancierend, die Muskeln gespannt wie auf der Folter.

Ich versuche, nicht zu arg zu zittern.

Ich hole tief Luft und suche das nächste Puzzleteil.

Der erste Testbogen war mit etwa hundert kompliziert aussehenden Würfeln bedruckt. Zu allen gab es vier mögliche Abbildungen, die zeigen sollten, wie er aufgeklappt aussehen könnte. Der andere Bogen enthielt nur Wörter und Zahlen. Die Würfel waren einfach, ich fragte mich schon, ob man mir aus Versehen das falsche Blatt gegeben hatte. Als ich mit dem zweiten Bogen anfing, gingen die Lichter schnell aus. Wie ein Idiot fühlte ich mich, als ich dasaß und wartete, bis der Prüfer den Bogen durchging und Frage für Frage auswertete. Ich wusste, dass ich im zweiten Bogen schlecht gewesen war.

Endlich erreichen wir leichtes Gelände, zumindest leicht im Gegensatz zu denjenigen Stellen, die es brauchte, um dort hinzukommen. Ich opfere die Sicherheit der Schnelligkeit und stürme eine Verschneidung hoch. Nun komme ich zu einem schmalen Sims, auf dem ich über grasiges Gelände die Schwierigkeiten rechts umgehen könnte. Ich zögere. Die Wand über mir sieht kompakt und steil aus. Eigentlich wäre es ein Einfaches, das zu umgehen, was dort auf mich wartet. Viele mögliche Ausreden tun sich auf. Die Dunkelheit. Der Sturm. Ich schaue hinunter zu Dick und denke daran, wie schal es wäre, jetzt aufzugeben. Ich weiß, ihm ist es egal, Hauptsache, wir kommen durch.

Auf Höhe meiner Füße habe ich einen Klemmkeil gelegt. Nun mache ich mich daran, die Züge über dem Gesimse zu studieren. Das geht so lange, bis ich den Mut fasse und meine sichere Position verlasse. Die Richtung ist mir klar: über die Wand bis zu einem Absatz auf dem Grat. Den Raureif räume ich mit Geräten und Armen ab. Ich versuche, nicht daran zu denken, dass meine Kräfte bald nachlassen werden. Mit den Eisgeräten kratze ich am Fels, bis ich eine verlässliche Stelle an einer runden Kante finde. Meine Steigeisen habe ich notdürftig auf liederliche kleine Tritte gesetzt, die aussehen wie zusammengedrückte Hühnerköpfe. Es gelingt mir, die Eisgeräte nebeneinander zu setzen. Der Blick nach unten: Dick ist weit unten, gebeutelt vom Wind, seine rote, flatternde Jacke ist durch das Schneetreiben kaum sichtbar. Die Seile bilden in der Luft große Bögen, einige fragwürdige Sicherungen sind herausgezogen worden. Nur der große Keil bleibt. Ich sollte Angst haben. Ich sollte von Zweifeln befallen sein. Aber alles, was ich sehe, sind Möglichkeiten.

Der Lehrer blickte von den Bögen auf und nahm seine Brille ab. «Erstaunlich. Sie haben im Bogen zum räumlichen Denken 99 Prozent richtig. Ich hatte nur ein einziges Mal jemanden hier, der gleich gut war. Er war Schulleiter. Was den Rest anbelangt, tut es mir leid, Ihnen mitteilen zu müssen, dass sie nur 16 Prozent erreicht haben.»

Schnell sank die Freude, die mich überkommen hatte, in sich zusammen. Der zweite Bogen war für das echte Leben von weitaus wichtigerer Bedeutung als der erste. Das Einzige, was mir die Fähigkeit brachte, mir Würfel in geöffneter Form vorzustellen, war wohl ein Job in einer Kartonfabrik.

«Sie sind ein Legastheniker, voll und ganz», sagte er. «Eine Seite ihres Gehirns funktioniert nicht so, wie sie sollte. Die andere Hälfte kompensiert die Schwäche.» Er erklärte mir die Symptome von Legasthenie, und langsam dämmerte es mir, was los war.

Und es ist die eine Gehirnhälfte, die mich zum Absatz auf dem Grat bringt: den Atem angehalten, die Füße auf so gut wie nichts, die Geräte in gefrorenem Moos. Sie beißen mit einem dumpfen, schwachen «twack». Die Zeit wird allmählich eng. Blind führe ich einen Trittwechsel durch, dann löse ich das untere Gerät und setze es neben das obere. Jetzt fallen die Würfel. Werden die Geräte halten, wenn ich mich an ihnen emporziehe, oder nicht?

Mein Gehirn führt einige schnelle Berechnungen durch und sagt: nein. Ich werde hochkommen. Die Geräte werden halten. Ich werde es schaffen.

Jetzt ziehe ich mich zum Grat hoch. Selten habe ich alles so scharf um mich herum wahrgenommen wie jetzt: Schneeflocken, die in mein Gesicht fliegen, den Schweiß, der zwischen meinen Schulterblättern hinunterrinnt, ein Stück gefrorenes Heidekraut, das durch die Luft fliegt, der Wind, die Dunkelheit, die Kälte. Mein Körper ist erhitzt, mein Gehirn brennt. Ich hole tief Atem, sauge vorbeieilende Schneeflocken mit ein. Die nächsten zehn Meter sind ohne Sicherung. Wenn ich jetzt falle, sterbe ich, aber es gibt keine Zeit für Dramen, denn das ist es, was ich die ganze Zeit haben und leben wollte. Ich denke daran, wie seltsam es ist, dass es alleine die Kraft meines Gehirns ist, die mich hierher und wieder von hier fort bringt – und das, obwohl mein Gehirn in manchen Bereichen vollkommen versagt. Ich weiß jetzt, dass es für alles einen Ausgleich gibt. Am Berg zählt es nicht. Es gibt hier keine Worte. Wer die Teile sieht, sieht auch das ganze Bild. Wer braucht schon einen Namen dafür?

Mit beiden Eisgeräten hinter einer Schuppe verklemmt, ziehe ich mich auf den Absatz und eile in die Dunkelheit.

Der Doktor zeigte mir den Ausgang und gab mir einen braunen Umschlag mit den Testergebnissen mit. «Andrew», sagte er, «mit einem Ergebnis von 99 Prozent sollest du etwas finden, das du magst und das etwas mit dreidimensionalem Problemlösen zu tun hat. Etwas Kreatives, wo du deine Schwäche zu deiner Stärke machen kannst.» Ich schüttelte seine Hand und dankte ihm, dann ging ich durch den Schnee nach Hause und fragte mich, wohin mich eine so seltsame Begabung wohl führen würde.

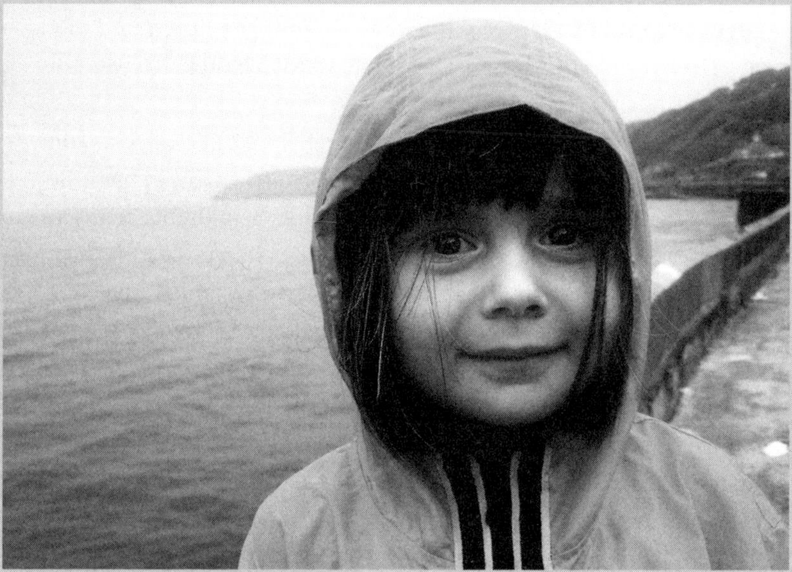

«Waren meine Kinder, ihr Lächeln,
ihre Fragen und ihr Gelächter nicht viel
mehr wert, als alleine auf ein Stück Fels
zu klettern, das keine Seele hatte?»

Harte Arbeit tötet Pferde

Das Taxi kam um 6 Uhr morgens und hupte zweimal. Es war ein Sonntagmorgen im Jahr 2001, der Beginn meiner Reise zu einer Alleinbegehung einer der schwierigsten Routen der Welt, mit Sicherheit jedenfalls der schwierigsten Route meines Lebens.

Und mein Leben zerfiel. Ich rannte weg.

Den größten Teil der Nacht hatte ich auf dem Sofa gelegen, wach, meine Gedanken ein Chaos. Sicher, daran war zum Teil das übliche Durcheinander von Sorgen und Zweifeln über die bevorstehende Kletterei schuld. Aber zum Teil waren da auch dunklere Wolken, die mich plagten und vielleicht erklärten, warum ich allein im Wohnzimmer schlief und meine Frau einen Stock höher.

Schlief sie überhaupt?

Die ganze Nacht über hatte ich versucht, meine Gedanken zu ordnen, alles ins rechte Licht zu rücken, mein Leben zumindest im Kopf auf die Reihe zu bekommen, bevor ich wegging. Es war unmöglich. Ich dachte darüber nach, ihr einen Brief zu schreiben und zu erklären, warum ich ging, warum ich klettern musste. Aber ich wusste im Grunde meines Herzens, dass diese Worte kraftlos bleiben würden und nicht einmal entfernt das ausdrücken konnten, was ich wirklich fühlte. Keine Worte konnten das erklären. Nichts, was ich sagen konnte, würde ihr helfen, mich zu verstehen. Es gab keinen Sinn, nur die Absurdität, dass ich um die halbe Welt reiste, um auf ein Stück Fels zu klettern.

Niemand zwingt dich zu gehen.

Ein Pendel schwang in meinem Geist. Im einen Moment fühlte ich mich unverletzlich, im nächsten nahm es meinen ganzen Glauben an mich selbst mit. Dann wollte ich nichts anderes, als bis an mein Lebensende hier bleiben und mit meiner Frau Mandy und meiner Tochter Ella leben.

Wie kannst du sie nur verlassen?

Nichts wäre einfacher gewesen, als das Taxi wieder fortzuschicken, die Stufen nach oben zu schleichen und in unser Bett zu schlüpfen. Ich könnte Mandy umarmen und ihr ins Ohr flüstern, dass ich bleiben wollte. Dann wüsste sie wenigstens einmal, dass sie an erster Stelle stand. Ich könnte noch hier sein, wenn Ella aufwachte. Und sie lachen sehen.

Aber wie sieht es morgen aus?

Du musst gehen.

Ich lag und vor meinem inneren Auge lag ich in einer Lache aus meinem eigenen Blut, zerbrochene und komisch abstehende Knochen durchstießen die Haut. Langsam starb ich. Ich stellte mir vor, was ich während der Kletterei verlieren konnte und dass ich sie niemals mehr sehen würde, dass ihre Welt so zerbrochen wäre wie mein Körper.

Was findest du dort, das es rechtfertigt, alles, was du hast, aufs Spiel zu setzen?

Das Taxi hupte nochmals.

Ich wünschte, es wäre noch dunkel gewesen. In der Nacht war ich am besonnensten, was die Einstellung zu schwierigen Routen anbelangte. Wenn ich dann aus dem warmen Bett auf die Toilette ging, stand ich nackt im Dunkeln und fror vor Kälte. Dann wusste ich, alles, was ich wollte, war, zurück unter die Bettdecke zu gehen und die Frau zu umarmen, die ich liebte. Der Gedanke daran, dass ich irgendwo anders sein könnte, schlafend in einer Schneehöhle, an einer eisigen Nordwand hängend oder mitten in der Nacht während eines waghalsigen Rückzuges aus einer Wand, war lächerlich. Und bar jeden Sinnes.

Du hörst dich an wie sie.

Es gibt einen Sinn.

Ich konnte keinen vernünftigen Grund ausmachen, warum man klettern ging. Ich wusste nur, dass ich es tun musste.

Die Kletterei ist die Frage.

Ich bin die Antwort.

Ich war gerade dabei, zu gehen, um die halbe Welt zu fliegen, um eine der längsten Routen auf Mutter Erde zu klettern. Eine Route, die nur eine Handvoll Leute jemals in Angriff genommen hatten, die einen der weltbesten Kletterer erstaunliche vierzehn Tage gekostet hatte, um im Alleingang hochzukommen. Ich wusste, die Route war eine Nummer zu schwer. Ich wusste, dass ich sterben konnte, oder vielleicht noch etwas Schlimmeres. Trotzdem schlief ich alleine auf dem Sofa.

Vielleicht kommst du nie zurück.

Das Taxi hupte noch einmal.

Ich stand auf, schon angezogen, und hievte die riesigen Nachziehsäcke mit meinem Klettermaterial aus dem Haus zum Taxi. Jeder war so groß wie eine Mülltonne. Sie waren aus einem unverwüstlichen Material gemacht, mit dem man den Grund von Müllhalden auslegt, und gingen nicht kaputt, auch wenn man sie kilometerlang über Felsen zog. Für die nächsten Wochen würden sie meine einzige Gesellschaft sein. Halb trug ich sie, halb zog ich sie durch den Hintereingang um das Haus herum zum wartenden Auto. Der Taxifahrer stieg langsam aus und half mir, den ersten Sack in den Kofferraum zu laden. Den zweiten legten wir auf die Rückbank. Jeder Sack hatte die Größe eines kleinen Menschen. Er wog fünfzig Kilo und enthielt all die Ausrüstung, die ich für die Kletterei brauchte: Seile, Karabiner, Schlingen, Haken, Klemmkeile, Sturmkleidung, Schlafsack, das Portaledge (eine Art mobiles Bett, das man in eine senkrechte Felswand hängt) und Hunderte andere lebenswichtige Gegenstände: während zehn Jahren gesammelte Erfahrung mit dem Material.

Die Säcke waren schwer zu heben und schmerzhaft zu tragen. Man konnte jeweils nur einen tragen, und so musste ich jeden Weg zweimal zurücklegen, außer ich fand etwas mit Rädern wie ein Taxi, einen Bus oder einen Flughafentrolley. Selbst wenn meine Knie sich vom Gewicht durchbogen und meine Lendenwirbel zusammengestaucht wurden wie eine leere Coladose, genoss ich es doch, sie zu tragen. So ein Schmerz ist einfach, ehrlich und wirkt kräftigend, weil Muskeln und Geist über die Grenzen gefordert werden. Wenn du schleppst, hörst du auf zu denken.

Je länger du gehst, ohne zu denken, umso besser fühlt es sich an, wenn du es wieder kannst.

Jeder Sack ließ das Auto tiefer in die Knie gehen. Der Taxifahrer zog die Augenbrauen hoch, je tiefer das Auto sank. «Wie wäre es mit einem zweiten Taxi?», sagte er und stupste die Reifen sorgenvoll mit einer Schuhspitze an.

«Es kommt nur noch ein ganz kleiner Sack», sagte ich und verschwand zum Haus. Ich lief an Ellas froschähnlichem Sandkasten und

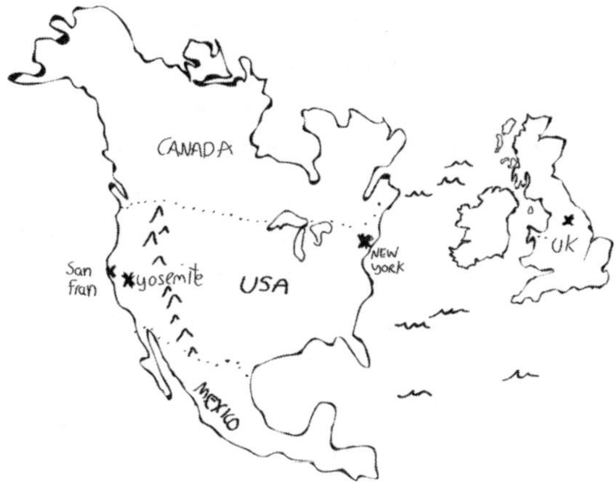

dem roten Kinderbuggy vorbei durch den Hintereingang in unser kleines, für Sheffield typisches Haus.

Mein letzter Sack lag etwas abseits und war von Ellas Spielzeugen umgeben.

Es gab da noch etwas, was ich tun musste. Ich schlich die engen Stufen hoch und schlüpfte in ihr Zimmer. Sie lag auf der Seite, hatte den Daumen im Mund. Unglaublich. Nichts in meinem Leben passte mehr zusammen, nicht unsere Ehe, das Klettern, die Arbeit. Außer ihr. Sie war das Einzige in meinem Leben, an dem ich nie gezweifelt habe.

Aber selbst sie ist dir nicht genug.

Du musst gehen.

Ich hätte sie gern geküsst, aber ich wusste, dass ich nicht mehr in der Lage wäre, zu gehen, wenn sie aufwachen würde.

Ich hatte viel darüber nachgedacht und mich gefragt, was sie wohl denken wird, wenn sie größer wird und ich tot bin, gestorben beim Klettern. Auch jetzt dachte ich wieder daran: die rücksichtslose Selbstsucht, die in meinem Tun lag, dass ich mein Leben einmal mehr aufs Spiel setzte, damit auch ihr Leben in Gefahr brachte und ihre Zukunft. Viele Bergsteiger oder auch andere Leute, die gefährliche Sachen machen, hören auf, wenn sie Kinder haben, aber für mich war ihre Geburt mit dem Anfang von allem zusammengefallen.

Zu dieser Zeit urteilten viele Leute über mich als Bergsteiger und Vater und fragten mich, wie ich so etwas tun könne. Ich wusste es auch nicht, außer Ausreden fiel mir nichts ein, und ich sagte, man solle sich nicht voll und ganz für die Kinder aufopfern. Aber sicher war ich nicht. War es nicht anders herum, dass ich die Kinder für meine Ziele opferte? Doch ich wusste, dass ich kein guter Vater war, wenn ich nicht ging, und das war es auch, warum ich jetzt hier war und zu einem neuen Abenteuer aufbrach. Je mehr ich versuchte, aufzuhören, desto mehr Druck baute sich in meinem Inneren auf.

Was ist, wenn du sie niemals wieder siehst?

Ich erzählte den Leuten, dass ich weder sterben wollte, bevor sie geboren war, noch sterben wollte, nachdem sie da war. Die Wahrheit ist ja, dass Kletterer niemals so etwas wollen wie sterben.

Es erfüllte mich mit Sinn, und gleichzeitig machte es das, was ich so liebte, umso sinnloser. Berge kümmern sich nicht um Liebe.

Ich hätte ewig da stehen bleiben wollen. Und können. Aber ich tat es nicht.

Ich schlich aus ihrem Schlafzimmer, schloss die Tür und blickte zurück, um die Treppen zu sehen, die zu unserem Schlafzimmer führten, wo Mandy vermutlich wach lag. Sie war wahrscheinlich wütend, dass ich wieder fortging, zum Klettern. Sie wollte gar nicht viel: ein normales Leben, einen normalen Mann. Ich konnte ihr das nicht geben, aber wir waren beide stur und seit Ewigkeiten zusammen. Wir trennten uns nicht, und so waren wir eben zusammen. Und stritten. Aber wir liebten uns auch.

Ich wusste, dass sie jetzt im Bett lag und mich hasste. Gleichzeitig wollte sie auch, dass ich die Stufen hochstieg und ihr auf Wiedersehen sagte, oder vielleicht sogar, dass ich doch nicht fortging. Sie wollte das, nicht weil sie schwach war, sondern weil sie mich liebte.

Ich war dabei, eine Route zu versuchen, die so schwierig war, dass nur die Besten sie versucht hatten, eine Route, in deren Anblick ich den Erfolg bezweifelte. Aber was ich in diesem Moment am meisten fürchtete, war, über die Stufen nach oben zu gehen, ihr gegenüberzutreten und mich zu verabschieden.

Was ist, wenn du das Kind, das sie im Bauch trägt, nie sehen wirst?

Ich ging durch den Garten und versuchte, die Fassung zu bewahren. Der Taxifahrer sollte nicht sehen, dass es mir nicht gut ging. Ich war alles, was ich verachtete.

Ihnen wird es ohne dich besser gehen.

Wie so oft in meinem Leben öffnete ich eine Kiste in meinem Kopf, legte alle Gefühle hinein, schloss den Deckel und ging weiter.

«Wohin?», fragte der Taxifahrer, als ich mich neben ihn setzte und mich anschnallte.

«Zum Bahnhof, bitte.»

Wir fuhren den Hügel hinunter, durch die leeren Straßen.

«Wohin geht's?»

«Amerika. Zu einem Ort namens Yosemite.»

«Hm, ah, das sagt mir etwas. Sie sind ein Kletterer, oder?»

«Ja, so ungefähr.»

«Sind sie alleine unterwegs?»

«Ja.»

«Ist das nicht gefährlich?»

«Nein», log ich, «nur viel mehr Arbeit.»

«Pass auf mit deinen Säcken da, die sind höllenschwer.»

«Macht nichts. Sie halten mich auf Trab, dann bleib ich fit.»

«Stimmt nicht», sagte der Taxifahrer und schaute mich nachdenklich an. «Denk dran: Harte Arbeit tötet Pferde.»

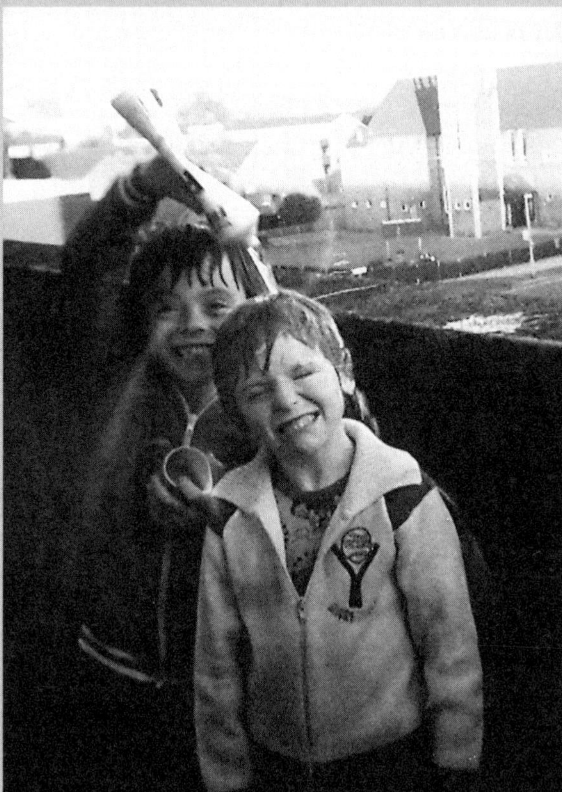

Andy und sein Bruder Robin: «Was Mutter am allermeisten wollte, waren Kinder, und ich war 1971 ihr erstes. Robin kam ein Jahr später. Endlich hatte ich jemanden, mit dem ich spielen konnte.»

Der Vogelfelsen

Ich hing in der Luft, meine Finger waren verkrampft, und ich versuchte, mich festzuhalten. Unter mir eine neue, verblüffende Welt aus Licht und Geräusch. Oft wurde ich gefragt, wie lange ich schon klettere, und ich vermute, alles begann hier. Es war 1971, und ich hatte es geschafft, den gefährlichen Weg aus meiner Mutter ins Leben anzutreten.

Der Arzt hielt mich über meine Mutter. Meine winzigen, unerfahrenen Finger klammerten sich an seine Hand, und ich hing da voll Angst und Schrecken.

«Nun ja, Frau Kirkpatrick», sagte der Arzt und hielt mich vor meine Mutter wie ein Zoowärter einen Babyschimpansen vor ein Fernsehteam, «Sie haben ein wirklich starkes Baby bekommen. Es ist so stark wie ein Ochse.»

Meine Kindheit war voll von Höhen und Abgründen, von Schwüngen, von Hängen und Festklammern, von Abstürzen. So ist es kein Wunder, dass ich als Erwachsener der Faszination der Höhe und eines Lebens jenseits der Horizontalen verfiel.

Mein erster Berg war ein Hügel namens Vogelfelsen. Er war durch eine geologische Besonderheit so in der Mitte durchgeschnitten, dass eine Felswand aus Kalk entstanden war. Sie befand sich in einem Tal unweit unseres Hauses. Die Wand verströmte die Aura von etwas Exotischem und Außergewöhnlichem, von etwas Mysteriösem – sie stand unbeirrbar und immergleich am Horizont. Im Vergleich mit den sanften Hügeln, die das Dorf umgaben, in welchem ich aufwuchs, schien sie unersteigbar. Ich hatte Filme wie King Kong, Tarzan und Arthur Conan Doyles «Verlorene Welt» gesehen, wo seltsame Felswände prähistorische Landschaften und ausgestorbene Tierarten umgaben. Ich fragte mich, ob der Vogelfelsen nicht ein ähnliches Geheimnis barg, ob sich in den Felsklüften nicht seltsame Vögel, gar ein Dinosaurier oder gigantische Adler verbargen, gegen die man kämpfen müsste.

Ich war fünf, und es war mein erster Berg. Mein Vater versprach mir, wenn ich etwas älter würde, dann könnten wir dort zusammen hochklettern. Vater war ein Ausbilder für Bergsport in der Royal Air Force, die hier in Wales unweit der Stadt Tywyn einen Truppenübungsplatz unterhielt. Er bildete Soldaten der Armee, der Marine und der Luftwaffe aus. Es war der perfekte Job für einen Sadisten: Man konnte arme Rekruten im Regen über die Hügel rennen lassen, dann mussten sie sich an rutschigen Seilen über Tümpel mit übel riechender, grüner Flüssigkeit hangeln oder kamen in den rauschenden, eiskalten Flüssen nahe an den Kältetod. All das nannte man Training. Mein Vater war Feuer und Flamme für seinen Job, den ganzen Tag dachte er sich neue und zunehmend abwegigere Möglichkeiten aus, wie man die Rekruten erschrecken und abhärten könnte. Dabei probierte er alles erst selbst einmal aus. Ich kann mich noch immer gut an die vielen dunklen Morgen im Winter erinnern, als ich in das warme Bett meiner Eltern kroch, während mein Vater aufstand und sich mit einer Ladung Rekruten zum Meer begab, um zu schwimmen. Ein Grinsen stand ihm im Gesicht – es war wohl die Verrücktheit, die man für diesen Job brauchte. Man konnte durchaus sagen, zuerst kam das Abenteuer, dann der Gedanke nach Gesundheit und Sicherheit.

Er war damals in den 1970ern unter den Angestellten der Royal Air Force eine ziemlich ungewöhnliche Erscheinung: eher ungepflegt und immer bereit, die Regeln so auszulegen, wie es ihm recht schien. Er kam in seiner Karriere nicht weit, wurde stets bevor er größeren Schaden anrichten konnte, wieder in eine andere Randgruppe gesteckt: zu den Bergrettern, zur Offiziersausbildung, zur Outdoor-Ausbildung. Sein einziger Rat, den er mir außer dem Binden von Knoten, dem Kajakfahren und dem Bedienen von Kochern während meiner Erziehung mitgab, war: «Arbeite nur dann hart, wenn auch jemand zuschaut.» Zweifelsohne legte er sich mit seiner ironischen Haltung selbst Steine in den Weg, und so wurde er nie so etwas wie beispielsweise ein Luftwaffenmarschall. Aber das machte nichts. Im Grunde wollte er nämlich nie etwas anderes als klettern.

Er war ein charismatischer, mitreißender Geschichtenerzähler und unglaublich gesellig, was wahrscheinlich der tiefere Grund war, dass man ihn nicht einfach rausschmiss. Diese Fähigkeiten zählten schließlich mehr als ein paar gut gebügelte Hosen oder polierte Schuhe. Seine Begeisterung für die Berge war ansteckend, ob man wollte oder nicht. Er verfolgte das Klettern und Bergsteigen mit großer Leidenschaft. Damals war der Dienst in der Armee die einzige Möglichkeit, klettern zu gehen oder sich auf Reisen zu begeben, wenn man sonst kein Geld besaß. In meinen ersten Lebensjahren gab es viele Zeiten, in denen mein Vater lange weg war, für Kurse und Expeditionen. Trotzdem hörte ich nie auf, ihn als Idol anzusehen. Immer noch fühle ich, wie mein Herz klopfte, wenn ich an unserem Zaun im Hinterhof stand und ihn nach vielen Wochen zum ersten Mal wiedersah, wenn er vom Armeestützpunkt über den Sportplatz zu uns kam – zu uns nach Hause.

Viele seiner militärischen Ausbildungstechniken setzte er auch bei meiner Erziehung ein, etwa indem man jemanden einer Gefahr in einer kontrollierten Umgebung aussetzt. So machte man es ja, um die Soldaten später auf die echten Gefahren im Leben vorzubereiten: Krieg in Europa, ein globales Armageddon oder in meinem Fall einfach nur die Grundschule. Meine Mutter erzählt heute noch die Geschichte, wie sie eines Tages nach Hause kam (wir waren damals in Sardinien) und ihn ruhig fernsehen sah, während ich in aller Ruhe mit dem größten aller Messer spielte, die es in der Küchenschublade gab. Ich war damals zwei. Auf Vorwürfe meiner Mutter gab Vater eine einzige Antwort: «Irgendwann müssen wir ihm halt den Schnuller wegnehmen.»

Oft hörte ich in meiner Kindheit meinen Vater rufen, während ich auf einer schmalen Fensterbank stand, über ein Brett hoch über einem tiefen Abgrund balancierte oder in einen See mit eiskaltem Wasser springen wollte: «Junge, ein richtiger Mann macht das einfach!» Ich antwortete damals darauf: «Aber ich bin doch noch gar kein Mann, Papa!»

Wieweit diese Konfrontation mit der Angst dem Wahnsinn nahekam, wurde mir eines Tages an Weihnachten klar, als er mich zu einem Spaziergang am Meer mitnahm. Ein gewaltiger Wintersturm tobte, und die Gischt schlug vom Meer über die Schutzmauern hoch. Der gefährlichste Ort war die Rampe für die Boote, die ins Meer führte, denn hier schossen die Wellen hoch und bis über die Absperrungen. Mit meiner dicken schwarzen Jacke und den roten Gummistiefeln rannte ich den Wellen hinterher, wenn sie sich zurückzogen, und versuchte zu fliehen, wenn sie ankamen. Das ganze natürlich, ohne allzu nass zu werden. Auf einmal kam eine riesige Welle, überrollte mich und zog mich zurück ins Meer.

Zum Glück war mein Vater nicht weit weg und daran gewöhnt, in der kalten irischen See zu schwimmen. Er stürzte sich in die Fluten und schaffte es, mich wieder ans Ufer zu bringen. Ich war halb erfroren, die Augen voll Sand, aber am Leben. Meine stärkste Erinnerung ist, wie er mich in die Arme nahm und nach Hause rannte, wo ich in die warme Badewanne gesetzt wurde. Zur Versöhnung schüttete er eine halbe Flasche Schaumbad hinzu, was sehr schöne Seifenblasen erzeugte. Ich vermute, es war das erste Mal, dass ich erkannte, wie gut und fürsorglich man behandelt wird, wenn man gerade etwas Lebensgefährliches überstanden hat.

Mein Vater war mit siebzehn zur Luftwaffe gekommen. Eigentlich ist es verwunderlich, dass es ihn in die Berge zog, denn er stammte aus Hull – einem der flachsten Orte in ganz Großbritannien. Oft frage ich mich, ob die Lust aufs Abenteuer genetisch vererbt wird. Auch mein Großvater und mein Urgroßvater väterlicherseits waren beim Militär gewesen. Der eine kämpfte in Ägypten und während des Bürgerkrieges in Irland. Man kann sich heute gar nicht mehr vorstellen, wie begrenzt damals das Leben und die Möglichkeiten der Leute waren. Sie starben im selben Ort, an dem sie geboren wurden, und übten den gleichen Beruf wie ihr Vater aus. Für viele war die Armee die einzige Möglichkeit, aus dieser engen Welt auszubrechen.

Auch die beiden Brüder meines Vaters waren eher ungewöhnlich. Eddy Kirkpatrick war ein Rettungs- und Bergungstaucher, dessen haarsträubende Abenteuer ein eigenes Buch verdienen. Er tauchte mit einfachstem Material in gesunkene deutsche U-Boote, um an die Torpedos ranzukommen. In der Nordsee suchte er sogar nach Nazigold. Er nahm im Leben alles mit. Doug Kirkpatrick hatte weit weg in der Arktis auf Baffin Island als Funkfachmann gearbeitet. Später war er Jäger in Neuseeland geworden, bevor er sich in einem normalen Leben als Versicherungsvertreter einrichtete.

Vielleicht kommt die Abenteuerlust aber auch von dem Platz, an dem man geboren wurde. Die Abenteuer des Robinson Crusoe fingen alle in Hull an. Wer weiß, womöglich war der Sinn nach Abenteuer ein

Teil des städtischen Erbes? Von hier fuhren Schiffe über die ganze Welt, hier unterschrieben die Seefahrer früher ihren Job bei den gefährlichen Walfängerbooten, die in die wilden Gewässer rund um Grönland aufbrachen. Der Kabeljaukrieg hatte Hulls Herz lahmgelegt. Wie auch immer, die Kirkpatricks waren ein seltsames Volk, eine Mischung aus vielen Leuten: Russen, Schotten, Südländern. Wer auch immer sie waren, durch ihre Venen floss die Lust aufs Abenteuer. Außerdem waren sie engstirnig und unglaublich stur.

Seit ich auf der Welt war, waren wir schon viele Mal umgezogen, und viele meiner Erinnerungen zeigen mich, wie ich zwischen hölzernen Transportkisten der Air Force spiele. In Tywyn blieben wir jedenfalls so lange, dass ich es als ersten Ort erinnere, das ich ein Zuhause nennen kann. Es gab keinen besseren Ort zum Aufwachsen, eingebettet zwischen den Bergen und dem Meer. Wir lebten direkt neben dem Armeecamp. Die Gestalten, die durch das Militär und das Bergsteigen geprägt werden, sind eindrucksvoller als Normalbürger. Unser Nachbar war ein Mann namens John Bull. Die einzige Form von Kommunikation, die er zu beherrschen schien, war zu brüllen. Auch er war beim Militär und genauso ein Kerl wie mein Vater. Beide waren Instruktoren, beide arbeiteten daran, wie man die Rekruten noch besser drillen konnte. In seinem Haus stand ein originales Grönlandkajak, das er von einer Expedition mitgebracht hatte.

Sonntags gingen wir zum Mittagessen in die Offiziersmesse, wo es viele Bergbilder gab und die Wände von Abzeichen, polierten Eispickeln und anderen Bergmemoiren überquollen. An einer Wand hing ein riesiges Bild des Mount Everest. Eingezeichnet waren auch alle Camps, es sollte wohl von einer bald stattfindenden Expedition künden. Wenn ich dort in meinen besten Kleidern stand, fühlte ich, dass es ein ganz besonderer Ort war, ein Ort für richtige Männer. Selbst für einen Fünfjährigen gab es so ein Gefühl von Aufgehobensein in der Armee, dass man meinte, zu einer Familie zu gehören. Ich kann verstehen, wie die Soldaten in Kriegen weiterkämpften, von denen sie wussten, dass sie unrecht oder ungerecht waren. Sie waren beim Militär zu Hause.

Ich war ein richtiger Gassenjunge, immer beim Rennen, Klettern oder in einem Schlamassel, was zu solchen Jungs einfach gehört. Meine

Kleider bestanden stets mehr aus Flicken als aus Stoff, sie wurden getragen, strapaziert, zerkratzt oder zerrissen und schließlich geflickt. Schuhe hielten bei mir nie mehr als ein paar Wochen. Meiner Mutter blieb nichts anderes übrig, als auf billige Gummistiefel und kurze Hosen umzusteigen. Meine Beine waren übersät von Schrammen und braunem Schorf. Als mein Bruder Robin zur Welt kam, hatte ich endlich jemanden, mit dem ich spielen konnte. Weil ich jedoch ein ziemlich grobes Kind war, war Robin oft schlimm dran: Er fiel hin, wurde irgendwo runtergestoßen oder von etwas getroffen. Jedesmal wenn wir spielten, endete es für ihn im K.o. Eine meiner stärksten Erinnerungen ist die, dass mein Bruder sich heulend hinter Mutter versteckte, während sie mich versohlte. Dabei sagte sie: «Dein Bruder muss wohl Gummiknochen haben!» Dieser Satz wurde so oft wiederholt, bis ich glaubte, es handle sich um die Wahrheit. Ohne Zweifel machte das Robins Elend noch schlimmer. Ich dachte oft, dass unsere Familie aus Mutanten bestand, denn nicht nur Robin hatte Gummiknochen, sondern auch Mutter «Augen am Hinterkopf». Andere Kinder hatten leider nicht das Glück, Gummiknochen zu besitzen, und so kam es, dass ich großen Ärger bekam, nachdem ich ein zwölfjähriges Mädchen von der Rutsche heruntergestoßen und sie sich den Arm gebrochen hatte. Ich war kein böses Kind oder ein Tyrann, aber ein Kind, das die Dinge immer zu weit trieb.

Ich war unbekümmert, Robin dagegen schwieriger zufriedenzustellen. Mutter sagte ihm oft, er solle aufhören zu heulen. Manchmal gab sie ihm einen Klaps auf die Beine und sagte: «Jetzt hast du wieder was zum Weinen.» Sie führte den Unterschied zwischen unseren Charakteren darauf zurück, dass der Arzt Robin gleich nach seiner Geburt unter den kalten Wasserhahn hielt: ein Schock, von dem er sich niemals ganz erholte.

Mutter und Vater hatten sich beim Tanzen kennengelernt, nicht viel später heirateten sie. Mutter war ebenfalls aus Hull. Sie hatte zur Kunsthochschule gehen wollen, musste diesen Traum jedoch aufgeben und in einer Bäckerei arbeiten. Ich vermute, das prägte sie für den Rest ihres Lebens, denn sie erzählte uns die Geschichte oft und hielt uns an, unsere Ziele niemals aufzugeben. Meine Mutter war nie eine

Draufgängerin, aber sagte oft, die Welt liege uns zu Füßen. Nicht dass ich verstanden hätte, was das hieß.

Was sie am allermeisten wollte, waren Kinder, und ich war 1971 ihr erstes. Robin kam ein Jahr später. Es war keine einfache Zeit, mein Vater verdiente wenig, und oft wiederholte sie den Satz «Ich weiß nicht, wie wir über die Runden kommen sollen». Das verstand ich ebenfalls nicht. Es gelang meiner Mutter, unsere Armut gut zu verstecken. Wir machten vieles, was nichts kostete: spazieren im Park, auf dem Strand spielen, zeichnen und malen. Vor allem schenkte sie uns etwas Unbezahlbares: ihre Aufmerksamkeit. Meine Mutter stammte aus einer Familie von Handwerkern, ihr Vater war Zimmermann, der Großvater Gärtnermeister und der Urgroßvater Steinmetz. Von ihr lernte ich zeichnen, was mir später im Leben wertvolle Dienste leistete. Ich kritzelte alles Mögliche auf Papier, sobald ich einen Bleistift halten konnte.

Wie auch mein Vater wollte Mutter Spaß und Abenteuer, ein Leben, das nicht so langweilig war wie jenes, das sie in Hull hinter sich gelassen hatte, aber nicht zum Preis ihrer Sicherheit oder der ihrer Kinder.

Wir lebten auf dem Militärgelände, am Rand des Camps, nicht weit vom Strand. Noch mit fünf war ich ein Einzelgänger und Tagträumer. Zufrieden mit mir selbst, spielte ich stundenlang im Garten und bildete mir Fantasiewelten ein. Ich hatte das Glück, genügend Freiheit zu besitzen, um das zu machen, was ich wollte. So lief ich alleine durch die Gegend, lange bevor man etwas von Pädophilen wusste. Man nannte sie nur «komische Männer». Schranken wurden mir erst gesetzt, nachdem ich eines Tages nicht zum Essen nach Hause kam und vermisst wurde. Das ganze Camp wurde mobilisiert, um nach mir zu suchen. Hunderte von Soldaten und Piloten durchkämmten die Küste, die Felder und Flüsse auf der Suche nach meinem Körper. Schließlich fand man mich schlafend zwischen ein paar Heuballen wenige hundert Meter vom Haus. Meine Mutter verhaute mich voll Erleichterung und rief «Ich bin vor Angst krank geworden» – ein Satz, der von da an zu ihrem täglichen Wortschatz gehörte.

Danach blieb ich bei Robin, obwohl ihm das mehr als einmal fast das Leben gekostet hätte. Die schlimmste Sache und eine meiner ersten kompletten Erinnerungen war die, als Robin und ich zum Haus der Nachbarn gingen, um dort das Aquarium anzuschauen. Es stand auf einem Gestell aus Holz in der Nähe der Eingangstür und sah aus wie ein riesiger Fernseher voll mit Fischen. Wir standen dort, pressten die Nasen gegen das Glas und sahen den umherjagenden Fischen zu. An diesem Tag stand Mutter vor der Tür und unterhielt sich mit dem Ehepaar, dem die Fische gehörten, während mein Vater für eine Expedition fortgefahren war. Wahrscheinlich hatte uns Mutter zu den Fischen mitgenommen, damit wir ein wenig Ablenkung hatten, denn ich vermisste Vater.

Wir spielten wie immer unser «Beobachte den Fisch»-Spiel. Unsere Augen flitzten den roten, blauen und lila Blitzen im Wasserbecken hinterher. Das Ehepaar, dem das Haus gehörte, erzählte uns immer, dass wir vorsichtig sein sollten, weil im Wasser Piranhas seien, die uns bissen, wenn wir zu nahe drankämen. Ich fragte mich, ob sie es wirklich taten. Wenn ich die Hand hineinhielt, würde dann das Fleisch in Sekunden weggerissen, so wie ich es in einem alten Film auf unserem Schwarzweißfernseher gesehen hatte?

Ich wollte rausfinden, ob es stimmte.

Die Fische stoben vom Glas weg, während ich auf die Seite des Aquariums schlich und dort den oberen Rand griff, um mich hochzuziehen und die Hand ins Wasser zu halten. Wahrscheinlich hätte ich versucht, Robin hochzuhalten und ihn dazu zu bringen, seine Hand ins Wasser zu tauchen, aber er hatte gelernt, dass es besser war, nicht in eines von meinen Spielen verwickelt zu werden. Außerdem hätte er bestimmt zu heulen angefangen.

Ich war klein für mein Alter und das Aquarium zu hoch. Ich sah mich um und entdeckte die Möglichkeit, zwischen Wand und Aquarium nach oben zu klettern. Die Fußbodenleiste nahm ich als Tritt. Dann quetschte ich mein Bein in den Spalt. Mein Gummistiefel hielt dort auf Reibung, und ich versuchte, mich durch die Spalte nach oben zu winden, die immer weiter wurde, je mehr ich mich hineinzwängte.

Während des Hochkletterns sah ich durchs Glas. Durch grüne Dunkelheit erblickte ich das kleine Gesicht meines Bruders, dessen Augen gebannt den Fischen folgten. Ich drückte mich hoch. Ich rutschte wieder runter. Ich drückte stärker. Das Aquarium bewegte sich ... und bewegte sich noch weiter ... und fiel dann auf Robin. Eine Explosion aus Glas und Wasser schoss durch den Vorraum, ein Tsunami ergoss sich durch die Eingangstür und riss alle um, die dort standen.

Ich stand da, mit dem Rücken zur Wand, und sah auf den Boden, der mit Glassplittern, Blasen, sumpfigen grünen Pflanzen und zappelnden Fischen übersät war. Mitten drin schauten die Spitzen von zwei roten Gummistiefeln heraus: mein kleiner Bruder.

Es war unglaublich, wie schnell Robin genas. Nach einer Nacht im Krankenhaus wurde er mit ein paar Schnittwunden entlassen. Die Ärzte sagten, er habe ein äußerst starkes Herz.

Ich persönlich führte es auf seine Gummiknochen zurück.

Nicht viel später wurde meine Schwester geboren. Meine Mutter hatte sich immer ein Mädchen gewünscht. So sehr, dass sie Robin in Mädchenkleider steckte, als er noch ein Baby war. Joanne kam 1976 zur Welt, und alles änderte sich. Sie schrie ohne Unterlass sechs Monate lang. Das ruhige, lustige Zuhause von damals existierte nicht mehr. Vater und Mutter waren mehr und mehr am Ende, müde und ausgelaugt. Mein Vater konnte flüchten, aber meine Mutter nicht.

Eines Tages nahm uns Mutter allesamt ins Krankenhaus mit. Ich kann mich erinnern, wie Robin und ich im Gang warteten, während sie mit dem Doktor sprach. Dann hörte ich sie weinen und schreien, bis sie verstört im Gang auftauchte. Man hatte sie gefragt, ob Robin oder ich Joanne fallen gelassen hatten. Wie es schien, war ihre Hüfte gebrochen. Bald darauf fand man heraus, dass sie mit einer Hüftfehlstellung zur Welt gekommen war. Niemand hatte das diagnostiziert. Sie hatte keinen Hüftknochen und litt seit ihrer Geburt schreckliche Schmerzen.

Kurz nach diesem Ereignis musste Dad zu einem anderen Militärcamp in Llanwrst am Ende von Snowdonia. Ein paar Wochen später zogen wir nach, Joannes winziger Körper ganz in Gips. Wir ließen die glücklichsten Tage meiner Kindheit hinter uns.

Alles war anders. Eine neue Schule, ein neues Haus, neue Freunde, und schlimmer noch, neue Eltern. Ich hasste die Schule. Ich war wie ein Außenseiter. Auch sonst musste ich bei null anfangen. Nicht mehr ich war es, der im Zentrum der elterlichen Aufmerksamkeit stand. Meine

Mutter kümmerte sich die ganze Zeit um Joanne, während Vater mehr und mehr weg war. Wenn er da war, schien er schlecht gelaunt oder nicht anwesend.

Er war kurz davor, zu einer Reise ins Yosemite aufzubrechen. Den Namen kannte ich nur von «Yosemite Sam» aus dem Fernsehen. Das Ganze machte die Situation noch gespannter. Mutter blieb mit zwei wilden Jungs und Joanne alleine. Ich glaube, dieser Druck war zu viel für meinen Vater. Seine glückliche alltägliche Welt, sein Leben, in dem er eine Familie hatte und doch die Freiheit, gleichzeitig zu klettern, begann zu zerbröckeln. Alle erwarteten etwas von ihm. Er wurde gezwungen, zu wählen.

Eines Nachts wachten Robin und ich auf, wir konnten unten Geräusche hören. Wir schlichen hinunter zum Esszimmer, wo Mutter und Vater am Tisch saßen. Sie weinte. Sie hatte nie geweint, bevor wir nach Tywyn zogen, aber jetzt weinte sie die ganze Zeit. Wir waren immer glücklich gewesen, wir hatten nie viel gehabt, aber immerhin etwas. Es hatte keinen Platz für Traurigkeit gegeben. Alles sollte sich ändern. Er sagte ihr etwas. Etwas, das sie zutiefst schockierte. Ihre Welt und ihre Zukunft zerfielen. Ihr Herz zerbrach.

Eine andere Frau.

Am nächsten Morgen holte uns Mutter aus dem Bett, zog uns schnell an und lief mit uns zum Bahnhof. Es war früh, Nebel verhüllte die Gleise. Ich fragte mich, ob das bedeutete, dass ich nicht zur Schule musste. Mutter sprach nichts. Sie brauchte all ihre Kraft, um auf den Füßen zu bleiben.

Der Zug tauchte aus dem Nebel auf und hielt. Wir standen dort, waren nicht mehr die Familie von einst. Unsere Säcke waren für ein neues Leben in Hull gepackt, einem Ort weit weg von meiner Welt aus Sanddünen, Hügeln, von Stränden und grünen Wiesen voller Schafe. Und weit weg von meinem Vater. Ich hatte keine Ahnung, wo wir hingingen oder dass wir nie zurückkommen – und Vater und ich nie auf den Vogelfelsen klettern würden.

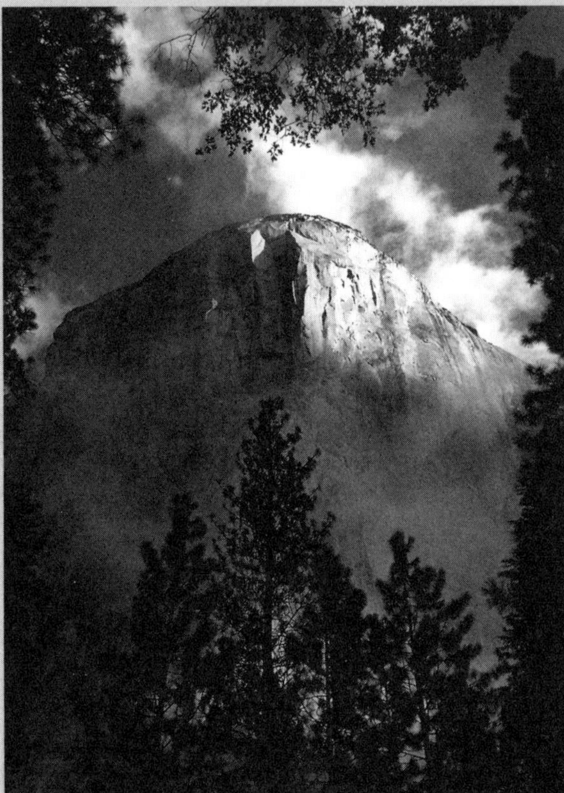

Im Yosemite Valley: «Zwischen den Bäumen tauchte die mächtigste und schönste Felswand der ganzen Erde auf. Man kann den El Cap mit nichts vergleichen, das man zuvor gesehen hat. Er ist Hunderte von Metern höher als das höchste Gebäude der Erde.»

Das Yosemite Valley

Ich war müde nach der langen Reise. Von Taxis war ich in Züge gestiegen, von Zügen in Flugzeuge, von Flugzeugen in Züge und wieder in Taxis. Mein Verstand kehrte erst wieder richtig ins Leben zurück, als die letzte Etappe begann. Ich fuhr mit einem kleinen Pendelbus über die verschlungenen Straßen ins Yosemite Valley.

Das Tal war in der letzten Eiszeit entstanden, als sich mächtige Gletscher tief ins Grundgestein der Sierra Nevada einschnitten. Nach ihrem langsamen Rückzug blieb ein über tausend Meter tiefes, acht Kilometer langes Tal mit unerhörten Felswänden und Türmen zurück. Es war ein magischer Platz mit glatten Felsfluchten, donnernden Wasserfällen und gigantischen Mammutbäumen, die den Himmel zu berühren schienen. Alle hatte das Tal in den Bann gezogen, die hierher gekommen waren. Bekannt wurde es durch die Worte John Muirs, der im 19. Jahrhundert hier gewesen war, und durch die brillanten Schwarz-Weiß-Fotografien Anselm Adams. Das Yosemite Valley ist ein Weltwunder und nebenbei auch eine Art Disneyland für Kletterer. Hier gab es alles, Einfaches und Schwieriges, ungefährliche und haarsträubende Fahrten.

Im Bus war das übliche Strand- und Treibgut, das man in amerikanischen Bussen findet: Arme, Verzweifelte, Ausländer. Da waren die Saisonarbeiter, die zu ihren Jobs fuhren, Hotelangestellte, Bademeister und Helfer aller Sorten. Sie alle kehrten zurück in die Sicherheit des Yosemite. Dann gab es die Kletterer, die aus der ganzen Welt kamen und hungrig waren nach der Kletterei, nach der Gefahr der Wände.

Die Landschaft draußen vor dem Fenster änderte sich allmählich während unserer Fahrt von der Tiefebene in die Sierra Nevada: von den flachen kalifornischen Grasebenen, die nach dem heißen Sommer braun und ausgedörrt dalagen, hin zu den dichten Wäldern am Beginn des Tals zu jenem Raum aus Fels, Wasser, Bäumen und Schatten. Es schien zeitlos im Gegensatz zu den Alarmglocken der modernen Welt, die nun hinter uns lag.

Es wurde kälter und dunkler im Bus, Licht und Wärme drangen nun seltener durch die Fenster, je höher wir fuhren. Die Bäume bekamen immer gewaltigere Stämme, bis sie sich schließlich wie mächtige Urzeitriesen in den Himmel erhoben. Man konnte die Leute anhand ihrer

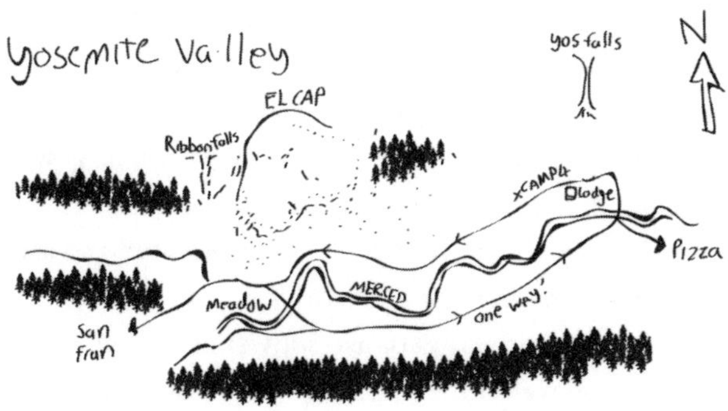

Reaktion auf die Umgebung in Gruppen einteilen. Die Saisonarbeiter hingen auf den Sitzen, hatten Kopfhörer in den Ohren, die Augen geschlossen oder den Kopf in ein Buch vertieft. Die Kletterer klebten förmlich an den Fensterscheiben, zeigten begeistert auf die Felsen, die immer majestätischer wurden, und sprangen aufgeregt wie Kinder in einem Schulbus von einer Seite auf die andere, je nachdem, in welche Richtung die Straße führte.

Als alter Hase im Yosemite mimte ich den Coolen. Es war meine fünfte Reise hierher. In Wirklichkeit war ich jedoch aufgeregt wie beim ersten Mal. Jede dieser Reisen war wie eine Pilgerfahrt, und man kennt die Sorge des Pilgers, das Ziel könne dem Ruf nicht nachkommen, den es verbreitet. Ich hatte viel, sehr viel vom El Capitan gelesen und gehört: dass er ein Klettermekka war, dass dieser große Felsmonolith so gigantische Ausmaße habe, dass er eine eigene Gravitation auf alle Gegenstände ausübe – zumindest auf Kletterer. So hatte ich Angst, dass er seinem Ruf nicht gerecht werden könnte. Ich fürchtete, enttäuscht zu werden. Vielleicht schien er ja kleiner, nach den neun Routen, die ich hier zuvor gemacht hatte.

Doch der El Cap enttäuschte mich nicht und wird es auch nie.

Zwischen den Bäumen tauchte die mächtigste und schönste Felswand auf der ganzen Mutter Erde auf.

Die erste Reaktion auf den El Cap, der sozusagen aus einer Wiese heraus aufschiesst und bis in den Himmel reicht, ist Unglauben. Man kann ihn nicht mit irgendetwas vergleichen, das man zuvor gesehen hat. Der Maßstab fehlt. Er ist Hunderte von Metern höher als das höchste Gebäude der Erde, drei Mal so hoch wie der Eiffelturm. Eine Welle von Erstaunen und «Ah»- und «Oh»-Rufen ging durch die Reihen der Kletterer im Bus, und jene, die schon einmal da gewesen waren, drehten sich mit einem Lächeln auf dem Gesicht zu denen um, die das erste Mal hier waren. In ihren Gesichtern stand so etwas wie: «Nun, habe ich dir zu viel versprochen?»

Die Größe des Felsens war genauso schwer zu begreifen wie beim ersten Mal. Er war so weitläufig, dass er weder in den Sucher einer Kamera passte noch in das Gedächtnis eines Menschen. Ich liebte dieses Stück Gestein.

Als wir die Bushaltestelle erreichten, hörten wir das Geschnatter der Touristen, die hier herumliefen. Ich stieg aus, nahm meine Säcke und trug sie Stück für Stück etwa hundert Meter ins Camp 4, einen weltbekannten Zeltplatz für Kletterer.

Das Leben an einem Berg ist einfach, es gibt keinen Platz für Fragen wie «Warum?», sondern nur das Tun, nur die Tat. Es kann viele Tage oder auch Wochen dauern, bis man den Gipfel erreicht; und während dieser Zeit kristallisiert sich aus deinem komplizierten Leben eine steinzeitliche Einfachheit heraus: essen, scheißen und überleben. Das war es vor allem gewesen, weswegen ich hierhergekommen war.

Ich schleppte meinen letzten Sack über den staubigen Parkplatz zum Zeltplatz und warf ihn auf den erstbesten Platz, der frei war. Ich betrachtete die Picknicktische, die aus alten Seilen im Zickzack zwischen den Bäumen gespannten Wäscheleinen und lauschte den leisen Gesprächen von Kletterern, die sich darüber unterhielten, was als Nächstes dran war. Ab und zu hörte man kräftige Anfeuerungs- oder Siegesrufe, wenn jemand einen der weltbekannten Boulder geschafft hatte, die über den Zeltplatz verstreut lagen.

Das erste Mal seit langer Zeit fühlte ich mich entspannt.

Ich öffnete die Säcke und holte das Material heraus. Die Erfahrung hatte mich gelehrt, dass es viele Gründe für Misserfolg gibt: schlechtes Wetter, ein kranker Partner, mangelnder Wille. Doch der schlimmste von allen war Zeitverschwendung. Man muss die Dinge in die Hand nehmen, wenn man etwas erreichen will.

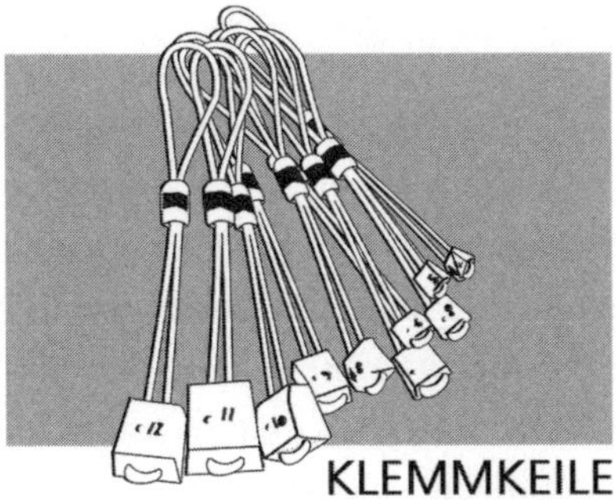

KLEMMKEILE

Die meisten Kletterer kamen an und verbrachten ein paar gemütliche Tage, um sich erst einmal an den Ort zu gewöhnen. Sie machten ein paar kurze Klettereien, dann eine längere, und schließlich dachten sie daran, «was richtig Großes» zu probieren. Natürlich ist es angenehm, die Psyche allmählich aufzubauen, bevor man in eine harte Route einsteigt, besonders dann, wenn es das Schwierigste ist, was man je gemacht hat.

Du hast keine Zeit.

Doch, habe ich.

Du musst morgen einsteigen.

Ich habe alle Zeit der Welt.

Je länger du wartest, desto größer das Risiko, dass du die Sache nicht durchziehst.

Das wäre schlimmer, als beim Versuch zu sterben.

Je länger du hier unten bleibst, desto größer die Gefahr, dass du jemandem von deinen Plänen erzählst und sie versuchen, dir alles auszureden.

Ich möchte nicht, dass mir jemand die Route ausredet.

Ich breitete meine alte, schäbige Plastikplane aus, legte all meine Ausrüstung darauf und prüfte, ob ich etwas vergessen hatte.

Zuerst legte ich alle Klemmgeräte in einer Reihe hintereinander: dreißig Aluminiumstücke, die dafür gebaut waren, sich in Rissen zu verklemmen. Die kleinsten hatten die Größe von Fingerspitzen, die größten die meines Kopfs. Selbst die kleinsten waren stark genug, einen stürzenden Kletterer zu halten, obwohl ich nicht gerade hoffte, das testen zu müssen. Ich wusste, dass die Route nur ganz wenige Stellen hat, wo man gute Sicherungen wie etwa Camelots legen konnte. Wenn ich so eine Stelle fand, musste ich unbedingt das passende Material bereithalten. Mein Leben würde davon abhängen.

Dann legte ich die Klemmkeile aus: dreißig Schlingen aus widerstandsfähigem, starkem Stahlkabel und einem konisch geschnittenen Stück Aluminium oder Messing. Man konnte sie in Risse oder Löcher legen. Die Klemmkeile hatte ich auf mehrere Karabiner verteilt. Wenn ich aus Versehen einen fallen ließ, hatte ich immer noch genug. Ich überprüfte die Klemmkeile. Manche hatte ich mit grünem Isolierband markiert, andere trugen fremde Markierungen, ich hatte sie wahrscheinlich irgendwo gefunden oder sie waren durch einen Zufall vom Gurt meiner Partner zu meinem gewechselt. Ich nahm einen Chouinard-Klemmkeil der Nummer 7 und hielt ihn zwischen den Fingern. Er hatte die Größe einer Streichholzschachtel, war ölig und klebrig vom Alter, die Größe und den Herstellernamen konnte man im Aluminium aufgrund vieler Jahre Arbeit am Berg kaum noch erkennen. Mein Vater hatte mir das geliebte und vertraute Stück vor zehn Jahren gegeben, als ich anfing zu klettern. Damals passte alles, was ich zum Klettern besaß, noch an einen einzigen Karabiner. Heute würde es nicht mal mehr in einen Abfallcontainer passen.

Ich legte den Klemmkeil zurück in die Reihe der andern und hoffte, dass ich ihn wenigstens ein Mal einsetzen konnte.

Hat er sich je geträumt, dass du ihn hierherbringen würdest?

Du denkst zu viel nach. Es ist doch nur ein alter Klemmkeil.

Ich zog meine Karabiner raus, über hundert, verteilte sie in einzelne Bündel, damit sie schneller an den Gurt zu bringen waren. Dann sortierte ich sie. Die Route bestand aus 21 Seillängen, alle waren lang, manche davon bis zu 70 Meter, und die Karabiner brauchte ich dringend, um das Seil in jede Sicherung einzuhängen. Sie waren der Kitt, der alles zusammenhielt.

Als ich die letzten Karabiner herausholte, fiel ein kleiner Zug aus Holz zwischen ihnen heraus, landete auf den Kiefernnadeln, die den Boden bedeckten. Ich nahm ihn und hielt ihn hoch. Er gehörte Ella, wahrscheinlich war er beim Packen mit in die Säcke geraten. Ich erinnerte mich daran, wie wir die Eisenbahn aus Holz in unserem Wohnzimmer aufgebaut hatten und sie mir sagte, wo was hinkomme. Ich

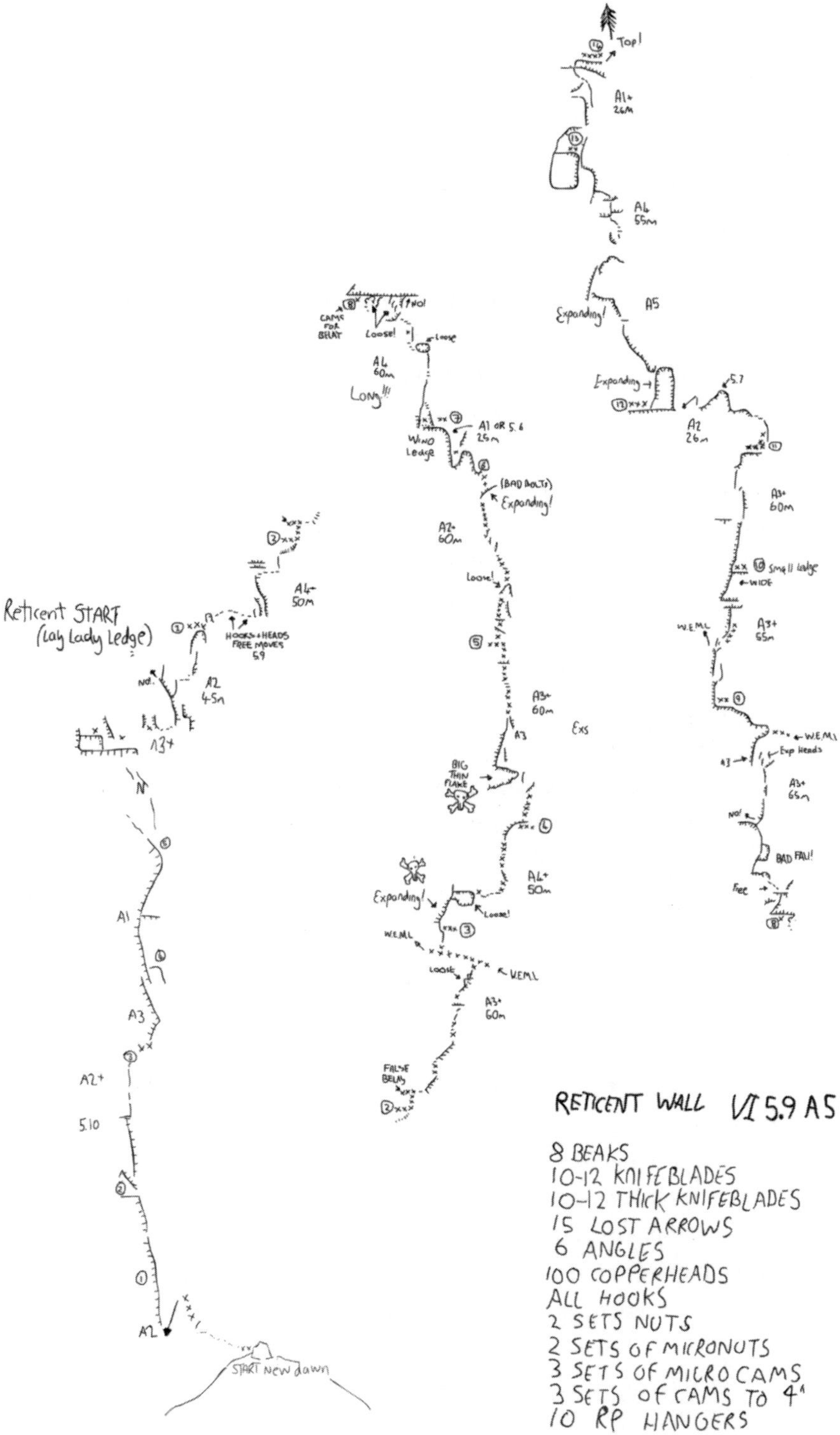

RETICENT WALL VI 5.9 A5

8 BEAKS
10-12 KNIFEBLADES
10-12 THICK KNIFEBLADES
15 LOST ARROWS
6 ANGLES
100 COPPERHEADS
ALL HOOKS
2 SETS NUTS
2 SETS OF MICRONUTS
3 SETS OF MICRO CAMS
3 SETS OF CAMS TO 4"
10 RP HANGERS

wünschte mir, ich hätte mir mehr Zeit genommen, um mit ihr zu spielen. Ich steckte das Spielzeug in meine Fleecejacke.

Ich fuhr fort, die Karabiner auszulegen, bis ich zwei Kletterer bemerkte, die mich von einem nahe gelegenen Zeltplatztisch mit verschränkten Armen beobachteten und sich wahrscheinlich fragten, auf was ich mich vorbereitete.

Jeder will auf den El Cap klettern, aber obwohl es so viele versuchen, schaffen es nur die wenigsten. Oft witzelte ich darüber, dass es nur zwei Arten von Kletterern im Yosemite gibt: jene, die den El Cap klettern wollen, und die anderen, die an ihm gescheitert sind. Stellte sich nur die Frage, zu welcher der beiden Sorten die Kletterer gehörten, die mich beobachteten. Vielleicht waren sie gerade umgekehrt und hofften nun auf Hilfe und Tipps von einem alten Hasen, oder sie waren erfolgreich gewesen und suchten nun ein geeignetes Opfer, dem sie ihre Geschichten von Heldentum und Erfolg erzählen konnten? Den El Cap zu klettern ist schwierig, egal, auf welcher Route. Es war also zumindest verdienter Ruhm.

Sie kamen herüber.

«Was hast du vor?», fragte der Größere von ihnen. Seine schmuddeligen kurzen Hosen und seine dreckigen, in Sandalen steckenden Füße verrieten, dass er schon länger in der Gegend war.

Verrate ihnen nichts!

«Weiß noch nicht», log ich.

Ignoriere sie!

«Wir sind gerade vom Shield runtergekommen», sagte der andere Kletterer. Eine Narbe an seiner Nase erzählte davon, dass ihm während der Kletterei eine der Sicherungen ins Gesicht geknallt war. Wahrscheinlich ein Haken, der unter der Belastung plötzlich ausgebrochen war.

«Nicht schlecht.»

Das Shield war eine der schwierigeren Klassiker am El Cap, eine Linie, die über einen der steilsten Wandteile führte. Es war mein erster Bigwall gewesen. Ich beschloss, diese Tatsache lieber ein Geheimnis bleiben zu lassen, es hätte womöglich ihre Leistung geschmälert.

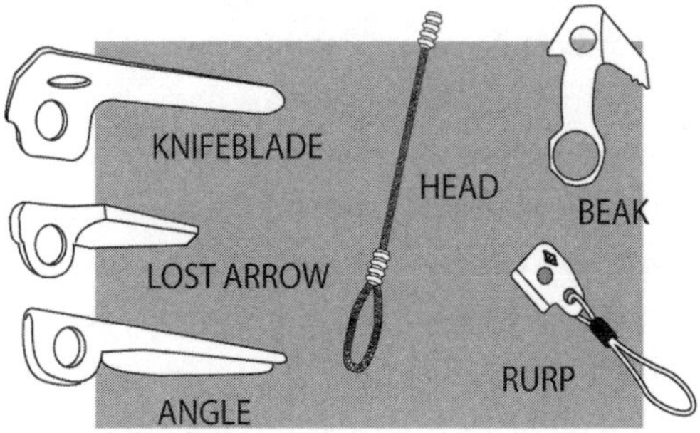

«Yeah, es war cool», fuhr der Kletterer fort, «mit deiner Ausrüstung da hätten wir es sicher auch geschafft. Du bereitest dich gerade auf was richtig Großes vor, oder? Aurora, die Pacific Ocean Wall, vielleicht Lost in America?» Er zählte noch ein paar Namen von anderen schwierigen Routen auf.

Sag ihnen nichts.

«Ich weiß nicht», sagte ich, verriet nicht, dass ich all diese Routen in den letzten Jahren gemacht hatte.

«Oder die Wyoming Sheep Ranch?», fragte ein anderer, bückte sich und betrachtete meine Sammlung an Skyhooks, jenen kleinen gebogenen Haken aus Stahl, die man auf winzige Felskanten setzen konnte, so schmal wie Streichhölzer. Die Sheep Ranch war eine der härtesten und meistumworbenen Routen am El Cap, ihr verrückter, mythenumwobener Name gab wenig von den Gefahren preis, die dort warteten.

«Nein, dort ist mir zu viel loses Gestein», sagte ich und legte die Knifeblades aus, bis sie in einer Reihe lagen: am Anfang die kleinen, skalpellähnlich dünnen, am Ende jene, die die Dicke eines Küchenmessers hatten. Für die dünnen Risse waren alle wichtig.

«Komm schon, erzähle, was du vorhast!», sagte der Größere von beiden. Er inspizierte meine Birdbeaks: kleine, tomahawkähnliche Haken, deren Spitzen so dünn waren wie Fingernägel. Man brauchte sie, wenn die Risse für Knifeblades zu dünn wurden. «Mit dem Zeug hier hast du sicher was Hartes vor. Wir sagen auch nichts weiter.»

Ich legte ein paar Lost Arrows auf die Plane, aus dickem Stahl, die man für breite Risse brauchte. Sie waren schwer, ich stellte mir den Klang vor, den sie erzeugten, wenn man sie in den Fels trieb.

Ein Ranger fuhr auf einem Mountainbike vorbei und grinste uns an. Wahrscheinlich wollte er uns eine mentale Notiz zukommen lassen, dass er später noch mal käme und prüfte, ob wir auch angemeldet waren und bezahlt hatten.

«Wir wissen, wer du bist», sagte der mit der aufgeschürften Nase. «Du bist Andy. Du bist ein harter Hund.»

Wenn er nur wüsste.

Ich lachte, es fühlte sich gut an, wenn mal zur Abwechslung jemand dachte, dass ich in irgendetwas gut war. Die letzten Jahre hatte ich mich zunehmend unnütz gefühlt – je härter die Routen waren, die ich kletterte, desto größer die Kluft zur Realität. Ich kam mir nicht vor wie ein Kletterer, aber ging in diesem Sport voll auf. Mein Problem war wahrscheinlich, dass ich mit jemandem verheiratet war, der das Bergsteigen nur negativ sah. Mandy hielt nicht viel vom Klettern, von Heldenverehrung und Egoismus. Sie durchschaute den ganzen Bullshit. Je größer meine Routen waren, desto größer ihr Schmerz. Sie sah nur das schwarze Ende. Ihre Mutter war gestorben, als sie sechs Jahre alt war. Ihr Vater hatte sie nicht zu ihr gelassen, damit es einfacher für sie war. Sie erinnerte sich nicht an ihre Mutter, nur an den Verlust. Sie dachte immer, ich würde sterben und sie ebenfalls für immer verlassen. Keine Route, egal wie schwer, konnte sie beeindrucken – nur meine Rückkehr.

«Die Reticent Wall», sagte ich fast verlegen.

Ihre Kiefer fielen herunter, die Münder standen offen: Solche Worte waren beängstigend in den engen Räumen des Yosemite, wo sie so viel bedeuteten.

«Heilige Scheiße, Andy!», sagte der Größere von beiden, ließ die Birdbeaks fallen und stand auf. «Du scheinst ein netter Kerl zu sein, sei vorsichtig!»

«Werd ich», sagte ich mit einem Lachen, das meine Verlegenheit überspielen sollte. Dann wandte ich mich wieder dem Material zu: ein Zeichen, dass ich nicht darüber reden wollte.

«Ich sag es ja nur.» Stille. «Sei vorsichtig!»

Ich hörte auf, mein Material zu sortieren, und legte die Bündel zurück in die Haulbags. Morgen würde ich sie zum Beginn der Route tragen und während der zwei folgenden Tage damit beginnen, meine Seile zu fixieren.

Als das Kletterzeug eingepackt war, setzte ich mich an einen nahen Picknicktisch und legte das Essen aus, das ich für die Route benötigte. Ich überlegte, wie viel Wasser ich brauchte, was ich noch kaufen musste, bevor es losging: Tücher zum Händeputzen, Batterien für den Walkman, Sonnencreme.

Ich zog das Buch heraus, das ich für die Reise mitgebracht hatte – *Das Periodische System* von Primo Levi – und öffnete es. Zwei Bilder lagen darin. Es waren Fotografien von schlechter Qualität, die Ella und Mandy zeigten. Schlechte Qualität deswegen, weil ich wusste, dass sie während der Kletterei kaputt- oder verlorengingen. Eines zeigte Ella in ihrem Kindersitz, rote Schenkel steckten unter dem Tischchen, auf ihrem Kopf trug sie einen Cowboyhut. Es war an ihrem zweiten Geburtstag entstanden. Das zweite Bild zeigte Mandy, Ella und mich, als Spiegelung in einem Schaufenster. Ich hatte es vor ein paar Monaten in Scarborough aufgenommen. Ella saß auf meinen Schultern, ihre Hände ruhten auf meinem Kopf. Mandy stand neben mir, hatte ihren Arm in meinen eingehakt. Wir lächelten. Das Lächeln kam mir vor, als sei es sehr lange her gewesen.

Waren sie dir nicht genug?

Damals waren sie es.

Heute ebenso.

Ich saß eine Weile und versuchte, die Stille des Platzes zu begreifen, an dem ich war. Das sanfte Knistern der Bäume, die Rufe der Vögel, das leise Brummen von Autos, die vorbeifuhren. Es wäre schön, eine Weile hier zu bleiben und ein normaler Mensch zu sein, mich mit anderen Kletterern zu unterhalten und zu fachsimpeln, vielleicht sogar mein Ego etwas aufzurichten.

Es würde keinen Frieden geben. Die Trommeln in mir dröhnten.

Wenn du wieder glücklich werden willst, dann musst du gehen.

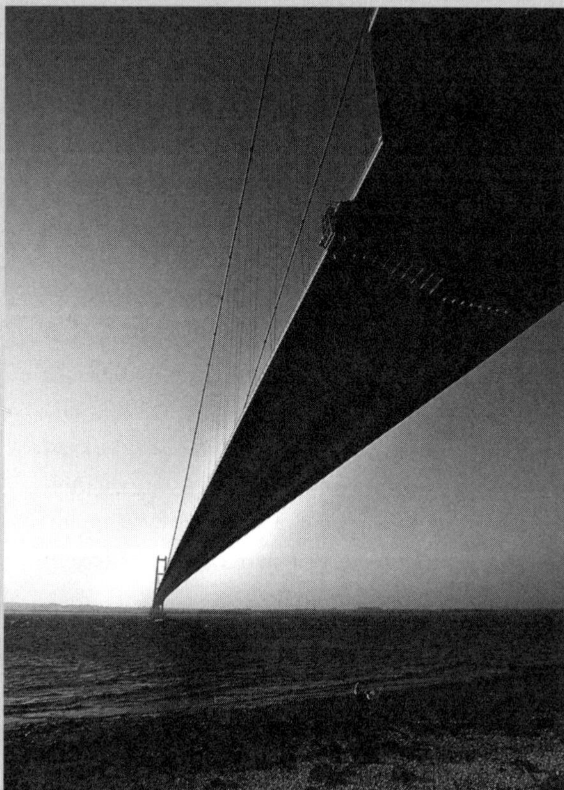

Jugend in Hull, an Englands Ostküste: «Von meinem Zimmer aus konnte man die Humber-Bucht sehen, deren Wasser braun wie Schokolade war und schwer von Treibsand, Umweltgiften und Geschichte.»

Waschbeton

Das glückliche Leben, das ich bis zu meinem siebten Lebensjahr hatte, änderte sich, als wir nach Hull zogen. Statt des kleinen Hauses am Meer bewohnten wir nun eine dumpfe Blockwohnung in der Stadt. Ich zog mich in mich selbst zurück und hielt mich durch die schönen Erinnerungen am Leben. Ich wollte mein Kinderzimmer zurück. Mein altes Haus. Meine Schule. Meine Freunde. Meine Spielsachen. Nichts wäre schöner gewesen, als die Uhr zurückzustellen, auf dem Zaun zu sitzen und Vater über die Felder nach Hause kommen zu sehen. Ich wollte, dass die Dinge so bleiben würden, wie sie waren. Ich wünschte mir meinen Vater zurück. Mein bisheriges Leben wurde zu nichts mehr als einem Film in meinem Kopf, den ich für den Rest meines Lebens ansehen würde.

Von meinem neuen Zimmer konnte man die Humber-Bucht im Süden sehen, deren Wasser braun wie billige Schokolade war und schwer von Treibsand, Umweltgiften und Geschichte. Die Hügel und der Ozean meiner Vergangenheit mit ihrer Freiheit und ihrem Glück waren über Nacht zu Bergen aus Beton geworden, in denen viele Familien in klammer Enge wohnten; eine Welt von spiralförmigen Treppen und nach Urin stinkenden Aufzügen, eine dunkle und dreckige Welt neben einem genauso dreckigen Fluss, der zu all dem passte wie die Faust aufs Auge. Wenn der Ozean ein Sinnbild für mein früheres Leben war, so wurde es dieses schmutzige Binnengewässer für mein jetziges Dasein.

Wir waren aus dem Zug gestiegen und in diese dunkle Stadt gekommen. Wir hätten ebensogut bei Außerirdischen landen können.

Wir hatten immer sehr wenig besessen und waren arm gewesen, aber jetzt hatten wir noch weniger und waren noch ärmer. Meine Mutter trotzte all dem und war wie immer stark und optimistisch eingestellt. Sie verlor nie ihr Gesicht, selbst wenn ich merkte, dass sie innerlich am Zusammenbrechen war. Sie hatte mehr verloren als wir Kinder. Wir waren alles, was sie noch besaß. Jetzt musste sie sich eine neue Welt aufbauen. Von ihr lernte ich, dass es oft keine andere Möglichkeit gibt, durchs Leben zu kommen, als seine Gefühle zu verstecken, wenn andere von dir als stark erscheinendem Menschen abhängen.

Ein einziges Mal brachte meine Mutter zum Ausdruck, wie es ihr ging, als sie mir erzählte, wie sie körperlich fühlen konnte, dass ihr Herz gebrochen war. Ich stellte mir ihr Herz vor, rot und fest, ohne jedes Leben, zerschlagen wie ein Stück Geschirr, und ich wusste, dass ich ihr mit nichts helfen konnte, außer genauso stark zu sein wie sie.

Sozialwohnungen waren knapp, aber Mutter fand uns ein neues Zuhause in einer Stadtgegend mit Wohnblöcken. Sie hatten alle den gleichen üblen, billigen Putz aus Kieseln und Waschbeton, die Einheimischen, ja sogar die Zeitung nannte sie die «Misery Maisonettes», also die Elendswohnungen.

Sie sahen aus wie Gefängnisse. Es muss wohl ein kranker Scherz eines Stadtplaners gewesen sein, die Blöcke nach Dörfern im schönen Peak District zu nennen. Wir zogen ins Buttermeere-House. Erst am Tag, an dem wir die Schlüssel bekamen und einzogen, erzählten uns die Nachbarn, warum niemand die Wohnung genommen hatte. Der letzte Mieter hatte sich im Treppenaufgang der Maisonette-Wohnung erhängt. Er hatte das Seil am Geländer festgebunden, das unmittelbar neben dem Kopfkissen meines Bettes war. Man sah sogar noch die Spuren. Nachts, wenn das Gebäude auskühlte, begann das Geländer zu knarren. Die Wohnung hatte zwei kleine Balkone, und manchmal erschien es mir, als sähe ich den toten Mann, der aussah wie Jack the Ripper, durch die Vorhänge starren.

Es wäre einfach gewesen, sich gehen zu lassen, zurückzuschauen und Mitleid für sich selbst zu spüren ob der harten Zeit, die wir hatten. Aber wie die meisten armen Kinder hatten wir die Gabe, uns anzupassen, oberflächlich zumindest, und so gingen wir in die Schule und machten Bekanntschaft mit der neuen Welt. Innerlich war ich verwirrt und haltlos, aber die Liebe meiner Mutter war eine Schwerkraft, die einen anzog und einem wieder Boden unter den Füßen gab. Wir wussten, wenn es etwas Sicheres auf dieser Welt gab, dann war es das. Die Jahre gingen vorbei, und ich veränderte mich, passte mein Inneres der Umgebung an. Die Landschaft und der Raum früher in Tywyn waren für mich unendlich gewesen, so grenzenlos wie Landschaften eben sein können. Die Wohnblocks in Hull verband ich mit

Filmen wie «Star Wars» oder mit Science-Fiction-Comics. Aus den waschbetongrauen Häusern wurde eine Stadt nach der Apokalypse. Mit meinen neuen Freunden spielte ich immer raffiniertere Szenen nach. Vor unseren Augen entstand eine fantastische Welt. Die trüben und dunklen Ecken unserer Gegend wurden zu etwas Aufregendem, zu etwas Verblüffendem. Hell und sakral dagegen erschienen uns die offenen grünen Flächen: die Spielplätze, der kleine Park, die Bäume, ja selbst die kleinen grasbewachsenen Vierecke, wo die Hunde scheißen gingen. Wir achteten diese Orte, denn ohne dass wir es damals wussten, kribbelte unter unserer Haut das Gefühl für die Natur.

Ich stellte mir immer vor, ich sei ein Alien von einer anderen Welt mit anderen Kindern, ich sei anders als die anderen. Und ich hätte alles dafür gegeben, wieder dorthin zurückzukehren.

Die Schule war erstaunlich. Die Lehrer waren erfahren und positiv eingestellt. Durch ihre strenge, aber unterstützende Art schafften sie es, mit all den vielen Problemkindern umzugehen. Irgendwie ließen sie jedes Kind spüren, dass es einmalig und erstrangig war, dass es gemocht wurde. Trotzdem hatte ich in vielen Fächern zu kämpfen. Manches fand ich schwierig, das für andere kinderleicht war. Dabei ging es nicht nur um Schulaufgaben, sondern schlimmer noch, um soziale Fähigkeiten. Ich konnte nicht nur nicht lesen, sondern auch meine Schuhbändel nicht binden. Die Lehrer gaben mir Sonderunterricht und halfen mir, die Mängel aufzuholen. Nie sprach man von meiner Langsamkeit und meinen Verständnisproblemen als Krankheit. Man gab ihr auch keinen Namen. Im Gegenteil, man hatte Verständnis dafür, dass ich Hilfe brauchte.

Zum Glück konnte ich zeichnen. Es war wie eine Rettung, wie ein Überdruckventil für meine außer Rand und Band geratene Fantasie. Lesen konnte ich nicht. Die Bilder der Comics wurden zu meiner Blindenschrift und meiner Sprache. Bilder wurden zu Geschichten, und meine Geschichten wurden zu Bildern. Ich war ein Tagträumer und hatte große Schwierigkeiten, mich in der Schule zu konzentrieren. Die ganze Zeit bekam ich Ärger, weil ich auf Buchränder oder auf die Tische kritzelte, anstatt zu arbeiten. Ich schien ständig in Gedanken abwesend. Auch zu Hause verbrachte ich die meiste Zeit mit Zeichnen, auf dem Bauch vor dem Fernseher liegend. Der Bruder meiner Mutter, der eine Druckerei besaß, versorgte mich mit Resten von Papier und Pappe.

Mein Vater kam nur sehr unregelmäßig und selten vorbei. Oft war er Monate nicht da. Es ist schwierig, das zu verstehen, sowohl für ein Kind als auch jetzt, als Vater. Ich frage mich, ob es nicht besser gewesen wäre, wenn wir ihn nie wieder gesehen hätten. Es war schrecklich, ihn wieder gehen zu lassen. Zwei Tage, ja eine ganze Woche reichte nicht, um das Loch zu schließen, das er durch seinen Besuch in uns aufgerissen hatte. Trotz alldem liebte ich ihn ohne wenn und aber. Sein Bild trug ich stets in mir. Er war nicht nur mein Vater, sondern auch die einzige Verbindung zu meinem alten Leben. Wir dagegen änderten uns schnell. Joanne steckte nicht mehr im Gips, sondern war ein bezauberndes kleines Mädchen. Robin und ich waren auch größer geworden. Am Anfang hatte ich gehofft und gebetet, Vater und Mutter würden wieder zusammenkommen, mit den Jahren begriff ich, dass es nie der Fall sein würde.

Wenn ich mitbekam, dass mein Vater uns besuchen würde, zählte ich die Tage wie vor Weihnachten. Stundenlang stand ich auf dem Stuhl und schaute hinunter auf die Straße. Die Höhe des Wohnblockes erlaubte es, weit zu sehen. Es war das Warten auf sein Auto, wie es von der Hauptstraße abbog und zu den Parkplätzen an den Wohnblocks fuhr. Ich sehnte mich nach ihm, neben diesem Verlangen erlosch die Welt um mich. Es war wie ein Schmerz, und ich fragte mich, ob mein Herz auch gebrochen war wie das von Mum und ob sich Mums Herz genauso anfühlte wie meines. Aber ich vergab ihm immer.

Wenn er uns besuchen kam, gingen wir oft in den Park. Manchmal gingen wir auch im Peak District, der einige Stunden entfernt war, klettern und zelten. Obwohl der Zeltplatz nur wenige Kilometer von der Stadt Sheffield entfernt war, habe ich ihn als Paradies in Erinnerung. Die Täler, Wälder und Bäche waren die beste Flucht vor der Stadt.

Eines Morgens erwachte ich früh, kroch aus dem Zelt und lief durch nassen Farn in die Hügel, wo ich auf einer Gruppe markanter Felsen namens Stanage Edge kraxelte. Es war kurz vor dem Aufgang der Morgensonne, in den Tälern hing der Nebel. Ich wollte nicht zurück in die Stadt. Ich wollte hier bleiben, aber ich wusste, dass es nicht ging. Ich versprach, dass ich eines Tages bleiben würde und nicht mehr zurückginge.

Vielleicht waren es die Erinnerungen an Tywyn, oder die Besuche im Peak District – jedenfalls verlangte ich nach Abenteuer. Egal wo.

Als Kinder waren wir oft in der Schweiz. Natürlich war das nicht das Land Schweiz, sondern ein aufgelassener Steinbruch mit dem Namen Little Switzerland, der sich neben der Humber-Brücke befand. Wir waren eine große Kinderbande, die dort hinging und die überwucherten Löcher und Tümpel erforschte. Mit einem handgenähten Klettergurt, den mir mein Vater geschenkt hatte, seilten wir sogar ab. Ich übernahm mit meinen zwölf Jahren die Rolle des Kletterausbilders, band das Seil an einem alten, rostigen Geländer fest, das die Leute vor dem Absturz in die Tiefe bewahren sollte. Heutzutage läuft es mir kalt den Rücken herunter, wenn ich daran denke. Nachdem wir uns den ganzen Tag in der Vorstellung ausgetobt hatten, wir würden den Dschungel in Vietnam in Rambomanier erforschen, machten wir uns auf den vierzehn Kilometer langen Rückweg nach Hause. Als wir bei den Wohnblocks ankamen, sahen wir aus wie eine Armee in Fetzen und Lumpen, die mit Schmutz beschmiert war. Einige Väter umkreisten uns auf ihren Fahrrädern und schimpften lautstark. Sie hatten stundenlang nach ihrem Nachwuchs gesucht und waren entsprechend wütend. Meist schickte uns Mum sofort ins Bett. Sie war vor Sorge wieder fast krank geworden.

Zwischen dem Fluss und unserem Wohnblock lagen die Hafenbecken. Wir nannten sie die Docks. Ein weites Gelände, das sich über mehr als ein Dutzend Kilometer erstreckte. Einst waren die Docks Teile des weltgrößten Hafens gewesen, aber so wie die Industrie im Lauf der Zeit den Bach runterging, so zerfielen auch die Häfen. Die Nordseedampfer, die Walfangboote der Arktis, die Schiffe voll mit Holz, Wolle oder zeitweise sogar mit Sklaven waren jetzt durch rostige Kinderwagen, mit Öl verschmierte Markierungsbojen aus Styropor und aufgedunsene tote Hunde ersetzt.

Die Docks wurden, zusammen mit den ausgebombten Gebäuden am Rand unserer Siedlung, zu meiner Wildnis: einem Ort, der es an

Gefährlichkeit, Abgelegenheit und Größe mit den Einöden der Arktis aufnehmen konnte. Es war ein Raum von Freiheit und Möglichkeit.

Damals gab es für normale Menschen überhaupt keinen Grund, zu den Docks zu gehen, und die Einzigen, die sich dort aufhielten, waren Prostituierte, Landstreicher und die Kinder aus den Wohnblocks der Gegend.

Die meisten Prostituierten kamen ebenfalls aus unserem Stadtviertel. Ihre Kinder gingen mit uns in die Schule, und man konnte ab und zu beobachten, wie ein Kind auf dem Spielplatz versuchte, mit dem Satz «deine Mutter ist eine Nutte» ein anderes Kind zu beleidigen, worauf die Antwort kam «Ja, und? Was soll's?»

Ich hatte also Prostituierte kennengelernt, lange bevor ich überhaupt wusste, was Sex sein soll. Es machte sogar Spaß, sie ein wenig zu stören, indem wir mit unserer Gang wie die Wilden auf BMX-Rädern herumkurvten und alle geheimen «Arbeitsplätze» der Prostituierten auskundschafteten, etwa den alten Friedhof am Rand der Docks. Die Freier rannten dann entweder davon oder standen ihren Mann, schrien uns an und verfolgten uns.

Die Obdachlosen, die in den Docks wohnten, kamen von der Heilsarmee, die ihr Gebäude unweit des Geländes hatte. Die geistig Kranken waren damals noch in Kliniken, also waren die heruntergekommenen Gestalten vom alten Schlag: ältere, üblen Geruch verströmende bärtige Männer – zweifelsohne Soldaten, die nicht mehr nach Hause zurückgefunden hatten. Sie tranken Met – zumindest dachten wir das – und kauerten zusammen auf den Stufen der Kirche, um zu warten, bis jemand aufmachte. Oft fielen welche von ihnen in die alten Hafenbecken. Dann wurden sie entweder von der Feuerwehr herausgezogen oder versanken im Schlamm und ertranken. Eine der Geschichten, die bei uns an der Schule kursierten, handelte von einem Obdachlosen, der aus dem sechsten Stockwerk des Grasmere-Gebäudes gesprungen war und überlebte. Seine Füße und Beine wurden so zusammengeschoben, dass er wie ein Pflock senkrecht im Matsch stecken blieb und einen halben Meter kürzer war. Die Feuerwehr zog den Schreienden wieder heraus.

Obwohl ich diesen Vorfall nicht selbst erlebt hatte, verfolgte mich das Bild meine ganze Kindheit durch, besonders als wir älter wurden und uns getrauten, über die alten Regenrohre nach oben auf die Dächer der Gebäude zu klettern. Einen Sturz hätte man nicht überlebt.

Wir kletterten damals immer irgendwo hoch, trieben uns auf den Mauern herum, lungerten auf den Dächern. Dort kamen nur die Tapferen hoch oder die Polizei mit ihren langen Leitern. Je höher das Gebäude und der mögliche Sturz, desto größer war der Reiz.

Das Gelände war voll von Verwegenheit und Katastrophen: Kinder fielen von den Balkonen, wenn eine Wäscheleine riss, Erwachsene stürzten in den leeren Aufzugsschacht. Eine Sehenswürdigkeit, wenn ich das so nennen darf, war der Riss durch die Pflastersteine unterhalb eines Gebäudes. Hier soll eine Frau eingeschlagen sein, nachdem sie sich in selbstmörderischer Absicht aus dem zwanzigsten Stock gestürzt hatte. Wir Kinder hatten vor diesen Wohnungen dort oben Respekt: Sie garantierten bei einem Sturz den Tod. Auch das Wort «Maisonette-Wohnung» verursachte uns Unwohlsein. Nicht dass wir wussten, was es bedeutete, aber schließlich lebten wir in einer Maisonette-Wohnung, und hier hatte sich der Mann erhängt. Ich dachte als Kind viel über den Tod nach.

In den Docks gab es auch immer Angler. Sie fischten nach Aalen, die zwischen Abfall und Unrat gediehen. Auch für uns Kinder war das Angeln ein beliebter Zeitvertreib. Sobald wir uns eine Angelrute leisten konnten, ging es los. Allerdings hatten die meisten unserer Angelausflüge wenig mit Angeln zu tun. Wir fuhren mit unseren Fahrrädern zu den Docks, die Angelruten draufgebunden. Nach der ersten Aufregung, dem Aufspießen des Köders auf den Haken und dem Auswerfen, wurde uns langweilig, und wir suchten etwas Spannenderes. Besonders beliebt war es, in den öligen Eisenkonstruktionen der alten, viktorianischen Brücken herumzustöbern und nach den Heroinspritzen der Junkies zu suchen. Wir stachen dann mit ihnen in die Maden, die wir als Köder benutzten, und bliesen sie auf, bis sie platzten. Außerdem gab es immer irgendetwas, das man ins Wasser werfen konnte, alte Glasfenster, die man an den verfallenen Brücken zersplittern lassen konnte, manchmal verwendeten wir sogar Schleudern, um Gegenstände auf tote Tiere zu schießen, die weit draußen wie aufgedunsene Schweine im Wasser trieben.

Als die Docks ein paar Jahre später für den Bau eines Supermarktes trockengelegt wurden, fanden die Arbeiter einen sterbenden, mehr als zwei Meter langen gigantischen Fisch. Es war unklar, zu was für einer Art er gehörte, und man glaubte schon, er wäre prähistorisch. Die Bilder erschienen in der örtlichen Presse. Er musste viele Jahrzehnte in den nach außen abgeschotteten Docks gelebt haben, wo er sich von Aalen und Ratten ernährte.

Das Einzige, was ich jemals aus den Docks fischte, war Robin. Er fiel immer wieder hinein – meistens weil ich ihn hineinstieß. Eines Sommers bekam er zum Geburtstag ein gebrauchtes Fahrrad, ein gelbes Raleigh-Boxer-Unikum, und wir fuhren runter an die Docks, damit es alle sehen konnten. Als er gerade nicht hinschaute, band ich ein Stück Seil ans Rad. Das andere Ende befestigte ich außer Sichtweite an einem rostigen, losen Hafenpoller aus Eisen, der in der Nähe des Wassers lag. Dann rief ich «Hey Robin, schau mal, was jetzt passiert!» und stieß den Poller in die Tiefe. Bevor ich das Fahrrad wieder aus der Tiefe nach oben gezogen hatte, war Robin schon in Ströme von Tränen ausgebrochen. Noch zwanzig Jahre später tut er sich schwer damit, zu verstehen, was an diesem Scherz lustig gewesen sein soll.

Eine unserer beliebtesten (und auch gefährlichsten) Beschäftigungen war das Schwimmen in den Docks. Normalerweise endete es damit, dass einer von uns verletzt wurde oder fast ertrank. Man zog sich bis auf die Unterwäsche aus, stellte sich an der runden Mauer aus Stein auf und versuchte, einen tapferen Freiwilligen zu finden, der zuerst reinsprang. Ich war es nie.

Mit Anlauf sprang der erste von uns Jungs, verschwand im aufspritzenden Wasser, während die Zuschauer schrien und applaudierten. Es wurde dann still, bis er endlich wieder aus der schwarzen Tiefe an die Oberfläche kam.

Dann war ich an der Reihe. Ich zitterte ein wenig vor Angst: Angst vor dem kalten Wasser, Angst vor dem, was unter der Wasseroberfläche lag, Angst, nicht wieder aufzutauchen.

Ich trat einen Schritt vor. Jene, die den Sprung schon hinter sich hatten, zitterten ebenfalls mit verschränkten Armen und warteten, bis alle drin gewesen waren. Man wusste, dass man keine andere Wahl hatte, früher oder später musste man springen.

Mit ein paar Schritten Anlauf katapultierte ich mich in die Luft und weit übers Wasser, die Augen geschlossen, begleitet von einem Schrei, der halb kriegerisch, halb ängstlich war. Es ging mehrere Meter nach unten, und man hatte das Gefühl, unwahrscheinlich lange in der Luft zu sein. Während des Flugs spürte man den Nervenkitzel der Freiheit, die die Entscheidung mit sich gebracht hatte. Es gab kein Zurück, man war dem Schicksal ausgeliefert. Dann schlug man auf.

Es war ein harter Schlag, die Kälte nahm einem den Atem, das Wasser war so schwarz, dass man es für Asphalt hielt, aber man schlug durch, sank in die Tiefe. Stets erwartete man, auf einem der Gegenstände, die unter dem Wasser herumlagen, aufzuschlagen. Dann wurde man langsamer, schwamm dem Licht und den Schreien der Freunde entgegen an die Oberfläche, wo man über eine Leiter nach oben kletterte und dort mit verschränkten Armen, von öligem Wasser benetzt, wie die anderen stand.

Der Trick bei der ganzen Sache war natürlich, kein Wasser zu verschlucken, sich nicht irgendwo unter Wasser zu verheddern und nicht mit toten Hunden oder Schlimmerem in näheren Kontakt zu treten. Ich stellte mir oft vor, wie die zombieähnlichen Leichen von toten Obdachlosen und ermordeten Prostituierten durch die Schwärze am Grund der Docks glitten und nach meinen Füßen griffen, um mich festzuhalten. Vielleicht waren das aber eher die Einflüsse meiner Lieblingsvideokassetten als meine Fantasie.

Jeden Sommer ertranken hier Kinder, und bei den Schulversammlungen warnten uns die Schulleiter eindringlich, nicht in die Nähe der Docks zu gehen. Das Schlimmste, was mir je passiert ist – es war gleichzeitig das letzte Mal, dass ich in die Docks sprang –, war, dass ich mich am Fuß böse schnitt, nicht mehr laufen konnte und auf einem Fahrrad nach Hause transportiert werden musste, während das Blut durch meine Dunlop-Turnschuhe auf die Straße tropfte. Bis dahin hatte mich keine der Gefahren gestoppt. Insgesamt war es eine frühe Erkenntnis in meinem Leben gewesen, dass Spiele ohne Gefahr eben nichts weiter sind als nur Spiele. Übrigens waren damals die städtischen Schwimmbäder von Bulldozern zugeschüttet worden, um Platz für eine Umgehungsstraße zu schaffen. Wir hatten keine Wahl – entweder waren es die Docks oder überhaupt kein Schwimmen.

Irgendjemand hat mir einmal erzählt, eine Wildnis sei ein Gebiet von vielen tausend Quadratkilometern ohne irgendwelche Spuren von Menschen. Das stimmt nicht. Im Rückblick kann ich sagen, dass mir die Docks, Little Switzerland und die zerbombten Gebäude etwas unermesslich Wichtiges gaben, als ich ein Kind war, etwas, das mich ein Leben lang begleitet. Diese verfallenen Industrieanlagen aus Stein und Schmutzwasser waren für mich so wertvoll und wild wie die Tundra. Hier erfuhren wir, wer wir waren. Nicht nur äußerlich, sondern auch im Inneren.

Die ersten Jahre meines Lebens in Hull waren wie ein einziger heißer Sommer. Auf den Straßen war es ruhig, die Wochenenden und Ferien schienen nie aufzuhören. Wir waren arm, aber das waren alle anderen auch, und wir hatten nie ein Problem damit. Vielleicht gehörte ich zu der letzten Generation von Stadtkindern, die eine solche Kindheit hatten: ziemlich frei von Konsumzwängen, bis auf die skurrilen Figuren von Star Wars. Es war der Konsum- und Besitzzwang, der später zur richtigen Armut führte, und schlimmer noch, der den Leuten zeigte, wie wenig sie hatten. Damals waren alle in den Wohnblocks knapp bei Kasse, wir waren Gleiche unter Gleichen. Man hatte von irgendwoher einen Fernseher gemietet und musste ihn mit 50-Pence-Stücken füttern, damit es etwas zu sehen gab. In der Schule gab es auch ohne Geld etwas zu essen, und manchmal bekam man Gutscheine, um Kleider zu kaufen. Heutzutage ist es auch so, dass ich meine Kleider umsonst bekomme – nur sind sie von der Bergsportindustrie, und ich werde bezahlt, damit ich sie trage.

Anders wie die anderen Mütter versuchte meine Mum immer, etwas Geld auf die Seite zu legen und so viel zu sparen, dass wir einmal im Monat mit dem Zug ans Meer fahren konnten. Unsere Familienkarte der englischen Bahn machte es möglich. Ich frage mich zwar immer, wie wir ohne den Vater überhaupt eine Familie sein konnten, aber offensichtlich war das der Bahn egal, sie war da pragmatisch eingestellt. Wir kamen mit dem ersten Zug frühmorgens in Scarborough an und brachten alles mit, was wir für den Tag brauchten. «Also», sagte meine Mutter, während wir zum Strand gingen, «wir haben fünf Pfund, die wir ausgeben können, und wenn die fort sind, war's es.» Es war erstaunlich, wie weit wir es mit wenig Geld brachten.

Einmal sagte sie uns, dass nicht *wir* arm seien, sondern *sie alleine*. In der Tat behielt sie wohl einige der größten Probleme für sich, unter anderem jenes, wie wir über die Runden kamen. Nichtsdestotrotz war mir klar bewusst, dass das Leben für sie ein Balanceakt war zwischen den Rechnungen, die es zu bezahlen galt, und den Ausflügen ans Meer, unseren Spielgeräten und den kleinen Luxussachen, die aus unserer Wohnung ein Zuhause werden ließen. Ihr Leben war voll von kleinen Katastrophen, unerwarteten Rechnungen, verlorengegangenen oder zerrissenen Kleidern, und oft sah ich sie verzweifelt dasitzen. Doch sie kehrte das Blatt immer um und schlug zurück. Einer ihrer häufigsten Sprüche war: «Wenn das nicht Schicksal ist!» Sie wendete ihn immer dann an, wenn etwas schiefging. Sie hatte so viel Pech, und das Leben spielte ihr so mit, als sei es nicht schon hart genug. Erst viel später verstand ich, auf welch schmalem Grat die wirklich Armen balancieren. Die kleinste Erschütterung kann sie zum Absturz bringen. Aber meine Mutter hielt sich jedes Mal fest, kletterte zurück und machte weiter. «Macht nichts, alles Schicksal!» – dieser Satz war so häufig zu hören, dass er zur automatischen Verteidigung gegen das Pech wurde. Wir akzeptierten das Leben so, wie es war. Einmal fuhren wir nach Scarborough, als im Zug die Alarmsirenen losgingen, die Bremsen quietschten und er ruckartig stehen blieb. Die Passagiere befanden sich mehr auf dem Boden als auf den Sitzen. «Tut mir leid», sagte der Schaffner, als er durch die Waggons ging, «wir sind wohl gegen eine Kuh gefahren, die auf den Gleisen stand.» Unser Tag am Meer war im Eimer. Mum schaute uns an und sagte: «Also, wenn das nicht verdammt noch mal Schicksal ist!»

Wenn die Erinnerungen an die erste Zeit in Hull die Strahlen der Sommersonne mit sich bringen, so sind die folgenden Jahre verbunden mit der schwermütigen Düsterheit des späten Herbstes. Ich kam in die weiterführende Schule. Es war eine reine Jungenschule, die Klassen waren voll, die Atmosphäre gespannt. Die Gänge und Balkone erinnerten an einen Gefängnistrakt. Es war, als hätte man mich von einer kleinen, optimistisch und hart arbeitenden Schule, in der jedes Kind wertgeschätzt und unterstützt wurde, in ein Mahlwerk einer Fabrik gesteckt, die den Hoffnungslosen und Desorientierten gehörte. Eine Schule sollte eigentlich die jedem Menschen von Geburt an mitgegebenen Fähigkeiten wecken und fördern, damit man das wird, wofür man bestimmt ist. Diese Schule jedoch, und sie ist kein Einzelfall, warf uns alle in einen Topf und kochte uns fünf Jahre durch.

Über Nacht wurde aus mir – einem glücklichen Kind, das mit dem Lesen und Schreiben einige Schwierigkeiten hatte, ein Problemfall. Ich kam in die Förderklassen, wo Unterricht daraus bestand, dass man eingesperrt und abgestellt wurde. Die Kinder drehten durch. Sie stießen die Lehrer aus dem Klassenzimmer hinaus, setzten Tische und Bänke in Brand, warfen ihre Bücher aus dem Fenster. Die Drohung von körperlicher Gewalt hing in der Luft. Der einzige Ausweg war, sich blind zu stellen oder sich hinter irgendetwas zu verstecken. Niemand durfte auch nur das geringste Interesse am Lernen zeigen, sonst wäre er sofort als Streber bezeichnet und von der Menge verachtet worden. Es war eine einzige Hölle.

Gegen Ende meiner Zeit dort wurde beschlossen, dass unsere katastrophale Schule mit einer anderen ebenso katastrophalen Schule zusammengeschlossen werden sollte. So verdoppelte man die Probleme und halbierte die Kräfte, die sie hätten lösen können. Viele Lehrer versuchten, die Zeit bis zur Pensionierung durchzustehen, egal wie. Sie waren erschöpft, abgearbeitet und erfolglos. Man spürte, dass sie es hassten, uns zu unterrichten, genauso wie wir es hassten, von ihnen unterrichtet zu werden. Was fehlte, war Leidenschaft in jeder Hinsicht. Die Lehrer wussten, dass das Land dreieinhalb Millionen Arbeitslose hatte und dass sie, wie wir, das Problem ausbaden mussten. Auch das Gehalt war zu klein, um Antrieb und Leidenschaft zu entwickeln. Sie streikten für mehr Lohn, die Kinder schlossen sich ihnen an, der lokale Radiosender kam und machte Interviews vor dem Schulgebäude. Keiner hatte gemerkt, dass sowohl Lehrer als auch Schüler bereits Jahre im Streik verbracht hatten. Vor dem Hintergrund der Massenarbeitslosigkeit war es ja auch nicht von Belang. Warum lernten wir nichts? Es interessierte letztendlich kein Schwein.

Das Schlimmste für mich war, dass ich nun plötzlich in allen Fächern schlecht war, überfordert und teilnahmslos. Mir wurde klar, dass mein Verstand nicht so funktionierte, wie er es bei den anderen tat. In der ersten Mathearbeit verbrachte ich fünfzig Minuten damit, herauszufinden, welche Zahl für den Juni stand. Das musste man ganz oben neben dem Namen beim Geburtsdatum eintragen. Ich hatte mehr Angst davor, dass man mich als Idiot betrachtete, weil ich zu dumm war, mein Geburtsdatum richtig zu schreiben, als vor der eigentlichen Mathearbeit. Ich schrieb die Monate auf ein Schmierpapier, konnte mich nicht an alle zwölf erinnern oder nicht an die richtige Reihenfolge. Je mehr ich mich anstrengte und nachzudenken versuchte, desto mehr entglitt mir die Antwort.

Eigentlich hatte ich die Schule immer gemocht, mein junges Gehirn hatte nach Wissen gedürstet. Mein Kopf war, wie meine Mutter es ausdrückte, «ein Bergwerk voll mit unnützer Information». Jetzt hasste ich die Schule, jeden Morgen fühlte ich mich krank, hatte Furcht vor einem weiteren Tag in diesem Irrenhaus. Ich wünschte mir einen Lehrer, der mich verstehen konnte, der meine Fähigkeiten erkannte und mir half, etwas daraus zu machen, aber keiner hatte Zeit. Es gab keine Zukunft für uns, außer von Arbeitsbeschaffungsmaßnahmen, Berufen ohne Hoffnung, dem Arbeitslosengeld und der Kriminalität.

Ich wollte mich dem Ganzen nicht fügen. Tief drin behielt ich wie glimmende Glut die Hoffnung, dass ich es zu etwas bringen konnte. Ich wollte kein normales Leben führen wie die Eltern meiner Freunde mit Geld-auf-die-Hand-Jobs, die von Dingen lebten, die «vom Lastwagen gefallen waren», ihre Kinder großzogen und versuchten, die Rechnungen zu bezahlen, die das Betrachten der Weihnachtskataloge nach sich zog. Ich wollte frei von alldem sein. Aber wie?

Ich ging zum Berufsberater und erzählte ihm, dass ich irgendwo draußen in der Natur arbeiten möchte, aber das Einzige, was er mir zeigte, waren Unterlagen zur Holzfällerei. Ich sah ein Plakat, das zu einem Informationstag für Offiziersberufe in der Armee einlud, aber der Berufsberater klärte mich darüber auf, dass meine Noten zu schlecht waren, um überhaupt in die Auswahl zu kommen. Das war wie ein Schlag ins Gesicht. Ich war wütend. Ich wollte ihm zeigen, dass er falschlag, wusste aber, dass er recht hatte. Ich war einfach nicht schlau genug.

Ich dachte darüber nach, ob ich zur Marine gehen sollte. Es war nicht nur der einzige Weg nach draußen, der mir einfiel, sondern auch ein Weg zurück in die komfortable, geordnete Welt des Militärs, die mich als Kind so fasziniert hatte. Robin bewarb sich bei der Royal Air Force und wurde genommen, sobald er alt genug war. Ich verstand nun, warum mein Vater, mein Großvater und mein Urgroßvater zum Militär gegangen waren. Es gab schlicht und ergreifend keine andere Möglichkeit, den Durst nach einem außergewöhnlichen und weniger deprimierenden Leben zu stillen. Die einzigen Probleme, die ich sah, waren das Bügeln, das ich hasste, die Härte, von der ich nicht wusste, ob ich ihr gewachsen war, und die Frage, ob ich als Träumer das Ganze durchstehen würde.

Ich wusste nur, dass ich im Zeichnen gut war. Da waren so viele Ideen in meinem Kopf, dass nur ein Stift sie nach außen bringen konnte. Immer wenn es besonders schlecht um mich stand, hatte mich das Zeichnen weitergebracht. Egal, wie schlecht meine Noten in Mathematik waren, egal, wie viel im Englischtest rot unterstrichen war, ich konnte wenigstens zeichnen.

Von Universität oder dem College war bei uns an der Schule nie die Rede. Ich wusste derart wenig von der höheren Bildung, dass ich dachte, «Oxbridge» sei eine Universität. Mein Ziel war, in ein College für Kunst aufgenommen zu werden. Ich hatte keinen blassen Schimmer davon, was ich dort lernen würde oder wie man von der Kunst leben konnte, aber das interessierte mich auch nicht, solange mich noch die Hoffnung trug. Dann kam der Aufschlag auf den Boden der Realität.

In den Examen bekam ich gute Noten in Kunst, Geschichte, Technischem Zeichnen und erstaunlicherweise in Englisch. Wahrscheinlich hing das mit einer Geschichte zusammen, die ich zu einer der Fragen geschrieben hatte. Sie hieß «Der Traum» und handelte davon, was der Pilot der Enola Gay geträumt hatte, bevor er die Bombe auf Hiroshima fallen ließ. Mein Kopf war immer voll von Geschichten gewesen, aber ich war nie in der Lage gewesen, sie in eine einigermaßen leserliche Form zu bringen. Deswegen war ich beim Zeichnen geblieben.

An diesem Tag hatte ich trotz mangelhafter Rechtschreibung und schlechter Grammatik genug Talent bewiesen, um eine gute Note zu bekommen.

In Mathe fiel ich durch, schrieb mich aber trotzdem für die nächste Klasse ein. Meine Freunde rieten mir davon ab, sie sagten, ich würde dadurch «überqualifiziert». Manche der Lehrer zweifelten daran, ob ich klug genug war. Ich zweifelte selbst auch daran, nahm also meine beiden stärksten Fächer Kunst und Geschichte als Hauptfächer und wiederholte Mathe. Man hatte mir gesagt, ich bräuchte es für das College. Ich fiel am Ende des ersten Jahres durch und auch in den Examen, genauso in Kunst und Geschichte. Meine Lehrer hatten recht gehabt. Ich war tatsächlich ein Idiot, aber wenigstens kein überqualifizierter.

Dann hatte ich ein Vorstellungsgespräch für einen Grundkurs am College of Art in Hull. Es war ein intensiver Einjahreskurs, wo man das Malen, die Bildhauerei und die Fotografie lernte. Am Ende wurde entschieden, ob man gut genug für das richtige Studium am College war. Ohne außergewöhnliche Noten in Kunst und ohne jede Leistung in Mathematik sah es für mich nicht gut aus. Dennoch nahm ich alle meine Bilder und kam zum Gespräch.

Im Raum standen viele Tische, auf denen die Bewerber ihre Arbeiten ausstellten. Die, gelinde gesagt, Mittelmäßigkeit meiner Werke wurde deutlich, als ich um mich herum gelungene Gemälde, Skulpturen, gerahmte Fotografien und andere Attraktionen von schick aussehenden Jugendlichen erblickte. Auf meinem Tisch lag eine Kollektion von Bleistift- und Füllerzeichnungen, hauptsächlich Motive aus dem Science-Fiction-Bereich. Comics und Filmplakate waren meine beste Quelle für künstlerische Inspiration. Die Dozentin lief durch den

Raum, sprach mit den Bewerbern, betrachtete die Werke und kam schließlich zu meinem Tisch. Auf den ersten Blick war zu erkennen, dass sie weder von mir noch von meinen Werken beeindruckt war, die weder schick noch intelligent oder künstlerisch aussahen. Es war einfach nicht meine Welt. Da fiel ihr Blick auf ein Bild, das sich von den anderen unterschied. Es war ein dunkles, handgezeichnetes Bild auf einem langen Stück weißer, abgeschnittener Pappe, das ich gefunden hatte. Es zeigte einen Wal von innen, mit seinen Organen, Rippen und Innereien. Die Zeichnung war sehr sorgfältig ausgeführt, damit alles so echt aussah wie nur möglich. Ich hatte ein surreales Gemisch aus Licht und Schatten geschaffen. Was herausstach, war die weiße Spitze einer Harpune in der Bildmitte, die zusammen mit den anderen Teilen des Bildes eine interessante Komposition aus Dunkel und Hell, weichen und harten Linien erzeugte. Das Bild war so anders und wahrscheinlich auch so seltsam, dass die Dozentin es in die Hände nahm und mich dazu befragte. Ich erzählte ihr, dass mir die Idee gekommen war, nachdem ich ein nahe gelegenes Walfangmuseum besucht hatte, die Harpunen gesehen hatte und mir vorstellte, wie sie wohl im Inneren eines Wales aussahen.

Zum ersten Mal seit ich die Grundschule verlassen hatte, schaute mich ein Lehrer an und bemerkte das Potenzial, das in mir schlummerte. Sie notierte etwas, sagte mir, dass es interessant sei, und ging weiter.

Einige Tage später bekam ich einen Brief, in dem stand, dass ich zum Kurs aufgenommen war. Es war einer der glücklichsten Momente in meinem Leben.

Der Einjahreskurs war intensiv, und ich fand mich nicht nur zwischen motivierten, intelligenten und gut ausgebildeten Studenten wieder, sondern von Lehrern umgeben, die uns unterstützten und uns mehr Lob zukommen ließen, als wir ertrugen. Der Unterschied war eklatant. In diesem Jahr wuchs und lernte ich mehr als in den letzten sieben Jahren in der Schule. Wichtiger noch war die Lebensfreude, die die Studenten ausstrahlten und die vielseitigere Interessen hatten als ich. In kürzester Zeit war meine Welt aus Filmen, Videos und

Science Fiction ersetzt durch Bücher, Musik und vieles andere, was normale Jugendliche beschäftigt.

Ich sah auch, dass auf dem Kurs Leute waren, denen es ähnlich ging wie mir, die sich mit ihren Fähigkeiten zum Zeichnen am Leben gehalten hatten und nun aus der Tiefe des Lebens hierhergekommen waren. Ziemlich schnell brachen viele von ihnen den Kurs ab und behaupteten, die Kunst «könne man sich in den Arsch schieben». Für mich jedoch war das Leben noch nie so aufregend gewesen. Die Schulen, die ich besucht hatte, waren reine Jungenschulen gewesen, und nun saß ich neben Mädchen, deren Glanz ein Knistern und Funkeln in mein Leben brachte.

So wie der Kurs fortschritt, so waren es auch meine Fähigkeiten. Ich hatte weder Geld für Stifte noch für billige Acryl- oder Ölfarben, geschweige denn für Leinwände, auf die man malen konnte. Ich behalf mir mit Dingen, die es irgendwo umsonst gab, malte auf Holz und verwendete Farben, die ich aus PVA-Klebstoff und Farbpulver mischte. Das war zwar etwas ungewöhnlich, half aber, dass sich meine Bilder von denen der anderen unterschieden. Ich fing an, Abstraktes zu biologischen Motiven zu malen, unter anderem zu dem Spruch «Der menschliche Körper zerfällt mit 17 Kilometern pro Stunde», den ich irgendwo aufgeschnappt hatte. Diese Bilder zeichneten sich durch wütendes Rot aus, oft war Sand mit dabei, um die Textur besser zu machen. Obwohl sie seltsam waren, konnte man die Kompositionen als gelungen bezeichnen. Meist folgte ich beim Arbeiten meinem Instinkt, ohne eine klare Idee davon zu haben, warum ich genau hier oder da Farbe auftrug. Hinterher musste ich rechtfertigen, warum es so war. Manchmal ist es erleichternd zu wissen, dass man das, was man macht, deswegen tut, weil es einem eben genau richtig vorkommt.

Um mich herum sah ich andere Studenten, die großes Talent hatten, aber sehr wenig übten. Dagegen gab ich hundert Prozent, malträtierte meinen Kopf, um alles herauszubringen, was an Potenzial in mir war. Der Höhepunkt des Jahres war die Möglichkeit, einen der höheren Kurse zu besuchen. Das würde mir nicht nur ermöglichen, das erstaunliche, fesselnde Abenteuer der Malerei weiterzuführen, sondern konnte auch behilflich sein, ein Stipendium zu bekommen und neue Wege einzuschlagen. Einzig die Tatsache, dass ich keine guten Noten mitbrachte, war ein Problem. Der Kurs endete, und ich bekam ein «Sehr gut mit Auszeichnung». Ich dachte damals, damit hätte ich bei dem nächste Woche anstehenden Vorstellungsgespräch bei der Universität von Sheffield leichtes Spiel. Es war eine der angesehensten Universitäten des Landes, zudem gab es unweit der Stadt gute Klettereien. Ich wollte mein Versprechen einlösen und dorthin zurückkehren.

Ein paar Wochen nach dem Vorstellungsgespräch bekam ich einen Brief von der Universität. Ich fühlte, dass ich auf der Aufnahmeliste war. Ich war gut. Ich war talentiert. Dann riss ich den Umschlag auf und las, dass sie absagten. In diesem Moment brach eine Welt für mich zusammen. Mein Leben war wieder einmal ohne Sinn und Wert.

«Du musst dir jetzt einfach einen Job suchen», sagte Mum, «oder Arbeitslosengeld beantragen.»

Ich fühlte mich krank.

Innerhalb von ein paar Wochen ging ich stempeln. Ich zog von zu Hause aus und lebte zusammen mit einem Freund in einem besetzten Haus. Ich wollte nicht mehr daheim leben, dort war ich ein Fremder, ein Kontaktloser geworden. Meine dummen Träume, Kunst zu studieren, waren zerbrochen. Meine einzige Fähigkeit hatte mir nichts gebracht.

Ich warf alle meine Zeichnungen und Pinsel weg, das Papier, die Skizzenbücher. Von da an zeichnete ich nichts mehr, viele Jahre lang.

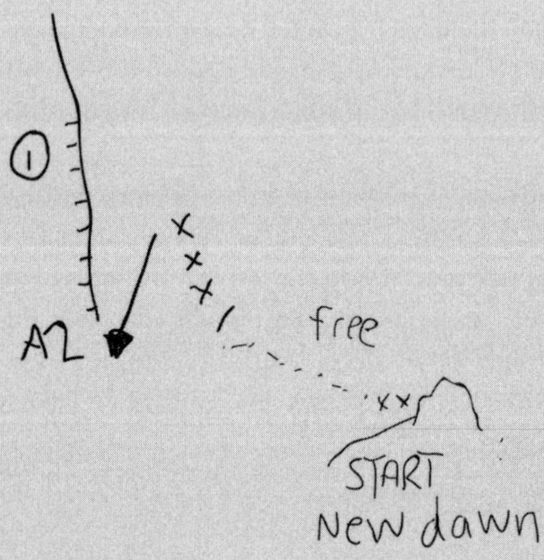

①
A2
free
START
New dawn

Seillänge Nr. 1 New Dawn

Ein harter Kerl

Ich trug in der Kühle der ausklingenden Nacht die erste Ladung Gepäck zum Beginn der Wand. Der Weg war kurz, ein paar hundert Meter auf einem Pfad durch den Wald unter dem El Cap, dann einige Serpentinen zum Anfang der Dawn Wall.

Ich schritt langsam, fand den Pfad im Schein der Stirnlampe. Das Licht erzeugte unheimliche Schatten hinter den Büschen und Bäumen. Manchmal ließ ich den Kegel herumkreisen, um nach Braunbären Ausschau zu halten.

Eines der erstaunlichsten Dinge am El Cap ist die Art, wie er ohne jede Vorwarnung aus dem Boden heraus in den Himmel schießt, wie eine überdimensionale Himmelsleiter, die am Boden anfängt und in den Wolken aufhört. In der Dunkelheit kann es vorkommen, dass man einfach gegen den Fels läuft, als sei man gegen einen Wolkenkratzer aus grauem Granit gestoßen, der glatter und eleganter ist, als Beton es je sein kann. Ich lief den Wandfuß entlang, beladen mit dem Haulbag, der mich beinahe erdrückte. Mit der Hand strich ich über den Fels, um mich abzustützen und zu spüren, dass er echt war. Nur ab und an erinnerten Stellen mit Eisenerz oder Dioriteinschlüsse, dass es ein Werk der Natur war.

Ich glaube nicht an Gott, auch nicht an einen Schöpfer, aber wenn ich unter dem El Cap stehe, kommen immer diese Gedanken: Wie kann die Natur so prahlerisch, so dreist sein? Und wenn es einen Gott gibt, dann muss er Amerikaner sein, ansonsten führte die Straße nicht so nahe an diese großartige Wand.

Meine Schenkel bogen sich und ächzten unter der Last, das Gewicht zwang mich zu einem schmerzhaft langsamen Taumeln. Ab und zu konnte ich einen Felsblock oder einen Baumstumpf nutzen, um die Last auf Balance abzustellen und für kurze Zeit zu verschnaufen. Das Gewicht meiner Säcke hatte sich seit dem Verlassen Englands verdoppelt: zwanzig Tagesrationen an Wasser waren dazugekommen, 32 Liter in Plastikflaschen, sowie das Essen, das aus Dosen mit Fleisch, aus Bagels, Käse, Coca Cola und Tortillas bestand. Komischerweise hatte ich für zwanzig Tage Wasser, aber nur für zehn Tage Essen dabei, und das, obwohl ich wusste, dass Tomasz Humar (einer der weltbesten Kletterer) für die Route vierzehn Tage gebraucht hatte, um dort 1998 allein hochzukommen. Vielleicht war ich unbewusst davon ausgegangen, dass es besser war, so eine Route mit schlankem Körper zu klettern. Jedes extra Gramm an Fett konnte hier den Unterschied zwischen Leben und Tod bedeuten.

Der El Cap ist eines der größten Ziele für jeden Kletterer. Es waren eigentlich immer ein halbes Dutzend an der Wand, und auch jetzt konnte ich schon die eine oder andere Stirnlampe hoch oben am Fels ausmachen. Die Kletterer auf ihren Portaledges wachten auf und bereiteten sich auf die Kletterei vor, die losgehen musste, sobald die Sonne da war. Jene, die sich nur knapp unter dem Gipfel befanden, waren offensichtlich motivierter, früh aufzustehen, als die, die noch weit unten waren und etliche Tage vor sich hatten.

Hier am Wandfuß roch es ab und zu nach Fäkalien – ein Zeichen dafür, dass jemand einen «Shit Bag» fallen gelassen hatte, der nicht aufgesammelt worden war und nun in der Sonne vor sich hintrocknete. Früher hatten die Kletterer Papiertüten vom Supermarkt genommen, reingeschissen und sie aus der Wand runtergeschmissen. Die Idee war, dass man nach dem Abstieg hinging und die «Shit Bags» aufsammelte. Aber einige Kletterer waren nicht besonders eifrig dabei. Um das zu verhindern, gab es ein Gesetz, das vorschrieb, dass jede Seilschaft ihre Fäkalien mit nach oben nehmen und dann nach unten tragen musste. Normalerweise verwendete man dafür eine aus einem Abwasserrohr selbst gebaute «Shit Tube». Leider hielten manche der Kletterer das für albern oder ekelhaft und zogen es vor, nach wie vor die Papiertüten mit den Fäkalien nach unten zu werfen. Die meisten hingegen waren so gewissenhaft, dass sie zurückkamen und ihre Tüten aufhoben. Ich fragte mich oft, ob die Ranger Fingerabdrücke nehmen konnten, um die Schuldigen herauszufinden.

Vor ein paar Jahren hatte es auch eine Modeerscheinung der besonderen Art gegeben. Die Leute zündeten ihre Shit Bags an und warfen dann die «Scheiße in Flammen» den Berg herunter. Das ganze sollte dem Herunterwerfen anscheinend noch ein pyrotechnisches Extra geben.

Natürlich gab es auch negative Aspekte beim Geschäft mit den fliegenden Papiertüten. Man konnte von ihnen getroffen werden, während man kletterte oder im Schlafsack lag. Die Morgendämmerung und der Sonnenuntergang waren ganz besonders gefährliche Zeiten, in denen man seine Augen offen (oder vielleicht besser geschlossen) für fallende

Fäkalien halten sollte. Ich war glücklicherweise nur einmal in die Gefahr geraten. Ein Sack hatte meinen Stand getroffen und mein Radio in einen Kackeklumpen verwandelt. Mit einer großen Rolle Tape band ich den getroffenen Bereich zu.

Im Geröllfeld stehend, den Schweiß auf Gesicht und Rücken, war ich nun nahe am Beginn der Reticent Wall. Die Quälerei war noch nicht vorbei, ich musste noch zwei weitere Male nach unten und schwere Säcke hochschleppen. Ich hatte wohl schon viel Zeit meines Lebens damit verbracht hatte, auf diesen Pfaden Säcke nach oben oder unten zu schleppen, ein paar Minuten lang versuchte ich herauszufinden, wie viele Kilo es insgesamt wohl sein mochten. Ich überlegte, ob es ein gutes Training war, Ella auf den Schultern zu tragen, und stellte mir vor, statt der Riemen, die in meine Schultern einschnitten, wären da Ellas baumelnde Beine.

Kannst du dich erinnern, wie dich dein Vater auf den Schultern trug?

Ich hatte auch die Augen offen für «Booty», wie man unter Kletterern Gegenstände nennt, die jemand von hoch oben aus Versehen fallen gelassen hat. Ich traf mal einen Kletterer, der dem Regen von fallenden Shit Bags trotzte und behauptete, alles, was ein Mensch brauche, fiele vom El Cap: Essen, Klettermaterial, sogar manchmal Geldbeutel, Schlafsäcke oder ganze Haulbags inklusive Inhalt. Er sagte, alles, was man zu tun brauche, sei zu beten, und am nächsten Morgen käme das Gewünschte. Dieses hochriskante, aber einsame Leben schien zu funktionieren, und er verbrachte ein paar Jahre so, bis eine Basejumperin vor seinen Augen in den Boden einschlug, nachdem sie viele hundert Meter höher abgesprungen war und ihr Fallschirm versagt hatte. Danach zog er fort. Ich nehme an, man muss vorsichtig damit sein, was man sich wünscht.

Ich schleppte mich die letzte Felsplatte zum Beginn der Wand hoch, als tausend Meter höher eben die ersten Sonnenstrahlen die Überhänge unter dem Gipfel trafen. Davon hatte dieser Teil des El Cap auch seinen Namen: *Dawn Wall,* Wand der Morgendämmerung. Bald würde es hier unten stechend heiß sein, trotzdem ruhte ich mich aus, bestaunte die sich gleich einer Flamme entzündende Wand. Den Haulbag hatte ich auf einen alten Baumstumpf abgesetzt.

Bald wirst du da oben sein.

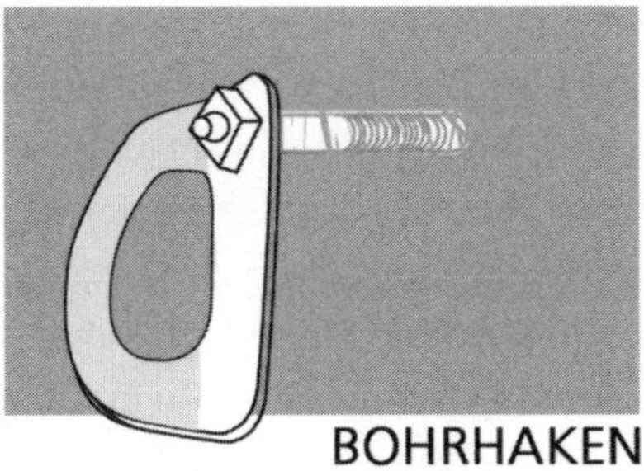

BOHRHAKEN

Alle großen Routen sind zuerst einmal ein Problem der Logistik. Man muss viel Gepäck tragen und auch warten können. Doch bald war das vorbei, dann begann die eigentliche Kletterei. Der Reiz beim Bigwallklettern ist für mich der Moment, in dem man den Boden verlässt. Man verlässt dabei sein Leben, tauscht es gegen Tage und Wochen harter, ehrlicher Arbeit ein, die seltsame Freude des Überlebenskampfes. Es ist eine Flucht.

Hoch dort oben gab es keine Briefe mit zu bezahlenden Rechnungen, keine emotionalen Ansprüche, keine Ablenkungen, nur das Klettern, von frühmorgens bis spätabends, und der Lohn des Tages war, den Sonnenuntergang am Abend sehen zu dürfen.

Das war es, warum ich da war. Ich musste vor der Normalität flüchten. Ich ließ den Lärm meines Lebens zurück, auch meine Gedanken und meine Sorgen. Das Einzige, was einfach für mich war, war nun dieses Stück Fels.

Du weißt doch, dass du nicht flüchten kannst.

Du musst irgendwann wieder zurückkommen.

Außer…

Ich blickte wieder hinauf. Die Sonne war in der Wand ein paar Meter weiter nach unten gewandert. Langsam, gleichsam vorsichtig deckte sie mehr und mehr der furchteinflößenden und gleichzeitig gefürchteten Reticent Wall auf.

Die Reticent Wall war 1995 von den Amerikanern Steve Gerberding, Lori Reddel und Scott Stowe erstbegangen worden und hatte sofort den Nimbus der schwersten Bigwallroute der Welt erlangt: Es waren vierzehn der schwierigsten und gefährlichsten Seillängen, die man sich vorstellen kann. Das Ganze fing erst in sechs Seillängen Höhe von einem Absatz namens Lay Lady Ledge an. Der Ruf als Superroute rührte hauptsächlich daher, dass Gerberding sagte, es sei die härteste seines Lebens. Dazu muss man wissen, dass Gerberding den El Cap mehr als hundert Mal auf den verschiedensten Routen geklettert hatte, auch auf den schwierigsten, ganz zu schweigen von Bigwalls in Patagonien und im Himalaya. Gerberding war ein starker, schweigsamer Typ; er hatte keinen Grund, anzugeben. Als er sagte, die Route sei hart, glaubten wir ihm alle.

Die Route begann mit sechs einfachen Seillängen, die im Jahr 1975 erstbegangen worden waren. Am Lay Lady Ledge zweigte sie ab und führte direkt über die längste und steilste Wandflucht am El Cap nach oben, die Dawn Wall.

Die Route umgab von Anfang an ein Mythos. Die zweite Besteigung vermehrte diesen nur, man sprach von Stürzen mit Todespotenzial und Seillängen, die so gefährlich waren, dass sie als «unvertretbar» bezeichnet wurden. Jede Seillänge war hart an der Grenze des Möglichen, bestand aus winzigen und zerbrechlichen Strukturen und war derart lang, dass man das Seil dehnen musste, um an den Stand zu kommen. Im Klartext hieß das, dass überall weite Stürze möglich waren, ganz abgesehen von anderen Gefahren wie losen und scharfkantigen Schuppen oder Felsbändern, bereit, den Unglücklichen zu töten oder zu verstümmeln.

Es wurde gesagt, wer dort stürze, der sterbe. Es war eine Kletterei wie beim Komasaufen. Wenn du anfängst abzustürzen, gibt es kein Entrinnen mehr.

Aber du stürzt nicht ab.

Ich zog das auf Papier gezeichnete Topo der Route heraus, eine Karte mit Linien und Kreuzchen, die erklärte, wohin ich klettern musste. Heute wollte ich die erste einfache Seillänge klettern, wieder abseilen und morgen mit einer weiteren Fuhre Gepäck zurückkommen und eine zusätzliche Seillänge machen. Dieses Vorgehen würde mir ein wenig mehr Zeit geben, um meine Psyche auf die Route einzustimmen, bevor ich den Erdboden endgültig verließ.

Ich schleppte weiter, erreichte den Beginn der Kletterei und nahm den Haulbag ab. Als ich ihn absetzte, stellte ich fest, dass ich nicht alleine war. Zwei Kletterer sortierten wenige Meter entfernt Material. Ich sagte Hallo, als Antwort nickten die beiden mir zu. Zwei weitere Kletterer mit riesigen Haulbags auf dem Rücken tauchten auf dem Pfad auf.

So viel zum Thema Einsamkeit.

Einer der heraufsteigenden Kletterer rief etwas, das sich wie ein Befehl anhörte. Die Sprache schien Russisch zu sein. Die anderen beiden beschleunigten ihr Tempo beim Sortieren.

Es war offensichtlich, dass auch sie in die Reticent Wall einsteigen wollten. In russischen Mannschaften gibt es oft klar definierte Rollen: einen Mannschaftskapitän, einen Nachsteiger, einen Assistenten. Jeder hatte seinen eigenen Job. Anders als im Westen, wo alle Kletterer auch alle Arbeit erledigen – vorsteigen, Säcke hochziehen, die Seillängen cleanen –, steigt bei den Russen nur der stärkste Mann vor, und zwar die gesamte Route. Der körperlich kräftigste Mann zieht die Säcke hoch, und der, der am besten mit Langeweile umgehen kann, sichert. Für einen westlichen Kletterer mutet das seltsam an, aber es gibt einige Gründe, die für dieses System sprechen, welches das Erreichen des Zieles vor das Interesse der einzelnen, nämlich das Baden des Egos im Rampenlicht, setzt.

Der Chef der Gruppe war älter und stämmiger als der Rest, sein Haar war grau und seine Schultern behaart. Er trug eine Art Bodybuilderweste, wie sie in den 70ern in Mode waren, und erinnerte an die Olympiatrainer sowjetischer Mannschaften. Er kam herüber, um sich vorzustellen. Sein Name war Serjogin und sein Team aus Leningrad. Ich hatte von diesen Jungs gehört, auf der ganzen Welt hatten sie große Routen gemacht, oft auch Erstbegehungen. Sie sahen stark und kompetent aus und hatten ein joviale, humorvolle Einstellung zur Kletterei. Kein Zweifel, sie hatten es voll drauf.

«Sag mir», fragte Serjogin, «was kletterst du?»

«Die Reticent Wall», antwortete ich peinlich berührt, holte meine Seile heraus und zog sie durch. Die Karabiner lagen schon in kleinen Haufen zu meinen Füßen.

«Ah, ja, Reticent Wall. Die machen wir auch. Aber sag, wo ist dein Freund?»

«Ich habe keinen Freund, ich klettere alleine hoch», sagte ich. Die Worte fühlten sich grotesk an, als sie über die Lippen kamen.

Der Mann zog die Augenbrauen hoch. «Du bist ein harter Kerl», sagte er. Danach rief er etwas auf Russisch zu den anderen, worauf alle lachten.

Er drehte sich wieder zu mir um. «Ich habe viele Route allein geklettert und bin viele Wände hochgekommen, aber ich würde mich nie trauen, die Reticent Wall alleine zu klettern. Du bist ein tapferer, harter Kerl.»

«Eigentlich nicht», sagte ich, «es wollte sich bloß kein Dummer finden, der mit mir klettert.»

Der Kapitän stellte den Rest seiner Mannschaft vor und bemerkte, dass sie morgen starten würden. Ihre Seile hingen schon sechs Längen fast bis zum Lay Lady Ledge. Ich fragte ihn manches über sein Leben und den Alpinismus in Russland, und er erzählte mir, dass er zwanzig Jahre lang als Quantenphysiker gearbeitet hatte, aber jetzt ein Mercedes-Autohaus besaß.

Die Russen gefielen mir, und Stimmen in mir wurden laut, die sagten, ich solle mit ihnen klettern. Trotzdem wusste ich, dass ich selbst dann ablehnen würde, wenn sie es mir anböten. Obwohl ich Angst hatte, wollte ich die ganze Route alleine schaffen. Ich wollte alles. Allen Lohn und alle Anstrengung.

Das Leben ist zu kurz, um Spaß zu haben.

Die Russen würden viel schneller als ich sein, und wir machten Witze darüber, dass ich erst auf halber Wandhöhe hing, während sie schon wieder unten waren und in der Bar feierten. Sie versprachen, mir entlang der Route verschiedene Geschenke zu hinterlassen. Das war die Art der Russen.

«In ein paar Stunden», sagte Serjogin, «gehen wir zum Lay Lady Ledge und übernachten dort, bevor wir in die Reticent Wall steigen. Wir haben Sachen zum Grillen. Du bist eingeladen.»

Ich stellte mir vor, wie die Russen grillten: Die Kartoffeln wurden auf dem Grill schwarz, während der Koch mit einer Flasche Wodka auf dem Boden lag.

«Danke, das ist sehr nett», erwiderte ich und fuhr fort, meine Sachen auszupacken.

Wir arbeiteten schweigend nebeneinander, beide Teams, das eine mit vier Mitgliedern und das andere mit einem, mal abgesehen von der einen oder anderen Frage oder einem Befehl, bis die Russen an den fixen Seilen hochstiegen und aus der Sicht verschwanden.

Bist du tapfer?

Ich dachte über das Wort nach. Ist man tapfer, wenn man etwas gegen jeden Widerstand, etwas, das jenseits von seinen Fähigkeiten liegt, versucht?

Bist du so verblendet?

Die Hälfte meiner Wasserflaschen stand aufgereiht an der Wand, das Essen war in Säcken neben meinem Kletterzeug, die Seile hatte ich in Eimer gelegt, damit sie sich beim Herausziehen nicht verhedderten. Ich zog meinen Gurt an, meine Kletterschuhe und den Helm, hängte den ersten Karabiner ein und war bereit für die erste Seillänge.

Meine schweißtriefenden Hände tauchte ich in den Magnesiasack an meinem Gurt ein, wischte das überschüssige Pulver ab und legte beide Hände an den Fels. Das orange und gelbe Licht hoch oben war nun unter die Überhänge gekommen und stand da, wo die Schlüsselseillänge sein musste.

Wirst du so weit kommen?

Die meisten Routen, selbst die Reticent Wall, von der man sagte, jede Seillänge sei härter als alles andere am El Cap, haben eine Schlüsselstelle. In manchen Routen bestand die Crux daraus, dass man weit stürzen konnte. In anderen war die Kletterei vielleicht nicht so schwierig, aber der Fels lose, und man konnte mit ausbrechenden Griffen abstürzen oder das Seil konnte von losem Fels durchschlagen werden.

Bei der Reticent Wall kamen alle diese Dinge zusammen, noch dazu hoch über einem Absatz: harte Kletterei auf losem Fels über einem «Death Ledge», das einen Kletterer im Fall des Falles zu Hackfleisch machte. Keine Route ist geklettert, solange man nicht auf dem Gipfel steht, aber erst wenn man die Schlüsselstelle in der Tasche hat, wird man ruhiger und fängt an zu glauben, dass man es bis nach oben schaffen kann. Bis dahin beherrscht die Schlüsselstelle dein Denken, egal, wie gut du kletterst, du kannst nicht entspannen, bis du sie gemeistert hast. Das Schlimmste an der Reticent Wall war das Wissen, dass die Schlüsselseillänge erst am letzten Tag kam, bei Seillänge Nummer dreizehn. Es wäre ein riesiger Ärger, zwei Wochen zu klettern und dann am letzten Tag zu stürzen und zu sterben.

Denke dran, wie gut es sein wird, wenn du alles hinter dir hast.

In Wirklichkeit ist der schwierigste Meter, egal, wo auf dem Topo die Schlüsselstelle auch markiert sein mag, immer der erste. Selbst bei der Reticent Wall.

Ich fing an zu klettern.

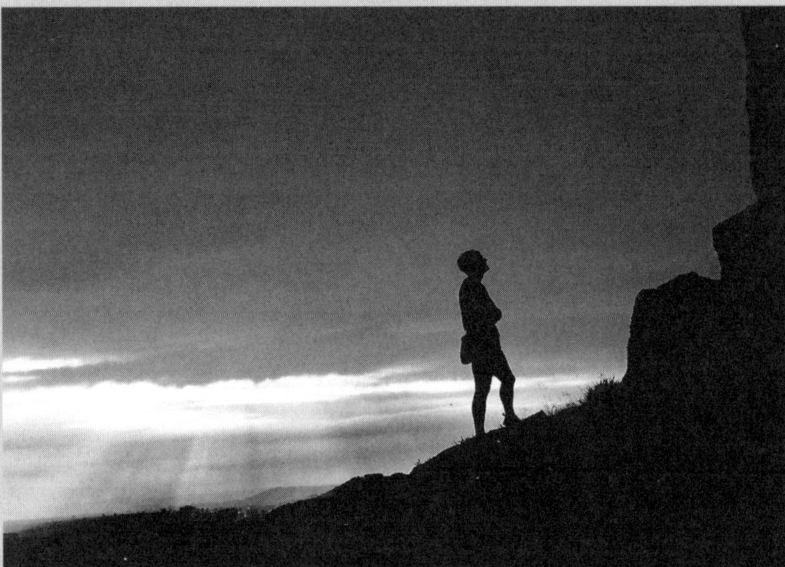

Klettern im Peak District: «Je kälter der Platz war, desto wärmer war mir. Für mich war alles nur noch Training für meine Flucht.»

Das Fenster

Ich fluchte, weil ich das Fenster neben meinem Bett zerbrochen hatte. Den ganzen Winter spürte ich den kalten Luftzug über mir, der das braune Klebeband, mit dem ich das Fenster reparieren wollte, zum Flattern brachte. Bis das gute Stück eines Tages in den Hinterhof fiel.

Mein Zimmer war eigentlich gar kein Zimmer. Es war eine Art Gang. Die eine Seite bestand aus einem Vorhang, der Rest war mit meinen Zeichnungen behängt, die sich in der Feuchte aufzurollen begannen. Ich war neunzehn und arbeitslos. Obwohl meine Behausung alles andere als perfekt war, war es doch meine erste eigene Wohnung, eine marode Bruchbude in der Nähe der Universität in Hull.

Wir wussten nicht, wer der Besitzer des Gebäudes war, und ich war eingezogen, als jemand anderes ausgezogen war. Es war das übliche Kommen und Gehen in besetzten Häusern. Es mochte Gründe geben, dass nie jemand auftauchte und nach der Miete fragte. Keine Rechnungen und keine Drohungen vom Gerichtsvollzieher flatterten ins Haus. Das einzige Gas, das wir brauchten, war zum Braten von Kartoffeln, unserer einzigen Nahrung. Wir kauften sie in spottbilligen 25-Kilo-Säcken etwa einmal im Monat. Ich frage mich, warum wir nie Skorbut bekamen.

Ich lebte dort mit meinem Kumpel Wayne und all den anderen, die auf den dreckigen Sofas oder auf dem Fußboden schliefen, der aussah, als sei er der Boden eines Aschenbechers. Das Leben war einfach – und wunderbar grausam. Es gab damals so gut wie keine echte Arbeit, jedenfalls keine, die es wert gewesen wären, dafür das Arbeitslosengeld fahren zu lassen. Alles, wofür wir lebten, war die Überweisung, die alle vierzehn Tage eintraf. Das Leben war ein Wartespiel, bei dem wir die 24 Pfund Arbeitslosengeld pro Woche mittels Kartoffelessen, Herumsitzen, Über-das-Leben-Philosophieren und Fensterflicken in die Länge streckten.

Wayne hatte schon länger in dem Haus gewohnt als ich und deswegen auch ein Zimmer mit einem Schloss in der Tür. Er verbrachte die Zeit damit, die ultimative Kassette mit der besten Musik zusammenzustellen. Er war impulsiv und haute oft sein gesamtes Arbeitslosengeld an einem Tag zum Fenster raus, um sich dann die nächsten zwei

Wochen von Kartoffelresten zu ernähren. Einmal hatte er eine ganze Woche gar nichts mehr und aß alte Kleie mit Wasser.

Wir lebten hauptsächlich für die Nächte, in denen wir versuchten, in billige Nachtclubs reinzukommen und Studenten ihrer Drinks zu entledigen. Ich liebte es zu tanzen, denn es war für mich Training. Mit geschlossenen Augen stellte ich mir vor, weit weg auf einem entlegenen Berg zu sein.

Jede Nacht, wenn ich heimkam, legte ich mich in den dumpfen Schlafsack und deckte mich mit den Decken zu, die es bei der Armenhilfe gab. Ich war so tief vergraben, dass ich nicht einmal mehr die Federn wegblasen konnte, die aus der müde gewordenen Hülle meines Schlafsackes kamen und meine Nase kitzelten.

Der Raum enthielt all mein Hab und Gut, das ich unter dem Bett versteckt hatte und hinter dem Mülleimer verbarg. Man wusste nie, ob jemand kam und es stehlen wollte. Der Vorhang bot keinerlei Verteidigung gegen wen auch immer, es gab ja nicht einmal ein Schloss an der Eingangstür. Ich weiß übrigens nicht einmal mehr, ob es überhaupt eine Tür gab.

Unter meinem Bett war auch mein ganzes Outdoor-Material, jedes einzelne Stück war für mich mehr wert als der Rest der Welt. Ich lag dort, meine Mütze übergezogen, hörte dem Wind draußen zu und stellte mir vor, ich sei irgendwo anders: im Todesbiwak am Eiger, auf dem South Col am Everest, am Gipfel des Fitz Roy. Je kälter der Platz war, desto wärmer war mir. Für mich war alles nur noch Training für meine Flucht.

Ich wurde in der Nähe von Kendal abgesetzt und stieg über die Schneehaufen am Rand der Straße, während der Fahrer, der mich mitgenommen hatte, Gas gab und verschwand. Den Rucksack zog ich eng an meinen Rücken, schloss den Beckengurt und lief mit meinen Armeeschuhen in Richtung der Berge. Ich war schon früher zu den Hügeln hier getrampt, aber immer nur mit anderen zusammen, was meistens zu einer Katastrophe führte. Das letzte Mal war ich in den Peak District gefahren mit Wayne, der vor jedem Schaf einen Kilometer davonlief. Er hatte davor noch nie eines gesehen. Dieses Mal war ich alleine.

Die Berge verschwanden in der Dunkelheit, bevor ich sie erreichte. Die erste Nacht verbrachte ich unter zwei Holzpaletten, die an eine Trockensteinmauer gelehnt waren.

Der Morgen dämmerte kalt, und mein treuer Baumwollschlafsack war steif, als ich ihn einpackte. Federn flogen über den Schnee weg, als ich ihn in den Packsack stopfte. Ich erreichte die Berge und hielt mich an einen Grat. Aufgeregt stapfte ich durch die Schneeflecken hinan, fühlte, wie das Gelände steiler wurde und der Talboden unten verschwand, bis ich den Gipfel erreichte. Es gab so viel Platz, und jeder gehörte mir.

Über die Gipfelkette kraxelte ich zu einem See ab, dessen Oberfläche dick gefroren war, und stellte mein winziges, oranges Baumwollzelt auf.

Ich blieb dort eine Woche, erstieg verschiedene Gipfel und kam jede Nacht zum Zelt zurück, wo ich im Schlafsack lag und wartete, bis der Tee auf meinem Spirituskocher langsam warm wurde. Durch den offenen Eingang sah ich in die Dunkelheit, hörte das Eis krachen und den Wind um mich herum heulen.

Mein Zelt wurde jede Nacht mehr von Frost überzogen. Der Fußteil meines Schlafsackes war bald beinhart gefroren, und ich musste meine Füße in die Fleecejacke einwickeln.

Am letzten Abend lag ich, nach einer winzigen Portion Curryreis – meine «vom Hand in den Mund»-Ernährung wurde vom Arbeitslosengeld bestimmt –, im Zelt und dachte über meine Zukunft nach: jene Zeit, die so schwarz und leer wie die Nacht vor mir lag.

Am nächsten Tag stand ich gefühlte mehrere Stunden an der Seite der Straße, bis mich ein Dachdecker nach Bolton und dann ein Mann mit einer mobilen Disco nach Leeds mitnahm. Nachdem ich entlang der Schnellstraße gelaufen war, wurde ich von der Polizei eingeladen. Sie ließen mich an der Tankstelle wieder frei, wo mich ein Lastwagenfahrer zum Hafen von Hull mitnahm. Seine Kabine war der erste warme Ort, an dem ich seit langer Zeit war.

Das Autostoppen war mit gewissen Gefahren verbunden, und so geriet auch ich in regelmäßigen Abständen an schräge Typen. Der Lastwagenfahrer gehörte zu den guten. Er war ungefähr fünfzig, sah wie alle LKW-Fahrer ungesund aus und lud mich bei einem Imbiss auf eine Tasse Tee ein, wobei er mir erzählte, wie er mit neunzehn von Schottland bis nach Südafrika getrampt war. Er erzählte wilde Geschichten von den afrikanischen Straßen, auf denen man tagelang feststecken konnte, von Löwen aus der Savanne bedroht wurde, Gewehrläufe in die Rippen gestoßen bekam, Sandstürme und Sonnenuntergänge, Tse-Tse-Fliegen und Übernachtungen im Freien in Timbuktu erlebte. Ich hörte ihm zu und beneidete ihn um seine Geschichten und seine Abenteuer und vor allem um den Mut, es einfach gewagt zu haben.

«Warum sind Sie zurückgekommen?», fragte ich ihn.

«Die Reise war das Beste, was ich je gemacht habe, und ich genoss jeden Augenblick. Aber als ich schließlich in Kapstadt angekommen war, wollte ich nur noch nach Hause.»

«Was haben Sie danach gemacht?» Ich dachte an weitere Abenteuer.

«Ich habe geheiratet und angefangen, Lastwagen zu fahren.»

Er ließ mich in der Nähe der Docks raus, und ich lief zurück zum besetzten Haus. Auf dem Weg schaute ich bei einem Freund vorbei, um eine Tasse Tee zu ergattern. Das Haus war voll von Studenten, die damals immer Geld zu haben schienen, zumindest kam es mir so vor. Außerdem schienen sie nicht mehr zu arbeiten als Wayne oder ich. Das Sofa bog sich unter einer Ladung langhaariger Studenten, die dünne Selbstgedrehte rauchten und auf einem kleinen Schwarz-Weiß-Fernseher *Taxi Driver* anschauten. Aus der Küche kam eine junge, attraktive Frau mit verrückten roten Locken, die ich noch nie gesehen hatte.

«Hallo», sagte sie, erstaunt über den Neuankömmling im Haus. «Willst du was zu essen?» Sie brachte mir einen großen Teller mit Reis und Gemüse, dem besten Essen, das ich seit langem gesehen hatte.

Ich glaube, es war in diesem Moment, als ich mich in sie verliebte.

Ihr Name war Mandy. Sie war Studentin an der Universität, wollte dort ihren Abschluss in Französisch machen und war gerade von Frankreich, wo sie in einer Schule gearbeitet hatte, nach Hull zurückgekommen. Ich hatte viel von anderen Leuten über sie gehört, etwa dass sie bei einem beliebten Nachtclub DJ gewesen war, bevor sie wegging, und dass sie zu den coolsten Mädchen der Indie-Szene in Hull gehörte.

Ein Unglück lag in der Luft, und bald fand ich heraus, warum alle so am Fernseher festklebten. Mandy hatte gerade erfahren, dass der Freund ihrer besten Freundin fremdging, während sie in London war. Sie hatte die Neuigkeit ihrer Freundin eben mitgeteilt. Nun galt es, den treulosen Freund aufzuspüren und ihm mitzuteilen, dass das Spiel aus war und er seine Exfreundin anrufen solle.

«Wer kommt mit mir mit?», fragte Mandy in den Raum. Alle Augen waren unbeweglich auf De Niro gerichtet, die Stimmung war ungemütlich.

Niemand sagte ein Wort.

«Ich komme», sagte ich in einem ungewohnten Anfall von Höflichkeit.

Nach meiner Gratismahlzeit fühlte ich mich wahrscheinlich dazu verpflichtet, mich zu revanchieren. Außerdem gefiel mir die Idee, einige Zeit mit ihr verbringen zu können. So zogen wir die Mäntel an und liefen durch die Straßen, um nach dem Freund zu suchen. Mandy war anders als alle anderen, die ich davor getroffen hatte. Sie war ein Bündel an Ideen und Licht. Sie hatte in Frankreich gelebt und wollte, dass sich etwas bewegte. Nein, sie *erwartete,* dass sich etwas bewegte. Von ihr ging ein Hauch aus, den ich bei den anderen vermisste: der Atem von Möglichkeit und Bewegung. Gleichzeitig war ihr eine gewisse Traurigkeit eigen. Sie war genauso verloren auf der Welt wie ich.

Wir zogen durch die dunklen Straßen, klopften an Türen, hinter denen wir den Freund vermuteten, bis wir ihn fanden.

«Bleib hier. Ich gehe rein und rede mit ihm», sagte ich und ließ sie an der Hausecke zurück – ein weiterer ungewohnter Schritt in Sachen ritterlichem Benehmen. Ich wäre schließlich lieber mit dem Rest sitzen geblieben und hätte *Taxi Driver* angeschaut.

Aber es war anders gekommen, ich hatte mich in diesem Moment in sie verliebt.

Ich klopfte an die Tür.

Später begleitete ich Mandy nach Hause und sagte Gute Nacht, ging dann zum besetzten Haus, kletterte über die Feuerleiter nach oben, durch die zerbrochene Tür in die vergammelte Küche, wo eine Pfanne mit Bratkartoffeln auf dem Herd vor sich hinbrutzelte. Im Wohnzimmer waren eine Menge Leute, die Haschisch rauchten und darüber redeten, dass wir für den Golfkrieg eingezogen würden. Ich zweifelte daran, ob wir gute Soldaten abgeben würden.

Ich ging zu meinem Zimmer, zog den Vorhang zurück und ließ den Rucksack auf den Boden fallen. Der Raum war dunkler und deprimierender als zuvor, die Armut meiner Umgebung stach ins Auge. Aber dann dachte ich wieder an meinen Ausflug, die an die Mauer gestapelten Paletten, die Unterkünfte im Unterholz, im Straßengraben und wo ich sonst noch geschlafen hatte. Hier lebte ich nicht. An diesem Ort konnte ich nicht sein. Ich wusste, dass ich es hier nicht mehr lange aushalten konnte.

Ich nahm meinen Schlafsack und warf ihn auf die Matratze. Der Fußteil war immer noch gefroren, Eis klebte an der Baumwolle, die steif wie Karton war. Ich schlüpfte trotzdem hinein, zog die Decken über den Kopf und wusste, dass meine Körperwärme ihn bis am nächsten Morgen trocknete.

Ich dachte an Mandy und frage mich, ob ich sie wiedersehen konnte, bevor sie zurück nach Frankreich ging.

So lag ich da, hörte einfach dem Wind zu und dem flatternden Klebeband und stellte mir wieder einmal vor, dass ich woanders sei. Nur war ich diesmal nicht alleine.

A2+

5.10

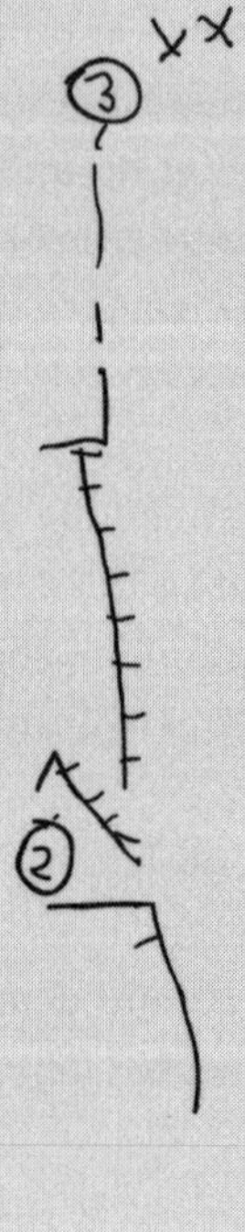

Seillänge Nr. 2 New Dawn

Maximale Last

Ich stopfte den Rest meiner Ausrüstung in den größten Haulbag, schnürte ihn zu und hängte ihn ans Haulseil. Zwei Seile hingen vom Stand vierzig Meter höher herunter, ein grünes Kletterseil und ein gelbes Haulseil. Gestern war ich hochgeklettert und hatte sie an den beiden Bohrhaken festgemacht.

Es ist lange her, dass du so etwas gemacht hast.

Die erste Seillänge war gestern langsam gegangen. Ich musste erst wieder ins Klettern hineinfinden. Erst heute begann die Arbeit jedoch richtig, ich musste die Säcke nachziehen. Es war fast komisch, sich selbst so eingerostet, die Seile und das Kletterzeug ungewohnt, ja fremd zu finden, während ich mich in die schwierigste Route meines Lebens wagte. Mir wurde klar, wie wenig es bedurfte, dass ich einen fatalen Fehler machte.

Nimm dir einfach genügend Zeit.

Es gab so viel, was ich falsch machen konnte.

Denke einfach über alles gründlich nach.

Beim Soloklettern ist kein Platz für Fehler.

Du hast so etwas schon einmal gemacht.

Ich hatte so etwas nur einmal gemacht.

Um einen Bigwall solo zu klettern, braucht man ein komplexes System von Selbstsichern, Abseilen und Haulbagsziehen. Ich hatte Jahre daran gearbeitet und viele Tage im alten Steinbruch in Derbyshire verbracht, um es zu perfektionieren. Diese Tage waren wahrscheinlich die gefährlichsten, weil ich aufs Geratewohl verschiedene Möglichkeiten der Selbstsicherung ausprobierte. Ein paar Mal wäre ich fast auf den Boden geknallt.

Meinen ersten Vorstieg unternahm ich in den Schiefersteinbrüchen in Llanberis in Nordwales, wo ich einen dünnen Riss am Ende einer stillgelegten Grube kletterte. Es war nach der Arbeit und in der Dunkelheit. Ich war so aufgeregt und hatte solche Angst, einen Fehler zu machen, dass ich erst nach vier Metern Kletterei bemerkte, dass ich das Seil vergessen hatte. Es lag sauber aufgerollt auf dem Boden unter mir.

Die nächste Solobegehung war am El Cap, auf einer seiner schwierigen Routen.

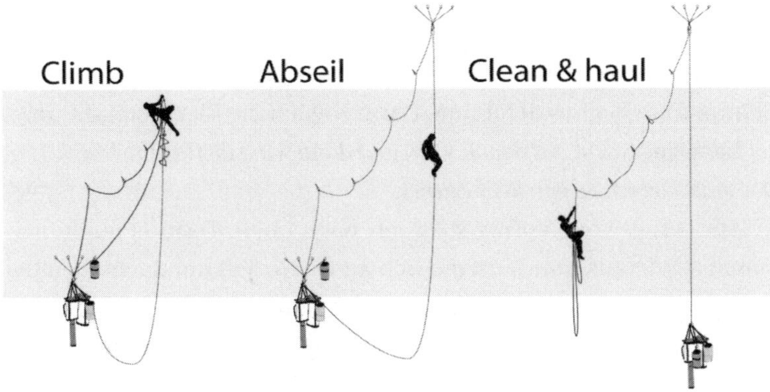

Ja, und du hast es gepackt.

Aber nur gerade eben so!

Beim Soloklettern steigt man vor, hat aber keinen Partner am Stand. Man gibt sich sozusagen selbst Seil. Am Stand angekommen, seilt man wieder mit dem zweiten Seil ab, dem Haulseil, zurück zum vorigen Stand. Dann bindet man die Säcke an das Haulseil, steigt am Vorstiegsseil hoch und nimmt das ganze Material heraus, das man dort hängen gelassen hat. Am Schluss zieht man die Haulbags hoch.

Danach wird das Material für die nächste Seillänge neu sortiert. Sowohl das Haulseil als auch das Sicherungsseil werden sauber in Säcke gelegt, um zu verhindern, dass sie beim Herausziehen verkrangeln und stecken bleiben.

Dieses System ist langsam und arbeitsintensiv. Eine tausend Meter lange Route erfordert dreitausend Meter Bewegung: Zweimal hoch, einmal das Haulseil hinunter. Die Technik ist gut erprobt und sicher, aber trotz allem unter allen Anforderungen, die das Klettern stellt, die größte Herausforderung ans Können. Es gibt keinen besseren Lohn, als am Ausstieg einer Route zu stehen, hinunterzuschauen und zu wissen, dass man jeden Zentimeter selbst geklettert ist. Es gibt keinen Partner, der einen beim Vorsteigen ablöst, auf den man zurückgreifen kann. Genauso gibt es wohl keine größere Last, als unter einer Route zu stehen und sich zu fragen, ob man das Zeug dazu hat, alleine hochzukommen.

Das war es, was ich wollte. Ich wollte all das. Alles Gute. Alles Schlechte. Um zu sagen, dass es meins war.

Was willst du damit beweisen?

Ich zog meine Schuhe aus und stellte sie ordentlich neben die große Schuppe am Beginn der Route. Dann zog ich die Kletterschuhe an.

Noch eine Nacht auf dem Boden, und dann wirst du für eine Ewigkeit in der Wand leben. Es gibt kein Zurück.

Am Fixseil vom Vortag stieg ich nach oben. Dazu benutzte ich Jümars – Metallklammern, die sich an einem Seil nur nach oben bewegen lassen und unter Belastung festklemmen. Zuerst zog ich jene hoch, die an meinem Gurt befestigt war, dann die andere mit der Schlinge für die Füße. Indem ich abwechselte, stieg ich langsam am Seil empor. Ein Kletterseil ist elastisch, dehnt sich unter der Belastung, um den Stoß auf den Körper und die Sicherungen abzudämpfen. Beim Hochsteigen federt es. Wenn man daran hängt, denkt man an all die Leute, die gestorben sind, weil ihr Seil durch die wippenden Bewegungen an einer scharfen Kante durchgeschnitten wurde. Egal wie vorsichtig man ist, mit der Zeit wird man paranoid.

Hast du alle Karabiner zugemacht?

Ja.

Was ist, wenn jemand in der Nacht dort oben war und irgendwas herumgebastelt hat?

Wer wird schon da hochsteigen.

Ich dachte an die Zeit, als ich das Jümarn in einem Steinbruch unweit von Sheffield übte. Im einen Augenblick war ich dreißig Meter über dem Boden, im nächsten schoss ich hinunter. Das Seil war über eine scharfe Kante gelaufen, und der Mantel, der den Nylonkern schützen soll, wurde durchgescheuert. Ich rutschte mitsamt ihm und den Jümars in die Tiefe, bis er sich so zusammenschob, dass ich anhielt und vor einem Sturz auf dem Boden bewahrt blieb.

Vertrau einfach dem Seil. Mach langsam. Mehr kannst du nicht machen.

Die schlimmste Geschichte, die ich über einen Solokletterer und ein beschädigtes Seil gehört hatte, spielt am Shield. Er jümarte sein Vorstiegsseil hoch, mitten in einem Unwetter, schon am oberen Ende der Wand. Unter seinen Füßen fast ein Kilometer Luft. Das Seil rieb an einem Haken, der scharf und gratig war. Je weiter er hochstieg, desto mehr scheuerte der Haken den Mantel auf. Stück für Stück. Plötzlich riss der Mantel, der Kletterer stürzte einige Meter in

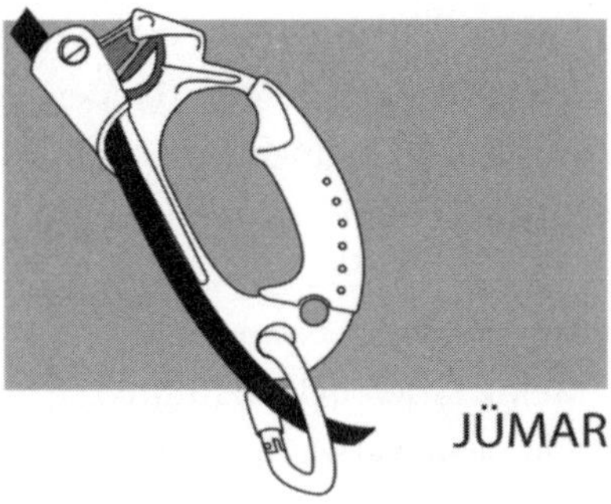

die Tiefe, bis der Mantel sich anhäufte und er anhielt. Im Gegensatz zu mir befand er sich jedoch in einem Unwetter und konnte nicht auf Hilfe hoffen. Alles, was ihm übrig blieb, war, den Jümar in die Litzen des Kerns zu hängen, vorsichtig aufzusteigen und auszublenden, dass der Haken nun nicht mehr am Mantel, sondern am Seilkern sägte.

Denke an etwas anderes.

Ich kam am Stand an und machte mich fest, um komfortabel zu stehen und meine Säcke hochzuziehen. Ich legte das Haulseil in den Wall Hauler – eine Umlenkrolle mit eingebauter Rücklaufsperre, die das Seil nur in eine Richtung durchlässt und in die andere Richtung blockiert. Den Wall Hauler hatte ich in allen meinen Routen am El Cap verwendet. Wahrscheinlich gab es kein anderes Stück meiner Ausrüstung, das so im Zentrum schweißtreibender Arbeit gestanden hatte. Mit ihm hatte ich Hunderte von Haulbags Dutzende von Kilometern in die Höhe gezogen.

Einen Jümar hatte ich in das Haulseil geklippt und begann nun, in die Hocke zu gehen und mit meinem Körpergewicht zu ziehen. Das Seil spannte sich zwischen der Umlenkrolle und den Säcken. Ich zog stärker, allmählich übernahm das Seil das gesamte Gewicht der Säcke. Unter der Belastung wurde das Seil dünner, trotzdem blieben die Säcke noch unten stehen. Ich zog noch stärker, das Seil wurde nochmals dünner. Nun zog ich mit beiden Händen. Das Gewicht zog mit jedem Mal mehr an mir, am Seil und an der Rolle.

Ich blickte nach unten und stellte mir die Frage, ob die Seile sich womöglich an irgendetwas verfangen hatten oder ob ich sie am Stand eingehängt hatte, aber ich wusste, dass sie einfach nur zu schwer waren.

Ich stemmte mich zurück, stützte die Füße von der Wand ab, den Kopf nach unten, zog gleichzeitig mit beiden Händen und mit aller Gewalt am Seil. Die Muskeln in meinen Schenkeln wölbten sich. Das Seil bewegte sich ein paar Zentimeter, dann brach ich unter der Belastung zusammen.

Scheiße, so klappt es verdammt nochmal nie.

Ich zog wieder. Meine Kniescheiben fühlten sich an, als sprängen sie im nächsten Moment ab. Es gelang mir mit aller Kraft, wieder ein paar Zentimeter zu gewinnen.

Du wirst die Säcke nie hochbekommen.

Eine Stunde später waren die Säcke ungefähr auf der Mitte der Seillänge. Ich war erschöpft und verzweifelt. Es hatte keinen Sinn, aber ich war zu stur, um aufzugeben. Selbst wenn ich den ganzen Tag dafür brauchte, wollte ich diesen Sieg. Ich staunte über die gewaltige Kraft, die das Seil, der Wall Hauler und der Stand aushalten konnten. Das einzige, an dem ich zweifelte, war ich selbst.

Du wirst dir irgendetwas brechen.

Zwei Stunden waren vergangen, und die Säcke waren fast oben, als ich dem Ächzen der Umlenkrolle zuhörte und die Gravur auf der Seite las: «Max. Belastung 50 kg». Sie machte mir Sorgen. Allein meine sechzig Liter Wasser wogen mehr.

Zieh ihn einfach schnell den Rest hoch.

Je näher ich den Sack zu mir brachte, desto stärker ächzte die Umlenkrolle. Als ob sie zeigen wollte, wie überladen sie war. Das Geräusch war alarmierend. Wenn die Rolle brach, würden die Säcke geradewegs in meinen Gurt fallen, wahrscheinlich meine Hüfte brechen, und ich würde in wenigen Minuten verbluten. Mit Schrecken nahm ich wahr, wie das Metallstück, welches das Seil am Rücklaufen hinderte, die Aluminiumplatte, gegen das es drückte, durchzubiegen begann. Alles war weit über der vorgesehenen Belastung. Da es keine andere Wahl gab, das Gewicht von der Rolle zu nehmen, als das Seil durchzuschneiden, zog ich einfach weiter und hoffte, dass der Wall Hauler nicht brach.

Nach zweieinhalb Stunden hatte ich die Säcke endlich oben am Stand. Ich schaute die zwei Bohrhakenlaschen an, die mich und die

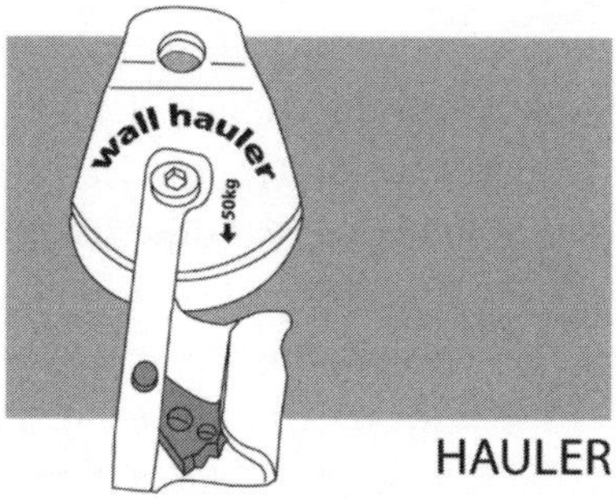

HAULER

Säcke hielten: zwei umgebogene Stahlplättchen, die an den Bohrstiften festgeschraubt waren und weder dicker noch länger als mein kleiner Finger waren. Wie hoch war wohl ihre Bruchlast?

Ich war schon nahe dran, die meine zu erreichen, und ich war nicht einmal eine Seillänge vom Boden weg. Ich ließ mich am Stand zusammensacken, war schrecklich ausgelaugt und fertig. Was tat ich hier? Das war doch krank. Ich hatte die längste Zeit des Tages dafür verschwendet, meine Säcke eine Seillänge hochzuziehen. Wie um alles in der Welt würde ich es je bis ganz nach oben schaffen?

Beim Soloklettern hängt alles vom Selbstvertrauen ab, und gerade jetzt hatte ich null davon. Ich stellte mir vor, wie die Russen zu mir herunterschauten und dachten, was für ein angeberischer Volltrottel ich wohl wahr, dass ich nicht mal in der Lage war, meine Säcke richtig hochzuziehen.

Warum machst du dir immer was draus, was andere über dich denken?

Ich verdrängte den Gedanken, dass ich die Säcke weiterziehen musste, und sortierte das Material für die nächste Seillänge. Ich hatte die Hoffnung, dass die Kletterei helfen würde, mich besser zu fühlen.

Technisches Klettern, im Englischen auch «Aid Climbing» genannt, ist eine sonderbare Art, auf Felsen zu steigen. Aber immerhin kommt man damit dort hoch, wo man mit Fingern und Zehen alleine nicht weiterkommt. Alle harten Routen am El Cap verlangen vorwiegend technische Kletterei. Dazu muss man einen Sicherungspunkt, ein «Placement», anbringen – einen Haken, einen Klemmkeil, einen Skyhook –, dann hängt man zwei Leitern dran, die mit einer Schlinge namens «Daisy Chain» am Gurt befestigt sind. Die Leitern sind aus Nylonbändern und haben mehrere Stufen. Man kann darin hochsteigen und den nächsten Sicherungspunkt anbringen. Am wichtigsten ist beim Aid-Klettern nicht das Haulen oder Jümarn, sondern die Fähigkeit, eine Stelle für eine Sicherung zu finden und diese dann so anzubringen, dass sie genügend hält. Je härter die Route ist, desto weniger verlässlich sind die Sicherungen, desto aufwändiger ist es, überhaupt etwas anzubringen. Was das technische Klettern so spannend macht, ist die mentale Seite, die Konzentrationsfähigkeit. Nur in ganz wenigen Sportarten kommt man mental so an seine Grenzen.

Ich fing mit der nächsten Seillänge an, aber ich war nicht in Form und so chaotisch organisiert, dass es denkbar schlecht aussah. Meine Seile, Leitern und mein Material hatten sich zu einem großen Knäuel verwirrt.

Du bist ein fetter, unfähiger Versager.

Noch dazu stellte sich die «einfache Kletterei» schwieriger und gefährlicher heraus, als ich erwartet hatte. Ein paar der Sicherungen rissen sogar aus, als ich sie belastete.

Die ersten sechs Seillängen waren ein Jahr nach meiner Geburt erstbestiegen worden. Daran dachte ich, als ich mein Seil von den alten Haken und korrodierten Copperheads löste. Ich wollte nur noch da hoch zum Stand, dann abseilen, schlafen gehen und den Tag hinter mir lassen.

Die Sonne brannte herunter, und dunkle Wolken voll Zweifel brauten sich zusammen, je weiter ich an den alten Placements nach oben kroch. Selbst Sicherungen, von denen ich wusste, dass sie gut waren, kamen mir wie Zeitbomben vor. Ich war verunsichert. Angesichts der harten Realität der Route lösten sich alle hohen Träume von meinen Kletterfähigkeiten in Nichts auf.

Und du dachtest, du könntest die Reticent Wall klettern? Du kommst ja nicht einmal diese pissleichte Route hier hoch.

Meine Hände waren noch zu weich und unvorbereitet für den Fels, auch der Fettwulst, der über meinem Gurt hing, erinnerte mich daran, dass ich weit davon entfernt war, ein Athlet zu sein. Ich war mir noch nie so töricht und überfordert vorgekommen. Ich war ein Träumer, ein Fantast, ein Größenwahnsinniger, ein Don Quichote.

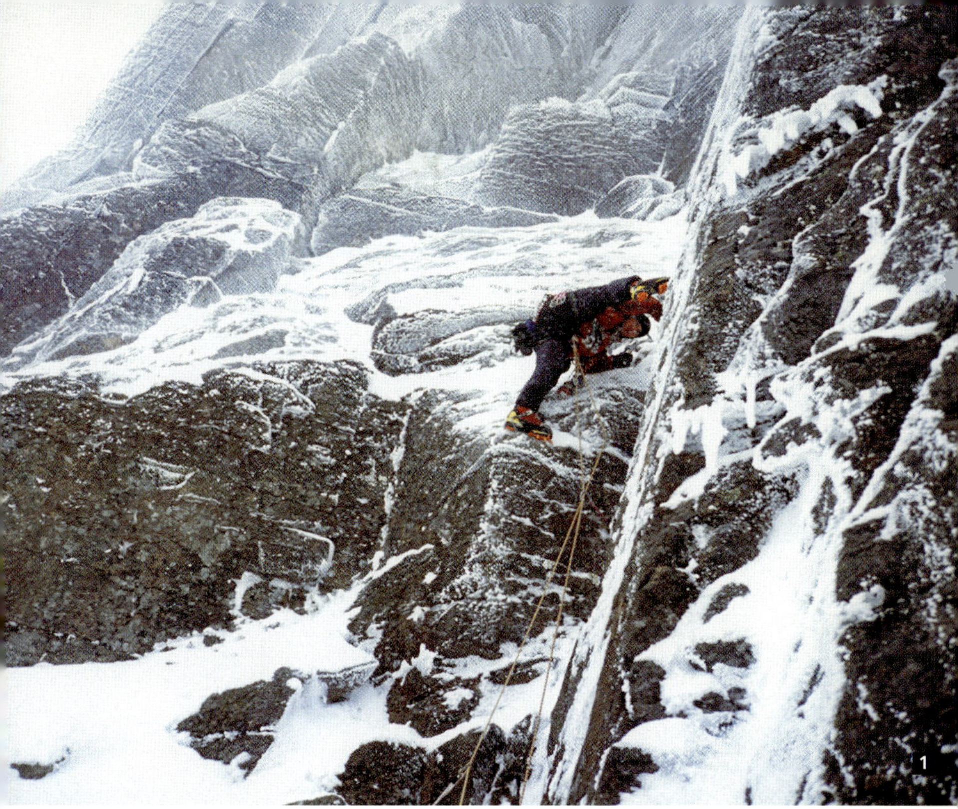
1

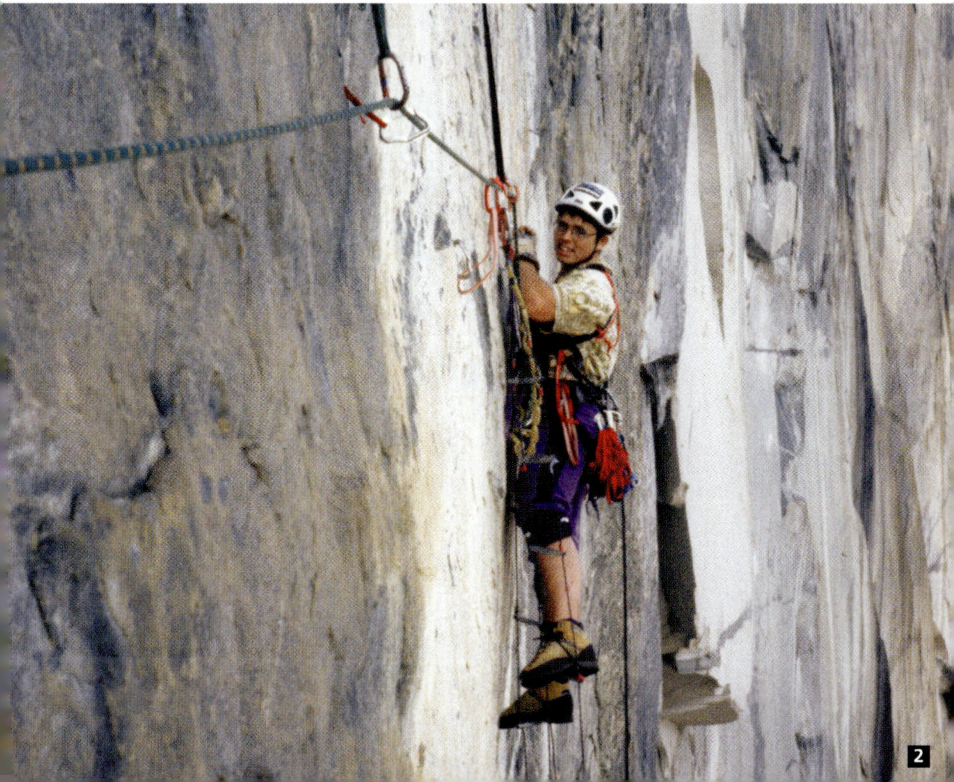
2

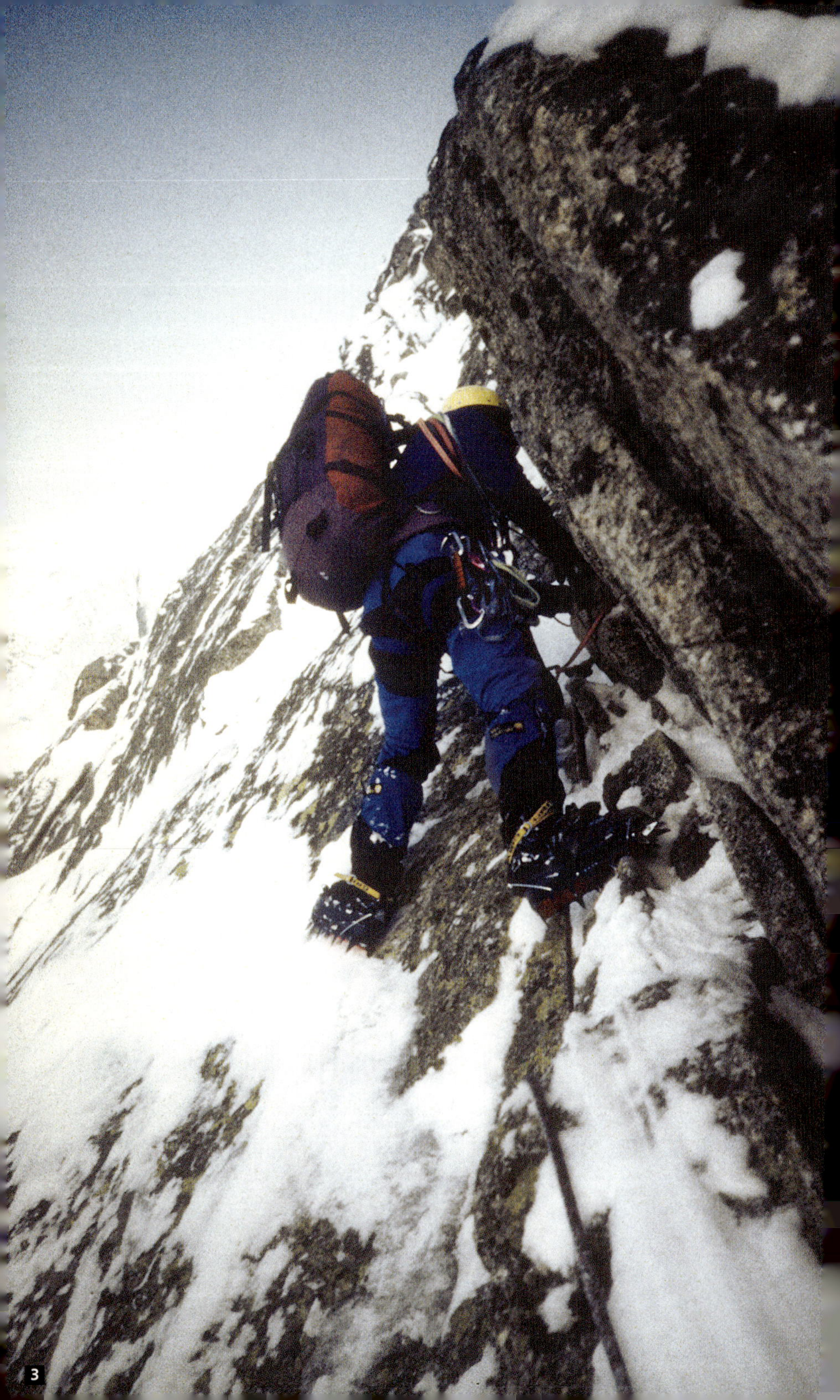

3

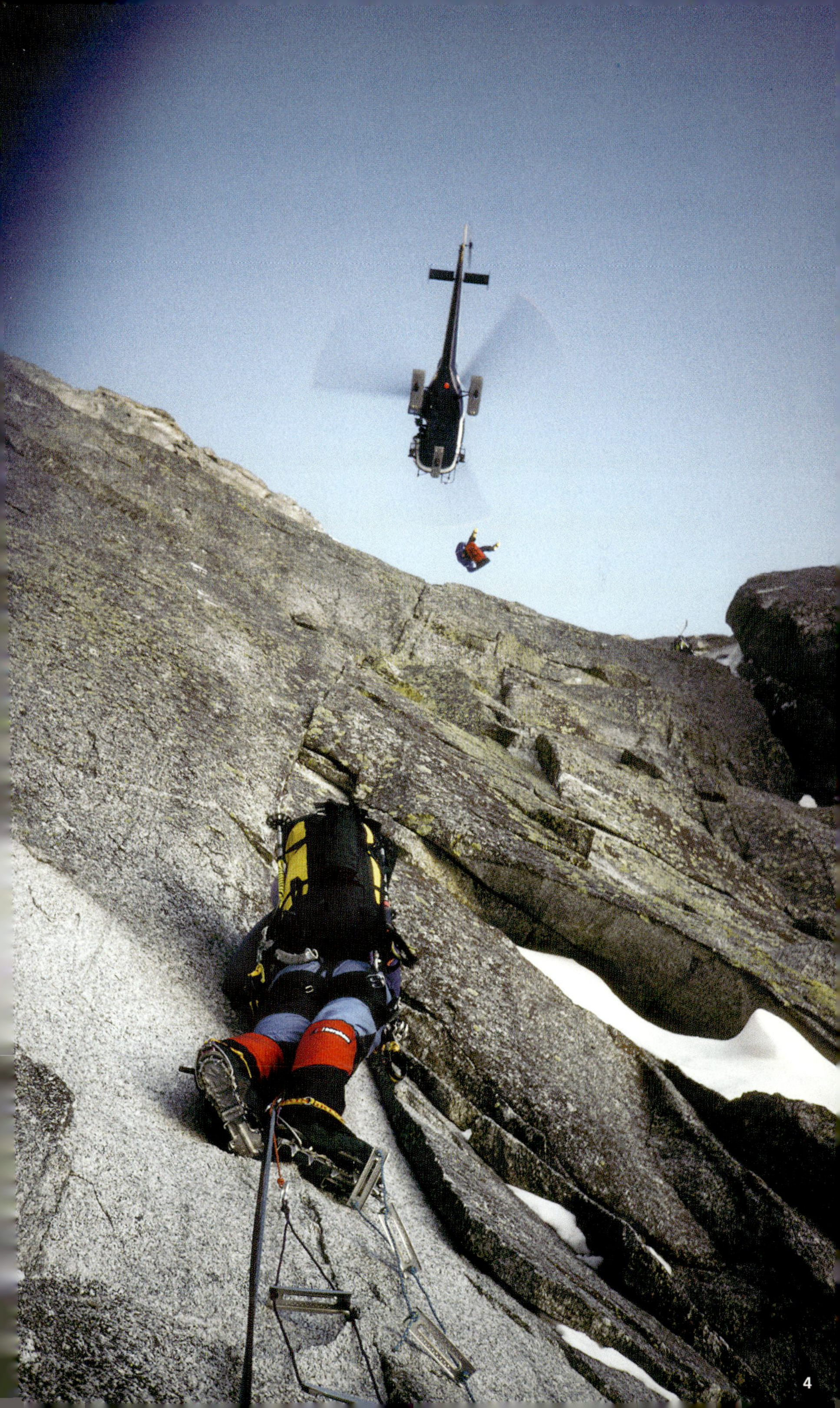

4

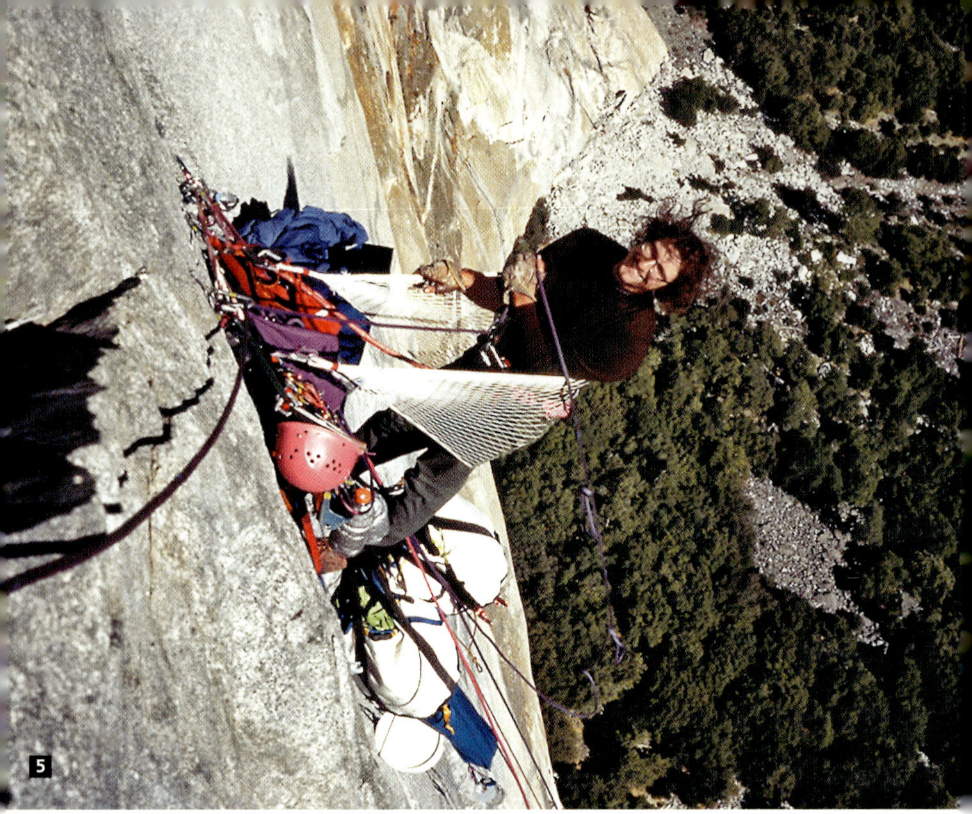

5

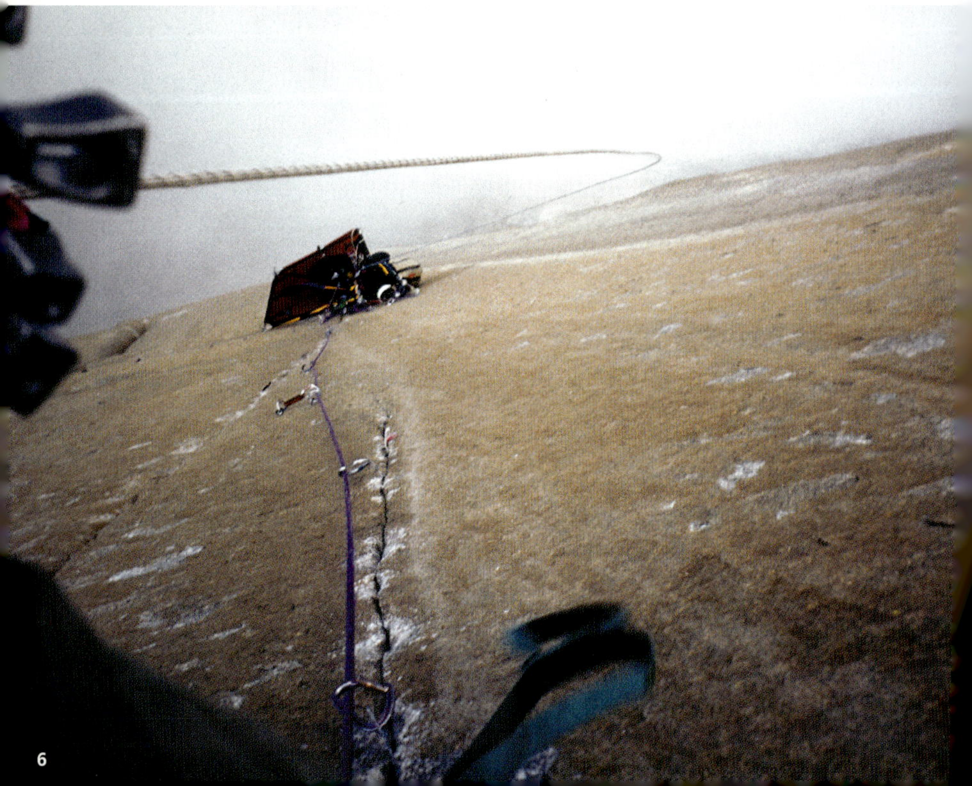

6

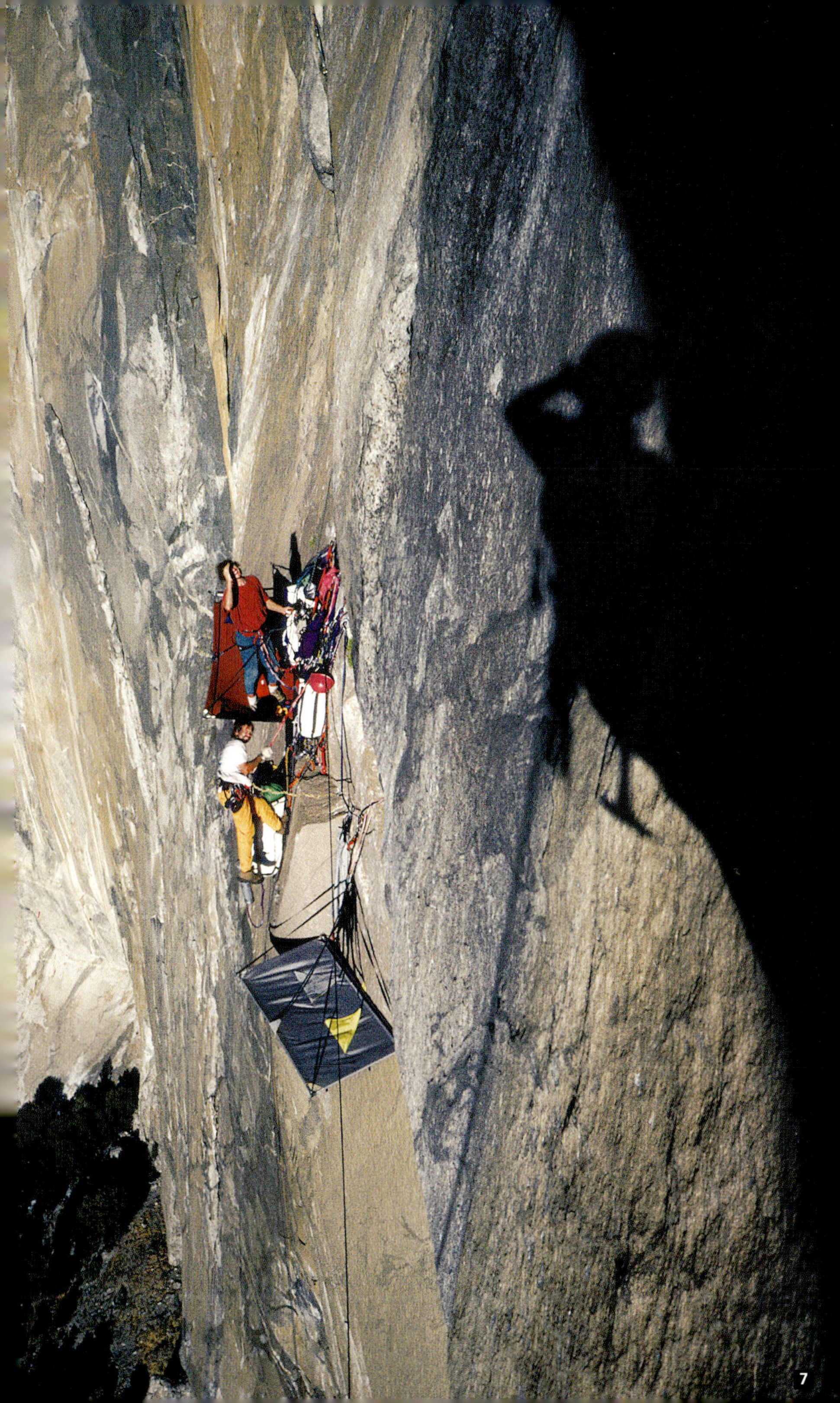

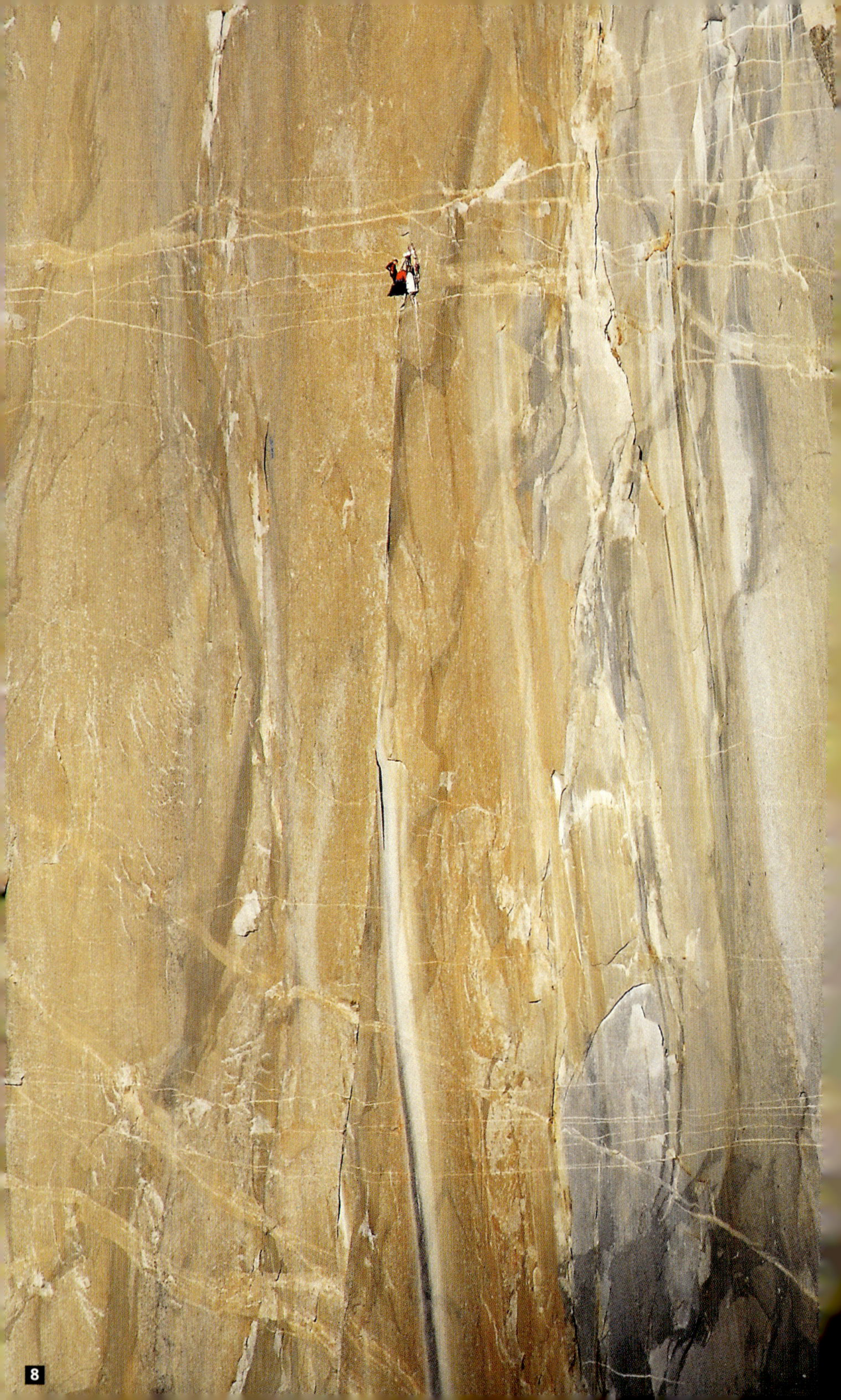

8

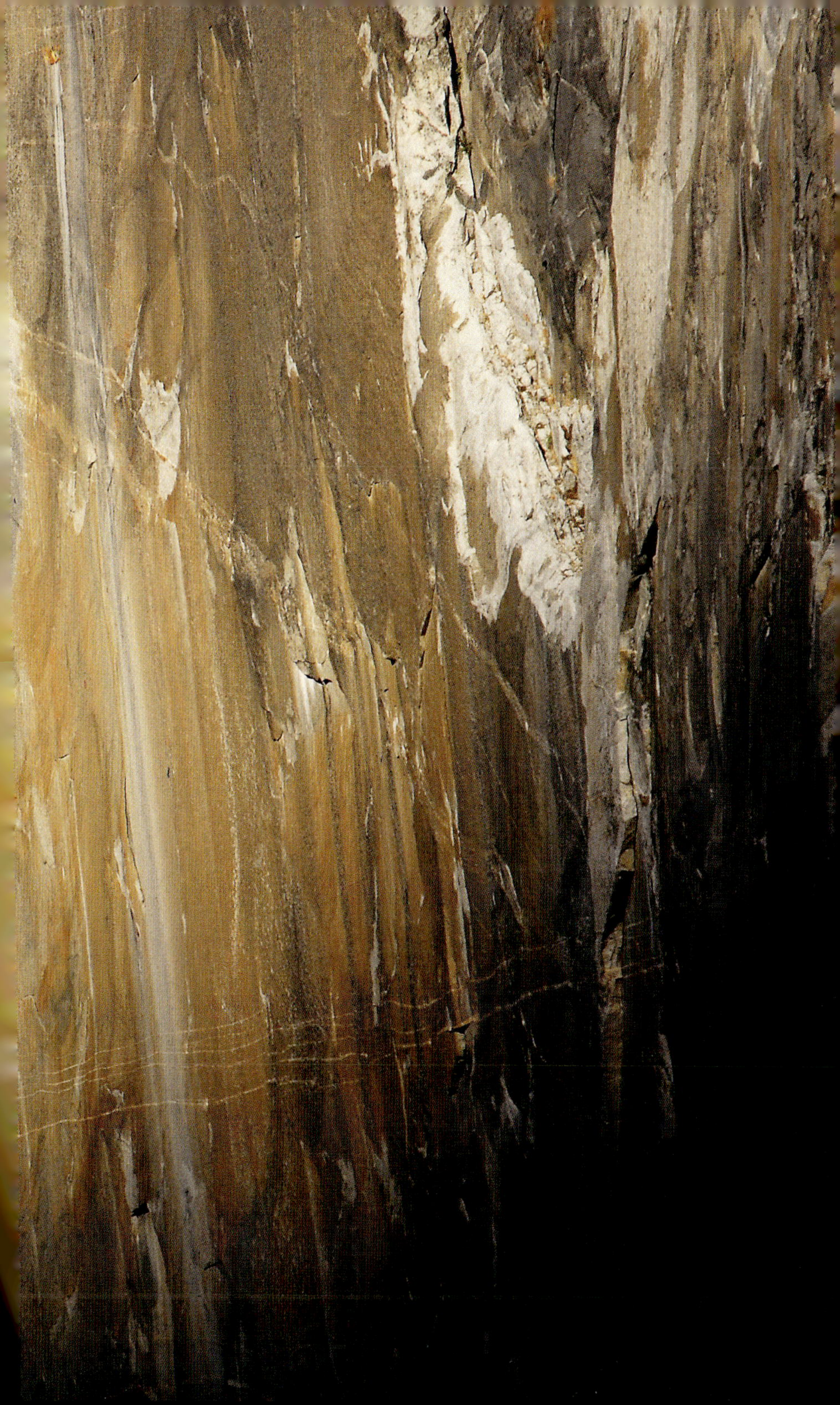

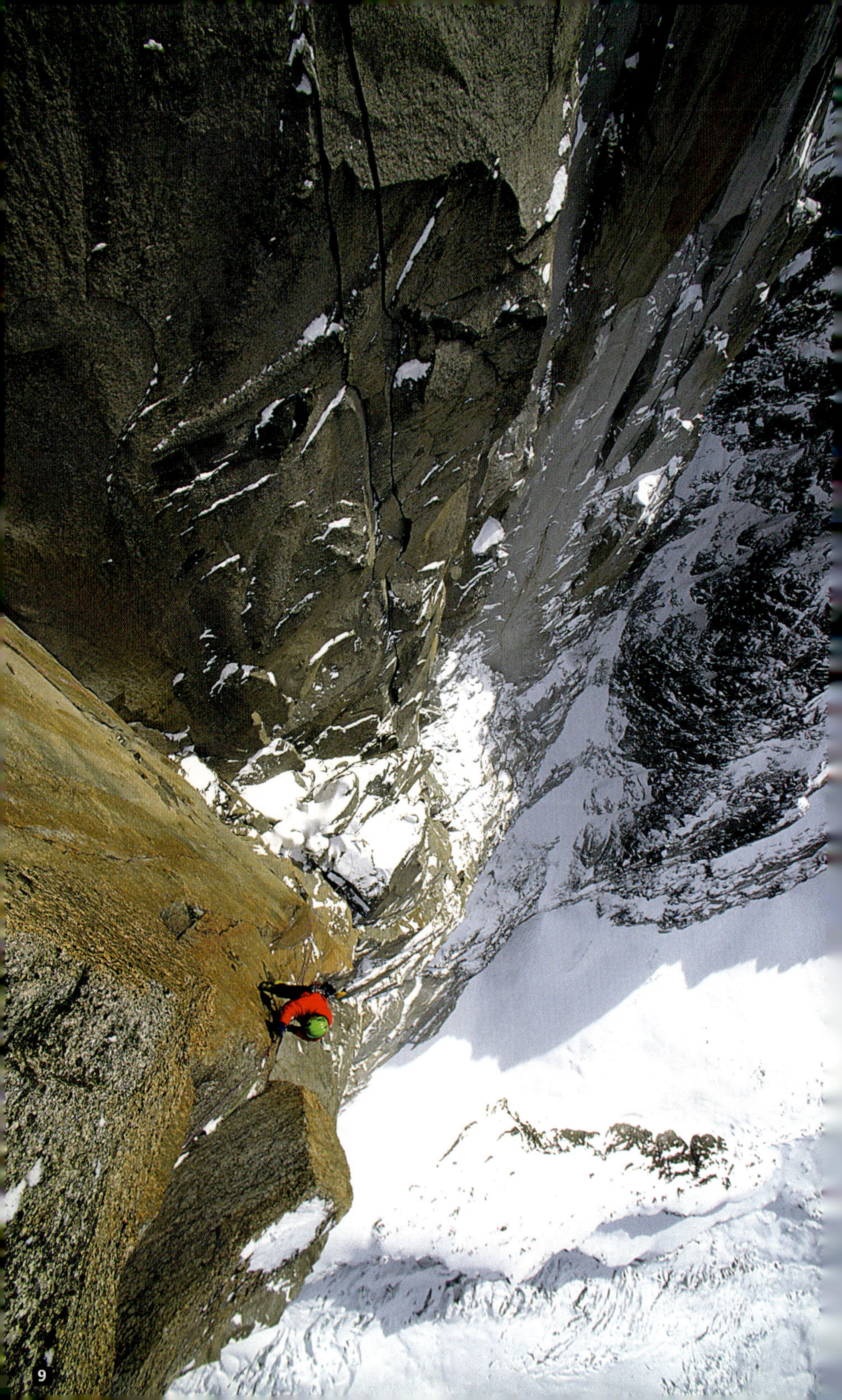
9

Legenden zu den Farbtafeln

1 Training für große Unternehmen in den Alpen und in Patagonien – egal ob das Wetter und die Verhältnisse gut oder schlecht sind. Andy Kirkpatrick beim Mixedklettern in Schottland: Route The Vicar, Corrie an Lochain in den Cairngorms.
(Foto Ian Parnell)

2 Technisches Klettern am El Capitan: Andy in «Lost in America», A4.
(Foto Andy Perkins)

3 Mehr als eine «Aufwärmroute», besonders im Winter: Aaron Foreshaw im heiklen Mixedgelände am Frendopfeiler, Aiguille du Midi.

4 Das Ende eines Wettrennens. Rettung eines verletzten französischen Kletterers im berüchtigten Dru-Couloir, Mont-Blanc-Gebiet.

5 Bigwallklettern heisst auch Geduld üben. Eine Seillänge kann Stunden dauern. Ian Parnell sichert am Stand in «Lost in America» am El Cap.

6 Andys Premiere als Bigwallkletterer. Am fünften Tag überrascht ihn und seinen Gefährten Paul Tattersall ein Schneesturm im Ausstieg des «Shield» am El Cap.

7 Schatten auf der Wand. Von der Schlüsselstelle der «Lost in America» fotografiert Andy Kirkpatrick seine beiden am Stand hängenden Partner.

8 Verloren in einem Meer von Granit. Die Wand des El Capitan im Abendlicht. Eine Seilschaft klettert die «Pacific Ocean Wall».

9 Einer der schwierigsten Bigwalls der Alpen: Andy Kirkpatrick und Ian Parnell im Winter 2002 bei der Zweitbegehung der Lafaille-Route in der Westwand des Petit Dru. Während dieser 15-tägigen Besteigung drehte er den preisgekrönten Film «Cold Haul». Links die bekannte Verschneidung der «Directe Américaine».

Wieder riss eine der Sicherungen beim Probebelasten aus und traf mich an der Stirn, gerade unter dem Helm. Ich sank zurück in den Gurt und betastete die Beule, Blut und Schweiß rannen in meine Augen.

Du verdammtes, beschissenes, unwürdiges Arschgesicht!

Ich blickte nach unten ins Tal, sah die Windungen des Merced River, der sich langsam und grün durch die Wiesen und Wälder schlängelte, während auf den Sandbänken an seinem Ufer Leute auf Picknickdecken saßen. Ich dachte daran, wie es wäre, in Scarborough am Strand zu sitzen und Sandburgen zu bauen.

Was machst du eigentlich?

Jede Faser meines Körpers wollte aufgeben, wollte Schluss für heute machen. Ich hatte keine Chance, die Reticent zu klettern: No way. Es war reiner Selbstmord. Schon so oft hatte ich mich so gefühlt: überfordert, mit offenen Augen ins Unglück laufend, größenwahnsinnig. Aber das war eindeutig der schlimmste Moment von allen.

Du hast schon mehr als ein Jahr keine Wand geklettert. Du bist zu dick. Du bist zu schwach. Du hast zu viel Angst.

Ich machte weiter.

Ich kam am zweiten Bohrhakenstand an, etwa siebzig Meter über dem Boden, hängte erleichtert meine Selbstsicherung an und befestigte schnell die Seile. Ich war noch nahe am Boden. Jetzt war es ein Leichtes, abzuseilen und zu flüchten: vor der Route, vor den schrecklichen Gefühlen. Zumindest noch eine gute Zeit. Es war zu spät, um die Säcke diese Seillänge hochzuziehen, und ich hatte dazu auch nicht die nötige Energie. Ich machte mich zum Abseilen fertig, konnte den Erdboden kaum erwarten.

Ich konzentrierte mich, versuchte all die Gedanken auszublenden, die mich ablenken wollten, besonders jene, jetzt woanders zu sein. Vom Stand wechselte ich an das Nachziehseil, um abzuseilen. Ein Fehler wäre in dieser Höhe schon fatal gewesen, genauso wie tausend Meter höher, nur würde ich hier weniger Zeit haben, mich zu wundern, was ich falsch gemacht hatte.

Ich prüfte mehrmals nach, ob ich richtig festgemacht war, ob das Seil richtig durch das Abseilgerät lief und die Jümars an meinem Gurt waren, mit denen ich am nächsten Morgen wieder hochsteigen musste. Es sind unzählige Dinge, an die man sich erinnern muss. Ich hatte schon lange Zeit nicht mehr geklettert, und die Gefahr war groß, auch die einfachsten Fehler zu machen.

Ich hängte mich aus dem Stand und ins Seil, gehalten nur von der Hand, die das Seil unterhalb des Abseilgerätes umklammerte.

Ich dachte daran, dass mein Leben von dieser einen Hand abhing, dass ich runterfallen und am Boden aufschlagen würde, wenn ich losließe. Das Seil war heiß und steif, meine Handflächen verschwitzt. Umso fester griff die Hand, um das Seil nicht loszulassen. Wenn ich es losließ, fiel ich.

Ich sah hinunter zu meinen Schuhen, zwei Nadelstiche der Landschaft unter mir. Dort würde ich einschlagen. Ich stellte mir vor, wie die Luft aus mir gepresst würde, was das für eine Explosion wäre, wenn ich auf dem Fels aufschlug. Ich dachte daran, wie meine Schuhe zu Hause neben der Eingangstür standen, wie Ella sie anzog und mit ihren winzigen Füßen und den großen Schuhen ins Wohnzimmer tappte und so tat, als sei sie ich.

Ich schaute die Wand hinauf.

Die Russen zogen ihre Säcke zum Lay Lady Ledge hoch.

Ich sah hinunter.

Vorsichtig ließ ich das Seil durch meine Hände gleiten.

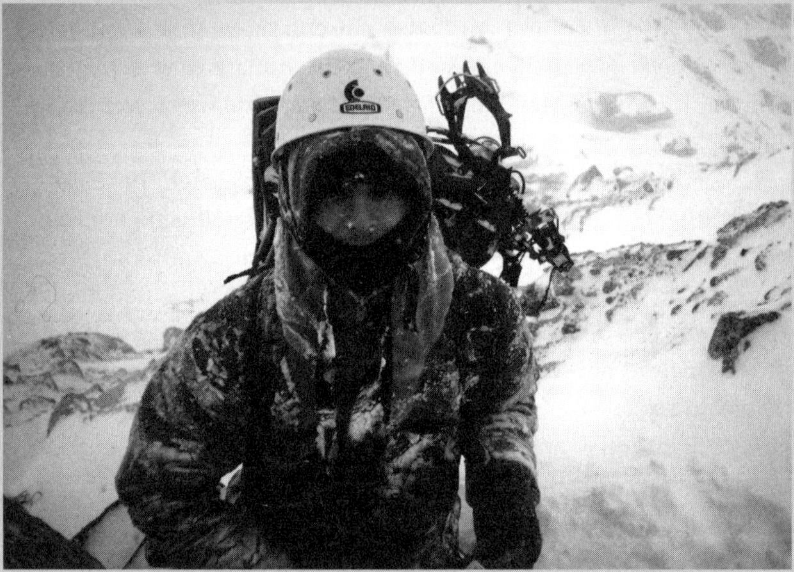

Winter im Mont-Blanc-Gebiet: «Ich hatte Aaron Foreshaw ein paar Tage nach meiner Entscheidung getroffen, dass ich ein echter Bergsteiger werden wollte.»

Bergsteiger

Der Sturm peitschte um mich herum, er riss und zerrte an mir, Steine und Schnee trommelten in mein brennendes Gesicht wie die Geschosse eines Maschinengewehres. Ich hielt mich am Seil fest, schloss meine Augen und hielt durch, hoffte darauf, dass der Wind eine Pause einlegte. Damals war ich noch unerfahren und wusste nicht, dass der Wind sich erst dann legt, wenn es ohnehin keine Rolle mehr spielt.

Es war Winter, hoch im Mont-Blanc-Gebiet, die Berge waren verlassen bis auf meinen Partner und mich, die wir uns an einer nahezu senkrechten Wand von übelster Qualität festklammerten.

Der Wind nahm an Stärke zu und blies Schneekristalle auf die Hautstellen, die nicht von der Gesichtsmaske bedeckt wurden. Sie raubten die Wärme meines Körpers und schmolzen zu Wasser. Der nächste Windstoß schleuderte neuen Schnee auf die gleiche Stelle. Mein Kopf verwandelte sich langsam in einen Eisklumpen. Meine Waden platzten fast vor Anstrengung, die Muskeln waren wie gespannte, heiße Fäuste. Ich balancierte auf den Frontzacken meiner Steigeisen, die im Dreck steckten, der die Konsistenz von gefrorenen Butterkeksen mit Schokoüberzug hatte.

Ich öffnete mit Mühe und Not die Augen und sah den Stand, eine dünne Schlinge über einer Schuppe, die aus dem gefrorenen Dreck schaute. Dann glitt mein Blick auf den Gletscher einige hundert Meter unter uns. Der Schnee sah weich und einladend aus, die Spalten heimelig und behaglich, wie ein Hafen im Sturm. Ich fragte mich – das erste, aber bei weitem nicht das letzte Mal – was jetzt wäre, wenn ich stürzte und mein Körper über den Hang hinunterkollerte, bis er in den Schnee fiel.

Wenn ich fiel, starb ich. Ich war nah an der Linie, an diesem seidenen Faden. So unsicher wie ich auf den Steigeisen balancierte, konnte mich selbst der Wind hinunterblasen. Ich wollte schreien, konnte aber nicht. Ich hielt das Seil meines Partners mit dem Mund, das gab mir die Illusion, dass ich ihn sicherte. Wenn Aaron fiel, konnte ich sein Gewicht niemals mit meinen Zähnen halten.

Das ist die Erinnerung, die ich an meine erste Route in den Alpen habe, und ich wünschte, ich könnte behaupten, das sei an der Eiger-Nordwand oder am Matterhorn gewesen. Stattdessen war ich auf halber Höhe einer Moräne, jenen Wällen aus gefrorenem Geschiebe von Hunderten Jahren Gletscherschliff. Wir wollten zu einer Berghütte und hatten den Weg verloren. Das war der Gipfel meiner ersten Saison in den Bergen, sozusagen die Hochwassermarke vom Stand meines alpinen Tuns. Es wäre beschämend gewesen, beim Zustieg zu sterben. Unter mir war Aaron, der zu mir hochkletterte und langsam von einem eingefrorenen Schuttblock zum nächsten stieg, wenn der Wind für kurze Zeit nachließ. Er wusste nicht, dass wir unser beider Leben dort unten auf dem Gletscher aushauchen würden, wenn er fiel.

«Mach zu!», schrie er, als ich gerade versuchte, das Seil mit einer Hand hochzuziehen. Spucke rann aus meinem Mund auf das Seil und gefror, wenn ich daraufbiss, um es am Herunterfallen zu hindern.

«MACH ZU!», schrie er wieder. Seine Stimme war im Gegensatz zu seinem sonst ruhigen Äußeren gespannt, stand unter Stress.

«Hummhm!», grunzte ich zurück. Mein Mund war vollgestopft mit dem Seil. Ich versuchte, den Anschein zu erwecken, alles sei normal.

«Pass auf, die Stelle ist schwierig!»

«Humm, hmm!», grunzte ich zurück.

So hatte ich mir alpines Klettern nicht vorgestellt.

Wahrscheinlich fing alles mit einem Buch an. Es war an einem ruhigen Mittwochmorgen im «Hitch and Hike», dem kleinen Kletterladen in einer Ecke des Derbyshire Gartencenters, wo ich arbeitete. Es war meine zweite richtige Arbeitsstelle. Eigentlich war die Arbeit einfach, ich verkaufte Kletterzeug, Wandersachen und Ausrüstung für Höhlentouren. Die einzigen erforderlichen Qualifikationen waren Enthusiasmus, der Wille, für wenig Geld zu arbeiten, und ein paar gut trainierte Beine, denn der Laden war 18 Kilometer per Fahrrad von meiner Haustüre entfernt. Mitten auf dem Weg lag der größte Hügel von ganz Sheffield. Noch nie im Leben habe ich den Gedanken gehasst, zur Arbeit zu gehen. Ich hatte immer den Luxus genossen, zwar schlecht bezahlte, aber dafür lohnende Arbeit zu haben, die ich gern erledigte, ganz im Gegensatz zu meinen Freunden, die gut bezahlte Jobs hatten, die sie jedoch verabscheuten. Diese Freunde erzählten mir oft, wie neidisch sie darauf seien, dass ich einen einfachen Job hatte und jeden Tag mit dem Fahrrad durch den Peak District fahren durfte, während sie in S- und U-Bahnen saßen und vor dem Schreibtisch hockten. Gerade mein Weg zur Arbeit war das Einzige, auf was ich mich nicht immer freute, besonders gegen Ende der Woche, wenn meine Beine geschwollen waren.

Nichtsdestotrotz genoss ich das Erstaunen auf den Gesichtern meiner Kunden, wenn sie erfuhren, wie weit ich jeden Tag herfuhr. Was ich am meisten an meinen Reisen von und zur Arbeit schätzte, war der Freiraum zum Denken – während meine Waden sich vor Anstrengung bogen und Regenwasser in mein dreckignasses Gesicht spritzte. Vielleicht war es eine Art Verdrängung oder Ablenkung, schließlich sah ich jeden Tag die gleiche langweilige Straße. Aber auf alle Fälle war es eine Zeit voll von Plänen. Mein ganzes Leben war ich ein Träumer gewesen, auch wenn sich die Träume mit der Zeit änderten und sich nicht mehr um Abenteuer in fernen Galaxien, sondern um Abenteuer auf Mutter Erde drehten. So wie mein Kopf die Träume nährte, so wuchsen sie ohne Schranken ins Unendliche: meine Fantasie war grenzenlos. Ich hatte vor, einen Weitwanderweg durch England zu machen, dann fiel mir ein, dass ich ihn im Winter machen könnte. Den Plan ließ ich fallen, über einen anspruchsvollen Wanderweg durch die Pyrenäen nachzudenken, im Sommer. Nein, im Winter natürlich. Dieser Plan wurde dann durch eine Wanderung vom Nordkap bis zur Straße von Gibraltar ersetzt. Und so weiter. Jeder Traum baute auf dem nächsten auf. Je mehr Klettern zu meiner Leidenschaft wurde, desto mehr füllten Kletterträume meinen Kopf, ich meine Pläne von reinen Felsklettereien. Ich brauchte diese Träume, um die stumpfsinnigen Fahrradfahrten zu meiner Arbeit zu ertragen, und die Arbeit ebenso.

An diesem Morgen gab es keine Kunden, nur das leise Tropfen des Regens auf dem Dach. Die Felsen waren zu nass zum Klettern, die Höhlen zu überflutet für Speläologen, die Cafes zu einladend für die Wanderer. So hatte ich Zeit für mein persönliches Verkaufstraining, das aus Teetrinken und dem Lesen von Klettermagazinen bestand. Die Leute beschweren sich oft, wie wenig die Angestellten in Bergsportläden verdienen (zumindest sagen das die Angestellten), wozu ich nur bemerken kann, dass man eben keinen hohen Lohn erwarten darf, wenn man Schuhe und Rucksäcke verkauft. Das ist schliesslich ungleich leichter, als etwa Interkontinentalraketen zu konstruieren.

Nachdem ich alle Magazine gelesen hatte, machte ich mich an die Führer. Monatelang hatte ich alle Kletterführer über den Peak District studiert, von denen jeder nur ein kleines Gebiet abdeckte. Sie teilten sich in Bücher über Sandsteinklettereien (den sogenannten «Gritstone») und Bücher über Gebiete mit Kalk. Jede Route in jedem Gebiet, egal wie klein oder unbedeutend, war dort beschrieben. Ich blätterte durch die Seiten, schaute die Routen an, die ich gemacht hatte, las zum wiederholten Mal die Touren durch, die ich machen wollte, und stellte mir vor, ich wäre jetzt dort oben, hätte das Material umhängen, sah vor meinen Augen buchstäblich alles, auch die Gefahr und den Gipfel. Ich war besessen von diesen Routen, von denen jede weitaus mehr war als eine Reihe von Griffen. Jede Route zog eine weitere nach sich.

Seitdem ich nach Sheffield gezogen war, hatte mich das Klettern in seinen Bann geschlagen. Ich kletterte an jedem freien Tag, hielt auch an den Arbeitstagen auf meinem Weg nach Hause an, um zu klettern, ja sogar auf dem Weg morgens zur Arbeit. Ich hatte keinen Kletterpartner und kletterte alleine und ohne Sicherung. Mit der Zeit wuchs mein Selbstvertrauen, und die Routen wurden schwieriger. Die Routen im Gritstone sind meist so kurz, dass man auch mit wenig Zeit viele davon machen kann. Eine Route klettert man hoch, die andere hinunter; man klemmt Hände in Risse, klammert sich an großen, runden Griffen fest und steht rutschend und bangend mit den Kletterschuhen auf abschüssigen Tritten. Auf der Arbeit ersann ich meine großartigen Soloabenteuer: Ich wollte zum Beispiel alle Drei-Sterne-Routen einer bestimmten Schwierigkeit an einem Fels machen oder alle Routen an einem anderen hintereinander. Natürlich gab es bei meinen Soloklettereien auch ein paar heikle Situationen. Einmal stieg ich tollkühn auf meinem Weg zur Arbeit vom Fahrrad ab und in einen Felssporn ein. Im kalten Winterwind wurden meine Hände schnell gefühllos, dazu ging meine Jacke auf und flatterte mir über den Kopf, sodass ich gar nichts mehr sehen konnte. Schwer keuchend hing ich dort und stellte fest, dass das Einzige, was ich tun konnte, war, auf einen weiteren Windstoß zu warten, der die Jacke wieder vom Kopf herunterblies. Ich fiel nur zweimal von den Felsen. Einmal rannte ich während des Sturzes die steile Platte hinunter, die ich hochgekommen war, und sackte zu Boden, wo ich mir japsend und stöhnend schwor, nie wieder solo zu klettern, wenn nur irgendwann meine Atmung wieder zurückkehrte. Ein andermal stürzte ich, als ich eine zu schwere Route wieder abklettern wollte. Drunter war ein flacher Tümpel. Die dünne Wasserschicht genügte, um die Sturzwucht so weit abzubremsen, dass ich mir nichts brach. Soloklettern macht süchtig: die Freiheit, das Selbstvertrauen, die Konzentration auf jeden Augenblick deiner Existenz. Irgendjemand hat mal die Frage gestellt, wie man beim Soloklettern im perfekten Gritstonefels überhaupt stürzen könne – so ganz frei von einem schweren Seil und mühseligen Sicherungen? Dummerweise stürzte dieser Kletterer wenige Monate später ab und verblutete an einem Beckenbruch, den er sich beim Aufprall auf eine Felsplatte zugezogen hatte.

Für mich wurden die schmalen Bücher mit dem harten Plastikeinband, die in ihrer unkommerziellen Art der typisch britischen Liebe zur detailreichen und liebevollen Dokumentation von Felsrouten entsprachen, zu Lehrbüchern. Ich las dort von den Routen, von den Kletterern, die diese Routen erstbegangen hatten, und von all den Geschichten, die beide umgaben. Dann kletterte ich die Routen selbst und spürte die physische und mentale Aufgeregtheit, die das Klettern so einzigartig macht. Ohne all das wäre das Klettern nicht mehr als ein paar Klimmzüge. Ich war nie ein guter Kletterer, aber ich kletterte mit Leidenschaft und war erschütternd kühn.

Als Mandy ein Jahr in London lebte und für das Lehramt studierte, fuhr ich mit dem Zug zu ihr, wann immer ich konnte. Leider hatten wir beide nicht viel Geld, und so klappte es nicht immer. Nach unserem ersten Treffen folgte ich ihr nach Frankreich, wo wir zusammenlebten. Jetzt war es seltsam, getrennt zu sein. Mandy vermisste mich, obwohl sie mit vielen Freunden zusammen in einem großen Haus in New Cross wohnte. Ich vermisste sie auch, aber genoss die Freiheit, zu tun, was immer ich wollte, ohne irgendjemand etwas schuldig zu sein oder durch emotionale Ansprüche gebunden zu werden. Die Freiheit, zu tun und lassen, was und wie ich es wollte, war grenzenlos. Meine Zeit gehörte allein meinem Arbeitgeber und dem Klettern.

Als ich alle heimischen Kletterführer durchgestöbert hatte, nahm ich ein dünnes Buch mit grünem Umschlag in die Hand: den Führer des

Mont-Blanc-Gebietes in Frankreich. Seit ich Joe Taskers Buch *Savage Arena* (*Eishölle am Everest* heißt die deutsche Ausgabe) von der Bücherei in Hull ausgeliehen und gelesen hatte, verlockte mich das Bergsteigen in den Alpen. Seine Erzählungen, wie er die Eiger-Nordwand im Winter bestieg, hörten sich an, als erzählte er von einem anderen Planeten. Wirklich elektrisiert hatte mich das Buch, als ich erfuhr, dass Tasker in Hull aufgewachsen war. Ich war immer davon ausgegangen, dass Bergsteiger aus einer anderen Schicht stammten, dass sie wohlhabend oder reich waren. Die einzigen Bergsteiger, mit denen ich im Bergsportladen in Kontakt kam, waren gut verdienende Fachkräfte oder Studenten. Alpines Bergsteigen schien zudem teuer zu sein. Um im Peak District felsklettern zu gehen, brauchte man nur ganz wenig Material, und die Reisekosten waren gleich null. In die Alpen zu fahren, die teure Ausrüstung zu kaufen, für den Campingplatz und die Seilbahnen zu bezahlen – all das schien jenseits dessen, was ich mir leisten konnte.

Wie auch immer. Wenn ich im Wind oder Regen kletterte oder an einem großen Felsabbruch in Wales hing, gab es etwas in mir, das sagte: Du bist Joe Tasker und kletterst an einem alpinen Giganten. Alle zwei Wochen kam das Bergsportmagazin *Mountain Review* in den Laden geflattert, voll von Geschichten von Felstürmen in Patagonien, Bigwalls im Yosemite, vom Winterbergsteigen in den Alpen. Die Geschichten überstiegen das normale Leben, die Leute, die sie schrieben, waren überlebensgroß. Sie schienen nach Gefahr und Risiko süchtig zu sein; sie warfen sich ohne Unterlass in die haarsträubendsten Abenteuer, die man sich vorstellen konnte. Einen Artikel des britischen Bergsteigers Andy Perkins las ich wieder und immer wieder. Er handelte von einem Versuch an einem Granitriesen namens Cerro Kishtwar in Indien, wo Perkins siebzehn Tage in der Wand verbracht hatte und schließlich wegen Hunger und Erschöpfung wenige hundert Meter vor dem Gipfel umgekehrt war. Ich betrachtete das Bild von Andy und seinem Partner Brendan Murphy. Sie waren ein Team ohne Hoffnung auf Rettung, sie lebten da draußen völlig auf sich alleine gestellt. Ich war neidisch auf so eine Erfahrung. Andy arbeitete für eine Bergsportfirma namens Troll, ich hatte ihn im vergangenen Sommer an ihrem Stand bei der Outdoormesse in Harrogate gesehen. Er war kleiner, als ich mir vorgestellt hatte, sah aber zäh aus. Sein mageres Haar und sein dünner Bart schienen immer noch von den Sturmwinden Patagoniens frisiert zu sein, dorthin hatte ihn seine letzte Expedition geführt. Ich wollte mit ihm sprechen, aber was konnte ich, ein Verkäufer im Bergsportladen, der davon träumte, zu sein wie er, überhaupt fragen? Ich nahm meinen Mut zusammen und sprach mit ihm. Seither befassten sich meine Gedanken mehr mit den Bergen der Welt als mit den Hügeln der Umgebung, und meine geliebten Gritstone-Klettereien wurden zum Training für Zukünftiges und Größeres. Im Bergsteigen waren die Perspektiven für Träumer wie mich noch größer. Da gab es die riesigen Bergketten der Anden und des Himalayas. Mehr und mehr befasste ich mich damit, wie man dort hinkommen konnte und mit wem ich unterwegs sein würde. Ich hatte ja keine Kletterpartner.

Das grün eingebundene Buch war voll von kleinen Schwarz-Weiß-Aufnahmen, die Eiswände, Schneegipfel und Felsnadeln zeigten. Die Bilder waren nicht gerade inspirierend. Außerdem war es in einer Sprache geschrieben, die kryptisch schien. Ich dachte an meine mikroskopisch kleinen Klettereien, die zu klein waren, um überhaupt als Fußnote in so einem Buch über die Berge zu erscheinen, und fragte mich, wie man so große Routen klettern konnte.

Ich schlug das Buch zu. Gerade als ich es zurück ins Regal stellen wollte, fiel mir das Foto auf der Rückseite ins Auge. Es zeigte eine große Eiswand mit einer Felsbastion am oberen Ende. Vielleicht lag es daran, dass es das einzige Farbfoto im Führer war, vielleicht daran, dass der Berg aussah, als hätten ihn Science-Fiction-Künstler entworfen, vielleicht lag es auch an etwas ganz anderem: Das Bild packte mich. Ich schlug im Buch nach und fand den Namen der Wand: Nordwand der Droites, tausend Meter, Bewertung ED (extrem schwierig). Ich stellte mir vor, was es wohl bedeutete, so eine Wand zu klettern, wie man sich am Gipfel fühlen mochte, mit all den Abgründen und der Wildnis um sich herum. Es musste so ähnlich sein wie auf dem Mond, man war dort der Erde ja kaum näher als ein Astronaut. Ich blätterte in ein paar anderen Büchern nach und fand mehr Bilder von der Wand. In Doug Scotts *Himalaya Mountaineering* gab es eine ganze Reihe von Bildern, die er bei einer Winterbegehung des Direkten Nordostpfeilers gemacht hatte, eines gewaltigen Granitpfeilers am Rand der Nordwand. Es gab ein Bild von seinem Partner, der mit Eisbeilen und Steigeisen an einem steilen Eisfeld hing und in seinem winzigen Rucksack alles drin hatte, was er zum Überleben brauchte. Ich stellte mir vor, wie es war, drei oder vier Tage in so einer Wand zu leben, inmitten der Kälte und der senkrechten Welt. Ich versuchte, mir so etwas Großes wie die Wand vorzustellen; das Größte, das ich bis dahin gesehen hatte, war die Brücke über den Humber, deren Stützpfeiler 150 Meter in den Himmel ragten. Ich errechnete den Höhenunterschied zwischen den beiden. Beim Gedanken daran, dass die Droites-Nordwand achtmal höher war, wurde mir schwindlig.

Nun träumte ich auf meinen Fahrten zur Arbeit vom Bergsteigen, vor allem von den Droites. Mein Problem war, dass ich für eine Wand dieser Größe keinerlei Erfahrungen hatte, genauso wenig wie für jeden anderen Berg. Ich verschlang jede Information, die ich bekommen konnte, egal ob Technik oder Material, um meine Wissenslücken zu stopfen.

Dann, es war im Herbst, las ich in einer Ausgabe des *High*-Magazins zwei Artikel über das Winterbergsteigen von einem Kerl namens Dick Turnbull. Dick war der Besitzer eines Bergsportladens mit dem Namen Outside, nicht weit von uns. Beide, der Bergsportladen und Dick, hatten einen ganz besonderen Ruf. Das «Hitch and Hike» war ein Geschäft für Leute, die zum Wandern in die Hügel gingen oder in die Höhlen stiegen. Es war nichts Magisches an dem Laden. Das Outside dagegen war eine Art Tempel mit coolem Material und genauso coolen Leuten. Portaledges, High-End-Rucksäcke und exotisch anmutende Schlafsäcke hingen an den Regalen. Wenn man in Dicks Laden kam, war einem klar, dass jeder dort drin etwas ganz Besonderes war. Die Angestellten waren Spitzenkletterer, die sich dort ein wenig Geld verdienten, um weiterklettern zu können. Dick war von der Figur her eher ein stämmiger Riese, aber trotzdem ein echter Kletterfanatiker. Er hatte die Nordwände von Eiger, Matterhorn und Grandes Jorasses im Winter gemacht. Das war zu jener Zeit eine große Leistung, denn alle drei galten als besonders hart, lang und gefährlich, besonders im Winter. Ich musste jeden Tag auf meinem Weg zur Arbeit an Dicks Laden vorbeifahren, seine Angestellten hupten mir mit ihren Autos freundlich zu, wenn sie mich sahen. Ich hatte immer schon mal hineingehen und

Dicks Wissen für meine eigenen Kletterpläne nutzen wollen. Nun war das Schicksal dazwischengekommen, Dicks Artikel hatte alle meine Fragen beantwortet.

Mein größtes Problem war, dass ich keinen Kletterpartner hatte, keine Erfahrung besaß und kein Geld in der Tasche. Aber ich fand schnell heraus, dass es immer einen Weg gibt, wenn man wirklich will.

Aaron kam mit ruckartigen Bewegungen herauf, hielt sich vorsichtig an einem runden Felsblock, der im dreckigen Hang steckte, setzte den Fuß zur Hand, dann den anderen Fuß, schließlich die andere Hand, bis er wie ein zusammengeklapptes Taschenmesser unsicher dastand und nicht wusste, wohin es als Nächstes ging und ob der runde Felsblock nicht ausbrach.

«Andy, das ist verrückt!», schrie er herauf. Ein kleiner Schneerutsch füllte seinen Mund, bevor er erklären konnte, warum es so dumm war, was wir taten. Ich blickte auf den Gletscher unter mir und schätzte ab, was passieren würde, wenn Aaron fiel und mich mitriss. Es ging mehr als hundert Meter hinunter, das Gelände war steil und felsig. Wahrscheinlich würden wir den Sturz überleben, aber nicht ohne Knochenbrüche. Die vielen Moränenblöcke würden uns ganz schön zurichten. Der Schnee würde den Sturz ein wenig abdämpfen, aber wir müssten die Gletscherspalten vermeiden. Wenn wir in eine von diesen fielen, sah es gar nicht gut aus.

Aaron streckte sich, um die Haue eines seiner Eisgeräte auf einen Kieselstein zu setzen. Der Kiesel brach im nächsten Moment aus, Aaron rutschte mit den Füßen und strampelte einarmig hängend, bis er wieder Halt fand.

«Mach dicht!», rief er. «Halte mich!» Er schrie wie am Spieß.

«Ich kann nicht», rief ich zurück, «ich habe nämlich keinen Stand!»

Ich hatte Aaron ein paar Tage nach meiner Entscheidung getroffen, dass ich ein echter Bergsteiger werden wollte. Er war der Freund einer Freundin. Sie hatte mich als «Andy, der Kletterer» vorgestellt und erwähnt, dass Aaron auch kletterte und schon mal in den Alpen gewesen war. Großartig, dachte ich, jemand mit Erfahrung.

Aaron machte seinen Doktor in Physik oder so etwas Ähnlichem und sah mit seinen langen Haaren und der Brille wie ein Hippy aus. Er war ziemlich sparsam, was das Reden anbelangte, und der Abend verlief so, dass ich nicht mit ihm, sondern zu ihm sprach. Ich fand heraus, dass man für hundert Pfund mit dem Bus in die Alpen fahren konnte. Das war ungefähr ein Wochenlohn. Wir konnten dann wild zelten und mit wenig Geld zwei Wochen auskommen. Es war Herbst und die nächste Sommersaison in den Bergen noch weit außer Sicht. Ich war so ungeduldig, dass ich vorschlug, wir sollten im Winter hingehen. Immerhin hatte Dick Turnbull behauptet, Winterbergsteigen sei die Zukunft: keine Massen, perfektes Wetter, alle Berge nur für dich. Als Verkäufer war ich wohl geübt, Leute zu überzeugen. Aaron sagte, das höre sich alles gut an, und wir beschlossen, Anfang Januar loszugehen.

Das Einzige, was ich ihm zu erzählen vergaß, war, dass ich noch nie eisklettern war und dass ich die Alpen nicht einmal auf einer Landkarte finden konnte.

«Was hast du gesagt?», schrie Aaron. Sein zurückhaltendes Benehmen war wie weggeblasen, als er erfuhr, dass es keinen Stand gab.

«Ich haben keinen Stand ... Ich konnte dir das nicht sagen.»

«Schieb dir das in den Arsch! Warum verdammt noch mal hast du mir das nicht gesagt, als ich noch da unten am guten Stand war?»

«Ich hätte das hier nicht abklettern können. Tut mir leid.»

Aaron blickte prüfend herum. Es war zum Lachen und zum Heulen gleichzeitig. Wir hielten uns an maroden Blöcken, die im gefrorenen Dreck steckten. Und das ganz ordentlich über dem Gletscher. Es war zwar bei weitem nicht die Nordwand der Droites, aber unser Dilemma ähnelte allmählich jenem in Joe Simpsons *Sturz ins Leere.*

Ich war nur zweimal außerhalb Großbritanniens gewesen, deswegen war die Reise nach Chamonix aufregend, angefangen vom Treiben an der Victoria Bus Station, die mit Pennern vollgestopft war, bis hin zu der Fähre von Dover, die ich mit meinem nagelneuen Einjahrespass in der Hand betrat.

Es war ein großes Abenteuer für mich, dass ich so etwas tat. Jahrelang hatte ich mit Kunden zu tun gehabt, die in die Alpen fuhren, und niemals hatte ich daran gedacht, dass ich das auch machen könnte oder sogar würde. Ich begriff: Wenn man etwas tun will, das man nur bei anderen, aber nicht bei sich selbst möglich hält, dann gibt es nur eines. Es einfach probieren.

Es war auch der Anfang für große Veränderungen. Ich hatte meinen Job gekündigt und wollte nach London zu Mandy ziehen, wenn ich aus den Alpen zurückkam. Mandy studierte dort in New Cross weiter auf das Lehramt. Auf einmal war das Leben voll von Perspektiven. Die Aufregung des Aufbruchs in eine Welt von alpinen Träumen feierte ich nicht mit einem Drink, sondern mit einer gigantischen Toblerone, die ähnlich wie das Matterhorn aussah, eingepackt in Goldpapier.

Aaron beschloss, die Gefahr eines Absturzes zu mindern, indem er seinen Rucksack auszog und an einem eingefrorenen Kiesel aufhängte, der die Form und Größe einer Nase hatte. So konnte er unbelastet klettern. Er balancierte von Kiesel zu Kiesel. Manche brachen aus, als er sie belastete. Endlich kam er bei mir an.

«Es lohnt sich nicht, wenn du dich in den Stand einhängen willst», sagte ich und nickte zu dem runden Kiesel, der zusammenzuschrumpfen schien, als wir ihn beide ansahen. Aaron nahm meinen Rucksack und bewegte sich etwas höher, wo er auf einem fußballgroßen Stein halb sitzend behauptete, dieser sei sicherer als der Kiesel.

«Also Andy, kannst du runterklettern und meinen Rucksack holen?»

Ich klopfte gegen die Schuppe, um zu sehen, ob ich sie zum Abseilen verwenden konnte. Sie riss aus wie ein fauler Zahn und sprang den Hang hinunter in das offene Maul einer Gletscherspalte.

Die lange, dunkle Reise durch Frankreich endete nicht wie erwartet in einem Chamonix mit postkartenähnlich leuchtenden weißen Schneegipfeln, sondern in einem trüben und langweiligen Ort voll von ruhelosen Skifahrern. Wir stiegen aus dem Bus und nahmen unsere riesigen Rucksäcke, voll mit geborgter und erbettelter Bergausrüstung, mit den Kleidern, den Zeltsachen und dem Essen. Wir gingen durch die von

Schneematsch dreckigen Straßen, dicke Wolken bedeckten den Himmel. Manchmal erinnerten uns die vorbeifliegenden roten Rettungshubschrauber daran, dass dort oben große, ernstzunehmende Berge waren. Von der Stadt liefen wir bis zum Zeltplatz, der unter fünfzehn Metern Schnee begraben lag, den man mit Bulldozern dort hingeschoben hatte. Der Besitzer kam und zeigte uns den Waschraum mit den Waschmaschinen und Trocknern. Er erklärte uns, hier könnten wir für den gleichen Preis übernachten. Das Angebot verlockte uns nicht besonders, deshalb zogen wir weiter, an den Ferienvillas von Millionären vorbei, bis wir einen Pfad fanden, der hinter einem Haus abbog. Etwa hundert Meter entfernt von der Straße bezogen wir unser neues Zuhause. Wir stellten unser Zelt auf und richteten alles her für die großen Klettereien, die wir vorhatten.

Zurück in der Stadt, gingen wir zum Informationszentrum der Bergführer, wo man, wie Aaron behauptete, Informationen über das Wetter, über die Verhältnisse der verschiedenen Routen bekommen könne, genauso wie Karten und Ratschläge, welche Touren in letzter Zeit gemacht worden waren. Das aus schönen alten Steinen und poliertem Holz erbaute Haus war eine gute Zuflucht vor dem kalten und feuchten Wetter draußen. Alles war mir fremd: der Wetterbericht, die Karten, die Routen. Das Einzige, was mich interessierte, war die Nordwand der Droites. Ich lief zu der streng blickenden Dame an der Information und fragte, ob sie mir auf der Karte den Zustieg zu den Droites zeigen könne. Sie kam herüber und fuhr eine lange Linie über einen Gletscher mit ihrem Finger nach.

«Ja, wir probieren die Wand vielleicht in der nächsten Zeit», sagte ich und nickte mit meinem Kopf in Richtung Aaron.

Sie senkte ihren Blick und starrte mich hart an. Meine Kleider waren schlampig, meine Haare nach der Nacht im Bus ein wirres Knäuel, meine Brille abgetragen und verkratzt. «Das ist eine harte und gefährliche Route. Haben Sie schon andere solche Routen geklettert?», fragte sie.

«Nicht wirklich», antwortete ich mit einem betretenen Schulterzucken, während sie lächelnd wieder zurück an ihren Platz ging. Alles war gesagt, was man sagen konnte.

Alles, was wir erfahren wollten, wussten wir nun. Wir gingen hinaus, die Sonne kam endlich hinter den Wolken hervor. Ich sah in die Höhe und stellte mir wie so oft vor, die hoch über mir thronenden Wolken seien Berge, unvorstellbar abweisend und kühn. Dann erkannte ich, dass meine Visionen keine Wolken waren, dass die dunklen Spiralen Felsbastionen und das Weiß der Wolken Schnee war von den Bergen, die hoch über dem Tal standen.

Zum ersten Mal sah ich das Mont-Blanc-Massiv. Seine Größe und seine Großartigkeit waren unbegreiflich für mich. Ich stand da mit offenem Mund und nahm wahr, um wie viel größer alles war, als ich mir vorgestellt hatte, so groß, dass es meinen Kopf vollständig ausfüllte und nichts anderes mehr wahrnehmen konnte. Ich war gelähmt vor Angst.

Am nächsten Morgen wachten wir um vier Uhr auf und liefen über den schneebedeckten Pfad auf jener Seite des Tales hinauf, die dem eigentlichen Massiv gegenüberlag. Es war eine kleinere und weit weniger einschüchternde Bergkette namens Aiguilles Rouges. Wir dachten, diese Berge seien für uns als Eingehtouren besser geeignet. Wir waren vorerst viel zu beeindruckt, um irgendetwas in den echten Bergen zu probieren.

Der Schnee war tief, und wir sanken bis zu den Hüften ein, als wir dem Weg durch den Wald folgten. Wir waren entsetzlich langsam, es war dunkel, der Erste schwitzte von der heftigen Anstrengung des Spurens, der Zweite fror vor Langsamkeit. Je höher wir kamen, desto tiefer wurde der Schnee, bis wir schließlich auf allen vieren krochen, um wenigstens an der Oberfläche zu bleiben.

Um 10 Uhr morgens hatten wir etwa 350 Höhenmeter geschafft. Bevor wir auf der Karte nachsehen konnten, wo wir waren, öffnete sich eine Schneise im Wald, und wir traten auf eine für uns unerwartete weiße Straße aus festem Schnee mit einigen früh aufgestandenen Skifahrern, die an uns vorbei nach unten rasten. Es war eine Skipiste. Was für eine Scheiße.

Wir trotteten weiter die Piste hoch, vervierfachten unseren Höhengewinn, bis wir schließlich mit einiger Bestürzung an einer Liftstation ankamen, wo es auch ein voll besetztes Café gab. Hunderte von Skifahrern fragten sich ohne Zweifel, wo diese zwei Penner ohne Ski wohl hingingen. Wir sahen, dass ein kleiner Lift zur Felswand weiter oben führte, und so opferten wir etwas von unseren finanziellen Reserven, um schneller zur eigentlichen Kletterei zu kommen.

Der Aufseher am Sessellift blickte uns mit einer Mischung aus Verwirrung, Sorge und Bestürzung an, als wir uns der Schlange der Skifahrer anschlossen und uns auf dem schwankenden Sessel niederließen. Etwas beunruhigend wurde die Fahrt dadurch, dass wir weder unsere Rucksäcke abgenommen hatten noch wussten, wie man den Sicherheitsbügel nach unten zog. Wir fuhren den Berg also eng umschlungen hoch, und nur die Reibung zwischen wenigen Zentimeter Hinterteil und einem rutschigen Plastiksitz bewahrte uns vor dem Sturz in die Tiefe.

Ich hatte nicht erwartet, dass es so schwierig sein würde, vom Ende der Sesselbahn bis zum Fels zu kommen. Wir machten trotzdem weiter. Das war es, wovon ich die letzten Monate geträumt hatte, Winterbergsteigen in den Alpen. Obwohl es nicht ganz meinen Erwartungen entsprach, war es doch etwas anderes als die kleinen Klettereien im Peak District.

Während wir eine tiefe Spur durch den Schnee pflügten, öffnete sich hinter uns der Blick auf das ganze Mont-Blanc-Massiv. Da waren die mächtigen Drus, die Grandes Jorasses, der Mont Blanc. Dann sah ich die Droites, die sich schwungvoll vom mächtigen Eisstrom des Argentièregletschers erhoben. Man sah sie im Profil, der Nordostpfeiler wirkte wie eine heruntergelassene Zugbrücke, die zu der Felsburg führte, die die Gipfelfelsen bildeten. Darunter fiel das Eis Hunderte von Metern steil und diamanthart ab. Ich schlotterte allein beim Gedanken, unter so einer Wand zu stehen, geschweige denn, einzusteigen. Was war ich doch für ein Idiot. Was für ein Träumer. Ich drehte mich um und konzentrierte mich auf die einfache Schneerinne vor uns.

Nach unendlicher Mühsal erreichten wir die Rinne und versuchten hochzuklettern. Der Schnee reagierte abweisend auf unsere Bemühungen. Statt hochzuklettern, gruben wir uns tiefer in den Hang hinein. Es machte keinen Sinn. Ich hatte viele Bücher über das Bergsteigen gelesen, wo drinstand, dass die Schneeverhältnisse in den frühen Morgenstunden am besten seien. So schlug ich vor, dass wir an Ort und Stelle eine Schneehöhle graben und es am nächsten Morgen weiterversuchen sollten.

Ich hatte noch nie eine Schneehöhle gegraben. Zumindest gab es keinen Mangel an Baumaterial. Wir schaufelten den Schnee mit unseren Helmen weg. Ich hatte auch gelesen, dass das Graben einer Schneehöhle eine nasse Angelegenheit sei, was sich auch als richtig herausstellte, denn der Schnee schmolz auf unseren Kleidern. Es war dunkel, als wir ein winziges Loch gegraben hatten, in das wir gerade so liegen konnten. Ich wartete draußen, bis Aaron seinen Schlafsack ausgelegt hatte, und beobachtete, wie sich eine Eisschicht auf meinen Kleidern bildete. Jedes Mal, wenn ich sie wegwischte, entstand sie neu. Es war die Feuchtigkeit, die von innen durch das Gewebe drang. Ich war fasziniert davon, so etwas zu sehen; zusammen mit der extremen Natur der Kälte schien es diesen wilden Ort noch fremdartiger zu machen, als ich ihn mir jemals vorgestellt hatte.

Endlich war Aaron fertig, und ich konnte in die Höhle kriechen. Es war ein klaustrophobisch enger Raum, gerade groß genug zum Sitzen. Als wir mitsamt unserem Material drinnen waren, war er praktisch ausgefüllt. Ich wollte nicht, dass mein Daunenschlafsack nass wurde, deswegen zog ich meine feuchten Kleider aus, warf sie ans Ende der Schneehöhle und lag nackt da, bis mein Schlafsack mich zu wärmen anfing.

Wir konnten es kaum erwarten, wieder aufzubrechen, und so war es Mitternacht, als unsere Wecker klingelten und wir uns wieder auf die Kletterei vorbereiteten. Jetzt bereute ich es, dass ich meine Kleider nicht in den Schlafsack zum Trocknen gesteckt hatte. Sie waren steif gefroren wie Bretter. Ich hob sie hoch und zog sie auseinander, damit ich sie anziehen konnte.

Die Temperatur draußen war durchaus arktisch, und wir mussten jeden Quadratzentimeter Haut bedecken. Wir stiegen in unseren Spuren das Couloir hoch. Aaron sank bis zum Hals ein, als er versuchte, weiterzusteigen. Es hatte sich nichts verändert.

Am Tag war die Temperatur etwa -10 Grad Celsius gewesen, in der Nacht -20 Grad. Mein großartiger Plan taugte nur für den Sommer, wenn es am Tag Plusgrade gab und die kalten Temperaturen über Nacht den Schnee hart frieren ließen. Wir kehrten um und stiegen zu unserer Schneehöhle ab. Wir fühlten keinen Groll gegenüber dem Berg oder gar gegeneinander, nur das Hochgefühl, an einem so schönen und wilden Ort gewesen zu sein.

Ich kletterte langsam ab, meine Steigeisen suchten die kleinen Kiesel im Hang als Tritte, wenn es nichts gab, stieß ich die Frontzacken in den

Dreck. Als ich in die Nähe des Rucksacks kam, nahm der Wind wieder zu. Ich versuchte, den Rucksack von seiner notdürftigen Halterung zu nehmen. Wenn wir ihn verloren, waren wir ebenfalls genau das: verloren. Das Tal war weit weg, eine Hütte konnten wir nicht finden. Ich hatte mich in meinem Leben noch nie so auf mich alleine gestellt gefühlt. Eine schreckliche Angst befiel mich, aber mit der Furcht kam auch das unglaubliche Gefühl, mehr am Leben und konzentrierter zu sein als je zuvor. Vergangenheit und Zukunft, sogar die Minute vor und nach dem Jetzt verblassten und lösten sich schließlich ganz auf. Das Einzige, was blieb, war der Augenblick der Aktion. Und der bestand daraus, einen gefrorenen Haufen Schutt und Dreck nach unten zu klettern, um einen Rucksack zu holen.

Auf einem Steigeisen balancierend, griff ich den Rucksack, zog die Trageriemen vorsichtig auf eine Schulter und dann auf die andere. Dann kletterte ich wieder nach oben. Mit dem Gewicht des Rucksacks war das Klettern doppelt so schwer wie zuvor das Abklettern und viermal so schwer wie vor wenigen Minuten, als ich das erste Mal hochstieg. Endlich kam ich zu Aaron und erzählte ihm, dass dies das härteste war, was ich je geklettert war. Das stimmte zwar, sagte aber nicht viel aus vor dem Hintergrund meines weißen alpinen Lebenslaufs.

Weiterzugehen war ein sicherer Weg ins Unglück, das Abseilen ohne Stände aber leider genauso. Wie auch immer, Abseilen war das Einzige, was uns einfiel, und so legten wir das Seil über den fußballgroßen Stein, auf dem Aaron stand.

Aaron warf die Seile aus, während ich ohne jede Sicherung stand und wartete. Er legte das Seil durch sein Abseilgerät und machte sich für die Fahrt nach unten fertig. Als Aaron das Seil belastete, fiel mein Blick abwechselnd auf seine Augen und auf den Felsblock. «Wenigstens falle ich nicht runter, wenn der Fels ausbricht und Aaron abstürzt», dachte ich eigennützig. «Mach weiter, Aaron», sagte ich, «es sieht alles gut aus.» Ich log und dachte, wenn es für Aaron hielt, würde es auch für mich halten.

Aaron seilte ab. Sein Leben hing an diesem Seil. So versuchte er, es so wenig wie möglich zu belasten. Mehr oder weniger rutschend erreichte er den Schnee unter der Wand, wo er anhielt und wartete.

Ich bewegte mich zur Seite, hängte das Seil ein und seilte ebenfalls ab. Nach einer gruseligen Abseilfahrt über den Hang erreichte ich Aaron und zog an einem der Seile. Statt einem kamen jedoch beide gleichzeitig herunter. Die Nacht brach bald herein, und ohne Schutz würden wir nicht lange überleben. Im Zickzack umgingen wir die Spalten, bis wir einen großen Felsblock erreichten, von dem wir annahmen, dass wir darunterkriechen konnten. Der hausgroße Block schien eine Art Windfalle zu sein, der Schnee um ihn herum bildete verrückte Wellen. Unsere einzige Chance war die, mit den neu erworbenen Kenntnissen im Schneehöhlengraben eine weitere Notunterkunft zu schaufeln.

Wir wechselten uns bei der harten Arbeit ab, schaufelten kniend wie verrückt gewordene Tiere, zum Äußersten entschlossen, dem Wind und dem Sturm zu entkommen. Nach einer Stunde hatten wir eine sargähnliche Höhle gegraben, die gerade groß genug für uns war, wenn wir alles andere draußen ließen. Ich gab unserem vorübergehenden Zuhause den letzten Schliff und strich die Decke glatt, damit sich kein Wasser an herunterhängenden Strukturen bilden und auf uns heruntertropfen konnte. Plötzlich, als ich mich gegen die Wand lehnte, schoss meine Hand ins Leere, nur durch meine Schulter blieb ich vor einem Sturz ins Nichts bewahrt. Ich rollte zur Seite und stellte fest, dass wir eine Gletscherspalte angegraben hatten. Es war aber so spät, dass ich einfach das Loch wieder zumachte und zurück nach draußen in den Sturm krabbelte. Ich sagte zu Aaron, dass er auf dieser Seite der Höhle schlafen solle, verschwieg aber den Grund. Er war ohnehin leichter als ich.

Drinnen setzten wir den Kocher in Betrieb und versuchten uns aufzuwärmen. Der Sturm hatte uns beide unterkühlt. Mit dem Steigen der Temperatur begannen der Schnee und das Eis um uns herum zu schmelzen, bis sich Pfützen auf unseren Isoliermatten bildeten. Die Luft wurde zu einem dicken, feuchten Nebel. Nach einer halben Stunde ging der Kocher aus und ließ sich nicht mehr anzünden. Auch das Feuerzeug gab seinen Geist auf. Ich fühlte mich benommen und sah, dass Aaron bereits neben mir schlief. Noch einmal versuchte ich, das Feuerzeug in Gang zu setzen, und fragte mich, warum es nicht funktionierte. In meinem Kopf setzte ein lautes Klopfen ein. Ich sah hinüber zum Eingang, der mit Schnee zugeschüttet war. Mit einem Eisgerät stieß ich ein Loch in den Schnee. Mit dem wirbelnden Schnee von draußen kam auch das Feuerzeug zurück zum Leben.

In dieser Nacht schlief ich schlecht. Mir träumte, wir erstickten an Sauerstoffmangel, fielen in die Spalte unter uns oder würden lebendig von Schnee begraben. Als wir aufwachten und versuchten, wieder nach draußen zu kommen, glaubte ich bereits, dass meine Alpträume Wirklichkeit geworden waren. Ich musste einige Meter weiter graben, als ich angenommen hatte, bis ich frische Luft einatmen konnte und auf meinem Bauch ins Freie kroch.

Der Sturm hatte sich gelegt. Es war kalt. Es war kälter als kalt. Meine Kleider waren sogleich steif, unser Material war draußen zu einem dicken vereisten Bündel zusammengefroren. Aarons Goretexjacke stand steif in Salutierposition. Die Berge um uns herum waren von magischer Schönheit, einfach perfekt, unübertrefflich. Und schrecklich. Wir hatten kein Recht, hier zu sein. Wir wussten das. Diese Giganten mochten keine Volltrottel leiden. Es war Zeit zu gehen. Und wir gingen.

Wir wankten den Weg zurück nach Montenvers zum Bahnschalter und zum Café. Wir sahen aus, als hätten wir eine mächtige Nordwand hinter uns und nicht einen Misserfolg an einem Dreckhügel. Es war uns egal, ob wir etwas gemacht hatten oder nicht. Wir waren in einer spektakulären Landschaft gewesen und hatten einiges erlebt. Und noch besser, wir waren lebend zurückgekommen und konnten davon erzählen.

Wir ließen unsere Rucksäcke draußen und begaben uns ins Café. Die Tische waren leer, weil alle draußen waren, um die Berge zu fotografieren. In ein paar Tagen würden wir heimfahren, deshalb beschlossen wir, dass wir eine Tasse Kaffee verdient hatten, auch wenn sie sündhaft teuer war. Immerhin hatten wir es bis in die Berge geschafft.

Ich ließ Aaron am Tisch zurück und lief zur Theke, wo ein Chamoniarde mit einem langen Bart stand.

«Deux cafés au lait s'il vous plaît», sagte ich, stolz auf meine einzigen Worte Französisch.

Schweigend machte der Mann den Kaffee und schob mir die Tassen herüber. Ich zog einen Plastiksack mit unseren Francs hervor und wollte bezahlen. Der Mann sah mich an, schüttelte den Kopf und schob mir die Kaffeetassen zu.

«Es kostet nichts für Bergsteiger.»

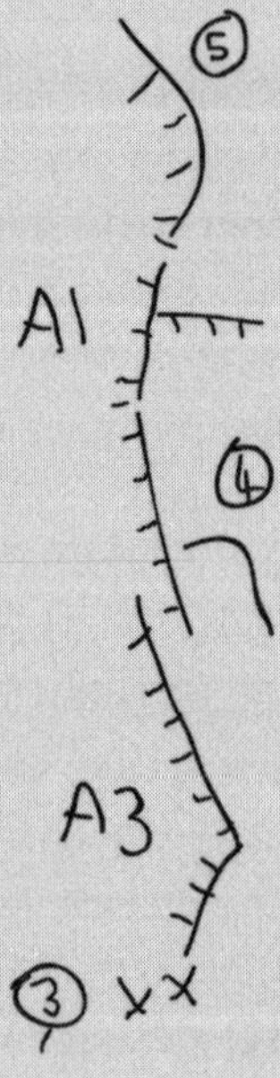

5
A1
4
A3
3

Seillängen Nrn. 3, 4 und 5 New Dawn

Solo

Um eine Wand zu klettern, braucht es viel Mut und Einsatzbereitschaft. Wenn man einmal hoch oben ist, lässt der Druck etwas nach, denn die Steilheit der Wand und die Schwierigkeiten, die mit einem Alleingang verbunden sind, lassen einen Rückzug normalerweise nicht zu. Ich wusste, wenn ich das Lay Lady Ledge verließ und in die Reticent Wall einstieg, gab es kein Zurück mehr. Es würde sein wie von großer Höhe in einen Fluss zu springen. Man braucht verdammt viel Mut, um zu springen. Aber wenn man sich erst einmal in der Luft befindet, kann man nicht mehr anhalten. Dann heißt es, Augen zu und durch.

In einer Route wie der Reticent Wall ging der einzig mögliche Fluchtweg nach oben: eine angsteinflößende Aussicht.

Das war mein erster Gedanke, als ich im Camp 4 aufwachte und wusste, dass es nun kein Hinauszögern mehr gab. Heute musste ich die Leinen kappen und das Schiff in See stechen lassen. Die Route begann. Es war schön gewesen, noch einmal in der Waagerechten zu leben, ohne einen Gurt zu schlafen, im Schatten zu dösen, sich mit Pizza, Coca Cola und Eiscreme zu verwöhnen und mit den Leuten zu reden. All das würde ich vermissen.

Die kurze Zeit weg von der Wand hatte mir moralisch gut getan. Jetzt glaubte ich daran, dass ich es schaffen konnte. Die Angst und die Schwierigkeiten aus den ersten, einfachen Seillängen traten in den Hintergrund, sie waren nüchtern betrachtet nichts anderes als Lampenfieber gewesen. Natürlich war das Ganze schon sehr hart. Ich war lange nicht geklettert, ging aber davon aus, dass ich schnell wieder in gute Form kommen würde – sowohl mental als auch körperlich. Ich musste es einfach.

Was meine Stimmung gehoben hatte, war ein neues Konzept, das ich mir zum besseren Hochziehen der Säcke ausgedacht hatte. Es sollte in den nächsten Tagen über Erfolg und Misserfolg entscheiden. Ich hatte die Wahl: Entweder entledigte ich mich eines Teils meiner Wasservorräte und musste schneller bis nach oben klettern, oder ich musste ein Flaschenzugsystem einsetzen, um die schwere Last ziehen zu können.

Die erste Möglichkeit war hochriskant, denn wenn das Wasser ausging, konnte das fatale Folgen haben. Am El Cap waren schon mehrere Kletterer durch Verdursten gestorben. Die zweite Möglichkeit bedeutete, langsam zu sein. Dann kam ich auf eine dritte Idee. Ich hatte ein drittes Seil, das ich für den Fall mitführte, dass mein Vorstiegsseil oder mein Nachziehseil kaputtging. Damit teilte ich die Last in zwei Teile, die ich separat hochzog. Ich hatte das System schon früher angewandt, als wir in einem Dreimannteam unterwegs waren, und wusste, dass es funktionierte. Mit dem gelben und dem roten Haulseil konnte es klappen.

Ich stieg wieder zum Anfang der Route hoch, wo am Ende des Seiles mein Gurt und meine Jümars hingen. Sie sollten das Seilende beschweren, damit es nicht vom Wind nach oben geblasen wurde und sich an einer unerreichbaren Stelle verfing. Ich jümarte nach oben, das einzige Zusatzgewicht war mein Schlafsack. Aus den Haulbags holte ich das dritte Seil hervor, sortierte das Material, stieg bis zum nächsten Stand vor und zog beide Säcke einzeln nach. Der Unterschied war bemerkenswert. Beide Säcke kamen die Wand hochgeflogen, doppelt so schnell wie zuvor. Bald war alles wieder bereit, und ich konnte die nächste Seillänge angehen. Das war der Knackpunkt gewesen. Jetzt gab es kein Zurück mehr.

Die Seillänge brauchte viel Zeit, aber es gab keine Probleme. So war es auch bei der nächsten. Mein Körper und mein Geist hatten nun ihren Rhythmus gefunden, das Hochziehen der Säcke war zwar anstrengend, aber nicht unmöglich.

Es war spät am Tag, als ich die letzte Seillänge unter dem Lay Lady Ledge erreichte. Ich zog die Säcke hoch und machte mich fürs Vorsteigen bereit. Ich war ziemlich geschafft, mein Körper dehydriert, meine Hände verkrampften sich. Die Beinschlaufen schnitten ein, in meinem Nacken pulsierte der Sonnenbrand. Die nächste Seillänge war ein breiter, überhängender Riss, der anstrengend und klaustrophobisch eng war. Der hintere Teil war mit einigen Kilogramm Fledermausscheiße verdreckt, die in meine Augen und meinen Mund bröselte und sich an meiner Haut verfing. Brennender Schweiß rann in meine Augen, als ich mich mühsam und mit ungelenken Bewegungen nach oben kämpfte. Die größten Sicherungsgeräte schob ich vor mir her. Meine Laune verschlechterte sich. Es war so anstrengend, auch nur ein paar Zentimeter zu gewinnen, dass bald die letzte Kraft aus meinem Körper gesogen war.

Das hat doch keinen Wert.

Mach einfach weiter, so geht es dir doch immer am Beginn einer großen Route.

Ich hielt durch.

Wie so oft kam die Dunkelheit, während ich mich noch weit weg vom nächsten Stand befand. Die Stirnlampe war unten in einem der Haulbags, und mir blieb nichts anderes übrig, als mich blind den mit Scheiße verschmierten Riss nach oben zu tasten. Wie ich mich so wimmernd drehte und wendete, gelangten die Stimmen der Russen durch den Riss von hoch oben an mein Ohr. Das Lachen auf ihren freundlichen Gesichtern, das mir in diesem Moment in den Sinn kam, war eher ein Ansporn als eine Entmutigung. Es wäre schön, mit ihnen die Nacht zu verbringen und die Frustration loszuwerden, die mich befallen hatte.

Die letzten Züge führten über ein kleines Dach, das ich blind kletterte. Dann ertastete ich zwei Bohrhaken. Aber statt eines Absatzes mit draufsitzenden lachenden Russen konnte ich nur einen weiteren Riss spüren, der himmelwärts führte.

Ich hatte einen Fehler gemacht und mich um eine Seillänge vertan. Ich musste noch eine weitere klettern.

Ich war nicht in der Lage, es bis zum Ledge zu schaffen.

Alles, was mir blieb, war, die Seile zu befestigen, zu meinen Säcken abzuseilen und dort zu übernachten.

Als ich meine Stirnlampe gefunden hatte und eine Weile voller Selbstmitleid am Stand herumgehängt war, zog ich das Portaledge hervor. Wenn eine Route keine Absätze oder Bänder hatte, auf denen man schlafen konnte, war diese Konstruktion aus Aluminiumrohren und Nylonstoff die einzige Möglichkeit für eine passable Nachtruhe. Einmal ausgeklappt und justiert, hatte das Portaledge die Form eines hängenden Feldbettes, gerade groß genug, um darauf zu liegen. Befestigt war es mit mehreren Bändern an den Bohrhaken.

Die armen Aluminiumrohre bekamen einiges von meiner Wut ab. Endlich steckten sie zusammen, und das Portaledge nahm Gestalt an. Ich ließ mich verzweifelt drauffallen. Ein Millimeter Nylon trennte mich vom gähnenden, schwarzen Abgrund.

Wenn ich sage, dass ich mich niedergeschlagen fühlte, ist das eine Untertreibung. Ich hatte viele Fehler gemacht und war mir wie ein Versager vorgekommen: bei weitem unfähig, die Route zu klettern. Ich war schrecklich einsam. Wenn man mit anderen unterwegs ist und etwas schiefgeht, lösen sich die Probleme oft im Gelächter über die eigene Inkompetenz auf. In der Tat ist es so, dass bei britischen Bergsteigern Inkompetenz mit zum Alpinismus gehört. Aber wenn man alleine ist, fällt das Lachen schwer und würde einen nur noch näher an den Wahnsinn bringen.

Ich lag dort und hörte das Flattern und Wispern der Fledermäuse, die in riesigen Scharen aus dem Riss krochen. Die Kühle der nächtlichen Sierra Nevada sank herab, ich griff in meinen Haulbag, um mir eine Fleecejacke über das T-Shirt zu ziehen. Dann holte ich eine Dose mit Eintopf heraus, öffnete den Deckel und aß, während ich die Scheinwerfer der Autos sehen konnte, die aus dem Tal nach Hause fuhren, durch die Dunkelheit tasteten, und die Stirnlampen, die in der Wand um mich herum aufleuchteten. Ich fand Ellas Spielzeug in meiner Tasche und nahm es in meine Hand.

Ich wollte nach Hause.

Ich wollte nach Hause.

Dann roch ich etwas, etwas Erstaunliches, das mir das Wasser im Mund zusammenlaufen ließ. Es war der Geruch von gebratenem Fleisch. Die Russen grillten oben, der verlockende Duft drang durch den Riss vom Lay Lady Ledge nach unten.

Mein kalter Eintopf war plötzlich nicht mehr besonders schmackhaft.

Dann hörte ich sie zum Klang einer Balalaika singen. Ich fragte mich, ob es Teil des russischen Alpinismus war, Musikinstrumente mitzubringen. Ich schaltete meine Stirnlampe aus, lag auf meinem Portaledge und hörte dem Singen zu. Die dort oben, so dachte ich, hatten Spaß, ernährten sich gut, waren stark und voll Vertrauen: ein Team, das die Last einer solch harten Route aufteilte. Und ich, alleine, überfordert, mit der härtesten Tour meines Lebens noch vor mir?

Wie willst du das jemals schaffen?

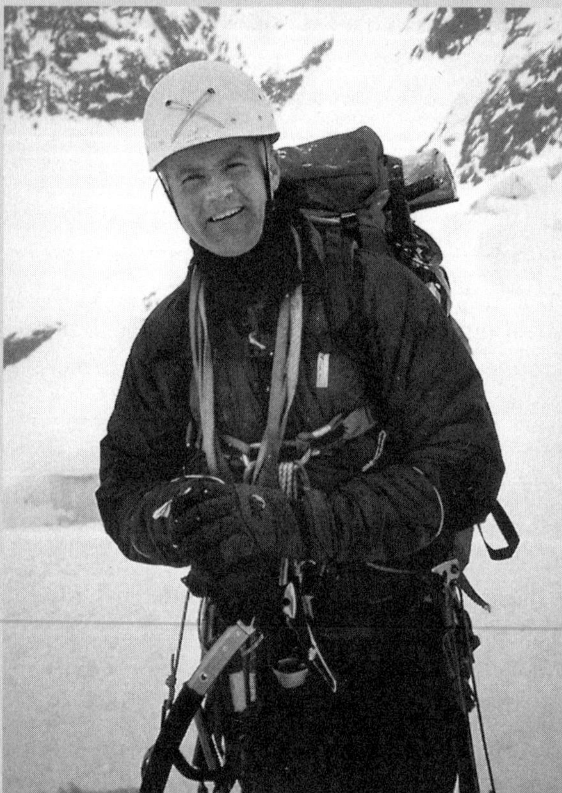

Dick Turnbull am Einstieg zum Dru-Couloir:
«Das war kein Spiel. Irgendwie fand ich
aber genügend Kraft, um daran zu glauben,
dass wir es schaffen konnten.»

Schnee in deinen Augen

Dick, mein neuer Boss, kam in die Schuhabteilung und begann auf und ab zu laufen. Dann kam er herüber und stellte sich vor mir auf. Irgendetwas hatte er im Sinn. Ich kniete vor den Füßen einer älteren Dame, zog ihr fürsorglich ein paar leichte Wanderschuhe an, überlegte, ob ich etwas falsch gemacht hatte – ob Dick kam, um zu prüfen, wie linientreu ich vielleicht zur Partei stand.

Ich arbeitete nun für Dick Turnbull und seinen Laden Outside, einen Steinwurf entfernt von meinem alten Job, nachdem Mandy ihr Lehramtsstudium abgeschlossen hatte und wir wieder Richtung Norden gezogen waren. Es war seltsam, für den Autor zu arbeiten, dessen Artikel mich zum Winterbergsteigen in den Alpen angetrieben hatten. Ohne Zweifel hatte ich es dieser Erfahrung zu verdanken, dass mein Curriculum Vitae Dick gefiel und ich den Job bekam.

Nachdem die alte Dame die Schuhe bezahlt und den Laden verlassen hatte, kam Dick herüber und erzählte mir, was er im Sinn hatte. «Ich brauche einen Partner für diesen Winter. Mein langjähriger Freund kann dieses Jahr nicht, deswegen wollte ich fragen, ob du für ihn einspringst und mit mir in die Alpen kommst.»

Ich konnte es kaum glauben: Der Mann, der mich vor weniger als einem Jahr zum größten Abenteuer meines Lebens inspiriert hatte, fragte mich, ob ich mit ihm in die Alpen fahren würde.

«Ich will eine Route an der Dru-Nordwand probieren. Würde dich das interessieren?»

Aus Aufregung wurde ein kalter Schauer über meinen Rücken, als ich mir vorstellte, was das bedeutete. Das Seil würde uns zwei verbinden: den Gott des Winterbergsteigens, der die Nordwände von Eiger und Matterhorn im Winter gemacht hatte, und mich, der nicht einmal einen Haufen von gefrorenem Dreck hochkam. Und eine Route wie die Dru-Nordwand im Winter war äußerst ernsthaft, lang und gefährlich. Dick glaubte offensichtlich, dass ich eine Menge Erfahrung hatte, dass meiner letztjährigen Reise in die winterlichen Alpen viele schwierige Routen im Sommer vorangegangen waren. Aber das war nicht der Fall. Ich war immer noch ein Anfänger. Aber ein unglaublich williger. Vielleicht reichte das ja.

«Und?», sagte er.

«Ja, das wäre super», sagte ich. Ich hatte zu viel Angst, um etwas anderes zu sagen.

Dick lag neben mir auf dem nach hinten geklappten Autositz und schnarchte unter einer mächtigen Daunenjacke, während ich in einem dünnen Fleece vor mich hinzitterte. Mir war erbärmlich kalt, der Frost drang vom eisigen französischen Parkplatz in das Auto. Aber nicht nur die Kälte war es, die mir den Schlaf raubte. Was mich am meisten plagte, waren die Bilder von Dick und mir, wie wir in wenigen Tagen in einer winterlichen Nordwand hingen.

In den letzten Monaten hatten die Sorgen über die Reise immer weiter zugenommen. Je begeisterter Dick war, desto besorgter wurde ich. Er kam öfters herüber und erzählte mir von einem brutalen vereisten Riss hoch oben in der Wand, der zu weit für die Hände und Füße, aber gleichzeitig auch zu eng war, um mit dem Körper hineinzuschlüpfen. Man konnte ihn nur durch gewagtes Piazen, mit vielen hundert Meter Luft unter dem Hintern, klettern. Wenn er beschrieb, was ihm über die Stelle erzählt worden war, machte er jeden einzelnen Kletterzug vor, während die Mitarbeiter des Ladens um uns herumstanden und von ihm zu mir schauten.

«Ja, das wird brutal werden», sagte er, «aber wir schaffen es, weil du es vorsteigen kannst.»

Ich legte mit dem Training zu, lief mehrmals die Woche achtzehn Kilometer zur Arbeit und zurück mit einem vierzig Kilo schweren Rucksack. Ich versuchte, so viel wie möglich draußen zu klettern. Wenn das Wetter schlecht war, ging ich in die Halle und traversierte stundenlang von einer Seite zur anderen, um meine Finger zu stärken. Ich hoffte, sie würden die Dru überleben. Ich hoffte, ich würde die Dru überleben.

Freunde, die mich gut kannten und wussten, wie wenig ich draufhatte, schüttelten den Kopf, wenn ich ihnen von unseren Plänen erzählte. «Scheiße, du wirst draufgehen», sagten sie, und ich wusste, dass sie recht hatten. Das war kein Spiel. Die Leute starben dort tatsächlich. Oder schlimmer noch. Irgendwie fand ich aber doch genügend Kraft, um daran zu glauben, dass wir es schaffen konnten. Die Route war im Sommer 1935 erstbegangen worden, wie schwer konnte sie also sein? Diese Logik brach erst zusammen, als ich bemerkte, dass die Eiger-Nordwand 1938 geklettert worden war. Und die war, nach allen Maßstäben, immer noch eine harte Nuss.

Bei meinen Fahrradfahrten zur Arbeit grübelte ich über alles, was passieren konnte, nach. Ich stellte mir die Seillängen vor, die Biwaks, den Abstieg: wie ein Modell der Route, das meiner Meinung nach der Realität entsprach. So ging es Monate. Mit jedem Kilometer, den ich fuhr, rannte oder mit der Bürde des mörderisch schweren Trainingsrucksackes lief, kletterte ich ein paar Zentimeter der Route.

Das Problem war, als ich im Dunkeln und in der Kälte lag, dass der Berg unter der Realität ins Wanken geriet, endlich unterwegs zu sein. Ein Teil in mir sagte, dass es noch nicht zu spät war, um Dick die Wahrheit zu sagen. Ein anderer Teil sorgte sich nicht um das Risiko oder die Gefahr oder die Angst: Das war die Chance meines Lebens. Ich musste zugreifen.

Und stell dir nur vor, wie das ist, wenn wir es geschafft haben.

Dick wachte mit der Morgendämmerung auf, zog seine Daunenjacke auf die Seite, zündete sich eine Zigarette an und startete den Motor, um das Auto zu heizen.

«Gut geschlafen?», fragte er grimmig.

«Nicht wirklich... Es war ein wenig zu kalt», erwiderte ich.

«Verdammte Scheiße, du gehörst doch nicht zu den Leuten, die sich dauernd darüber beschweren, dass es zu kalt ist?», fuhr er mich ärgerlich an.

«Nein», sagte ich kleinlaut.

Ich gehörte nicht zu ihnen.

Der Schnee reichte uns bis zu den Knien. Beeindruckende Felsfluchten hingen über mir, Wände aus Eis, Pfeiler aus Granit, hohe und zerklüftete Gipfel. Ich hielt den Kopf gesenkt, weil ich zu arg Angst hatte, die Dru anzuschauen.

Ein Pfeiler, so hoch wie der Eiffelturm, schwang sich über mir auf, schwarz und unheilvoll. Es war sehr kalt, nur die Bewegung meiner Füße auf dem langsamen, beschwerlichen Weg durch den Schnee brachte etwas Wärme in meinen Körper.

Dick folgte mir, wir waren für den Fall eines Spaltensturzes mit dem Seil verbunden. Von Zeit zu Zeit schrie er etwas, wie schön es sei, wie viel größer, als er sich es vorgestellt hatte, dass wir mindestens eine Woche brauchten, um hochzukommen, und dass er hoffte, wir hätten genügend Gas. In diesem Augenblick hielt ich an und fragte, ob das wirklich der Fall sei. Ich hegte die Hoffnung, das Unternehmen für ein paar Tage aufzuschieben, wenn wir zurückgingen und mehr Gas holten. «Ich glaube, wir haben genug», sagte er, stampfte mit seinen Stöcken in den Schnee und lief weiter.

Ein paar Stunden vor Anbruch der Dunkelheit erreichten wir den Bergschrund unter der Route (eine Spalte, die sich zwischen einem Berg und einem sich bewegenden Gletscher bildet) und entschieden uns, lieber hier zu biwakieren, als weiter oben im steilen Gelände von der Nacht überrascht zu werden.

Wir hackten eine ebene Stelle in den Hang unter dem Bergschrund, schlüpften in die riesigen Schlafsäcke und lagen eng aneinandergedrängt da. Dick schmolz Wasser, um Tee zu kochen, ich machte mich mental für die ersten Seillängen bereit. Mein Selbstvertrauen hatte sich in Nichts aufgelöst. Es war die blinde Angst vor der Blamage, die mich weitermachen ließ. Dick schwatzte vor sich hin, während er Schnee in den Topf füllte. Er nahm wohl gar nicht wahr, was am Morgen auf uns wartete. Es schien mir, er freute sich sogar darauf. Ein Verrückter! Ich war auch verrückt. Ich kam mir vor, als säße ich im Krankenhaus und wartete darauf, unter das Messer zu kommen. Mein Magen knotete sich so zusammen, dass ich daran zweifelte, ob ich ihn jemals wieder in Ordnung bekäme.

Dick spie den ersten Bissen aus, den er probierte, und gab mir den Rest des Essens mit der Bemerkung, er bringe wegen der Höhe nichts herunter. Stattdessen nahm er aus dem Rucksack eine Packung mit Ingwerkeksen. Ich saß im Dunkeln und schlang das Essen hinunter, das aus einem mit Wasser angerührten gefriergetrockneten Pulver in einer Plastiktüte bestand. Mit der Stirnlampe leuchtete ich immer wieder hinein, um noch ein Restchen zu entdecken, das mir entgangen war. Es gab nichts mehr. Immerhin konnte ich mir jetzt vorstellen, warum Dick sich übergeben hatte.

Die Wärme des Schlafsacks und das Licht der Stirnlampe ließen mich gegenüber meiner Umwelt immun werden, vielleicht deswegen, weil sie nicht mehr zu sehen war. Ich schluckte den letzten Bissen, faltete die Tüte zusammen und steckte sie in den Rucksack. Dann streckte ich mich aus. Nur meine Augen und meine Nase schauten aus dem Schlafsack. Das erste Mal seit mehreren Tagen fühlte ich mich entspannt. Der Stress der letzten Stunden, Tage, Wochen und Monate fiel von mir ab. Stattdessen begann die magische Welt, in der wir uns befanden, in meinem Kopf an zu spielen.

Ich stellte mir vor, dass ich mich an die Brückenpfeiler in Hull anlehnte. Die Stille zwischen ihnen füllte den Raum. Wie eine Welle raste die Aufregung durch meinen Körper, wenn ich an den morgigen Tag dachte. Ich hatte mich in einem Irrgarten voll Zweifel befunden, in dem meine Motivation fast erstorben war. Aber jetzt war ich hier, jetzt konnten die Erwartungen in Erfüllung gehen.

Eine Schlange glitt aus dem Bergschrund, ihr weißer, kalter und nasser Körper schlängelte sich über mich, glitt hinter meine Gesichtsmaske in meinen Schlafsack und ließ sich auf mir nieder: kalt, steinern, schwitzend. Ihre Zunge zischte mir ins Ohr. Hsssssssssss. Hsssssssssss. Hsssssssssss.

«Andy», hörte ich sie sagen.

«ANDY», wiederholte sie, dieses Mal lauter. Komisch, dachte ich. Die Schlange hört sich an wie Dick ...

«AAANNNDDDDYYY», schrie Dick.

«Was?», murmelte ich und wurde wach genug, um zu bemerken, dass mir die gefrorene Schlafsackkapuze ins Gesicht hing. Die Schlange zischte immer noch in meinen Ohren.

«Verdammte Scheiße, es schneit», schrie Dick.

Ich öffnete den Reißverschluss an der Kapuze meines Schlafsackes. Sie war so geschnitten, dass sie Schnee abhielt, wie eben gerade jetzt. Ich hatte den Schlafsack von Dick ausgeliehen. Die Strahlen meiner Stirnlampe fielen in eine Welt voll großer Schneeflocken, die wie Federn vom Himmel fielen. Alle paar Minuten hörte man das dumpfe Grollen einer kleinen Lawine, die von den Wänden ringsum herunterkam.

«Ja, es schneit», sagte ich, ohne nachzudenken.

Ich schaute Dick an, von dem nur die obere Hälfte aus dem Schnee ragte. Der Ausdruck auf seinem Gesicht verriet, dass er nicht gerade erfreut war.

«Später klart es vielleicht auf», sagte er. «Die Route ist so steil, dass wir keine Angst vor Lawinen haben müssen», fuhr er fort und legte sich wieder hin.

Ich legte mich auch hin. Enttäuschung ergriff mich. Ich hoffte, das Wetter würde vorübergehen. Der Wetterbericht war gut gewesen. Bergsteigen war voll von Hoffnung, Angst und Enttäuschung.

Der Schlaf kam bald zurück, dieses Mal ohne Träume von Schlangen. Die Wärme und der Schutz des Schlafsackes schotteten mich von der Realität da draußen ab, bis ich einige Zeit später etwas Ungewohntes roch. Rauch. Träumte ich wieder? Nein, da war Rauch, da war Feuer. Mein Gehirn summte und arbeitete, es versuchte herauszubekommen, was das war. Das Einzige, was ein Feuer verursachen konnte, war der Kocher.

«Scheiße!», dachte ich. «Der Kocher hat Dicks Schlafsack in Flammen gesetzt.» Mit einem Ruck saß ich auf und riss nun zum zweiten Mal die Kapuze des Schlafsackes auf. Ich war nahe dran, auf Dick zu stürzen und die Flammen zu ersticken. Nur gab es statt einer Menge großer Flammen und Rauch nur einen kleinen, rot glühenden Punkt, der in der kleinen Gesichtsöffnung von Dicks Schlafsack glimmte. Ich machte meine Stirnlampe an.

«Dick?», fragte ich, seinen Namen so betonend, dass er alle nötigen Fragen ausdrückte.

«Ja», sagte er. Die Zigarette verschwand, dagegen tauchte ein Auge auf. «Ich rauche immer in der Nacht, es hilft mir beim Einschlafen.»

Ich legte mich wieder hin und versuchte, nochmals einzuschlafen.

Dieses Mal fiel ich in eine unendlich tiefe und schwere Erschöpfung wie in ein Meer. Schwer lag sie auf mir. Dann war da wieder etwas, das mich aufwecken wollte. Eine gedämpfte Stimme wollte mich aus meinem Schlummer reißen. Ich rebellierte gegen die Worte und ließ sie nicht an mich heran, was die Stimme jedoch lauter werden ließ. Jemand rief meinen Namen, aber die Worte klangen, als kämen sie von einem Megafon, das man in eine Decke gewickelt hatte.

«Andy», sprach die Stimme. Sie klang besorgt. Ich dachte, ich sollte besser aufstehen. Nur fand ich plötzlich heraus, dass ich das gar nicht konnte. Das Gewicht auf mir war keine Einbildung, es war echt. Ich war begraben. Ich drehte und wendete mich in meinem Schlafsack und versuchte, mich zu befreien. Endlich bekam ich den Kopf frei und stieß ihn durch die Schneedecke ins Freie. Dick rief mich, Schnee kam in Massen von oben direkt auf uns heruntergeschossen.

«So eine verdammte Scheiße! Ich dachte schon, ich hätte dich verloren», rief er durch das Zischen des Spindrifts. «Wir können uns das in den Arsch schieben», fuhr er fort, «bei diesen Verhältnissen geht gar nichts.»

Resigniert mühten wir uns aus dem Schnee und saßen für den Rest der Nacht auf unseren Rucksäcken. Schnee blies in unsere Schlafsäcke und schmolz, in denen wir ernüchtert, frierend und klagend steckten.

Sobald wir gehen konnten, brachen wir auf. Dick stampfte griesgrämig herum und stopfte seine Ausrüstung in den Rucksack. Ich packte meine Sachen. Sorgen überkamen mich, der zuckerähnliche Schnee konnte auf dem Abstieg gefährlich für uns werden. Wir hatten keine andere Wahl, als abzusteigen.

«Halb so schlimm», sagte ich heiter, «vielleicht haben wir ja noch eine weitere Chance, bevor wir wieder heimfahren.»

Zu unserem Glück ergab sich keine Chance mehr.

Reticent START
(Lay Lady Ledge)

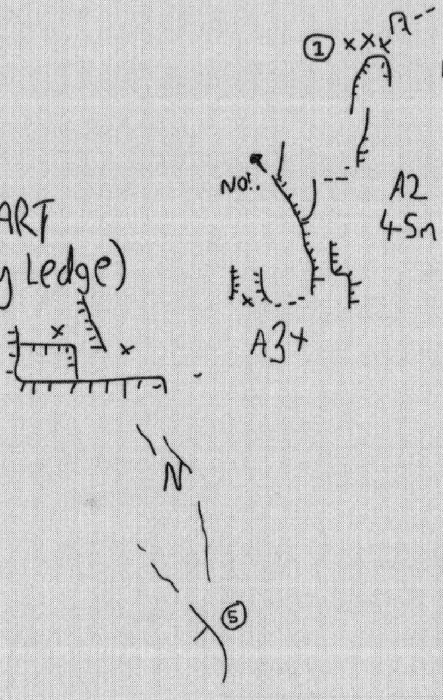

Seillänge Nr. 6 New Dawn; Seillänge Nr. 1 Reticent Wall

Royal Robbins' Haken

Am nächsten Morgen kam ich auf das Lay Lady Ledge, gerade rechtzeitig, um die Russen mit einem Winken nach oben verschwinden zu sehen.

Der Absatz war groß, dreieckig und abschüssig. Er befand sich in einer Nische etwa 200 Meter über dem Boden. Etwas Holzkohle und ein Rost lagen zwischen ein paar Steinen in einer Ecke; der Grill der Russen. Zwei Routen verzweigten sich hier. Die von Charlie Porter 1972 erstbestiegene New Dawn, auf der ich bis hierher geklettert war, führte weiter geradeaus, während die Reticent Wall nach rechts abbog.

Charlie Porter war eine Yosemite-Legende – in den 70ern machte er viele der schwierigsten Wände, oft alleine, und nach ihm mussten die Bücher über Biwallklettern neu geschrieben werden. Das Ledge war ihm nach den steilen Seillängen darunter bestimmt willkommen gewesen, auch wenn es ihn teuer zu stehen kam. Porter hatte den Haulbag mit dem Essen und dem Schlafsack einfach hingelegt. Es schien ihm nicht nötig, ihn festzumachen, schließlich war der Absatz groß. Unglücklicherweise ist der Boden leicht abschüssig, und als Porter sich umdrehte, sah er nur noch, wie der Sack über die Kante in die Tiefe rollte. Er stürzte hinterher, um ihn aufzuhalten, stoppte aber glücklicherweise kurz vor dem Abgrund. Porter war nämlich selbst nicht angeseilt. Er hörte, wie der Sack am Boden aufschlug. Fast jeder hätte ohne Schlafsack und fast ohne Essen umgedreht. Nicht so Porter, der weitermachte und in den nächsten sieben Tagen eine weitere Erstbegehung machte.

Schon lange war Porter ein Vorbild für mich gewesen, sowohl für seine Härte als auch für die Fähigkeit, die schönsten Linien durch die Felsen zu finden. Er war ein Visionär. Mit dem Material, das es damals gab, kletterte er an der obersten Grenze des Machbaren. Seine Fähigkeit, Härte und Unbill zu ertragen, führte ihn vom Yosemite in die Arktis, wo er eine neue Route in Baffin Island erschloss. Dann ging er zum Denali und ließ mit einer Solobegehung der zwei Kilometer hohen Cassin Ridge endgültig alle Münder offen stehen. Der Denali ist immerhin der höchste Berg in Nordamerika und einer der kältesten und schwierigsten Berge der Welt. Porter, der immer wortkarg in Bezug auf seine Leistungen war, gab das Klettern auf, als er am Höhepunkt war. Die Haulbags und Seile tauschte er dann gegen ein Kajak und führte als Erster eine Umrundung des Kap Hoorns im Kajak aus – selbstredend alleine. Später stieg er auf Jachten um. Das Letzte, das ich von ihm gehört habe, ist, dass er am südlichsten Zipfel Südamerikas lebte und immer noch aktiv war. Mit seinem Boot fuhr er in die wilden Gewässer des Südatlantiks und in die Fjorde Patagoniens und der Tierra del Fuego.

Was würde ich tun, wenn ich das Klettern aufgäbe?

Ich zog meine Säcke hoch, danach holte ich die handgezeichnete Routenskizze hervor und versuchte herauszufinden, wo die erste Seillänge hochging. Die erste Seillänge der Reticent Wall.

Man hatte mir erzählt, die Reticent sei so schwer, dass selbst die einfachsten Seillängen schwieriger seien als das Härteste, was ich zuvor geklettert hatte. Als ich die blanke Welle aus Granit in den Himmel ragen sah, verstand ich, warum. Es sah unmöglich aus. Es gab schlicht und ergreifend keine Struktur: keine Risse, keine Griffe, geschweige denn irgendetwas zum Absichern. Dazu kam, dass die Seillänge direkt seitlich vom Absatz anfing. Hatte man in einem Moment noch Boden unter den Füßen, so hing man im nächsten über einem Abgrund aus sechs senkrechten Seillängen Granit.

Unmöglich.

Zu schwer.

Es gab keine Chance.

Ich setzte mich auf das Ledge, fühlte mich niedergeschlagen. Ich war ein Idiot gewesen. Was hatte ich eigentlich gedacht? Jetzt blieb mir nichts übrig, als abzuseilen.

Abseilen.

Meine Stimmung wurde besser. Ich war plötzlich erleichtert. Es gab keine Zweifel mehr. Ich konnte nicht anders als abseilen.

Zumindest weißt du jetzt, dass die Route zu schwierig für dich ist.

Zumindest weiß kaum jemand, was du hier machen wolltest.

Ich kam mir dumm vor, es war offensichtlich gewesen, dass es so kommen würde. Ich hatte mich total übernommen. Ich hätte weiter unten meinem Instinkt folgen sollen.

Zumindest war der Rückzug von hier möglich.

Ich schaute ins Tal, wo die Leute auf ihren Picknickdecken in den Wiesen lagen und die Kletterer beobachteten.

In ein paar Stunden konnte ich da unten sein.

Vielleicht sollte ich gleich heimfahren.

Eine Maus tippelte über das Ledge, an meinen Füßen vorbei, hielt für eine Sekunde an der Kante zum Abgrund an, dann schlüpfte sie in einen Riss und verschwand in aller Eile nach oben.

Selbst eine Maus kann einen Bigwall klettern.

Ich stellte mir vor, um wie viel größer eine Wand sein mochte, wenn man eine Maus war.

Vielleicht schaffst du es ja.

Ich dachte an Royal Robbins und seinen phänomenalen ersten Alleingang am El Capitan im Jahr 1968. Als er einstieg, wusste er, dass nur ein halbes Dutzend Seilschaften je nach oben gekommen waren – Seilschaften, die die Crème de la Crème im nordamerikanischen Alpinismus waren. Robbins war bei einigen dieser Unternehmungen dabei gewesen. Aber jetzt war er alleine, und über ihm waren tausend Meter Fels. Seine Route, die Muir Wall, hatte noch nicht einmal eine Wiederholung. Es war ein großer Schritt ins Unbekannte, nicht nur was die Kletterei anging, sondern auch das Selbstvertrauen. Vielleicht wusste Robbins, dass es auf der ganzen Welt keinen Zweiten gab, der die Erfahrung und die Fähigkeit hatte, es zu schaffen. Für das Bergsteigen war dieser Schritt so ähnlich wie die Landung auf dem Mond.

Mehrere Tage später war Robbins sich nicht sicher, ob er nicht ein wenig zu weit gegangen war. Stück für Stück verließen ihn Vertrauen und Hoffnung, Meter für Meter, Haken für Haken. Die Arbeit bestand aus Vorsteigen, Nachsteigen, Säcke Hochziehen, der Schwierigkeit der Kletterei – und dann noch der Einsamkeit und den Selbstzweifeln, die kommen, wenn man niemand hat, mit dem man das Erlebte teilen kann. All das führte dazu, dass es ihm zu viel wurde.

«Ich öffnete den Rucksack meiner Seele und sah, dass es nur eine leere Hülle war.»

Robbins entschied, am nächsten Morgen abzuseilen. Doch als der Morgen kam, schlug er einen weiteren Haken ein. Nur einen. Er fuhr in den Fels. Saß perfekt. Er hängte seine Leitern ein und stieg hoch.

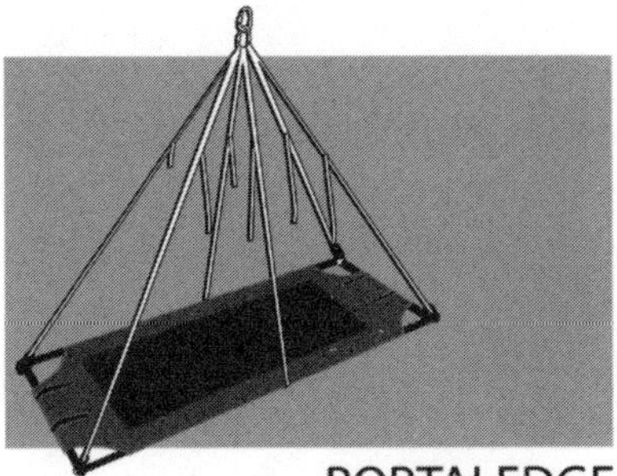

PORTALEDGE

Es kam ihm seltsam vor, nur einen einzelnen Haken zu schlagen, und so trieb er einen weiteren in den Fels, dann noch einen. Er dachte nie weiter als an den nächsten Haken.

Zehn Tage nachdem Robbins den Boden verlassen hatte, erreichte er den Gipfel. Die schwierigste Route seines Lebens lag hinter ihm, vor ihm ein Wendepunkt in seinem Leben.

Jeder Alleingeher denkt an Robbins und seine Solobegehung der Muir Wall: mit der noch einfachen Ausrüstung, die es damals gab, ohne Portaledge, ausschließlich mit Haken, ohne Hoffnung auf Rettung. Er wollte mehr als eine Erstbegehung oder einen Rekord oder Ruhm. Er wollte etwas Tieferes und Bedeutenderes als das. Je näher er am Scheitern war, desto näher kam er an das, was alle Alleingänger suchen: In der Tretmühle der Kletterei zu zerbrechen, zu wissen, dass das, was sie sich ausgesucht haben, jenseits ihrer Möglichkeiten liegt. Zu entdecken, dass sie leer und suchend sind. Und trotzdem die Kraft finden, weiterzumachen, ohne etwas zu bedauern. Etwas zu wagen und sein Bestes zu geben. Jeden Rat des Instinktes oder des Verstandes zu übergehen. Durchzuhalten. Alleine zu sich selbst zu reisen, bis ins Innerste. Zu glauben, dass so etwas möglich ist.

Ich dachte an Royal Robbins' Haken.

Ich stand auf und tastete mit meinen Fingern suchend über die Wand. Ich suchte etwas, irgendetwas, einen Grund, weiterzumachen, eine Ausrede, um abzuseilen. Die Russen waren hier geklettert, also musste es machbar sein.

Mit der Kuppe eines Fingers entdeckte ich eine Kante, die kleiner war als die Hälfte eines Fingernagels. Ich hatte meinen ersten Zug gefunden.

Ich setzte mich wieder hin und betrachtete die Wand.

Klettere einen einzigen Meter, das ist es dann.

Ich hängte mir alle Skyhooks an den Gurt. Wie Folterwerkzeuge hingen sie dort, spitz gefeilte Stücke aus gehärtetem Stahl, wie die Eisenhaken zum Aufhängen von Schlachttieren. Ich hängte einen an meine Leitern, dessen Ende so klein war wie die Spitze eines Kugelschreibers.

Ich ging zurück zu der kleinen Kante und setzte den Skyhook auf. Vorsichtig testete ich ihn, halb in der Erwartung, dass er nicht hielt und mir ins Gesicht sprang. Er bog sich. Er hielt. Ich stieg langsam in den Leitern höher.

Ich hängte mich mit meinem Gurt in den Skyhook, der nun auf Hüfthöhe war, und saß dort ein paar Minuten. Gleichzeitig versuchte ich, nicht an den Abgrund zu denken, auch wenn ein Sturz an dieser Stelle noch kurz gewesen wäre.

Ich stieg weiter in den Leitern hoch, bis der Hook an meinen Knien war. Auf Balance stehend tastete ich den Fels nach einer weiteren Stelle für einen Hook ab. Meine Finger berührten eine Kante von der Dicke eines Streichholzes.

Ich platzierte den nächsten Skyhook, kleiner als der erste, hängte eine Leiter ein und stieg langsam hoch, nachdem ich ihn vorsichtig getestet hatte. Das Ledge war nur vier Meter unter mir, aber mein Herz klopfte dennoch bis zum Hals. Es hätte gereicht, um sich einen Knöchel zu brechen. Außerdem trugen die zweihundert Meter Luft unter dem Absatz dazu bei, dass ich mich exponiert fühlte.

Ich versuchte, nicht daran zu denken, dass ich die Reticent Wall kletterte. Irgendwo da oben waren zwei Bohrhaken, aber zwischen ihnen und mir lagen 60 Meter äußerst schwieriger Kletterei, und danach nochmals 700 Meter. Klettern ist wie ein Schachspiel: Man darf nicht darauf schielen, zu gewinnen, oder an die Züge denken, die in einiger Zeit folgen. Es zählt nur die allernächste Bewegung, sonst nichts.

Ich stieg höher und streckte mich nach dem nächsten Placement.

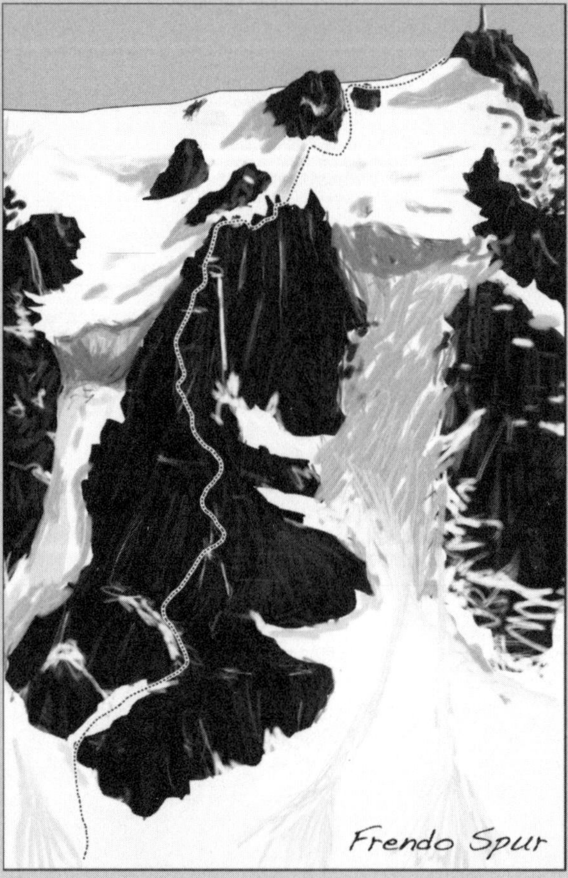

Frendopfeiler der Aiguille du Midi:
«Es war eine perfekte Aufwärmroute.
In Wirklichkeit überstieg sie unser Können
und unsere Erfahrungen bei weitem.»

Chamonix, Frankreich. Februar 1996

Der Knoten

Zwei Jahre lang hatten Aaron und ich eine weitere Winterreise in die Alpen geplant. An unseren freien Tagen kletterten wir zusammen an den winzigen Felsen rund um Sheffield. Wir fingen früh an und kletterten gemeinsam oder im Solo so viele Routen wie möglich. Normalerweise war das in der Mitte der Woche. Mandy nahm uns auf ihrem Weg zur Schule mit, wo sie nun als Lehrerin arbeitete, und abends, wenn sie zurückkam, holte sie uns wieder ab. Jener Sommer war voll langer Tage und durchgekletterter Fingerspitzen. Aaron war mein erster richtiger Kletterpartner. Zusammen steigerten wir unser Kletterkönnen, knackten einen Grad nach dem anderen, von den einfachen Klassikern bis zu den gefährlichen Routen. Wir motivierten uns gegenseitig, arbeiteten die Routen zusammen aus. Aaron war ein stiller Typ, und so war beim Klettern hauptsächlich meine Stimme zu hören. Und die Stimme sprach beständig davon, dass wir im kommenden Winter wieder in die Alpen sollten.

Aaron war kurz davor, an der Uni Sheffield in Physik zu promovieren. Seine Gedanken drehten sich in erster Linie um Dinge, die ich nicht verstand: Materieteilchen, mathematische Gleichungen und Computersimulationen. Er stand vor einer Karriere als Physiker in der Wissenschaft oder der Industrie. Seine große analytische Begabung war in unserer analytischen Welt gefragt. Ich hingegen blieb ein einfacher Verkäufer im Outside, dachte nur an Berge und harte Routen, Karabiner und Eisgeräte. Aaron war vorsichtiger als ich, dachte jede Situation durch, war sich seiner Grenzen und Schwächen bewusst. Ich dagegen dachte, ich hätte große Fortschritte auf dem Weg zur Alpingröße gemacht. Für den nächsten Winter schwebten mir große Pläne vor. Obwohl diese Fortschritte natürlich nur in meinem Kopf existierten, war mein Ehrgeiz ohne Grenzen, die Realität konnte ihn vorerst nicht bremsen. Ich hatte die Technik der Visualisierung zur Perfektion gebracht – eine Technik, die viele Sportler und Athleten anwenden, indem sie sich vorstellen, sie seien Gewinner und Rekordbrecher. Und das schon lange bevor der Startschuss fällt. Meine Zeit verbrachte ich ausschließlich damit, ans Klettern zu denken. In der Schuhabteilung machte ich an Eisgeräten Klimmzüge, träumte vor mich hin, schmiedete Pläne, stellte das Material zusammen. Ich war eine alpine Version von *Billy Liar,* dem Fantasten aus dem Film, der das triste Arbeitsleben nur durch seine überschwängliche Fantasie überlebt.

Mandy war mit ihrer Arbeit beschäftigt. Sie unterrichtete Kinder über die menschliche Biologie und tourte in einem mobilen Klassenzimmer durch Sheffield. Sie war eine tolle Lehrerin und mochte Kinder. Viele der Kinder sagten am Ende des Morgens oder des Nachmittags, dass es der beste Unterricht gewesen sei, den sie je erlebt hatten. Sie gab alles für ihre Arbeit, und manchmal schien es so, als führten wir zwei getrennte Leben. Sie träumte von einem gemeinsamen Urlaub im Hotel und den anderen Dingen, die normale Pärchen machen. Ich dagegen träumte von harten Routen und großen Wänden in fernen Ländern. Oft wenn wir im Bett lagen, fragte sie mich, woran ich denke. Die Antwort war in der Regel irgendetwas wie «Steigeisen» oder «Seile».

Ich spürte, dass ihr mein Job nicht gefiel, dass sie mich drängte, einen anderen zu suchen. An den meisten Wochenenden musste ich arbeiten. Aber mir fiel nichts anderes ein, was ich hätte machen können. Das Einzige, was ich konnte, war klettern. Und der einzige Ort, wo man damit etwas anfangen konnte, war ein Bergsportladen. Wie dem auch sei, lange wollte ich nicht im Outside bleiben. Dick Turbull hatte mir am ersten Tag gesagt, dass es kein Job fürs Leben war.

Immer häufiger hatte Mandy auch Bemerkungen fallen lassen, dass sie ein Kind wollte. Meine Gedanken waren jedoch nur bei Eiswänden, und so dachte ich nicht allzu ernsthaft über das nach, was sie wollte oder was es bedeutete, wenn man ein Baby bekam. Ich dachte immer nur daran, dass wir im nächsten Februar wieder in die Alpen fuhren. Was ich machen würde und was ich machen konnte: Das war meine Realität.

Zum ersten Mal in meinem Leben saß ich vor einem Computer. Er war alt, langsam und gebraucht, ein Stück Sperrmüll von Mandys Eltern, aber immerhin ein Computer. Mandy behauptete, er könnte nützlich für mich sein. Sie hatte nachgeforscht und herausgefunden, dass Menschen mit Legasthenie es oft einfacher fanden, ihre Gedanken mit einer Tastatur niederzuschreiben als mit einem Füller und einem Blatt Papier. Ich war gespannt und freute mich darauf, dass es etwas gab, was mir beim Schreiben half. Je älter ich wurde, desto mehr wollte ich beschreiben, wie es mir ging, was ich dachte, welche Ideen ich hatte. Auch alles, was man jemand anderem nicht sagen konnte; eben jene

Geheimnisse, die man schreibt, und dann lieber schnell wegrennt, bevor sie gelesen werden.

Viele Menschen denken, Legastheniker brauchten den Computer lediglich deswegen, weil er die Rechtschreibung prüft. Die Rechtschreibfehler haben noch nie jemanden ins Grab gebracht. Für mich war es so, dass ich immer das Gefühl hatte, die Ideen, die ich mitteilen wollte, seien gefangen und zerbrochen, sie seien unzusammenhängend und müssten einzeln ausgegraben und zusammengesetzt werden. Das war mit Füller oder Schreibmaschine unmöglich. Der Computer war das ersehnte Werkzeug, mit dem ich die Mosaiksteine meiner Gedanken zusammensetzen konnte, selbst wenn ich die Teile nicht einmal kannte. Alles, was ich wusste, war, dass dieser Computer helfen konnte, etwas auszudrücken, das gefangen war und frei sein wollte.

Ich schaltete ihn an und hörte seinem Summen zu, betrachtete die Zeichen, sein langsames Erwachen. Bis jetzt hatte ich immer nur hinter Computern gesessen, nie vor ihnen, und mich immer gefragt, was die Leute von der Sozialhilfe oder die Polizisten dort eintippten. Ich war froh, nicht in so einem graugrünen, schlecht beleuchteten Büro sitzen zu müssen, wie sie es taten. Aber jetzt war ich bereit für den Computer.

Ich öffnete Microsoft Word und betrachtete den grauen, winzigen Monitor. Meine Finger lagen auf der klebrigen Tastatur, als ob ich schreiben könnte. Der Bildschirm wollte beschrieben werden, so wie die Holzbretter, die ich im Kunstkurs am College vollgemalt hatte. Wie damals war mein Kopf voll mit Bildern und Ideen, aber es war schon lange her, seit ich mehr als meine Unterschrift bei der Bank geschrieben hatte. Wie konnte ich meine Gedanken in Worte übersetzen, wenn die Worte mich immer betrogen? Aber ich wusste, dass es keine andere Möglichkeit gab.

Ich schrieb meinen Namen.

Womit sollte ich beginnen? Warum sollte ich es überhaupt versuchen? Ich war kein Schreiberling. Ich hatte immer gesagt, wenn man ein Foto aufnimmt, sollte man sich fragen, ob es überhaupt jemanden gab, der das Foto später anschauen wollte. Das Gleiche traf auf die Geschichte zu, die ich schreiben wollte, meine erste Geschichte übers Klettern. Wer würde so etwas jemals lesen?

Aber es war nicht nur eine Kletterei. Es war etwas gewesen, über das ich jeden Tag, jede Stunde nachgedacht hatte. Die Kletterei hatte mich verändert. Sie hatte dafür gesorgt, dass alles seinen Sinn hatte. Es war mehr als eine Kletterroute. Ich musste nur etwas hinschreiben. Ich suchte nach dem Buchstaben W auf der Tastatur und begann mit einem Finger zu schreiben.

Nach einer Weile ließ ich die Rechtschreibkorrektur über die Zeilen laufen. Der Bildschirm erwachte mit roten, gezackten Linien zum Leben. Mit der automatischen Korrektur verschwanden sie wieder, eine nach der anderen, bis der Bildschirm wieder schwarzweiß war. Ich scrollte herunter und bewunderte meinen Text, wie perfekt die Worte aussahen, wie sie sich zusammenfügten und meine Gedanken bildeten. Allein mit diesem Computer hatte ich alle Zeit der Welt, meine Geschichten zusammenzusetzen, meine Gedanken in Ordnung zu bringen. Ich konnte meine Schwächen hinter den Wörtern verstecken.

Ich druckte den Text aus und war ganz aufgeregt, meinen Namen oben zu sehen und auch die Worte, die ich selbst geschrieben hatte, meine Gedanken und Erfahrungen, die nun ausdrückten, was ich von ihnen erwartete. Die Worte sahen unglaublich gepflegt aus, viel perfekter als meine fürchterliche Handschrift, hinter der man höchstens einen Einfaltspinsel erwarten konnte. Noch einmal las ich den Text durch und dachte, dass er vollendet sei. Ich konnte es kaum erwarten, dass Mandy ihn lesen würde.

Mandy stöhnte. «Der Text ist schrecklich», sagte sie bereits nach dem ersten Abschnitt. Beim Weiterlesen zuckte sie immer wieder sichtbar zusammen. «Du schreibst wie ein Teenager.»

Ich war geknickt. Was hatte ich nur gedacht?

«Es gibt jede Menge Rechtschreibfehler», fuhr Mandy fort. Sie erklärte mir, dass der Computer zwar einen Text korrigieren konnte, aber kein Gefühl für passende und unpassende Wörter hatte. «Da dran müssen wir noch hart arbeiten.»

Ich wandte mich wieder dem Computer zu. Alles war in die Hosen gegangen. Da war nicht der Hauch von Talent in mir. Ich hatte mir etwas vorgemacht, hatte geglaubt, ich hätte etwas zu sagen. Beim Abschalten fragte der Computer, ob ich das Dokument speichern wollte. Schlecht gelaunt von meiner ersten Enttäuschung drückte ich auf «Nein».

Der Februar kam endlich, und wir stiegen in Chamonix aus dem Bus in eine Welt mit besten Verhältnissen und einer stabilen Hochdrucklage. Beim Durchqueren der Stadt zeigte ich Aaron die Rouse-Carrington an der Aiguille du Pèlerin, eine schwierige und gefährliche Route auf dünnem Eis. Ich schlug vor, wir könnten sie zum Aufwärmen machen. Aaron fasste es als Witz auf und bemerkte gar nicht, dass ich es ernst meinte.

Wir kamen zu dem Chalet, das wir mit einer Gruppe von Bergsteigern und Skifahrern aus dem Outside teilten. Nachdem wir unser Gepäck abgestellt hatten, schauten wir die Führer durch. Meine Tourenvorschläge waren obskur und jenseits von Gut und Böse, Aarons dagegen passend und machbar, wenn auch für meinen Geschmack etwas zu nahe am Spazierengehen. Ich hatte nur zwei Wochen Zeit, um zu verwirklichen, wovon ich träumte. Ich hatte keine Zeit für Aufwärmtouren oder einfache Schneehatschereien.

«Wie wäre es mit dem Frendopfeiler?», schlug ich vor. Es war zumindest auf dem Papier ein Kompromiss zwischen Aarons und meinen Vorstellungen.

Der Frendopfeiler ist ein mächtiger Pfeiler aus vielen Felszacken, zertrümmerten Türmen und gestaffelten Steilstufen, die gegen Ende in einen steilen Eisgrat mündeten, welcher schließlich zur Aiguille-du-Midi-Seilbahnstation auf dem Gipfel des Berges führte. Die Route war 1944 von Edouard Frendo und René Rionda erstbegangen worden, die erste Winterbesteigung folgte 1967. Es war ein Klassiker für all jene, die sich auf die längeren und anspruchsvolleren Sommerrouten vorbereiten wollten. Es gab nur wenige Informationen darüber, wie die Route im Winter war, aber der Beschreibung nach hielten sich die Schwierigkeiten in Grenzen, und es schien, als wäre die Route gut machbar. Von Chamonix aus konnte man mit einer Seilbahn eine kleine Hütte erreichen, nahe dem Einstieg zur Route und zudem noch kostenlos. Der Zustieg war einfach, und einmal in der Route, sah sie objektiv sicher aus, wenn wir die Hängegletscher auf beiden Seiten des Pfeilers ignorierten. Vom Gipfel konnten wir mit der Seilbahn wieder bequem nach unten fahren. Es war eine perfekte Aufwärmroute.

In Wirklichkeit überstieg die Route unser Können und unsere Erfahrungen bei weitem, selbst im Sommer. Keineswegs also eine, die man einfach so mitnehmen konnte. Um sie rankten sich viele abenteuerliche Geschichten und Dramen. Vielleicht kam es daher, weil sie ein beliebtes Sprungbrett von den einfachen Routen zu den schwierigen war. Eine der besten Geschichten handelte von einem Solokletterer, der kurz unter dem Gipfel gestürzt war und den Eisgrat und später das Couloir auf der Seite des Pfeilers hinunterschoss. Am nächsten Tag kam der Rettungshubschrauber und suchte den Wandfuß ab, konnte aber die Leiche nicht entdecken. Sie stiegen dann in Falllinie weiter auf und fanden ihn höher in der Wand, wo er noch lebend an der Kapuze seines Anoraks hing, die sich an einem Felsvorsprung verfangen hatte.

Im Winter waren die Schwierigkeiten natürlich wesentlich höher als im Sommer. Aus der einfachen Felskletterei wurde schwieriges Mixedgelände, mit Schnee und Minusgraden. Man musste die ganze Route mit Steigeisen und Eisgeräten klettern. Im Sommer brauchten die Leute normalerweise zwei Tage für die Route. Am ersten rannten sie den Felspfeiler hoch und biwakierten dann vor dem Beginn des Eisgrates. Am nächsten Morgen kletterten sie über das gut durchgefrorene Eis. Im Winter konnte man höchstens halb so schnell sein.

Ich überließ Aaron die Entscheidung. Nachdem er die Beschreibung durchgelesen hatte, teilte er durch ein einfaches Nicken seine Zustimmung mit. Er war ein intelligenter Kerl. Aber dieses eine Mal war er nicht so intelligent, wie ich erwartet hatte.

«Wir könnten jetzt das Material sortieren, am späten Nachmittag hochgehen und dann am nächsten Morgen starten?», schlug ich vor. Dass wir nicht akklimatisiert waren und uns noch die Müdigkeit von der zwanzigstündigen Busfahrt in den Knochen steckte, ignorierte ich. Außerdem fuhren am späten Nachmittag keine Seilbahnen mehr, was bedeutete, dass wir bis Mitternacht durch den tiefen Schnee im Zickzack zur Hütte spuren mussten.

Ich saß wieder vor dem Computer. Die ganze Woche hatte ich auf meinen Fahrradfahrten zur Arbeit über die Geschichte nachgedacht, und warum sie nicht gut gewesen war. Vielleicht lag es daran, dass ich nicht genügend Bücher gelesen hatte, aber Bücher waren noch nie besonders wichtig für mich gewesen. Mal abgesehen von der Schule hatte ich nur ein Buch freiwillig gelesen. James Herberts *Die Ratten* war nicht gerade die ideale Nahrung für den Geist eines jungen Autors, schließlich ging es da drin in erster Linie um Brutalität und Sex. Meine Kindheit war von Comics geprägt. Sie waren ideal für mich, zumal ich viel später anfing zu lesen als alle anderen in meinem Alter. Comics waren in vielfacher Hinsicht gut, sie erzählten in Bildern, und das verstand mein visuell geprägtes Gehirn. Ich dachte in Bildern, deswegen waren Geschichten in Bildern genau das Richtige. Ich fragte mich, ob mein Versagen im Geschichtenschreiben auch daran lag, dass ich versuchte, alles im Detail auszuschmücken. Vielleicht war es der Clou, Geschichten zu malen, statt sie zu schreiben, die Worte also mit einer Leichtigkeit verwenden, wie ein Maler des Impressionismus die Farbe. Und damit den Betrachtern Raum lassen, zu erfahren, was man meinte. Und spüren, warum es um viel mehr ging als ums Klettern.

«Sieht nicht gerade einfach aus», sagte Aaron. Er schlug seine Eisgeräte in den Bergschrund, die Spalte in Form eines Burggrabens, die sich zwischen dem Beginn des Frendopfeilers und dem sich bewegenden Gletscher gebildet hatte. «Sieht richtig schwierig aus!»

Der Morgen dämmerte, und wir waren unter der schwierigsten Route angekommen, die wir je angegangen hatten.

«Sieht großartig aus», sagte ich, in Aarons Spuren zum Beginn der Route hinterherkeuchend. Ich war fix und fertig, und das, obwohl wir noch nicht einmal eingestiegen waren.

«Ein Spaß wird es sicher nicht... wie ich schon gesagt habe, die Tour ist richtig groß und schwer.»

Ich schloss zu Aaron auf, ruhte mich an meinen Eisgeräten aus und sah hoch. Noch nie war ich unter einer so großen Wand aus Fels und Eis gestanden. Unsere Routen, die wir im Sommer kletterten, waren maximal zehn bis zwanzig Meter hoch und somit kein besonders gutes Training für eine Wand mit tausend Metern. Dazu kam, dass die Route objektiven Gefahren ausgesetzt war, mit großen, überhängenden Seracs auf beiden Seiten des Pfeilers und Eisblöcken, die unter der Wand herumlagen.

Wir hatten nur wenig geschlafen. Der Zustieg zur Hütte über die verschneiten Pfade war so anstrengend gewesen, dass wir erst um zwei Uhr morgens ankamen. Eine andere Seilschaft lag schon in der Hütte und schlief. Ich weckte sie ein paar Stunden später auf, als ich nach draußen rannte und mich übergab. Das war das Resultat von tausend Metern Höhenunterschied und einem Bauch voll mit den halbgekochten Kartoffeln, die wir im Tal noch schnell in uns hineingestopft hatten. Nach wenigen Stunden Schlaf waren wir aufgestanden und zum Pfeiler aufgebrochen.

Ein Jahr hatte ich damit verbracht, an nichts anderes zu denken als an eine Route wie diese: wie ich meinen Glauben und meine Motivation auf den Prüfstand stellen und beweisen würde, dass es doch nicht falsch war, mein Leben dem Bergsteigen zu widmen. Jetzt aber, angesichts des frostüberzogenen Felsens, der schweigenden Wand, der schneidend kalten Luft, meines noch nach dem Übergebenen schmeckenden Mundes, der schmerzenden Eingeweide und des Durstes konnte ich nur noch ans Tal denken. Die Route hatte mich klein werden lassen wie einen Zwerg.

Ein Teil von mir genoss jedoch die Größe der Route und die Möglichkeit, die ich nun hatte: einzusteigen. Er flüsterte mir zu, dass ich den Pfeiler klettern konnte. Aber es gab so viel unerwartete Angst. Ich hatte vergessen, wie viel Angst man beim Bergsteigen haben konnte.

Ich sah hinauf zu Aaron. Unsere Freundschaft war so gefestigt, dass ich ihm hätte sagen können, dass ich Angst hatte. Dieses Wort allein hätte jedoch das ganze Vorhaben zum Platzen gebracht, bevor wir überhaupt richtig angefangen hatten. Ich wusste, dass er ebenfalls zweifelte und nicht mehr einsteigen wollte. Aber das Wort «Angst» jetzt auszusprechen und umzukehren, wäre Betrug an meinem großen Traum gewesen und an der Möglichkeit, die sich uns nun bot.

Das Wetter war gut. Wir waren gut genug. Wir konnten es schaffen. Wir mussten es einfach nur probieren. Ich musste einfach nur mein Bestes geben. Und so stiegen wir in den Frendopfeiler ein.

Ich druckte die Geschichte ein weiteres Mal aus, las sie durch, erkannte unzählige Fehler, die ich gemacht hatte. Monatelang hatte ich den Text umgeschrieben, überarbeitet, neu geschrieben. Ob jemals ein Ende in Sicht käme, war ungewiss. Nun hatte ich noch einmal etwas verändert und den Text ausgedruckt. Der Stapel weißes Druckpapier war im Lauf der Zeit zu wenigen Blättern zusammengesunken.

Mandy hatte sich als harte Kritikerin herausgestellt, deswegen gab ich meinem Vermieter Jon, der ebenfalls Kletterer war, die Geschichte zum Durchlesen. Er fand sie gut.

«Hör nicht auf ihn», sagte Mandy spät an diesem Tag, als wir im Bett lagen, «er ist ein Kletterer und hat keine Ahnung vom Schreiben.» Ich sah ihr zu, wie sie die Geschichte ein weiteres Mal durchlas. Vielleicht lagen Jon und ich falsch, und Mandys Meinung stimmte. Ich wusste, dass sie recht hatte. Ihre Augenbrauen hoben sich beim Lesen, Grimassen huschten über ihr Gesicht; die Lehrerin in ihr kam zum Vorschein. Ich hatte ihr Bücher von den Kletterlegenden gegeben, von Joe Simpson, Jim Perrin, Greg Child. Sie alle waren Bergsteiger und Autoren, Vorbilder für mich. Manchmal sagte sie nach nur einem Kapitel oder einem Absatz: «Stopp, das kann kein Mensch lesen, das ist doch egozentrischer Müll.» Jedes Mal, wenn ich ihr etwas von mir zum Lesen gab, bekam ich so etwas wie eine schlechte Note. Manchmal verlor ich die Geduld und beschimpfte sie ziemlich unfair, eine zynische Kritikerin und eine ewige Lehrerin zu sein, die auch nur den kleinsten Funken Talent in mir austreten wollte. «Du willst doch ein guter Schriftsteller werden, oder?», fragte sie dann. Sie hatte recht. Das wollte ich. Ich wollte diese Geschichte zur Vollendung bringen. Ein unmögliches Vorhaben, das wusste ich.

Ich hatte immer gedacht, dass ich ein Feigling sei, der einfach nur ein unbeschwertes Leben haben wollte. Durch das Schreiben entdeckte ich etwas Erstaunliches in mir: nicht meine Fähigkeit, zu schreiben, oder die Tiefen meiner Verzweiflung, wenn alles, was ich machte, zurückgewiesen wurde (daran war ich schon gewöhnt) – sondern meine Eigenschaft, etwas zu versuchen und wieder zu versuchen, ohne aufzugeben. Keine Kritik dieser Welt, kein Rückschlag, nichts von außen oder innen konnte die Glut zum Erlöschen bringen. Was war das? War ich jemand, der blind etwas durchzog, der sich etwas vormachte? War ich einfach nur unendlich stur?

Eine Antwort wusste ich nicht. Aber am nächsten Tag schrieb ich die Geschichte nochmals um.

Wir kletterten langsam. Der Fels war entweder tief im Pulverschnee begraben oder steil und anstrengend. Wir wechselten uns im Vorstieg ab. Die Kälte kroch in uns, weil wir uns nicht schnell genug bewegten. Über uns fuhren die Gondeln der Seilbahnen auf und ab, durch die Fenster waren die Gesichter der Touristen und Skifahrer verschwommen zu sehen. Ob uns jemand hier unten am Wandfuß bemerkte? Es war eine surreale Erfahrung, auf einer solchen Route um sein Leben zu klettern, während die Touristen ganz nahe vorbeischwebten und wahrscheinlich nicht einmal bemerkten, dass wir existierten.

Wir hofften, ähnlich schnell wie im Sommer klettern zu können, und wollten die ersten achthundert Meter der Route an einem Tag hinter uns bringen. Wir gaben alles. Leider waren wir bei der Planung von sommerlichen Verhältnissen ausgegangen, von trockenem und warmem Fels, von leichten Rucksäcken ohne Biwakausrüstung. Je mehr der Tag voranschritt, desto deutlicher machte sich unsere erbärmliche Langsamkeit bemerkbar, genauso wie unser unrealistischer Plan. Wir schafften nicht einmal einen Bruchteil dessen, was wir uns vorgenommen hatten.

Ich beobachtete, dass Aarons Geschwindigkeit immer mehr nachließ, als ob sein Geist keine Lust hätte, den Erdboden zu verlassen und in die Höhe zu steigen. Wahrscheinlich wusste er, dass es schwieriger war, umzudrehen, je höher wir kamen. Wir hatten nur ein 60-Meter-Seil dabei. Das andere hatten wir im Tal gelassen, um Gewicht zu sparen. Mit zwei Seilen hätten wir vielleicht noch abseilen können, von Stand zu Stand. Mit einem konnten wir pro Abseilstand höchstens dreißig Meter nach unten schaffen. Material für so viele Stände hatten wir gar nicht dabei.

Aaron war mit dem Vorstieg dran. Er studierte die Seillänge vom Stand aus länger als nötig, deswegen bot ich an, weiter vorzusteigen, bevor er anfing, mich davon zu überzeugen, dass wir lieber umdrehen sollten. Wir sprachen nicht viel. Das Einzige, was wir austauschten, waren die Kommandos, wenn einer Seil brauchte oder wenn der Stand eingerichtet war, um nachzukommen. Die Spannung wuchs jedoch während des Tages. Wir wussten beide, dass wir eigentlich keine Chance hatten, denn unsere Vorräte an Essen und Gas reichten nur einen Tag, und wir brauchten bei unserer Geschwindigkeit wohl eher deren drei. Mir war klar, dass wir besser umkehren sollten, aber etwas in mir hinderte mich daran. Vielleicht war es ja unsere letzte Chance.

«Nicht schlecht», sagte Mandy und gab mir das Papier zurück, «aber noch bei weitem nicht fertig.»

Ich hatte mein Herz und meine Seele auf dem Papier ausgebreitet, die Worte mehr als ein Dutzend Mal umgeschrieben, jede Silbe umgedreht und jeden Satz von Fett und Knorpeln befreit. «Nicht schlecht» reichte mir nicht. Die Geschichte musste großartig werden.

«Es gibt immer noch einige Rechtschreibefehler», fügte Mandy hinzu, als ich das Blatt aus ihren Fingern nahm. Ich war nicht zufrieden, hatte eher das Gefühl, dass ich Mandy allmählich zermürbte. Ich wollte etwas schreiben, das ihr gefiel, das sie gut fand. Darum ging es. Ich wollte ihr zeigen, dass ich, obwohl ich nur ein kleiner Verkäufer in einem Bergsportladen ohne Abschluss, ohne Fähigkeiten und Qualifikationen war, wenigstens Talent hatte.

Ich schrieb weiter. Meine Motivation war es, ihr zu zeigen, dass sie unrecht hatte. Ich dachte, sie traute mir nicht zu, etwas zu schreiben, das für sie lesenswert war, für jemand wie sie mit einer guten Ausbildung und einer guten Arbeit. Ich versuchte immer, etwas zu beweisen, ohne zu verstehen, dass sie keine Beweise von mir verlangte.

«Aaron!», schrie ich nach unten ins Dunkle. Mein Körper steckte seltsam verklemmt in einer steilen, weit offenen Verschneidung. Mit den Steigeisen versuchte ich verzweifelt, an einer dünnen Eisspur Halt zu finden, die im Grund der Verschneidung haftete.

«Pass auf, ich kann hier jeden Moment fallen!»

Für einen Moment versuchte ich zu entspannen, dann stieß ich die Frontzacken ins Eis. Ich konnte nicht sagen, ob sie gut und sicher saßen oder nicht, mein Körper versperrte die Sicht auf die Steigeisen. Ich fühlte mich, als ob ich im nächsten Moment stürzen konnte. Meine Schultern klemmten an den glatten Seitenwänden der Verschneidung. Wenn irgendetwas rutschte – meine Füße oder eine meiner Schultern –, dann war ich weg. Ich atmete tief durch und versuchte, ruhiger zu werden.

Es war spät, dunkel, schrecklich kalt. Und Aaron war äußerst schlechter Laune. Den Nachmittag hatten wir vertan, während ich mit einem wunderschönen, vereisten Riss kämpfte, den Abend verbrachten wir mit Breakdance-ähnlichen Bewegungen in einem Couloir aus Eis und Fels. Jetzt brach sehr plötzlich und gnadenlos die kalte Bergnacht an. Ich steckte mitten in der schwierigen Kletterei und hatte keine Hände frei, um die Stirnlampe aufzusetzen. Aaron hing unter mir an einer großen, spitzen Schuppe, während ich mich oben durch die Verschneidung quälte und hoffte, dort oben wäre ein Platz zum Übernachten.

Mit übereinandergesetzten Steigeisen kam ich langsamer höher. Je weiter ich vom Stand weg war, desto mehr zog mich das Seil nach unten. Es hing frei von jeder Sicherung bis zu Aaron durch. Er zitterte, die Temperatur sank unter die Skala unseres billigen Plastikthermometers. Der Lichtkegel seiner Stirnlampe glitt in meiner Falllinie hinauf und hinunter, er maß wohl den möglichen Sturz aus. Aaron schwieg.

Ich kämpfte weiter, schwor, nur noch einen einzigen Meter zu klettern. So ergab jeder Meter den nächsten. Ich hoffte, eine Sicherung anbringen zu können oder gar fixes Material zu finden, um mich ablassen zu können. Das Ziel, auf den Gipfel zu kommen, wurde von dem Wunsch abgelöst, in einem Stück wieder nach unten zu gelangen. Die Hoffnung auf eine Sicherung wurde Meter für Meter enttäuscht. Ich versuchte, ruhig zu bleiben, konzentriert und vorsichtig. Mit angehaltenem Atem probierte ich, mein Steigeisen einen Schritt zurückzusetzen, aber als ich das Gewicht verlagerte, brach das Eis weg und fiel in die Tiefe. Mein Steigeisen rutschte kreischend und Funken erzeugend über den Granit, bis es auf unerklärliche Art und Weise an einem kleinen Stückchen Eis hängenblieb. Ich drückte meinen Kopf in die Verschneidung, die Angst stieg mir in den Hals, als müsste ich mich übergeben. Aus meinem armen Körper drang ein trockener Seufzer.

«Wie läuft's?», schrie Aaron nach oben und meinte damit wohl: «Was um Himmels willen baust du dort oben für eine Scheiße?»

«Nicht mehr lange», log ich krächzend.

Ich kletterte schräg hinüber in eine zweite Rinne. Ich war kurz davor, die Kontrolle über die Dinge zu verlieren und abzustürzen. Mit dem Eisgerät kratzte ich den Schnee weg, um einen Riss zu finden. Dann schlug ich einen Haken und ließ mich abgekämpft zum Stand hinunter. Ich war erschöpft, sehnte mich nur noch nach einem Schluck Wasser. Den ganzen Tag hatten wir keine Zeit gehabt zu trinken. Ich war nicht mehr in der Lage, Entscheidungen zu treffen. Deswegen übernahm Aaron das Steuer. Das Einzige, was ich wollte, war ein Topf mit kaltem Wasser und ein warmer Schlafsack. Keines von beiden sollte mir vorerst vergönnt sein.

Aaron suchte unsere Umgebung im Lichtkegel seiner Stirnlampe ab, bis er einen Schneefleck von der Größe eines Gullydeckels gefunden hatte.

«Also, wir seilen bis dorthin ab. Um das Seil festzumachen, nehmen wir die Schuppe hier», sagte er, nahm das Seil und bereitete alles vor, während ich weiterhin in erbärmlichem Zustand im Seil hing.

Mir kam es wie Äonen von Jahren vor, bis ich ächzend und grunzend, drückend und ziehend meinen Schlafsack aus dem Rucksack hievte, ohne etwas Wertvolles von unserem winzigen Absatz fallen zu lassen. Aaron saß schon in seinem Schlafsack, hatte die Schuhe ausgezogen und den Kocher angeworfen – all das, bevor ich überhaupt meine Stirnlampe finden konnte. Man hätte sich gut vorstellen können, im Himalaya oder in der Antarktis zu sein, wenn nicht von Chamonix die Lichter zu uns gefunkelt und uns daran erinnert hätten, wo wir waren. In meinem müden Gehirn formten sich Bilder, wie es da unten wohl jetzt war. Lachende Menschengruppen standen um Crêpes-Stände, schlenderten von Bar zu Bar, gingen dann zu Bett, die Männer gewärmt und verwöhnt von norwegischen Göttinnen. Und was machte ich?

«Andy!» Aaron weckte mich aus meinem kalten Tagtraum. «Ist alles in Ordnung? Mach, dass du in deinen Schlafsack kommst!» Es machte mir Mühe, den rechten Außenschuh aus Plastik auszuziehen. Ich hängte ihn ins Seil. An meinem Fuß war nur noch der aufgeschäumte Innenschuh. Dann führte ich den Kampf mit dem zweiten Schuh weiter. Aus irgendeinem Grund dachte ich für kurze Zeit darüber nach, was für Folgen es haben konnte, wenn man so hoch oben einen Schuh fallen ließ, zumal im Winter. Ich hatte von Kletterern gehört, denen das passiert war, mir schauderte beim Gedanken, was eine Dummheit wie diese in so einer kalten Route bedeutete. Der Innenschuh wollte sich nicht aus dem Außenschuh bewegen lassen, wahrscheinlich hatte sich eine dünne Eisschicht zwischen den beiden gebildet. Meine Hände waren zu kalt, um die rutschigen Handschuhe auszuziehen. Aus diesem Grund behielt ich sie an und zog stärker. Ich wollte endlich aus dem Schuh herauskommen und in den Schlafsack schlüpfen.

Der Innenschuh schoss heraus, der Außenschuh wurde in die leere schwarze Nacht katapultiert und verschwand.

Ich war wie vor den Kopf geschlagen, begriff gar nichts mehr. Aaron sagte kein Wort, starrte in die schwarze Tiefe. Mein erster Gedanke drehte sich darum, wie wir mit nur einem Schuh weiterklettern konnten. Ich hatte noch nicht ganz begriffen, wie es um uns stand.

«Scheiße! Fuck!», schrie ich.

«Ich schlage vor, das war's. Wir drehen um», sagte Aaron so leise wie nur möglich.

«Scheiße, Scheiße, Scheiße!», wiederholte ich und konnte kaum glauben, was ich angestellt hatte.

Ich legte den Kopf in meine Hände und versuchte mir vorzustellen, dass all das, was gerade geschehen war, nur eine Einbildung war. Das konnte doch nicht wirklich passiert sein, das war ein Alptraum. Verschiedene Gefühle durchfluteten mich. Es fiel mir schwer, mich damit abzufinden, dass wir bis hierher umsonst geklettert waren. Es schien ungerecht, und doch half alles Kämpfen nichts.

Aaron, der meine Verzweiflung sah, versuchte mich zu beruhigen. «Macht doch nichts», sagte er.

Natürlich machte es etwas. Wie konnte ich denn wieder nach unten kommen, ohne meine Zehen zu erfrieren? Ich hatte doch nur noch den Innenschuh. Wie sollten wir denn mit einem einzigen 60-Meter-Seil abseilen, noch dazu mit so wenig Ausrüstung? Ich saß lange da, schüttelte den Kopf, schwor, dass ich endgültig mit dem Bergsteigen aufhören würde, wenn ich wieder heil unten ankäme. Das war's. Ich würde all meine Ausrüstung verkaufen, sofort zu Mandy heimfahren und den Rest des Urlaubs in der Sonne verbringen. Wenn das Winterbergsteigen war, dann brauchte ich so etwas nicht. Drei Jahre hatte ich verschwendet, von den Bergen zu träumen, die in Wirklichkeit nicht schön, sondern grausam waren. Ich war zu schwach und zu dumm für den Alpinismus.

Gerade in diesem Moment flammte ein gewaltiger Scheinwerfer auf, unten neben der Hütte, von der wir aufgebrochen waren. Die ganze Nordseite der Aiguille du Midi wurde erleuchtet, als Geschenk der Gemeinde Chamonix an die Touristen. Aaron bewegte sich in seinem Schlafsack.

«Na toll! Wie soll ich denn schlafen, wenn ich die ganze Nacht geblendet werde?», sagte ich und fragte mich, was denn noch alles kommen konnte.

Die Antwort kam wenig später mit einem gewaltigen Grollen, das durch die Luft fuhr. Über uns war ein Serac mit einem Gewicht von vielen hundert oder tausend Tonnen abgebrochen. Ein langes Donnern erscholl, als die Lawine durch die Rinne auf der Seite des Frendopfeilers in die Tiefe stürzte. Blöcke so groß wie Häuser brachen entzwei, explodierten zu einer schwirrenden Welle aus weißem Staub. Der Lärm schwoll an, als rase ein Zug auf uns zu. Je näher er kam, desto mehr erstarrten wir vor Angst. Wir schrumpften auf unserem ohnehin schon kleinen Absatz zusammen. Gigantische Blöcke aus Eis schossen an uns vorbei, Schnee füllte die Luft, und wir waren sicher, getroffen zu werden.

Plötzlich kamen mir mein verlorener Schuh und das Scheitern an dieser Route denkbar unwichtig vor.

Ich saß jede Nacht am Computer und arbeitete etwa eine Stunde am Text. Die Geschichte wurde fünftausend Wörter lang, dann schrumpfte sie wieder auf null, als ich aus Versehen alles löschte. Damals wusste ich nicht, dass man einfach auf «rückwärts» gehen und alles wiederherstellen konnte. Ich verfluchte mein Pech und war nahe dran, den Computer in Stücke zu schlagen: Sechs Monate harter Arbeit verschwanden einfach von der Bildfläche. Ich schrie den Computer an statt mich selbst und verfluchte mich, dass ich nichts gespeichert hatte. Das letzte Mal, dass ich die Geschichte ausgedruckt hatte, war vor Monaten gewesen.

Später, als ich mich einigermaßen beruhigt hatte, sagte ich zu mir, dass es eine Chance war, die Geschichte nochmals neu und diesmal richtig zu schreiben. Nur die besten Stücke der Geschichte waren in meinem Kopf geblieben. Wie bei allen guten Geschichten tat das Neuschreiben ihr nur gut.

Und so fing ich von vorne an. Die stärkeren Teile kamen von alleine zu mir zurück, die schwachen verschwanden. Die Geschichte wurde noch länger als zuvor. Jedes Wort, jeder Abschnitt wurde heilig. Meine Arbeit war ein Kunstwerk geworden. Und dieses war vollendet.

Nein, es war Scheiße. Ich kürzte die Geschichte auf tausend Wörter, meine weit ausholenden Detailbeschreibungen, die in einer Sprache geschrieben waren, die ohnehin nur Kletterer verstanden, verwandelten sich in japanische Haiku-Gedichte. Ich wurde mein bester und härtester Kritiker, sah meine eigenen Fehler. Ich hatte zu viel Wert darauf gelegt, den Leuten zu erklären, wie schwierig das Bergsteigen war. Da waren zu viele Vergleiche im Text, alles war wie etwas anderes. Es reichte doch, wenn es war, was es war. Die Geschichte erstickte unter einem Erdrutsch an unwichtigen Details. Zeilen wie «Es fiel kalter weißer Schnee» störten mich plötzlich. «Natürlich ist er kalt, Schnee ist immer kalt, und Schnee fällt fast immer nach unten, außerdem weiß jedes Kind, dass er weiß ist», sagte ich mir. Ich löschte die Zeile und schrieb «es schneite».

Ein Jahr ging vorbei, Hunderte von Stunden, Zehntausende von Tastenbewegungen, die ich alle mit einem Finger ausführte. Die Geschichte schwoll an und nahm ab wie Ebbe und Flut. Langsam lernte ich, wie schwer es war, zu schreiben, wie schlecht ich es konnte, wie unverrückbar und ewig ein gedrucktes Wort war. Es musste perfekt werden. Ich musste es so anstellen, dass der Leser dachte, die Worte seien wie von selber gekommen, ich musste die Arbeit zwischen den Zeilen verstecken. Je mehr ich schrieb, desto mehr dachte ich über das nach, was ich schrieb. Gleichzeitig rückte auch das Ende immer weiter in die Ferne.

Die Lawine stürzte krachend vorbei, bis das Donnern sich wandelte und zu einem lang anhaltenden ohrenbetäubenden Zischen wurde.

Wir husteten Eiskristalle aus, öffneten die Augen und stellten zum großen Erstaunen fest, dass wir noch lebten. Wie gelähmt saßen wir da und schauten zu, wie eine große weiße Wolke aus Eisstaub und Schnee unten über den Gletscher rollte. Nach einigen hundert Metern lief sie aus. Unsere Spuren waren weggewischt. Der Staub schimmerte spektakulär in der Luft, bildete Galaxien von Spiegelungen. Mein Herz klopfte. Das war das Schönste, was ich je gesehen hatte.

Ich war nun mehr am Leben als irgendwann zuvor. Ich vergaß meinen Schuh, der nun unter Eis begraben lag. Ich wusste in diesem Augenblick, dass wir wieder lebendig ins Tal kommen konnten, und vielleicht wichtiger noch, dass das Bergsteigen nichts für mich war.

Am nächsten Nachmittag zogen wir das Seil vom letzten Abseilstand ab. Wir waren unten. Alle meine Socken waren an meinem unbeschuhten Fuß, den ich zudem in einen dicken Überhandschuh gewickelt hatte. Ein Steigeisen war auch dran befestigt, ich hatte es mit einer Reepschnur festgebunden. Atemlos rannten wir über den Gletscher um unser Leben, beteten, dass wir von weiteren abbrechenden Seracs verschont blieben.

Dreihundert Meter von der Wand blieb ich halbtot stehen und rieb mir die Augen.

Dort stand aufrecht auf einem Haufen von Eissplittern mein Schuh.

In dem Augenblick, als ich ihn in die Hand nahm, vergaß ich mit einem Schlag, dass ich mein Kletterzeug hatte verkaufen wollen, auch den Sommerurlaub in Spanien und die Dummheit des Winterbergsteigens. Ich war lebendig und in einem Stück heruntergekommen. Nun war ich stärker als zuvor, gewappneter, um es mit den Härten des Winters aufzunehmen. Außerdem hatte ich wieder zwei Schuhe. Ich war zurück im Geschäft.

Dick kam zur Arbeit, und ich fragte ihn, ob er meine Geschichte lesen könne. Er versprach mir, das bis zum Abend zu tun.

Den ganzen Tag wartete ich nervös auf seine Meinung. Er war gut belesen *und* ein Bergsteiger. Wer war besser geeignet, um meinem Talent ein wohlwollendes Nicken zukommen zu lassen? Ohne Zweifel war er bestürzt darüber, dass so ein Genie wie ich unerkannt in seinem Laden arbeitete.

«Ich verstehe einfach nicht, was du damit sagen willst», sagte er, gab mir die Geschichte zurück. Das Papier war von Fragezeichen und Rechtschreibkorrekturen übersät. «Es kann doch nicht so schwierig gewesen sein, wie du es darstellst. Du versuchst zu sehr, die Leute zu beeindrukken. Es war doch bloß der Frendopfeiler.»

Ich sagte ihm, dass die Route tatsächlich schwer gewesen war und dass Schwierigkeit immer relativ zur Erfahrung war. Dick war ein Bergsteiger der alten Generation. Seine Routen waren nichts anderes als Routen, sie waren keine Metaphern fürs Leben. Ich wusste, dass er mich für einen Angeber hielt, der viel zu dick auftrug. Ich wollte doch nur erzählen, wie es war, wie die Route uns beeindruckt hatte. Natürlich war es nur eine Route, aber sie war mir nachgegangen, jeden Tag. Sie war mehr als das.

«Vielleicht gut, wenn du noch mehr Bücher liest», sagte Dick, «anstatt Klettermagazine.»

«Mein Arsch wird nie mehr derselbe sein», stöhnte ich und versuchte, eine andere Sitzposition in meinem Schlafsack einzunehmen. Wieder einmal war ich in den Bergen, der Morgen dämmerte, und ich saß mit meinem Rücken zum Frendopfeiler. Die Lichter von Chamonix glimmten noch weit unten, während ich das Gewicht von Arschbacke zu Arschbacke verlagerte. Es war die zweite Nacht am Frendopfeiler, seit wir wieder eingestiegen waren, eine Woche nach dem ersten Versuch. In meinem Kopf schwirrte die Frage, ob es der Schlüssel zum Alpinismus war, gut zu schlafen.

«Wie geht es *deinem* Arsch?», fragte ich, den Kopf zum halb sitzenden, halb liegenden Schlafsack neben mir. Ich wusste sehr wohl, wie die Antwort war. Es war einfach nur eine angenehmere Variante der Frage, ob er wach war.

«Gerade eben war ich eingeschlafen», kam die Antwort.

Es war schwer zu verstehen, warum wir so kühn gewesen, wieder hochgelaufen waren und uns eine zweite Chance am Frendo gegeben hatten. Beim letzten Mal war in meinem Kopf ein Schalter umgelegt worden, trotz der Angst und Beklemmung hatte ich eine starke Kraft gespürt, die in mir brodelte. Sobald ich den Schuh gefunden hatte, war klar, dass ich wieder kommen würde. Wir waren gescheitert und ganz aus eigener Kraft nach unten gekommen. Das hatte gezeigt, dass wir stark genug waren, um erfolgreich nach oben zu klettern. Jetzt, nach einer weiteren Nacht am Pfeiler, stellten sich die Zweifel ein. War es nur ein jugendlicher Testosteronschub gewesen? Hatten wir die Erleichterung, überlebt zu haben, mit dem Glauben verwechselt, dass wir es nochmals versuchen sollten?

Vorsichtig bewegte ich mich auf dem kleinen, aus dem Eis gehackten Absatz, durch ein Seil im Schlafsack gesichert. Ich versuchte, den Kocher aus dem Schnee zu graben und unser Frühstück in Form von Zitronentee vorzubereiten. Mit dem Topf schöpfte ich Schnee, wobei ich die gelben Stellen zu unseren Füßen vorsichtig ausließ.

Ich zündete den Kocher und saß vornübergebeugt über der Pfanne, hypnotisiert vom langsamen Zerfallen der Schneekristalle, dem allmählichen Verblassen von Weiß nach Grau hin zu Farblos. Klumpen von Schnee sanken langsam zu einer kleinen Pfütze Wasser zusammen, wurden wärmer, dann bildeten sich Bläschen, schließlich dampfte und kochte es. Ich ließ nochmals eine Hand voll Schnee hineinfallen und sah zu, wie er zu Wasser wurde.

Aaron machte den Reißverschluss an seinem Schlafsack auf, steckte die Nase ins Freie und sog die Luft ein. «Hast du geschlafen?»

«Nein, ich glaube nicht. Ich musste die ganze Nacht pissen, wusste aber nicht, wie ich das anstellen sollte, ohne mich, meinen Schlafsack oder dich zu versauen. Außerdem war ich ständig unter Spannung, weil ich nicht vom Absatz fallen wollte.»

«Musst du immer noch?», fragte er.

«Nein, ich habe schon in meine Tasse gepisst.»

«In deine Tasse?»

«Ja, ich glaube, es war meine Tasse.»

Ich reichte Aaron den Topf, damit er trinken konnte. Das Metall wärmte seine Hände für eine oder zwei Minuten, bevor die Luft den Topf abkühlen konnte. Ich nahm einen Schluck Tee, er schmeckte widerlich. Vielleicht hatte ich mich mit den Dämpfen des Kochers vergiftet. Dann kaute ich einen kleinen Müsliriegel. Wenn man erst einmal Wasser hatte, war das Frühstück eine Sache von Sekunden.

Aaron bog den Kopf in den Nacken und sah nach oben. «Ich hoffe, wir kommen heute zum Gipfel. Ich glaube nicht, dass ich noch mal so ein Biwak durchstehe.»

«Ich denke, sie ist gut», sagte Mandy. Mein Herz machte einen Sprung. «Es gibt noch Rechtschreibfehler, aber trotzdem hat sie mir gefallen.»

Am Arbeitsplatz gab ich sie Dick. «Nicht schlecht», sagte er, «viel besser als zuvor.» Sein Lob, wenn es auch nicht begeistert klang, war gut genug.

Ich reichte die Geschichte weiter. Mit jedem neuen Leser, der etwas nicht verstand oder eine Stelle zu übertrieben fand, bastelte ich weiter am Text herum. Die Geschichte schrumpfte auf gut verständliche zweitausend Wörter. Das war lang genug, um alles zu erzählen, und kurz genug, um den Text zu lesen, bevor die Leser abschalteten. Ich löschte alle anderen Versionen vom Computer. Es waren Dutzende von Ordnern, fast zwei Jahre Arbeit. Zwei Jahre Arbeit, nur für eine kurze Geschichte über eine Kletterei! Aber was dann?

Ich hatte mir schon darüber Gedanken gemacht, sie einem britischen Klettermagazin zu schicken, aber etwas in mir sagte, dass sie für Größeres bestimmt war. Ich wusste, dass das größte Magazin in den USA *Climbing* hieß und den Ton im Alpinjournalismus angab. Die Artikel wurden von den Besten der Besten geschrieben. Mir war klar, dass ich vielleicht viel zu hoch griff. Außerdem war die Wahrscheinlichkeit sehr hoch, dass ich eine weitere Abfuhr erlitt, wenn ich meinen Text dort hinschickte. Aber was wäre, wenn... ? Ich kritzelte die Faxnummer des Outside über die Seiten und die Worte «Vielleicht gefällt euch das hier, was ich geschrieben habe. Andy K.» Dann tippte ich die Nummer des *Climbing* in das Faxgerät und drückte auf Senden.

Eine Woche später fuhr ich mit dem Fahrrad zur Arbeit. Ich war schon fast überzeugt, dass ich es mit einem anderen Magazin versuchen musste. Als ich in den Laden lief, sah ich auf dem Faxgerät ein Papier, auf dem das Logo des *Climbing Magazine* deutlich zu sehen war.

«Hi Andy, dein Text ist super. Wir würden ihn gerne drucken. Es gibt noch ein paar Fehler, sonst ist er perfekt. Wie kann man dich erreichen? Michael Kennedy.»

Das waren die besten Nachrichten, die ich je bekommen hatte.

Wir kletterten so schnell wir konnten, durch Rinnen und auf steilen Gratstücken. Die Kletterei war schwierig genug, um uns Freude zu bereiten, und doch so leicht, dass wir keine Angst hatten. Ich genoss die Ausgesetztheit und Höhe der Kletterei am Pfeiler, das Wissen, dass jede unserer Bewegungen uns ein Stück weiter zum Gipfel und zum Erfolg brachte. Ich hatte mich so auf diese Route gefreut, ich wollte sie unbedingt. Natürlich würde ich lügen, wenn ich sage, dass ich komplett alles genoss. Die Anspannung und der Stress waren enorm, ohne Zweifel war die Route an meiner Grenze, aber genau das machte es so spannend. Hier war ich, am Frendopfeiler, im Winter, und alle anderen Berge, die ich geklettert hatte, existierten in meinem Kopf. Ich verstand nun, dass man Berge genauso sehr mit dem Kopf wie mit den Händen besteigt. Wir kamen bei der Schlüsselstelle an.

Eine senkrechte Wand, die Stelle sah so aus, als sei sie nicht allzu lang. Ich stieg vor. Wir wussten nicht, dass wir uns verhauen hatten und abseits der eigentlichen Route waren. Die Seillänge vor uns war viel schwieriger, als wir ahnten, viel schwerer als alles, was wir geklettert hatten. Diese kompakte, senkrechte Wand versperrte uns den Weg zum leichteren Gelände.

Die Seillänge begann mit schwierigen Hookmoves an den Hauen der Eisgeräte und mit wackeligen Haltepunkten für die Frontzacken der Steigeisen. Jeder Zug war nicht mehr rückgängig zu machen, jeder ungesichert. Ich kämpfte weiter, Aaron sicherte mich von einer Schuppe, die die Form eines Schwerts hatte. Sie würde mich aufspießen, wenn ich fiel.

Sieben Meter über Aaron mantelte ich mich auf einen schuhgroßen Absatz. Dieser zog sich horizontal durch die Wand und führte zu einer Verschneidung, von der ich annahm, sie sei der Weg nach oben. Ohne Griffe zum Festhalten, ohne jede Sicherung balancierte ich vorsichtig auf dem Absatz zur Seite. Die Steigeisen kratzten am Fels. Es fühlte sich an, als würde ich auf einem schmalen Fensterbrett an einem riesigen Hochhaus stehen: wie ein Selbstmörder mit Selbstzweifeln, wie eine Mischung aus Hochseilartist und Einbrecher. Ich war erstaunt über meine Waghalsigkeit, aber sie war auch der einzige Weg, hochzukommen. Jeder Schritt fühlte sich unsicherer an als der vorige, aber jeder brachte mich näher zu der Verschneidung, wo ich hoffte, mich festhalten zu können. Es gab kein Zurück.

Die letzten Schritte hastete ich. Mein Rucksack zog mich nach unten, und ich bekam große Angst, das Gleichgewicht zu verlieren. Gerade als ich nach hinten wegkippte, konnte ich mit meiner blitzschnell ausgestreckten Hand die äußere Verschneidungswand greifen und mich abstützen. Dort stand ich, das prekäre Gleichgewicht haltend, und versuchte ruhiger zu werden. Ich sah noch gar nicht nach oben, hoffte, eine Sicherung zu finden und das nächste Stück schnell hinter mich bringen zu können. Es waren nur wenige Meter bis zum leichten Gelände.

Als ich mit meiner Schulter in der Verschneidung abstemmte, zog ich meinen Handschuh nach vorne und schaute auf die Uhr. Ich war schon eine Stunde am Klettern.

«Nicht mehr lange, Aaron!», rief ich hinunter, versuchte uns beide zu überzeugen, dass wir es fast geschafft hatten. Wenn wir diese Seillänge in der Tasche hatten, war es nur noch ein Spaziergang.

Die Verschneidung war voll Schnee, deswegen kratzte ich sie mit meinem Eisgerät frei und fand zu meiner großen Enttäuschung statt eines kleinen Risses, in den man eine Sicherung hätte legen können, nur eine etwa fünfzehn Zentimeter breite Spalte. Ich hatte nichts so Großes dabei.

Ich blickte auf die zurückgelegten Kletterstellen hinunter und wusste, dass ich sie nicht abklettern konnte. Ich wusste ebenso, dass ich ohne Sicherung weder nach oben klettern noch nach unten abgelassen werden konnte. Ich lehnte mich in die Verschneidung und dachte fieberhaft darüber nach, was ich nun tun konnte. Keine Lösung tat sich auf. Meine größten Sicherungsgeräte waren nur zehn Zentimeter breit.

Dann kam mir ein Gedanke. Ich nahm einen Hexentric Nr. 7 und einen Rock Nr. 10 – meine beiden größten Klemmkeile – und legte sie Seite an Seite in den Riss. Wie ich gehofft hatte, füllten sie nebeneinandergelegt den Riss aus. Zuerst legte ich einen der Klemmkeile, dann den zweiten, schließlich klopfte ich sie mit dem Hammer fest. Von der Mechanik her sah es so aus, als könnte es funktionieren. Vom Gefühl her tat es das gar nicht. Ich zog einmal fest an der Sicherung, um mich zu überzeugen, dass sie halten konnte. Dann hängte ich das Seil ein. Das war alles, was es gab, aber es war nicht genug.

Ich listete in meinem Kopf alle Dinge auf, die in den Riss passen konnten: der Helm, zu groß. Der Topf, in Aarons Rucksack. Die Bergstiefel, theoretisch ja, praktisch keine Lösung.

Mit den Fingern suchte ich die wenigen Dinge ab, die an meinem Gurt hingen: ein paar Klemmkeile, ein paar Friends, Haken. Ich nahm einen langen, dünnen V-Haken. Statt ihn wie üblich längs einzusetzen, hielt ich ihn quer und erkannte, dass er so, von der Spitze bis zur Öse, ähnlich wie ein Klemmkeil in den Riss passte. Ich schlug ihn mit dem Hammer fest und hängte das Seil ein.

Die Sicherungen waren alle jenseits all dessen, was in den Lehrbüchern steht. Aber sie sollten ihren Dienst tun.

«Wie geht's?», schrie Aaron. Seine Worte klangen lallend, die Kälte hatte seine Gesichtsmuskulatur taub gemacht.

«Ich habe es fast», schrie ich hinunter. Ich hatte es noch bei weitem nicht.

Eine Stunde verging, und ich stand immer noch am gleichen Fleck.

«Mach was. Mach was. Mach was. Mach was», schrie ich, «VERDAMMT NOCHMAL MACH ENDLICH WAS!»

Die Verschneidung über mir war zu weit, als dass ich sie hätte klettern können. Die Sicherungen waren zu schlecht, um mich daran abzulassen und es an einer anderen Stelle zu versuchen. Ich stand in einer Sackgasse. Auf Englisch heißt das «Dead End», und das Wort «tot» schien auf die Situation im hohen Maße zutreffend. Das Einzige, was mir blieb, war, um die Ecke zu schauen.

Ich hielt mich vorsichtig an den beiden Sicherungen fest, belastete sie so wenig wie möglich und schielte um die Ecke. Ich konnte eine steile Wand sehen, in deren Mitte ein guter Riss verlief. Zumindest vermutete ich das. Nur etwa drei Meter höher gab es einen Absatz. Der Riss war zu weit entfernt, und ich konnte ihn mit der ausgestreckten Hand nicht erreichen. Mit dem Eisgerät ging es gerade so. Ich sah, wie die Haue im Riss verschwand. Dann zog ich am Schaft. Das Eisgerät hielt wahrscheinlich an einem verklemmten Stein im Inneren.

Es war schwer, mir vorzustellen, dass ich nun dem Eisgerät vertrauen musste. Ich zog es wieder heraus und lehnte mich zurück in die Verschneidung. Ich wusste, dass ich keine andere Wahl hatte, als es zu probieren. Aber mir war vollkommen klar, dass ich, wenn das Eisgerät nicht hielt, die Sicherungen herausreißen und auf die Felsblöcke weiter unten fallen würde. Aber ich hatte keine andere Wahl. Ich musste es versuchen.

Ich lehnte mich wieder hin und setzte das Gerät. Die Angst kroch mir über den Rücken, meine Füße wurden kalt, und ich zog es heraus, um wieder in die Verschneidung zurückzukehren. So ging es mehrere Male. Ich wusste, dass ich zu schwach für so etwas war, zu zurückhaltend, aber ich wusste, dass es keine andere Wahl gab. Ich hatte mehr Angst als jemals zuvor. Es ging um Leben und Tod. Dies war kein Spiel. Das war nicht Klettern.

Tu es, sagte eine Stimme in meinem Kopf. Ich zuckte zusammen, wurde klein vor Angst. Die Stimme war stärker als ich. *Tu es,* wiederholte sie. Ich fühlte Panik, die Stimme drückte mich an den Rand des Abgrundes. *Tu es.* Es war unmöglich, die Worte zu ignorieren. Ich lehnte mich wieder aus der Verschneidung, platzierte die Haue des Gerätes im

Riss, sah zu meinem Entsetzen und meiner Überraschung, wie ich mein ganzes Körpergewicht daranhängte und daran pendelte. Alles, was ich war oder sein würde, hing nun von diesem Stück Stahl ab, das neben einem lose verklemmten Stein im Riss steckte. Ich tat es, aber das war nicht ich, das war jemand anderes. Ich hätte es nie fertiggebracht, es war jenseits meiner Möglichkeiten.

Ich hing einarmig am Eisgerät, mit den Füßen schabte ich suchend über den Fels. Der Geruch von Stahl und Granit erfüllte die Luft um mich. *Beweg dich,* schrie die Stimme. Ich legte die Haue des zweiten Gerätes über die des ersten, zog mich hoch und hielt die Arme blockiert. Ich versuchte, das zweite Gerät höher im Riss zu setzen. Es rutschte wieder heraus. Ich versuchte es noch einmal. Mein Bizeps war kurz vor dem Zerspringen. Wieder fiel das Eisgerät heraus. «Klettere zurück in die Verschneidung», sagte ich zu mir selbst. Aber ich wusste, das war unmöglich. Ich hatte keine andere Wahl. Alles, was ich tun konnte, war hundert Prozent zu geben. *Wenn du leben willst, dann klettere,* rief die Stimme. Mit schreienden Armen, mit immer schwächer werdenden Händen schlug ich die Haue nochmals in den Riss. Funken glommen auf, als sich das Eisgerät an irgendetwas verklemmte. Ich hängte mein Gewicht daran. Es hielt. Ich zog mich daran hoch, blockierte daran. Woran das Gerät hielt, wollte ich lieber nicht wissen. Ich wuchtete das tiefer sitzende Eisgerät heraus und machte mich auf die Jagd nach dem nächsten Placement. Etwa vier Züge über mir war der Absatz. Wieder gelang es mir nicht, etwas für das Eisgerät zu finden. Ich schrie mir die Seele aus dem Leib, während ich es probierte und probierte. Es gab nichts. Mein Arm konnte das Gewicht nicht länger halten, die blockierte Schulter löste sich langsam, der Arm streckte sich. Ohne die verlorene Reichweite konnte ich sowieso kein gutes Placement finden. Ich biss mich mit den Zähnen an der Handschlaufe des Gerätes fest, um oben zu bleiben. Ich hätte mir die Hand abbeißen können, so von Sinnen war ich, als ich das Gerät ein letztes Mal in den Riss schlug. Mit einem klingenden Geräusch blieb es stecken.

Ohne es zu testen, zog ich mich daran hoch. Es gelang mir, eine der Zacken eines Steigeisens auf einen Kristall zu setzen, der im Riss steckte. Verzweifelt suchte ich nach einer Lösung, wie ich das Gewicht von meinen Händen nehmen konnte. *Bring eine Sicherung an,* schrie die Stimme. *Nein, klettere weiter,* widersprach eine andere. Wenn ich einen stärkeren Körper und eine bessere Psyche gehabt hätte, hätte ich es getan. Aber ich war nicht so stark. Ich musste eine Sicherung finden. Mein ganzer Körper zitterte, die Säure der Krämpfe schoss mir in die Arme. Ich schnappte einen Karabiner mit einigen Klemmkeilen, die verschiedene Größen hatten. Weil ich keine Zeit hatte, den passenden Klemmkeil zu suchen und ihn sauber zu legen, stopfte ich das ganze Bündel in den Riss und hängte das Seil in den Karabiner.

Ich schrie wieder. Der Urschrei half mir vielleicht, die letzten Züge zu machen. Mit zitternden Händen zog ich das tiefer sitzende Gerät heraus und holte aus, um es oben in den Riss zu schlagen.

RRRRATSCH:

Das Eisgerät, an dem ich hing, sprang aus dem Riss und traf mich im Gesicht.

Bewusstlos fiel ich.

Als ich wieder zu mir kam, stellte ich ungläubig fest, dass ich im Seil hing und nicht zerschmettert auf einem der Felsblöcke lag. Ich war am Leben. Ich blickte nach oben und sah, dass mich einer der Klemmkeile gehalten hatte. Alle anderen waren herausgerissen und baumelten nutzlos am Karabiner außerhalb des Risses. Ich bemerkte, dass ich auf einem Auge nicht mehr gut sehen konnte und dass mir Blut übers Gesicht lief. Ich tastete mein Gesicht mit den Fingern ab und fand ein Loch in meiner Wange. Eines meiner Brillengläser fehlte. Wenn das Glas nicht gewesen wäre, hätte mir das Eisgerät das Auge ausgestochen. Eine gewaltige Kraft durchfuhr mich, eine Mischung aus Adrenalin und Angst. Ich lebte.

Das Magazin kam ein paar Monate später mit der Post. Nach ein paar Wochen im Lektorat war mein Artikel gedruckt worden. Ich sah mich mit dem Luxus beglückt, dass ich dafür bezahlt wurde, so auszusehen, als ob ich wüsste, was ich tat. Ähnlich wie Charlie Bucket, der auf sein goldenes Ticket zur Schokoladenfabrik wartet, öffnete ich den dicken Luftpostbrief und holte die Zeitschrift heraus. Ich blätterte die Hochglanzseiten durch und fand sie: meine Geschichte, meinen Namen, meine Worte.

«Broken Promises», von Andy Kirkpatrick. Ich rätselte, auf was ich stolzer war, auf die Route oder auf die Geschichte, auf den Bergsteiger Kirkpatrick oder auf den Schriftsteller. Ich dachte an all die harte Arbeit und an die Zweifel, die ich für beides überwinden musste. Aber es war es wert gewesen! Ich hatte daran geglaubt, dass ich die Route klettern konnte, genauso wie ich geglaubt hatte, dass ich es lernen konnte, zu schreiben und meine Geschichten zu erzählen. Ich hatte gelernt, dass ich an mich glauben musste. Jetzt würden es die Zweifel nicht mehr so leicht haben.

Ich kam am Absatz an und sank schrecklich erschöpft in mich zusammen. Ein schwarzer Vogel flog nahe vorbei, und ich frage mich, ob er real war. Vögel konnten doch hier oben nicht überleben, oder?

Aaron stieg mit den Jümars am Seil hoch, schimpfte über das Winterbergsteigen, bis er die ineinandergeschachtelten Klemmkeile und das Blut sah. Danach war er still. Als er sich auf den Absatz hochzog, sah er müde, kalt und ausgelaugt aus. Er wusste, dass wir über unsere Grenzen gegangen waren. Aber die Schwierigkeiten lagen nun hinter uns. Wir mussten weitermachen. Mir wurde klar, dass diese Route uns beide veränderte. Mit jeder Seillänge fühlte ich mich stärker, vertraute mir besser, vertraute auch meinem Glauben, dass ich das schaffen konnte, was ich mir vornahm. Ich war mehr und mehr in meinem Element, während Aaron immer unsicherer zu werden schien. Ich hatte den Eindruck, dass er mit jeder Seillänge mehr davon überzeugt war, dass das Bergsteigen ihm nichts mehr gab. Der Gedanke schoss mir durch den Kopf, dass das unsere letzte gemeinsame Route war.

Eine Stunde später zog ich mich auf den letzten Turm des Grates hoch. Die erdrückende Schwärze und Komplexität des unteren Felspfeilers wich nun der einfachen, weißen Landschaft des oberen Eisfeldes. Die Erleichterung, die wir mit dem Erreichen des Eisgrates spürten, war unbeschreiblich. Wir standen da und fühlten uns das erste Mal seit drei Tagen ein wenig entspannt. Ich lächelte. Nicht weil ich wusste, dass wir es schaffen konnten, sondern einfach nur, weil ich glücklich war. Ich fragte mich für einen Moment, ob ich Aaron die Hand schütteln oder ihn umarmen sollte, wenn wir die Seilbahnstation erreichten. Ich stellte mir vor, damit könnte alles wieder werden wie zuvor. All die Besorgnis, der Stress, der Widerwillen, in eine solche Route geschleppt worden zu sein, hätten das gerechtfertigt. Schließlich hatten wir alles überstanden.

«Steig vor, Aaron. Bring uns über das kleine bisschen Eis nach Hause.»

«Vielleicht ist die Route alles in allem gar nicht so schlimm», sagte er mit einem künstlichen Lächeln. Er sah aus, als ob er sich fehl am Platz fühlte. Ich fragte mich, wie ich mich fühlte.

Mit dem Nachlassen der Anspannung dachten wir, das Ende der Tour sei nahe. Doch als Aaron den Eisgrat hochstieg, fielen die ersten Schneeflocken. Ein größerer Sturm kam von Osten, warme mediterrane Luftmassen stießen mit kalten arktischen zusammen.

Mit der letzten Kraft hämmerten wir gegen die eisbedeckte Tür, den Eingang zur Seilbahnstation auf der Aiguille du Midi. Die Nordwand, die wir bestiegen hatten, fiel hinter uns ab in Dunkelheit und den Sturm. Schnee kreiste um uns, die Wirbel blieben in der Höhlung, die an der Bergseite lag, gefangen. Wir klopften weiter an die Tür. Wenn wir nicht schnell hineinkamen, überlebten wir nicht.

Die Tür blieb fest geschlossen.

Ich ließ mich auf die Knie fallen und versuchte, sie mit einem Eisgerät aufzuhebeln. Die Haue war nach einem Kilometer harter Kletterei verbogen und stumpf. Ich drückte sie mit Gewalt in den Metallrahmen der Tür, aber sie rutschte ab, und die Tür federte unverrichteter Dinge zurück. Nach allem, durch das wir gegangen waren, starben wir wegen einer beschissenen verschlossenen Tür.

Frustriert und zu müde, um noch irgendeine Form von Rücksicht zu wahren, warf sich Aaron mit voller Wucht gegen die Tür. Mit einem Knall verschwand er im Inneren. Ich kroch hinterher.

Die Tür wurde vom Wind zugeschlagen, während wir auf den Rücken rollten, den Sturm draußen Sturm sein ließen und mit dem Lärm die enorme Last der letzten Tage abwarfen. Wir lagen beide lange Zeit so da, starrten an die vereiste Decke. Keiner wollte sprechen, wollte das überwältigende Gefühl der Rückkehr in den Frieden und die Sicherheit verderben.

Meine Hände waren halb erfroren, trockenes Blut bedeckte mein Gesicht. Das Seil lag zu unseren Füßen, vor einer Woche war es noch neu gewesen, jetzt war es ein vereistes Bündel, die Stränge des Kerns quollen hervor wie Innereien aus einer Leiche. Der größte Teil unseres Klettermaterials war weg, zurückgelassen in der letzten Etappe der 1200 Meter hohen Wand. Ohne nachzudenken hatten wir es während unseres Kampfs durch den rasenden Sturm hängen gelassen. Wenn wir eine Stunde später zur letzten Seillänge gekommen wären, hätten wir es nicht geschafft.

Langsam begannen wir uns zu bewegen. Wir wussten, dass wir jetzt etwas zu essen brauchten, etwas zu trinken und unseren Familien mitteilen mussten, dass wir am Leben waren.

Vorsichtig stehend, gebückt wie alte Männer, sahen wir auf den Knoten, der uns verband. Wir banden ihn langsam auf, mit Fingerkuppen, die von der allmählich eindringenden Wärme zu schmerzen begannen. Das Seil, unser Seil, mit dem wir all die Jahre geklettert waren, das uns am Leben gehalten hatte, zunächst nur als Kletterpartner, später als Freunde, war nun nur mehr als Wäscheleine zu gebrauchen.

Ich habe Aaron viele Jahre nicht gesehen. Er arbeitet als IT-Spezialist und hat ein schönes Haus in der Nähe von Bradford, eine Frau und Kinder. Ich weiß, dass er nicht mehr klettert, weil ich immer noch sein Material habe.

Nach unserer Unternehmung am Frendopfeiler erzählte mir seine Freundin, dass Aaron gemerkt hatte, dass Bergsteigen nichts für ihn sei. Dort habe er gemerkt, dass es sich nicht lohne. Er ist erwachsen geworden, sagte sie. Und du?

Auf einem gottverlassenen winzigen Absatz sitzend, hungrig, halb erfroren und voll Sorge über das, was als Nächstes kommt, denke ich oft an Aaron und unsere Besteigung des Frendopfeilers im Winter – meine erste alpine Route. Ich denke an ihn, wie er den Urlaub am Strand verbringt, in Wäldern, wie er Spaß hat und gesund ist, sich sonnt und mit der Frau schläft, die er liebt, während ich mich an einen kalten Felsen drücke.

Ich frage mich, wie das Leben jetzt wäre, wenn ich unter dem Frendopfeiler meinen Schuh nicht gefunden hätte und ohne jemals zurückzuschauen weggelaufen wäre.

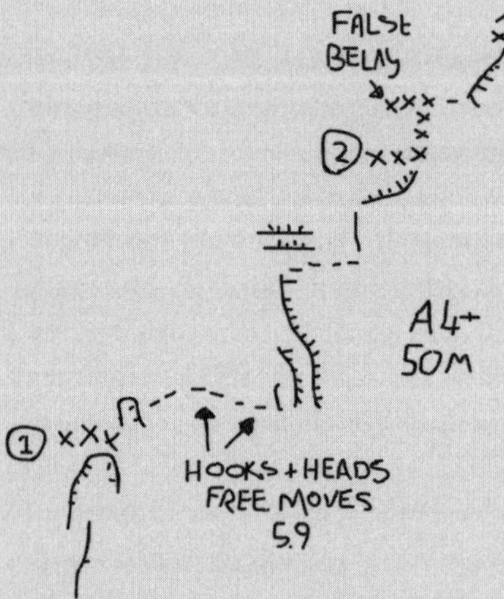

FALSE
BELAY
2
A4+
50M
1
HOOKS + HEADS
FREE MOVES
5.9

Seillänge Nr. 2 Reticent Wall

Alles ist leicht, bis du fällst

Ich wachte auf und konnte für einen Augenblick nicht sagen, wo ich mich befand. Es war dunkel. Ein Dreieck aus Sternen hing über mir. Ich setzte mich auf, zog die Arme aus dem Schlafsack und tastete meine Umgebung ab. Unter meinen Händen fühlte ich etwas Rostiges aus Metall. Ein Grillrost. Ich legte mich wieder hin. Ich war auf dem Lay Lady Ledge, schlief auf der flachsten Stelle, ganz hinten und oben. Abgesehen vom schmalen Dreieck aus Sternen wurde der Nachthimmel auf beiden Seiten von den rasant abfallenden Wänden des El Capitan verdunkelt. In meiner Nähe hingen die Seile in Schlaufen von oben herab, wo unsichtbar der nächste Stand war. Die erste Seillänge der Reticent Wall hatte ich in der Tasche.

Der Nachthimmel wurde allmählich bleich. Die Dämmerung kam.

Ich schloss die Augen, legte den Kopf auf die Fleecejacke und fühlte mich fast zufrieden. Ich hatte die erste Seillänge geklettert. Ich hatte meine Ängste und Zweifel überwunden.

Der Himmel änderte seine Farbe, das Schwarz wurde unmerklich zu einem tiefen Blau, die Sonne stieg langsam, weit hinter der Sierra Nevada, herauf. Ich konnte nun meine Seile ausmachen, die in der morgendlichen Brise sanft hin und her schaukelten.

Zum ersten Mal seit langem war ich ruhig. Die Stimmen in mir waren durch die schwere Arbeit still geworden.

Obwohl ich die Sonne an sich nicht sehen konnte, nahm ich ihre ersten Strahlen an der Wand wahr.

Die Idee, dass ich nun weiterklettern sollte, dass ich die Reticent Wall wirklich versuchte, brachte mich zum Lachen. Es war verrückt. Unmöglich. Vielleicht konnte ich es schaffen. Mein kleiner Erfolg von gestern hielt mich aufrecht, obwohl die Seillänge relativ leicht bewertet gewesen war.

Sie hatte sich allerdings verdammt hart angefühlt.

Während ich in meinem Schlafsack lag, dachte ich an all die Morgen, die ich ähnlich wie jetzt in anderen Routen verbracht hatte, und fühlte mich unsicher, was ich tun sollte, was die Zukunft brachte. Es ist immer besser, zu versagen, ohne zu zweifeln, als zu versagen, weil

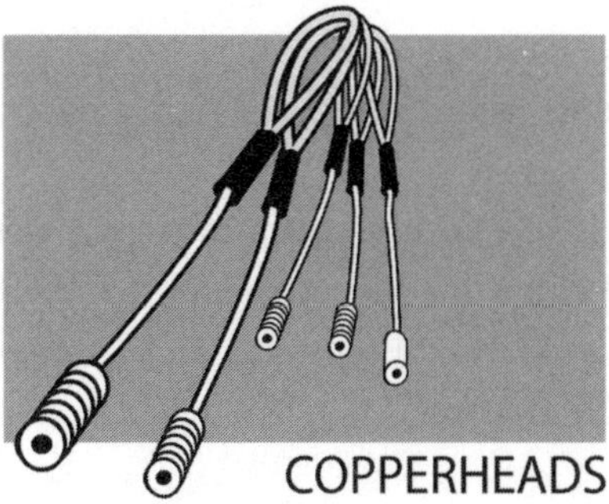

man zweifelt: umzudrehen, weil man sich etwas einbildet, anstatt umzudrehen, weil man etwas weiß. Ich hätte meine Schwäche weit mehr bereut als meine Torheit.

Die überwiegende Kraft war jedoch jene, die mir sagte, ich solle die Route klettern. Stell dir einmal vor, du in der Reticent Wall! Es war kaum zu glauben.

Was jedoch, wenn ich versagte? Was hieß das? Wenn ich erst einmal mit der nächsten Seillänge anfing, gab es keine Möglichkeit mehr zum Rückzug. Die einzige Flucht führte über den Gipfel nach oben. Und wie sah es mit einer Rettung aus? An einer so steilen und großen Wand war eine Rettung ein aufwändiges Unternehmen, das Tage in Anspruch nahm. Besser gar nicht daran denken.

Die Sonne kroch über den Horizont, ihre Strahlen trafen die Wand auf beiden Seiten.

Was sollte ich machen? Nach oben steigen oder abseilen? Weitermachen oder das Handtuch werfen?

Alle meine Zweifel erwachten erneut.

Ich hatte noch zehn Minuten Zeit, bevor die Sonne bei mir sein würde. Ich verkroch mich in meinen Schlafsack und verschob die womöglich mein ganzes Leben verändernde Entscheidung bis dahin.

Ich fiel.

Es kam so schnell, dass ich keine Angst haben konnte. In einem Moment hing ich an einem Copperhead, im nächsten fiel ich ins Leere.

Ich fühlte, wie die Sicherung unter mir – ein kleiner Birdbeak – herausriss, als sei er nur mit Klebeband an der Wand befestigt. Ich stürzte weitere zehn Meter, bis eine der Sicherungen hielt und das Seil sich dehnte. Ich hielt an.

Scheiße!

Ich hing in der Luft, atmete schwer, mein Herz klopfte so laut, dass der Puls in meinen Ohren pochte. Ich war nicht verletzt. Ein alter Haken, den vermutlich Tomaz Humar im Jahr 1998 geschlagen hatte, hatte meinen Sturz gehalten.

Ich griff das Seil und sah nach oben, ein seltsames Gefühl von Stolz überkam mich, als ich die Länge des Sturzes abschätzte. Dann wiederum war ich wütend darüber, dass ich gestürzt war. Dieses Mal hatte ich Glück gehabt und war nur zehn Meter geflogen. Beim nächsten Mal gab es vielleicht nichts, das mich halten würde.

Ich hängte meine Jümars ins Seil und stieg nach oben, bis ich zum Haken kam. Dort hänge ich mich ein und kletterte die mir schon bereits bekannten fünf Meter entlang des Risses nach oben, indem ich den Birdbeak wieder hineinhämmerte und den ausgerissenen Copperhead durch einen neuen ersetzte.

Vielleicht ist es ja gut, zu fallen. Es nimmt einem ein wenig von der Angst, zu stürzen.

Ich kletterte weiter. Plötzlich nahm die mittägliche Hitze ab. Die Sonne wurde von einer schwarzen Wolke umhüllt, die ohne Warnung hinter der Kalotte des El Cap aufgetaucht war. Mich erwischte es in T-Shirt und einer kurzen Hose. Bald würde ein Gewitter niedergehen.

Gewitter und Stürme sind am El Cap selten. Aber wenn sie kommen, verheißen sie nichts Gutes. Im Lauf der Jahre sind einige Kletterer in Unwettern gestorben, andere mussten gerettet werden. Manchmal kam die Rettung in letzter Minute. Die Mischung aus Regen, Eis und Schnee führt zu Unterkühlung und Apathie.

Mir war klar, dass ich anfällig war. Meine Sturmkleider – die wasserdichten Kleider und die Fleecejacke – waren unten am Stand im Haulbag. Ich musste mich beeilen, die Seillänge zu Ende zu bringen und wieder abzuseilen, bevor die Schleusen des Himmels sich öffneten.

In den meisten Routen kann man an jeder Stelle abseilen. Dazu bindet man einfach das Seil an mehreren Sicherungen fest. Aber hier gab es weit und breit nichts, dem man hätte vertrauen können. Ich musste weitermachen. Zum Glück konnte ich den Stand etwa fünf Meter über mir sehen. Die Bohrhaken versprachen Sicherheit und eine schnelle Rückkehr zum Haulbag. Ich konnte einfach das Sicherungsseil einhängen und an einem der Nachziehseile abseilen.

Jetzt nur noch zum Stand, sagte ich zu mir selbst. Denk einfach nicht an das Gewitter. Konzentriere dich auf die Kletterei.

Als ich kurz unter den Bohrhaken war, war der Himmel beinahe schwarz wie die Nacht. In der Wand hörte man Rufe. Seilschaften, die noch weit unten waren, seilten in aller Eile zum Boden ab. Jene weiter oben bauten die Portaledges auf und zogen die Regenzelte darüber, machten alles fest für den erwarteten Sturm.

Die ersten Hagelkörner trafen mich, als ich die Bohrhaken einhängte, prasselten auf mich herunter, sammelten sich auf den Schultern, prallten vom Helm ab. Wasser lief über den Rücken herunter. Innerhalb von Sekunden spürte ich, wie meine Körpertemperatur sank. Ich machte weite, übertriebene Bewegungen, beanspruchte meine Muskeln, damit sie Wärme erzeugten. So schnell wie möglich baute ich den Stand. Ich durfte keine Sekunde verlieren, auch keinen Fehler machen. Gänsehaut überzog meinen Körper, der sich gegen die Kälte wehrte. Es war, als sei ich nackt. Ich hängte die Karabiner ein, knotete die Seile daran. Jeder Fehler, jede Fehleinschätzung hätte fatal sein können. In weniger als einer Minute war das Sicherungsseil fest, das ich am nächsten Tag zum Hochsteigen brauchte. Auch das rote und das gelbe Nachziehseil waren bereit. Meine Flucht zur Sicherheit des Portaledges und der Regenkleidung begann. Als ich das Abseilgerät ins gelbe Seil hängte, plagten Kältekrämpfe meinen Körper. Die Muskeln der Hände waren steif, die Finger gefühllos. Ich wusste, dass es nicht mehr lange ging, bis ich die Bewegungsfähigkeit verlor. Das wäre es dann gewesen.

Ich hängte das Abseilgerät ins gelbe Seil, prüfte es innerhalb eines Augenblicks mehrmals, hängte mich dann vom Stand aus und überließ mein Leben dem Seil. Wenn ich nach unten schaute, sah ich es in einer Galaxie von Hagelkörnern und herumwirbelndem Nebel verschwinden. Der Stand war außer Sicht.

Du schaffst es.

Ich seilte ab. Die ersten Meter gingen langsam, dann wurde die Fahrt immer schneller. Ich hätte mich vielleicht in beide Seile hängen sollen, um die Sicherheit zu erhöhen.

Jetzt ist es zu spät, mach weiter!

Die Wand war überhängend, der untere Stand befand sich weit links von mir. So hing ich auf gleicher Höhe draußen in der Luft. Mit einer Prusikschlinge blockierte ich das Abseilgerät und zog mich am Seil zur Wand. Jeder Handgriff hätte mich näher zum Stand und zur Regenkleidung bringen sollen. Aber jedes Mal, wenn ich das Seil einzog, holte ich Schlappseil aus dem Sack für die Seile. Ich kam mir vor, als müsste ich endlos ziehen. Die Szene mutete komisch an. Zumindest wurde mir vom Ziehen ein wenig warm.

Es war klar, dass ich zuerst alles Seil aus dem Sack ziehen musste, bevor sich das Ende, das mit einem Karabiner am Stand festgemacht war, spannte. Ich zog weiter und weiter, während meine Körpertemperatur schnell sank. Endlich war das Seil gespannt, ich konnte mich näher ziehen.

Je näher ich kam, desto schwieriger war das Ziehen. Als ich fast am Stand war, löste sich das Seil, und ich pendelte ins Leere zurück.

Zu meinem Entsetzen sah ich das Ende des Seiles aus dem Sack schlüpfen und in die Luft fallen.

Ich hatte vergessen, das Ende des Nachziehseiles in den Stand einzuhängen.

Ich hatte keine Angst, nur die Gewissheit, dass ich nun wieder nach oben jümarn und am zweiten Seil abseilen musste.

Hast du deine Jümars am Stand vergessen?

Hast du das andere Seil überhaupt festgebunden?

Noch so ein Fehler, und ich war tot.

Meine Hände fuhren auf die Rückseite des Gurtes und fühlten erleichtert die eigentümliche Form der beiden Petzl Jümars. Ich ergriff sie mit verkrampften, kaum beweglichen Händen. Mein Körper begann vor Unterkühlung zu zittern. Ich hängte die Jümars ein und stieg wieder am Seil auf. Der erste Donner erschütterte die Wand.

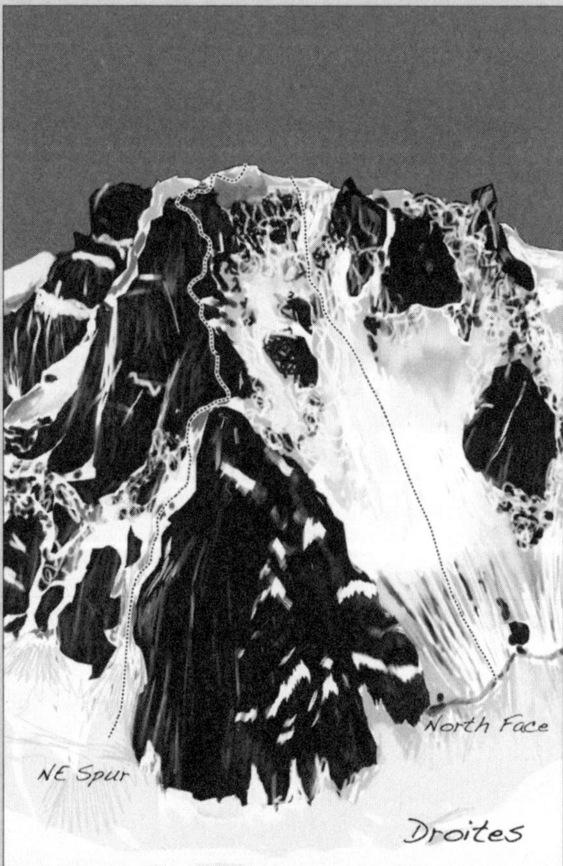

Nordostpfeiler der Droites: «Vielleicht waren wir ja schon vor Tagen gestorben, und das hier war unsere senkrechte Hölle. Hunger, Durst und eine Route, die niemals aufhörte.»

Chamonix, Frankreich. Februar 1997

Das letzte Mal

Drei einfache Worte waren es, die aus meinem Traum in die Dunkelheit des Raumes schlüpften. Drei einfache Worte, die die Nacht befleckten: «Bitte geh nicht». Sie hingen in der kalten Luft wie ein Appell, gleich einem Ultimatum, bis ich sie mit dem Öffnen der Augen wegwischen konnte. Dann war nur das Heulen des Windes durch das zerbrochene Fenster zu hören und Richs unruhiges Atmen. Ich bewegte meine Augen wie ein Blinder, konnte nichts sehen als die langsam verblassenden Bilder meines Traumes.

Ich steckte die Hände wieder unter die vielen Decken, von denen jede so dick und muffig war wie ein alter Militärmantel, den man zehn oder zwanzig Jahre nicht gewaschen hatte. Sie erinnerten mich an das Haus meiner Großmutter mit seinen winzigen Schlafzimmern und den dicken, aufgeschichteten Decken. Es war, als würde man nicht zu Bett gebracht, sondern begraben. Ich dachte an ihre dicken Hände. An ihre Dickköpfigkeit, wie sie uns sagte, jeder müsse sein eigenes Leben leben. Sie war vor zehn Jahren gestorben, und ich versuchte mir vorzustellen, wie ich sie zuletzt gesehen hatte: in einem Krankenhausbett sitzend, mit einer schlecht gesetzten Infusion, aus der Blut und Flüssigkeit auf den Arm rann. Es ist eine Schande, dass wir so unwürdig sterben müssen.

Der Traum und die drei Worte kamen in der Dunkelheit wieder zu mir zurück wie ein Geist, der durch eine Wand steigt.

Ich ließ die Hände über meinen Körper gleiten, öffnete die Fleecejacke, um die nun warme Haut zu spüren. Mein Körper fühlte sich anders an. Er hatte sich so schnell verändert, war die letzten Tage unter der dicken Winterkleidung unsichtbar gewesen, sodass ich ihn gar nicht als einen Teil von mir wahrnahm. Ich hatte keine Zeit gehabt, mich an mich selbst zu gewöhnen. Ich spürte mein Brustbein, die Rippen, ließ die Hände über den flachen, rumpelnden Bauch fahren, zum Schamknochen und hinunter bis zu den Unterhosen. Es war erotisch, als fühlte man den Körper eines anderen Menschen. Beruhigend.

Ich schloss die Augen und versuchte mich daran zu erinnern, was diese Veränderung ausgelöst hatte. Mein Gedächtnis füllte sich mit Bildern, und die drei Worte wurden verdrängt.

Ich stand am Eingang – beladen mit einer Müdigkeit, die so schwer und überwältigend war, dass nur meine guten Manieren mich davon abhielten, mit dem Gesicht flach auf den Boden zu fallen. Rich wankte weiter zum Ende des Tisches, vor Erleichterung lachend, vier besorgte französische Tourenskifahrer um sich herum. Wir sahen aus, als ob wir gerade aus der Hölle herausgestiegen wären – zerschlissen, zerschunden und abgemagert, während die Skifahrer gut genährt, gesund und erstaunt zuschauten, wie wir mitten aus der Winternacht in die Hütte stolperten. Ich stützte mich an die Wand und atmete die Wärme der Hütte ein. Ein paar schmutzige Kerzen beleuchteten das Innere. In der Ecke kochte auf einem Kohleofen Wasser in einem Topf. Käse, Brot, Würste, alles, wovon wir in den letzten fünf Tagen geträumt hatten, war über den Tisch verteilt. Der Geruch von Essen, Holz und Kohle, vermischt mit der heißen, feuchten Luft machte mich schwindlig. Im Winter gibt es keinen Geruch in den Bergen.

Ein großer Skifahrer trat lächelnd auf mich zu, nahm mir den Rucksack ab und reichte uns eine Tasse mit Wasser. Wir blickten in unsere Tassen, konnten es kaum begreifen und getrauten uns nicht zu trinken. Es war wahr. Die Skifahrer setzten sich wieder und schauten uns zu. Unsere Gesichter waren wund und hohlwangig, und unsere abgearbeiteten, halberfrorenen Hände zitterten sichtlich. Sie warteten, dass wir von unserer Tour erzählten.

In dieser Nacht wachte ich mehrmals auf, bis ins Herz erschrocken und eine panische Angst im Kopf. Dann legte ich mich wieder hin und lauschte dem Geräusch des Windes draußen. Rich atmete tief, das Blut pochte in meinen Schläfen, und ich sagte mir, dass alles in Ordnung war, dass wir es geschafft hatten. Ich schloss die Augen und dachte daran, wie es war, nach Chamonix zurückzukommen, nach Sheffield, nach Hause. Wie es war, neben meiner Frau zu liegen, die Wärme und Herzlichkeit von jemandem zu spüren, der mich für immer neben sich haben wollte.

In meinem Traum befanden wir uns im Schlafzimmer, die Sonne schickt ihr Licht durch die gelben Vorhänge auf die ozeanfarbenen Wände. Meine Hände halten sie umschlungen, ihre roten Locken berühren mein Gesicht. Sie umarmt mich fest, als ob sie mich für immer halten möchte. Ich flüsterte ihr ein Versprechen ins Ohr: «Es wird das letzte Mal sein, Mandy, das letzte Mal.»

Dann änderte sich mein Traum. Ich öffne die Augen und bin wieder zurück auf dem Pfeiler, dicht an Richs erfrorenen Körper gedrängt, den heulenden Wind um mich herum und umgeben von den dichten schwarzen Wolken, die mich zu Stein werden lassen ...

Angstschweiß steht auf meiner Stirn, als ich aufwache. Ich höre dem Wind zu, der um die Hütte pfeift.

Ich wusste, dass sie sich Sorgen machte. Wir waren einige Tage zu spät dran. Aber alles würde wieder gut sein, wenn wir unten ankamen. So wie immer.

Mandys Mutter starb, als sie fünf war. Ihr Vater und die Familie hatten sie schon lange vor dem Tod nicht mehr zur Mutter gelassen, in der Hoffnung, dass der Verlust dadurch weniger niederschmetternd und traumatisch wäre. Sie sagte mir, dass sie sich überhaupt nicht mehr an ihre Mutter erinnern kann, nur noch an den Verlust. Sie sagte mir auch, dass sie nicht noch einmal jemanden verlieren konnte, der ihr so nahe stand.

Wir lagen zusammen im Bett, das letzte Mal, bevor ich in die Alpen fuhr. Sie fragte mich, was ich vorhätte, warum ich gehen wollte. Sie sorgte sich um mich. Sie hasste es. Wenn ich sie liebte, warum tat ich ihr es dann an? Ich wusste, welche Schmerzen sie litt, aber ich musste trotzdem gehen. Ohne das hatte ich nichts. Sie hatte mir das Versprechen abgerungen, kein Risiko einzugehen. Wir wussten beide, dass es eine Lüge war.

Während ich mit Rich in der Hütte liege, froh, dass wir noch leben, ist sie alleine zu Hause und ängstigt sich, dass ich tot sein könnte. Ich dachte an all die anderen Male. Nach dem Frendopfeiler vor einem Jahr sah sie, dass ich nicht schlafen konnte, dass ich mich am Wecker festklammerte, als versuchte ich, mich an sein Leitungskabel zu binden. Ich träumte, ich sei zurück auf dem Pfeiler. Sie nahm mir den Wecker ab, fand ihn am Morgen aber wieder fest in meinen Händen.

«Du wirst verrückt, Andy. Was passiert mit dir dort oben?»

«Nichts.»

Später, als sie neben mir im Bad saß, erzählte ich ihr alles über die Route, betrachtete meine angefrorenen Finger. Ich vergaß, dass ich Rücksicht nehmen sollte, und sagte die Wahrheit, sprach von der Beinahe-Katastrophe und dem Beinahe-Tod: Anstatt mich beeindruckt mit offenem Mund anzusehen, hatte sie Tränen in den Augen.

Heute hielt sie es nicht mehr aus zu Hause und suchte die Nummer meiner Freunde in Chamonix heraus.

«Ist Andy da?»

«Hallo, Andy ist noch nicht zurück.» Sie hatten keine Ahnung, wer da anrief und warum.

«Ich bin Mandy. Andys Frau.»

«Machen Sie sich keine Sorgen», sagte die Stimme. Sie sagte weiter, das Wetter sei gut, es habe keine Rettungen gegeben. Die Route sei schwer und lang, aber sicher. «Ich rufe Sie morgen zurück, versprochen», beruhigte er sie.

Alles war von Anfang an schiefgelaufen. Ich hatte meine Sachen für den Eiger gepackt und wollte eine Winterbegehung versuchen. Das war ein unmögliches Unterfangen, ich hatte ja erst eine einzige Route in den Alpen geklettert. Aber in den Monaten nach dem Frendopfeiler hatte ich die Erfahrungen verdaut und weiterentwickelt. Die Rückschläge, Erfolge und Fehler gingen so lange in meinem Kopf herum, bis ich tatsächlich glaubte, dass ich Anfänger in einem einzigen Schritt ein Held der Eiger-Nordwand werden könnte. Der Frendo war nichts als eine Vorstufe gewesen. Ein Jahr trainierte ich, fuhr Fahrrad, rannte, kletterte, testete das Material und sah mich selbst in der Weißen Spinne, im Hinterstoißer-Quergang oder über die Göttertraverse steigen.

Aaron kletterte nicht mehr, aber in diesem Sommer traf ich Paul Tattersall, der, obwohl er zehn Jahre älter war, genauso besessen vom Klettern war wie ich. Er arbeitete als Aushilfe im Bergsportladen und sparte für eine Bigwallexpedition nach Grönland. Er war ein kletternder Archetyp, ein freier Geist, hatte keine feste Adresse, nur einen Haufen Kletterzeug. Er reiste herum und kletterte mit seiner deutschen Freundin Angela, die er in Spanien kennengelernt hatte, wo er einige Zeit in einer Höhle gelebt hatte. Am Fels war er Weltklasse, kletterte Routen solo hinauf und hinunter, die ich nicht einmal im Toprope schaffte. Manchmal hatte er dabei viel zu große Schuhe an oder solche mit großen Löchern. Wir kletterten ein paar Mal zusammen. Ich hatte damit zu kämpfen, meine Routen zu führen und dann seine nachzusteigen. Paul wollte Bergführer werden. Dazu brauchte er noch mehr alpine Erfahrung. So beschlossen wir, im Winter in die Alpen zu fahren. Den Eiger wählten wir, weil ich wusste, dass Paul die Fähigkeit hatte, ihn zu schaffen, und ich den Ehrgeiz.

In diesem Sommer und Herbst dachte ich an fast nichts anderes.

Je näher die Reise kam, desto nervöser wurde ich. Ich dachte an die Wand und was alles schiefgehen konnte. Jedes Mal beruhigte ich mich damit, dass Paul dabei war und wir es schafften. Die Vorstellung, dass ich die Route klettern würde und mit dem Erfolg in der Tasche nach Hause käme, benebelte mich.

Dann, eine Woche vor der Abfahrt, bekam ich einen Anruf von Angela. Sie sagte, Paul habe eine Art Entzündung am Herz, die Ärzte hätten gesagt, er dürfe auf keinen Fall Sport treiben. Es gelang mir, traurige Geräusche zu machen und mitleidig zu wirken, aber alles, was ich denken konnte, während sie erklärte, wie schlecht es ihm ging, war, wie ich in der kurzen Zeit einen Ersatz finden würde. Bevor sie Zeit hatte, den Hörer aufzulegen, war ich bereits dabei, die Nummer eines neuen Partners zu wählen.

Ich hatte Rich nur einmal vor der Tour getroffen, als ich nach der Arbeit zum Kinder Scout, dem höchsten Berg – oder sagen wir besser, Hügel – von Derbyshire, ging, um im Schnee zu klettern. An diesem Abend war ich zusammen mit Rich und Jon, meinem Vermieter, in einem kleinen Auto zusammengequetscht gesessen und über die verschneite Straße hinaufgefahren. Wir kletterten die ganze Nacht durch und kamen am nächsten Morgen gerade richtig zur Arbeit zurück.

Rich war gleich alt wie ich, strahlte jedoch Ruhe und Selbstvertrauen aus. Er war groß und hatte die Figur eines Schrankes. Er studierte an der Universität in Leeds. Drei Jahre hatte er immer schwierigere Routen geklettert, sowohl in Schottland als auch in den Alpen. Letzten Sommer war er von einer respektablen Expedition zum Ogre in Pakistan zurückgekehrt. Er hatte viel mehr Erfahrung als ich, aber wir waren in dieser

Nacht gut zurecht gekommen, als wir in der Dunkelheit Stände teilten und die Spur traten. Deswegen wählte ich als Erstes Richs Nummer.

Außerdem war er der Einzige, der in den nächsten Tagen aufbrechen konnte.

Rüber aufs Festland fuhren wir in einem Bus, den wir von meinem Freund Pete ausliehen – einem Gemüsehändler. Statt mit Bananen und Orangen war das Fahrzeug mit Kletterern und Skifahrern vollgestopft.

Den Eiger hatten wir in die Warteliste gesetzt, deswegen ging die Reise nach Chamonix. Dort brauchten wir ein neues Ziel. Ich blätterte durch die Führer und bekam schon Panik, dass wir zu wenig Zeit für eine meiner Traumrouten hatten.

«Warum versuchen wir nicht den Nordostpfeiler an den Droites?», fragte Rich. Seine hochgezogenen Augenbrauen und weit offenen Augen verrieten, dass sogar ein so erfahrener Mann wie er diese Route als großes Ziel betrachtete. Ich durchforstete mein Gehirn nach Informationen über die Tour. Da war das Bild der tausend Meter hohen Wand auf der Rückseite des Führers. Der gigantisch schöne Pfeiler in der Mitte, steil und schwer, eine ordentliche Leistung im Sommer, ein Hammer im Winter. Ich erinnerte mich an ein Bild in Doug Scotts Buch, auf dem Aid Burgess auf den Spitzen seiner Steigeisen auf einem Eisfleck im Pfeiler stand. Das Bild war mir im Gedächtnis geblieben, es erregte Schwindel beim bloßen Anblick. Ich versuchte mir vorzustellen, wie man so viele Tage in einer so langen und anhaltend schwierigen Route verbringen konnte. Sie war so anspruchsvoll wie die Eiger-Nordwand, und der Frendopfeiler verkam im Vergleich dazu zu einem Fahrradweg. Mein Verstand war ganz benommen von der Möglichkeit, bald einzusteigen. Ich war überzeugt, dass ich es mit Rich als Partner schaffen konnte, wusste aber nicht, dass Rich unter der gleichen Fehleinschätzung von mir litt.

«Der Scheißkocher ist im Scheißarsch!», sagte Rich und fummelte am Gashahn herum. Die Flamme, nicht größer als ein Streichholz kurz vor dem Ausgehen, blieb unverändert. Damit konnte man keinen Schnee schmelzen. Wir saßen in unseren dicken Schlafsäcken und sahen uns an. Es war der zweite Tag in der Route.

Als wir aufbrachen, hofften wir, die Route in zwei Tagen abzuhaken. Aber die Kletterei war viel schwieriger, als wir erwartet hatten. Einmal traute ich mich nicht weiter und überließ Rich den Vorstieg. Es war zu schwierig, zu gefährlich für mich. Eine Seillänge höher fand ich mich in einer ähnlichen Situation wieder, aber kämpfte mich durch. Ich wollte neben einem so starken Partner nicht schwach aussehen. Es war die härteste Kletterei meines Lebens.

Erst als wir die kleine Schneescharte erreichten, die sich etwa auf einem Drittel Wandhöhe befand, überkam uns Zufriedenheit. Der Wetterbericht war gut, wir fühlten uns stark, ich war davon überzeugt, dass wir es schaffen konnten. Aber jetzt, mit einem kaputten Kocher, war der Traum vorüber. Uns blieb nur übrig, abzuseilen und zu hoffen, dass wir noch einmal ein Wetterfenster erwischten und es ein zweites Mal probieren konnten.

«Scheißding, Scheißding, Scheißding», sagte Rich. Er drehte an den Schrauben und schüttelte den Kocher.

«Wenn wir schnell genug klettern, können wir den Rest der Route an einem Tag schaffen und auf der anderen Seite zur Hütte absteigen», sagte ich. Beide sahen wir hinauf auf die riesige Masse an schwarzem Fels, die sich über uns aufbaute.

Der Nordostpfeiler ist berüchtigt dafür, dass er mit zunehmender Höhe schwerer wird, die Schlüsselstelle ist kurz vor dem Gipfel. Heute war einer meiner härtesten Klettertage gewesen, aber der morgige würde ihn sicher übertrumpfen. Jetzt weiterzumachen, ohne jede Möglichkeit, Schnee zu schmelzen, um etwas zu trinken oder zu essen, war verrückt. Ja, es war leicht, sich selbst zu überzeugen, dass wir es schaffen konnten. Das blinde Selbstvertrauen der Jugend war auf unserer Seite. So kletterten wir weiter.

Als ich zwei Tage später in einem schneegefüllten Kamin steckte und mich Zentimeter für Zentimeter nach oben grub, wurde uns unser Leichtsinn erst richtig bewusst. Weniger als einen halben Liter hatte ich in den letzten drei Tagen getrunken. Ich fühlte, wie mein Körper schrumpfte, Stunde um Stunde. Zum Glück war die Kletterei viel zu anstrengend und zu gefährlich gewesen, als dass wir uns um solche einfachen Dinge kümmern konnten. Nur beim Sichern erinnerten wir uns, in welcher aussichtslosen Lage wir eigentlich waren, ganz oben in der riesigen Nordwand, mitten im Winter, zu hoch, um abzuseilen, und vielleicht ohne die Kräfte, um zum Gipfel zu kommen. Nach Hilfe zu rufen, war nicht die britische Art. Wir wussten nicht, ob wir die Reserven hatten, um es durchzustehen, und so kletterten wir um unser Leben.

Das Gefühl, so ausgesetzt und auf sich selbst gestellt zu sein, machte mir gleichzeitig Angst und Freude. Es war das größte Abenteuer meines Lebens. Es gab in diesem Moment nichts außer Rich und mir.

Nur an den Ständen, schon nahe des Gipfels dieser großen Nordwand im Winter, konnten wir uns mit unserer absurden Lage befassen. Wir schlugen die Hände zusammen, um die Durchblutung aufrechtzuerhalten, sorgten uns um unsere erfrorenen Zehen und Frankenstein-Füße, die kalt wie Eis waren. Wir hofften, sie würden wieder warm werden, wenn wir uns bewegten. Als ich dort stand, den Kopf in den Nacken legte und beobachtete, wie Rich langsam vorstieg, wurde mir deutlich bewusst, was für ein winziger Fleck ich hier war: nicht mehr als ein Stück Flechte an einem riesigen Grabstein. Wie irregeführt war ich doch gewesen, um von solchen Quälereien zu träumen.

Komisch in den engen Kamin verklemmt, schlug ich das Eisgerät verzweifelt über meinem Kopf ein und atmete für einen Augenblick erleichtert auf, als es in einem Schneeklumpen von der Größe eines Fernsehers stecken blieb. Aber als ich mich daran ausruhen und ein paar Zentimeter hochziehen wollte, rutschte das Eisgerät durch, und der Block aus Firn kam mir entgegen. Er zerbrach auf meinem Kopf, meine Füße rutschten, ein Steigeisen bohrte sich in die Rückseite des Beins. Schnee rieselte über mich nach unten. Irgendwie hielt ich mich fest.

Ich sah keuchend nach unten und bemerkte, wie langsam sich unter mir ein roter Fleck ausbreitete. Es dauerte eine Weile, bis ich verstand, dass es mein Blut war, das warm wie mein Körper aufs Eis tropfte, wo es schnell abkühlte und gefror. Ich dachte damals nicht über die Schönheit von Rot auf Weiß nach, über Warm und Kalt, Lebendig und Tot. Alles, an was ich dachte, war, wie köstlich ein Schluck dieses halbflüssigen Schnees sein musste.

Ich arbeitete mich ein Stück höher, dort, wo der Schneepfropf gesteckt hatte, bis mein Kopf wiederum gegen eine Schneebarrikade stieß.

Vorsichtig spreizte ich die Füße aus und schlug und hackte den Block entzwei, bis er zerbrach und herunterfiel. Fast hätte er mich mitgerissen. Meine Steigeisen kreischten, als ich rutschte, doch dann hielten sie.

Ich fragte mich, wo mein Mut und meine Kraft herkamen.

Kurz unter dem Ausstieg des Kamins hielt ich mich an einer großen, losen Granitschuppe fest, die ähnlich wie das versteinerte Ohr eines Riesen aussah, das den Weg versperrte. Sie verschob sich mit einem kalten, beängstigend knirschenden Geräusch im Riss und klemmte mich fest. Ich vergaß, dass ich müde war, und schaffte es, mich zu befreien. Die Schuppe hievte ich über meine Schulter und schleuderte sie in die Tiefe.

Erst als sie in der Tiefe zersprang, wurde mir bewusst, dass sie die Seile oder Rich hätte treffen können.

Ich hing dort und sah nach unten. Mit Erleichterung bemerkte ich, dass Rich und die Seile noch ganz waren. Mein Kopf dröhnte von der Dehydration, mein Bauch war hart und schmerzte vor Hunger. Für einen Moment befiel mich Hoffnungslosigkeit, ein Gefühl von bitterer Verzweiflung. Ich fragte mich, woher und wie ich die Energie holen konnte, um bis zum Gipfel durchzuhalten. Es schien, als lebte ich von Sekunde zu Sekunde, ohne die Energie, um mehr als das Herz schlagen zu lassen. Meine Gedanken konnten sich nicht damit befassen, wie die nächste Seillänge war oder was der nächste Tag brachte oder was mir mein Leben danach bescheren würde. Mit Mühe gelang es mir, die verschiedenen Momente des Handelns zusammenzufügen.

Zwei Stunden später und eine Seillänge höher wachte ich blind und verängstigt auf, als ein Stück Eis von oben auf meinen Helm prallte. Es war dunkel und kalt, und ich fühlte mich wie ein Betrunkener, als ich versuchte, mit meinen dicken Handschuhen an der Stirnlampe zu drehen, um Licht zu haben. Ich war an drei Messerhaken festgebunden, aufgehängt in einem Kamin über der schwarzen Leere. Dann hörte ich Rich hoch über mir, im Dunkeln keuchend, wie er langsam einen steilen Eisstreifen hinaufstieg. Seine einzige Sicherung war ein schlecht sitzender Klemmkeil in einem vereisten Riss zwischen uns. Ich erinnerte mich, wo ich war, und prüfte, ob ich das Seil auch festhielt, an dem Rich gesichert war.

Ich ließ den Kegel meiner Stirnlampe nach oben gleiten. Rich schrie irgendetwas, und ich nahm an, dass er zu einem Stand gekommen war. Ich hoffte, dass dies die letzte schwierige Seillänge gewesen war. Also schlug ich zwei der Haken heraus und wartete, bis das Seil straffgezogen wurde, bevor ich den letzten entfernte.

Dann hörte ich seine Stimme wieder, diesmal klarer:

«Gib acht, Andy, ich kann jeden Moment stürzen.»

Ich drehte die Lampe wieder ab und schloss meine Augen.

Später in der Nacht schafften wir es endlich, vom Pfeiler auf einen langen, verwechteten Grat auszuweichen. Er führte zur Nordwand und schließlich zum Gipfel. So schön der Moment der Erleichterung war, so groß war die Enttäuschung, als ich mich mit einem Alptraum von Schnee konfrontiert sah. Doch wir mussten dort hoch. Schlechter Schnee auf schlechtem Eis. Windgepresst. Mit den Armen bis zu den Achseln vergraben und mit rutschenden Füßen stieg ich weiter. Und ich wusste jeden Moment, dass Rich unten am Stand vor Dunkelheit und Müdigkeit wahrscheinlich eingeschlafen war. Ich wusste, dass ich keine Energie mehr hatte, aber die Flamme brannte weiter, und ich kämpfte mich nach oben.

Erst nach Mitternacht fanden wir einen Biwakplatz, an dem wir liegen konnten. Unendlich langsam hackten wir auf einem Schneegrat herum, bis wir genug Platz hatten. Trotz aller Bemühungen hingen unsere Füße auf den Seiten hinunter. Wir krochen in unsere gefrorenen Schlafsäcke und lagen zitternd da; zu hungrig zum Schlafen, zu müde zum Sprechen. Der Gedanke, dass ich im Gritstone klettern ging, mitten im Sommer, der feine Geruch des Heidekrauts, meine Lieblingsroute, die runden Formen des Felsens und seine Textur, all das brachte etwas Erleichterung.

Ich wachte mit den Geräuschen des Winds und meines flatternden, gefrorenen Biwaksacks auf. Ich setzte mich auf und zog den Biwaksack von meinem Gesicht. Es war hell, aber der Himmel war grau und bedeckt. Schwarze Wolken füllten die Täler. Wind und Sturm kochten über die höchsten Berge. Als ich nach Osten sah, blieb mein Herz stehen. Eine riesige Front von schlechtem Wetter näherte sich von Italien her wie damals am Frendopfeiler. Hier oben am Berg, in unserem schlechten Zustand, würde uns der Sturm sofort umbringen.

«Wach auf, Rich», rief ich, «wir müssen verdammt noch mal hier raus!»

Wie verrückt stopften wir alle unsere Sachen in die Rucksäcke und fingen sofort an, weiterzuklettern. Plötzlich hatten wir vergessen, dass wir Hunger und Durst hatten. Es ging ums nackte Überleben.

Unbemerkt hatte sich das Gelände geändert, während wir in der Nacht hochgeklettert waren. Der Pfeiler legte sich zurück, über die Hänge konnte man in wenigen Stunden zum Gipfel gelangen. Nach so langer Zeit in der Route konnte man kaum glauben, dass es so etwas überhaupt gab.

Wir bewegten uns so schnell wie möglich, blieben jedoch langsam, beinahe apathisch. Wir waren so erschöpft, dass es leicht hätte sein können, dass wir einen Fehler machten und die ganze Wand hinunterstürzten. Vom Grat aus querten wir in die Nordwand, die eintausend Meter unter uns abfiel. Das steile Eisgelände ließ unsere Waden schmerzen. Auf dem halben Weg der Traverse sank Rich über seinen Eisgeräten zusammen und ließ den Kopf in den Schnee fallen.

«Ich kann nicht mehr. Ich kann nicht mehr ... Ich brauche Wasser, nur einen Schluck», sagte er. Zum ersten Mal, seit ich ihn kannte, zeigte er ein Anzeichen von Schwäche. Ich wusste nicht, was ich tun sollte. Erst als ich am Seil zog, stand Rich wieder auf. Er blickte langsam zu mir hoch, schüttelte den Kopf, schleppte sich dann weiter.

Der Gipfel war eine Fata Morgana, die nicht näher kommen wollte. Wir stiegen weiter und weiter. Vielleicht waren wir ja schon vor Tagen gestorben, und das hier war unsere senkrechte Hölle. Hunger, Durst und eine Route, die niemals aufhörte.

Schließlich kam ich an einem seltsamen Stück von gelbem Eis vorbei. Eine Halluzination? Gefrorene Pisse! Wir waren auf die normale Nordwandroute gestoßen. Ich drehte mich um und rief Rich die gute Neuigkeit zu. Er grinste amüsiert. Bergsteiger pissen erst dann, wenn die Schwierigkeiten vorbei sind und man entspannen kann. Der Gipfel musste nah sein.

Wir kletterten weiter. Das Eis wurde von tiefem Schnee abgelöst, der Schnee von windgepressten Krusten, die unter mir abbrachen und ins Leere fielen, und dann … nichts.

Mit einem qualvollen, trockenen Keuchen ließ ich mich auf dem Gipfel in den Schnee fallen. Rich kam grinsend nach, voll neuer Energie. Genug, um uns von diesem Berg herunterzubringen. Jetzt erst glaubte ich, dass wir es schaffen konnten. Wir schüttelten uns die Hände, klopften uns gegenseitig auf den Rücken, setzten uns hin, genossen es, dass es kein «Hinauf» mehr gab, nur noch ein «Hinunter».

Um uns herum stand das gewaltige Mont-Blanc-Massiv wie eine Panoramapostkarte. Rich zeigte aufs weit entfernte Matterhorn, und wir sprachen davon, dass wir bald dort klettern würden. Dann saßen wir nur noch still da. Wir wussten, dass wir endlich abseilen mussten, aber wir zögerten den Moment hinaus, in dem wir diese Pyramide aus Schnee verlassen mussten. Der Frendopfeiler hatte mir sehr viel bedeutet. Jeden Tag hatte ich an ihn gedacht, seit ich den Gipfel erreicht hatte. Nun hatte sich meine Welt geändert. Dies war meine zweite alpine Route und mein erster, echter Gipfel. Als ich zehn Meter unter ihm war, hätte ich um alles auf der Welt gewettet, dass ich nie wieder auf einen Berg steigen würde. Jetzt war alles anders. Alle Gipfel luden mich ein.

In der Hütte lag ich und hörte dem Wind von draußen zu. Rich atmete schwer, er hatte einen Alptraum. Bald würde es hell sein.

Geh runter, ruf sie an, sag ihr, es geht dir gut. Sag ihr, dass es das letzte Mal war, dass du sie durch diese Schmerzen gejagt hast.

Das Telefon läutet. Ein Fremder antwortet. Es dauert eine Weile, bis ich es schaffe, dass sie ans Telefon kommt. Sie ist anders als sonst, stärker. Ich fange an zu weinen, aber sie bleibt bei ihrer Meinung.

«Es ist aus», sagt sie, «es war das letzte Mal.»

«Geh nicht, bitte …», höre ich mich sagen. Aber sie ist weg.

Ich wache erschrocken auf. Mein Herz schlägt bis zum Zerspringen. Ich habe wieder geträumt. Der Schatten der Grandes Jorasses liegt dunkel vor uns. Bald wird es dämmern.

Wieder lege ich mich hin und höre dem Wind zu.

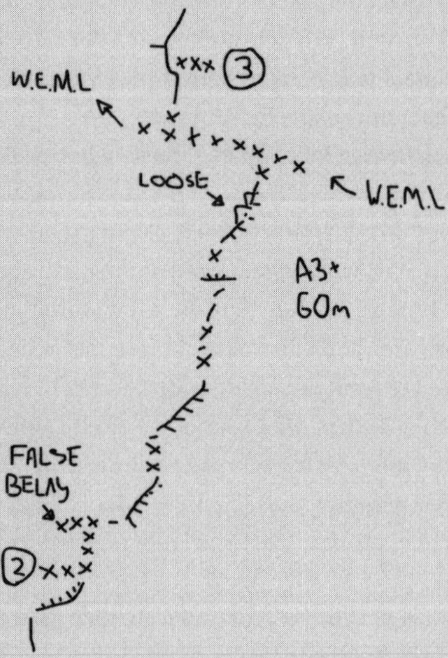

3
W.E.M.L
LOOSE
W.E.M.L
A3+
60m
FALSE
BELAY
2

Seillänge Nr. 3 Reticent Wall

Schwarze Stiche

Der Sturm tobte die ganze Nacht.
Ich war am Leben.

Ich wusste, dass ich tot hätte sein können. Erfroren am Ende des Haulseiles hängend.

Ich lag in meinem warmen Schlafsack auf dem Portaledge. Das Regenzelt war gut festgezurrt. Der Hagel trommelte auf diese zweite Haut. Ich wusste, ich hatte Glück gehabt.

Am Morgen kroch ich aus meinem Nest wie ein Seemann aus dem Mastkorb. Mein Zuhause, das an zwei Bohrhaken hing, war ein im Sturm zusammengeschustertes Schiffswrack aus Seilen, Säcken und Kletterzeug. Ich fand einen Sack mit Bagels und Käse, kroch wieder in den Schlafsack und wartete auf die Sonne, die die Kühle nach dem Unwetter vertrieb.

Von jetzt an würde ich jede Nacht in diesem Bett verbringen. Den Gurt konnte ich erst wieder ausziehen, wenn ich am Gipfel war. Ich schlief, kletterte und lebte im Gurt. Selbst wenn ich aufs Klo ging, musste ich ihn anbehalten.

Ich aß einen Bagel und dachte darüber nach, wie nah ich am vorigen Tag am Unterkühlungstod vorbeigeschrammt war. Ich hätte sterben können.

Ich dachte über all jene Vorfälle nach, in denen der Tod nahe war: Lawinen, Stürze, Spalten, Steinschlag. Und wie jedes Mal alles gut ausgegangen war, sodass man die Erfahrung später mit einem Achselzucken von sich abschütteln konnte.

Vielleicht sorgte es mich, dass es nur zwei Möglichkeiten gab, wie es gestern hätte ausgehen können: entweder Schwarz oder Weiß, entweder der Stand und das Leben oder das Seilende und der Tod. Zuerst hätte ich die Bewegungsfähigkeit in den Gliedern verloren, dann wäre die Körperkerntemperatur so weit gesunken, bis ich das Bewusstsein verloren hätte und kopfüber im Gurt gehangen wäre. Der Vorfall von gestern war nicht besser oder schlimmer als Erlebnisse, die ich zuvor gehabt hatte. Aber dieses Mal war ich ganz allein. Ich war ein Opfer meiner eigenen Inkompetenz, aber auch mein eigener Retter.

Daran musste ich noch arbeiten. Und das ging am besten, wenn ich meine Energie und meine Gedanken nicht damit verschwendete,

Zweifel und Ängste zu nähren. Ich musste einen kühlen Kopf bewahren, rational denken. Wahrscheinlich war ich noch zwei Wochen in der Route. Da gab es unzählige Möglichkeiten, Fehler zu machen, die mir das Leben kosten konnten. Vermutlich hatte ich beim nächsten Mal keine zweite Chance.

Die Sonne kam näher. Ich setzte mich im Schlafsack auf und wärmte meine schmerzenden Muskeln auf. Mein Nacken war steif, der Bizeps geschwollen. Es war schon lange her, seit ich mich so verausgabt hatte. Wie würde es mir in einer Woche gehen? Konnten mein Geist und mein Körper das durchhalten?

Meine Fingerspitzen sahen schon ziemlich mitgenommen aus, die Fingernägel waren zerkratzt und lösten sich an den Rändern schmerzhaft aus dem Bett. Ich trug fingerlose Handschuhe, um meine Hände zu schützen. Aber was man auch immer tat, die Finger bekamen alles ab, insbesondere den Hammer. Ich hatte auch einige Mückenstiche von meinem Aufenthalt im Camp 4, die alarmierend schwarz geworden waren. Ich dachte eine Minute lang nach, ob ich eine Blutvergiftung bekommen hatte und jetzt auf meinem Portaledge langsam an einer Sepsis stürbe. Eine Rettung käme wahrscheinlich zu spät. Dann schlug ich mir diese pessimistische Vorstellung aus dem Kopf. Die Angst vor dem Sterben ist vermutlich schlimmer als das Sterben selbst. Wenn ich eine Blutvergiftung hatte, hatte ich eine Blutvergiftung. Ich musste mich erst darum kümmern, wenn es tatsächlich der Fall war.

Ich ließ meine Beine über das Ledge ins Leere baumeln. Es ging etwa vierhundert Meter in die Tiefe. Unten konnte ich Leute herumlaufen sehen. Manche trugen Haulbags zum Fuß der Wand. Meine Anwesenheit entging ihrer Aufmerksamkeit.

Ich sah nach oben und versuchte, den nächsten Stand ausfindig zu machen. Alles, was ich sah, war blanker Fels. Aber ich wusste, irgendwo dort mussten Bohrhaken zu finden sein.

Bohrhaken sind zwölf Millimeter starke Stahlstifte, an deren Ende eine Platte zum Einhängen der Karabiner geschraubt ist. Sie sind Inseln der Sicherheit in einer Welt, die sonst von Angst und Beklemmung beherrscht wird.

Egal in welcher Route man ist, man vertraut darauf, dass man selbst, der Partner, vielleicht noch zwei oder drei andere Kletterer und die monströsen Haulbags, die mehrere hundert Kilo wiegen, dass all dies zusammen an zwei Stahlstiften hängt, die nicht dicker und länger sind als ein kleiner Finger. Solche Bohrhaken sind das einzige wirklich Sichere in einer Route wie der Reticent. Sie versichern dir, dass, auch wenn alles Material in einer Seillänge ausrisse und man über 120 Meter fiele, doch wenigstens der Stand hielte.

Die Zahl der Bohrhaken, die jemand bei einer Erstbegehung verwendet, gilt oft als Indikator dafür, wie mutig der Erstbegeher war. Die meisten Kletterer werden, wenn sie hoch über dem Stand an furchtbar schlechten Haken hängen und sich mit der Gefahr eines tödlichen Sturzes konfrontiert sehen, irgendwann zum Bohrmeissel greifen und einen Bohrhaken setzen, als Sicherung mitten in der Seillänge, oder sie platzieren gar zwei Bohrhaken, machen einen Stand, beenden die Seillänge früh. In der Reticent Wall gibt es nur ganz wenige gebohrte Löcher, die Stände sind weit voneinander entfernt. Die Erstbegeher hatten ihre psychischen Energien und ihre körperliche Stärke bis zum absoluten Maximum ausgereizt. Das Ergebnis waren Seillängen, die scheinbar endlos waren, oft länger als ein Standardseil von sechzig Metern. Die psychische Belastung wuchs mit jedem Meter Kletterei, bis der Vorsteiger ein zitterndes Wrack war und betete, er möge einen Stand finden, bevor er durchdrehte.

Die Sonne war nur noch fünfzehn Meter von mir entfernt, deswegen zog ich mir mit großer Sorgfalt die Schuhe an, ich durfte keinen verlieren. Dann kamen die Knieschützer, der Helm und die Lederhandschuhe. Das Material war steif vor Kälte, ich musste es sozusagen zurück ins Leben biegen. Ich zog mich hoch und stand nun auf dem wackeligen Portaledge, der dünne Stoffbezug hielt mich über dem Abgrund. Ich zog meinen Brustgurt fest, an dem das ganze Material festgemacht wurde: Klemmkeile, Haken, Klemmgeräte, Hooks, Copperheads. Mit jedem Karabiner wurde ich schwerer. Dann kamen die Seile, die an den Stand gebunden waren, von dem ich am Vorabend die Flucht nach unten antrat. Auch sie richtete ich für die nächste Seillänge her. Als Letztes zerlegte ich das Portaledge, räumte den Schlafsack in den Haulbag. Für alles gab es einen eigenen Sack zum Verstauen, für jeden Sack die vorgesehene Stelle im Haulbag. Endlich war ich so weit.

Die Sonne war schon sechzig Meter unter mir. Es wurde allmählich heiß. Ich klippte die Jümars ins Seil und stieg nach oben, zurück zum Stand, wo ich die Säcke hochziehen und dann die nächste Seillänge beginnen würde.

Ich konnte die Standhaken noch immer nicht sehen.

Mein Gehirn dröhnte, mein Kopf fühlte sich an, als würde er kochen. Ich nahm den letzten Schluck Wasser aus dem Beutel auf meinem Rücken. Es war heiß. Körniger Granitstaub und Schweiß bedeckten mein Gesicht, brannten mir in den Augen, brannten auch in den Rissen der Finger, wenn ich mir das Gesicht abwischte. Ich konnte die Wand schmecken und meine Angst.

Ich war schon vier Stunden geklettert. Die Wand war so glatt wie keine andere, die ich je bestiegen hatte: wie poliert, fast makellos. Die einzige Struktur, an der man klettern konnte, war eine Spur von winzigen geologischen Schwachstellen: ein Stück Schorf aus Eisen, ein Kristall, der aus der Wand ragte; ein Käntchen von der Größe eines Fingernagels. Die Stellen zeigten sich immer erst dann, wenn man direkt dran war, oft erst mit ausgestreckten Armen am Ende meiner Reichweite. Die Route musste von verdammten Riesen erstbegangen worden sein!

Ich hing an einem einzigen Hook: ein paar Millimeter gehärteter Stahl auf einem winzigen Kristall, der aus der Wand ragte. Die letzte Sicherung war einige Meter unter mir, mein Seil baumelte im Wind, der Karabiner bewegte sich blinkend mit. Wenn ich jetzt Mist baute, machte ich den größten Sturz meines Lebens. Ich würde in die Luft fallen. Ich würde keinen Kontakt zur Wand haben. Diese Gedanken brachten etwas Erleichterung.

Den Hook nannte man einen zugefeilten Leeper. Er war von einem Kletterer namens Ed Leeper erfunden worden, irgendwann in den Sechzigerjahren. Auch heute noch gehört er zu den besten Hooks. Ich betrachtete ihn, immer noch erstaunt darüber, dass so ein kleines Stück Metall das Körpergewicht halten konnte. Ich wusste, dass

Leeper früher Raketeningenieur war, der nebenher Klettermaterial produzierte. Dieser Hook war von Hand in seiner Schmiede in Colorado gemacht worden. Es war ein Werk in minimalistischer Kunst. An den gruseligsten Placements wiederholte ich oft die Worte «Leeper war Raketeningenieur, Leeper war Raketeningenieur». Aus irgendeinem Grund half mir dieses Mantra.

Ich hing schon fünfzehn Minuten am Hook und hatte versucht, irgendetwas zu finden, um weiterzukommen. Zum wiederholten Mal stieg ich in den Leitern hoch, besessen von der Angst, den Leeper-Hook wegzuziehen. Je glatter der Fels war, desto höher musste ich in den Leitern stehen, je höher ich stand, desto unsicherer fühlte ich mich, je unsicherer und höher ich war, desto größer war die Gefahr eines Sturzes. Wenn man so nahe an einem Sturz ist, dann fühlt man sich, als falle man schon, als spüre man die Wucht wie auf einer Achterbahn, die einem den Magen umdreht. Ich fühlte die höhnische Anziehungskraft der Tiefe.

Ich versuchte es noch einmal, stieg in den Stufen der Leitern hoch, bis der Hook bei meinen Knien war. Meine verschwitzten Hände suchten den Fels ab. Meine Bauchmuskeln waren hart vor Anspannung, während ich mich mit der anderen Hand am Hook festklammerte. Jedes Gramm meines Körpers arbeitete darauf hin, einen Sturz zu vermeiden.

Es muss doch etwas geben.

Meine Fingerspitzen strichen über eine Kante, die so breit war wie ein Zahn.

Zu klein. Es muss noch etwas anderes geben.

Ich versuchte, ruhig zu bleiben und gleichmäßig zu atmen. Mit ausgestrecktem Körper suchte ich weiter, nach einer winzigen Unebenheit oder einem mikroskopisch kleinen Schüppchen.

Nichts.

Ich zog mein zweites Paar Leitern hoch und hängte sie an einen Black-Diamond-Hook, dessen Spitze ich für die kleinsten Kanten angefeilt hatte. Ich hängte die Daisy Chain und eine Leiter in den Hook, prüfte noch einmal nach, ob er optimal lag. Es war nicht leicht, weil ich die Kante nicht sehen, sondern nur fühlen konnte; ich war wie blind. Der Hook saß. Ich vermied jede unnötige Bewegung, die ihn

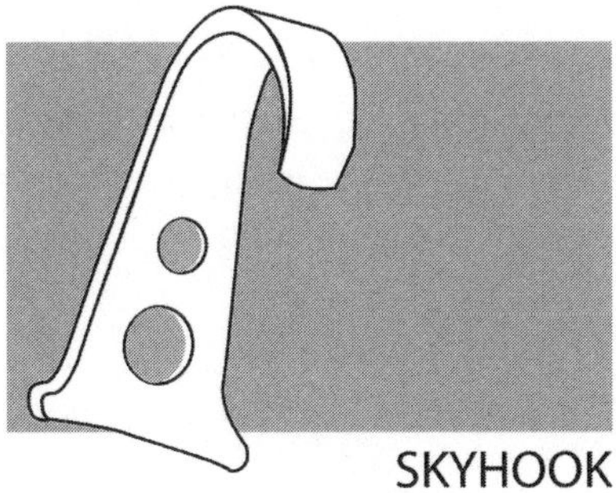

SKYHOOK

zur Seite hätte schieben können, und kroch in den Leitern wieder nach unten. Dort sammelte ich meine mentalen Kräfte zum Test.

Du musst ruhiger werden. Denke rational, handle automatisch, teste den Hook!

Wenn man sich in einer harten Aid-Kletterei befindet, wo ein Sturz unbedingt zu vermeiden ist, gibt es nur eine Methode, die einigermaßen Sicherheit verspricht: jedes Stück Material sorgfältig zu testen. Ich lebte nach dieser Regel. Egal wie schlecht, wie instabil etwas ist, man muss es testen. Wenn man es mit dem Körpergewicht testete, wenn man daran noch etwas wippte, zunächst leicht, dann stärker – dann wusste man, dass das Placement einen halten konnte – die Hilfe war natürlich mehr psychologischer als physischer Art.

Ich übertrug das Gewicht langsam, Gramm für Gramm, auf den Black-Diamond-Hook. Er bewegte sich leicht. Meine linke Hand hielt sich am Leeper-Hook weiter unten fest, meine Füße hoben sich um einen Zentimeter von den Leitern. Ich beobachtete, wie der Hook sich verbog, wackelte, doch hielt. Falls er abgerutscht wäre, hätte ich noch den Leeper gehabt.

Das muss das Placement sein.

Ich traute ihm nicht. Ich dachte an die anderen Kletterer, die hier hochgestiegen waren. Ich versuchte mir vorzustellen, wie es ihnen gegangen war, was sie gefühlt hatten.

Hatten sie so viel Angst wie ich?

Ich sah dem Seil entlang nach unten. Es schlug mit den Aufwinden gegen den Fels. Die Angst vor einem Sturz stieg mir säuerlich in der Kehle hoch.

Das muss das Placement sein. Teste es noch einmal, steige dann hoch.

Ich begann es noch einmal zu testen. Dabei zählte ich die Stöße, die ich dem Hook durch das Wippen verpasste.

Eins.

Zwei.

Drei.

Mein Körper fügte dem Hook immer härtere Stöße zu.

Vier.

Fünf.

Sechs.

Sieben.

Ich zog stärker. Ich wollte, dass der Hook nicht hielt. Ich brauchte eine Ausrede, um ihm nicht zu vertrauen.

Acht.

Neun.

Zehn.

Der Hook hielt.

Elf...

PIIIIIIIINNNNNNNNGGGGGG!

Der Hook sprang von der Kante und krachte auf meinen Helm. Ich stürzte zurück in den Leeper-Hook. Instinktiv griff ich mich mit der Hand, versuchte den Sturz auf den Hook zu bremsen, meine Füße schrammten mit einem Ruck zurück in die Leitern.

Ich fiel!

Ich japste hilflos, aber meine Seele schrie.

Der Monstersturz kam nicht. Ich hing am Leeper-Hook.

Beruhige dich, du bist nicht gestürzt.

Ich hängte mich wieder am Hook ein und versuchte, meine Gedanken zu sammeln.

Ich dachte an einen Freund, der viele schwere und gefährliche Felsrouten gemacht hatte. Wenn man ihn fragte, wie man mit Angst umgehen sollte, war sein Rat immer: «Stell dir einfach vor, du wärst jemand anderes.» Das war die beste Gelegenheit, um auszuprobieren, ob es half. Aber es funktionierte nicht.

Ich zog mich hoch und suchte noch einmal nach einem besseren Käntchen oder einer kleinen Schuppe. Ich streckte mich, so weit ich nur konnte. Aber ich fand nichts, nur das Käntchen, das ich schon ausprobiert hatte. Mein Kopf schmerzte. Ich wollte, dass alles schon vorbei wäre.

Konzentriere dich. Sei nicht fahrig. Wenn du stürzt, musst du alles wieder hochklettern und jeden Zug noch einmal wiederholen.

Blind setzte ich den Black-Diamond-Hook wieder auf die gleiche Stelle und begann mit einer zweiten Runde von Teststößen. Er hielt. Ich testete ihn noch einmal, zählte die Stöße. Zehn. Zwanzig. Dreißig. Weiter und weiter, bis ich keine Ausrede mehr hatte.

Es gab jetzt keinen Weg zurück. Ich musste mich dem Hook anvertrauen.

Mach weiter.

Mit angehaltenem Atem stieg ich hinüber in die Leitern. Es fühlte sich an, als würde mein Herz zittern.

Mach weiter, mach weiter.

Aus Versehen berührte ich den Leeper Hook mit meinen Füßen. Er löste sich von der Stelle und fiel in die Luft.

Jetzt war ich komplett ausgeliefert.

Kein Zurück.

Ich hing, unfähig, mich zu bewegen, wartete angespannt auf den Sturz meines Lebens. Ich hatte das Gefühl, die kleinste Bewegung könnte die feine Balance zwischen Stahl und Fels stören. Mein ganzes Gewicht, meine ganze Zukunft hing nun von einem Quadratmillimeter ab. Es überstieg meine Vorstellung, wie dieser Millimeter so stark sein konnte, wie das Gestein dieses enorme, auf einen Punkt konzentrierte Gewicht aushielt.

Für zehn Minuten hing ich so, bewegte mich nicht. Jede Sekunde davon gab mir Hoffnung.

Schwerer als das hier kann es nicht werden.

Mit der Langsamkeit eines Bomben-Entschärfers begann ich, in den Leitern hochzusteigen. Die Bänder strafften und bewegten sich. Mit den Augen verließ ich die Spitze des Hooks nie: Sie war der Fluchtpunkt meiner Hoffnungen und Ängste.

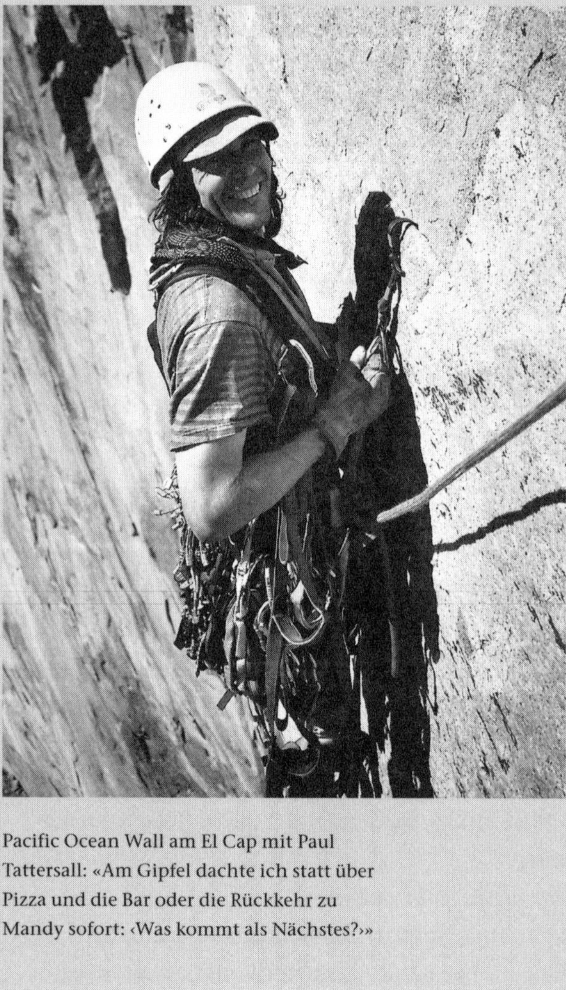

Pacific Ocean Wall am El Cap mit Paul Tattersall: «Am Gipfel dachte ich statt über Pizza und die Bar oder die Rückkehr zu Mandy sofort: ‹Was kommt als Nächstes?›»

Chamonix, Frankreich. Januar 1998

Das Feuer

Ich kauerte alleine unter dem Bergschrund und wartete. Der Lichtschein meiner Stirnlampe wanderte nach oben, ich studierte die Welle aus Eis über mir und fragte mich, wie viel sie wohl wog. Sie sah aus wie ein arktischer Tsunami, der eingefroren dort hing. Ich sah hinunter in die Dunkelheit und schätzte die Breite der Spalte ab, über die ich springen musste, bevor ich überhaupt anfangen konnte. Ich zitterte. Mir war kalt.

Ich saß auf meinem Rucksack und wartete. Die Nacht neigte sich dem Ende zu. Langsam wurde der Schnee grau, die Berge um mich herum sichtbar.

Ich blickte hinunter in den Bergschrund und versuchte, mir nicht vorzustellen, was es hieß, dort hineinzufallen. Man war gefangen zwischen Fels und Eis, bedeckt von herabrieselndem Schnee, die Arme und Beine vom Sturz verdreht und ausgerenkt.

Niemand wusste, dass ich hier war.

Es war nicht gut, über den Tod nachzudenken. Nicht jetzt. Ich zitterte wieder. Ich ließ den Kopf sinken, zog die Schultern ein, versuchte mich ein wenig zu wärmen. Dann sah ich, wie in der Ferne die Berge aufleuchteten wie Kerzen. So, sagte ich mir, jetzt ist es Zeit zu gehen, jetzt steigst du ein.

Ich stand auf. Meine Beine fühlten sich müde, obwohl ich noch nicht einmal losgeklettert war. Wieder richtete ich die Stirnlampe nach oben und war froh über die überhängende obere Lippe des Bergschrundes. Sie verdeckte die Wand. Ich hatte fürchterliche Angst.

Ich nahm meine beiden Eisgeräte und hängte ein drittes an den Gurt, falls eines brach. Dann klippte ich mich ans Seil, das ich hinter mir herziehen wollte. Es lag schon auf dem Boden bereit.

Jetzt war es hell genug, die Stirnlampe auszuschalten.

Es war hell genug, zu starten.

Alles war vorbereitet.

Ich dachte ans Sterben.

Ich dachte an ihn.

Ich dachte daran, wie er fiel.

Ich traf Thierry zum ersten Mal an einem eisigen Wintermorgen hoch oben im Dru-Couloir. Es war erst ein paar Tage nachdem Rich und ich wankend und vollkommen fertig vom Nordostpfeiler der Droites zurückgekommen waren. Obwohl wir noch lange nicht erholt waren, rissen uns die guten Bedingungen in einem der besten Extremklassiker in Chamonix wieder hoch. Wir konnten nicht widerstehen.

Wir blieben unserer Form treu und waren langsam. Schon beim Zustieg durch den tiefen Schnee kamen wir ins Ächzen und Stöhnen. Die Route selbst: eine 800 Meter hohe, gruselige Riesenrutsche aus hartem, blauem Eis, die sich durch die Nordwand geschnitten hatte. Die Dru gehört zu den bekanntesten Bergen der Welt, ein Wolkenkratzer aus Fels, der über der Ortschaft Chamonix thront. In ihren Wänden gibt es keine leichten Routen, keine einfachen Abstiege. Im Winter auf die Dru zu klettern, stellt selbst die Besten auf die Probe, und das Dru-Couloir, das einst eine der schwierigsten Eisrouten auf dem Planeten war, ist selten in guten Verhältnissen.

Als wir die Wärme der Seilbahnstation verließen und in die kalte Nacht traten, bereute ich meinen Ehrgeiz, der mich hierher getrieben hatte. Ich vermisste den Luxus der Mietwohnung, das warme Bad, das Leben ohne Gurt. Auch der tief sitzende Hunger war noch nicht gestillt. Die Kälte schmerzte meinen Körper, der fassungslos und ungläubig darauf reagierte, dass ich ihn so schnell wieder an einen unwirtlichen Ort brachte. Wir kletterten zu dritt: Ich, Rich und ein Freund namens Steve Mayers. Ich erinnere mich daran, dass es komisch war, Steve dabei zu haben. Er war einer der stärksten und wagemutigsten Felskletterer Großbritanniens, aber er erschien meinen noch sehr unerfahrenen Augen wie ein alpiner Anfänger. Ich vergaß wohl, dass ich selbst erst meine dritte Route anging. Es war leicht verrückt, zuerst den riesigen Sprung von gar nichts zum Frendopfeiler zu wagen, dann den noch größeren Schritt zum Droites-Nordostpfeiler und jetzt das hier. Ich fragte mich, ob ich nicht einfach viel Glück gehabt hatte. Wie hatte ich so viel Mut für diese schreckenerregende und nervenaufreibende Steigerung gefunden? Ich sah mich doch selbst als Schwächling, sowohl körperlich als auch geistig, ängstlich und nutzlos, fast noch als Kind. Aber doch gab es da tief in mir etwas, das mich nach vorne trieb. Aber was?

Die Route hatte mit einem Wettrennen angefangen. Aus der abklingenden Nacht waren zwei Franzosen aufgetaucht und hatten uns kurz vor dem Bergschrund überholt, gerade als Rich das Frühstück wieder von sich gab. Wir mussten unter den beiden klettern und waren einem ständigen Hagel aus Eisstückchen und Schnee ausgesetzt, den die beiden dort oben loshackten. Dann wurden sie durch eine überhängende Barriere aus Fels gebremst, über die man technisch klettern musste. Als sie über der Fünfzig-Meter-Wand verschwunden waren, kletterte ich ihnen hinterher, zog mich an den rostigen Haken hoch, die von der Kälte wie zusammengeschrumpft aussahen und sich unter meinem Gewicht bogen. Rich und Steve waren unter mir an einem Stand festgebunden und feuerten mich an, damit ich schnell machte und wir die Route vor dem Einbruch der Nacht zu Ende bringen konnten.

Die Kletterei war langsam und psychisch anspruchsvoll. Dazu kam noch, dass ich mich entschieden hatte, mit meinem Rucksack und den Steigeisen zu klettern, anstatt sie hinterher aufzuziehen. Meine Welt bestand nur noch aus dem Haken, an dem ich hing, und vielleicht noch dem nächsten. Mein Herz klopfte bis zum Hals. Ich war nur ein paar Mal technisch geklettert, in einem Klettergarten bei Regen. Obwohl man es beim Sportklettern als «Betrügen» betrachtete, an den Haken zu ziehen, anstatt seinen Fingern und Zehen zu vertrauen, schien es enorm anstrengend und schrecklich gefährlich.

Ich hatte gerade ein Drittel der Barriere hinter mir, als meine Aufmerksamkeit von dem Haken, an dem ich hing, weggelenkt wurde. Von oben kamen warnende Rufe, dann ein panischer, schriller Schrei, der bluterstickt abbrach und vom Geräusch abbrechender Felsblöcke übertönt wurde. Es klang, als würde der Berg die Franzosen unter sich zermahlen. Dann sah ich einen Körper stürzen, zusammen mit mehreren Felsbrocken. Der Körper schlug auf einem Absatz auf und verschwand aus meiner Sicht. Der Felsen hingegen flog weiter, direkt auf mich zu. Ich war direkt in seiner Falllinie. Ich konnte mich nicht ducken, nicht auf die Seite bewegen, nichts machen. Ich war so gut wie tot. Der Stein würde mich wie ein Meteorit treffen und entzweischlagen. Ich sah nach oben, wusste, dass ich sterben musste. Meine Reaktion überraschte mich: keine Angst und keine Wut, kein Lebensfilm, der an mir vorüberzog, sondern nur tiefe Traurigkeit. Es war das gleiche Gefühl wie damals, als mein Vater nicht nach Hause gekommen war.

Der Felsen verfehlte mich um ein Haar. Einen oder zwei Zentimeter flog er an mir vorbei, schlug weiter unten in der Rinne auf. Das Gefühl verschwand.

Wir schrien uns zu, ich, Rich und Steve. Wir hatten Angst, jemand sei verletzt. Dann riefen wir zu den Franzosen hoch. Alles, was wir hörten, war Stöhnen.

«Klettere hoch und schau, ob alles in Ordnung ist», rief Rich.

Ich wollte nur noch nach unten. Mein Körper und mein Geist waren sich darüber einig, dass wir es letzte Woche ein bisschen zu weit getrieben hatten und dass es nun endlich reichte. Gleichzeitig wusste ich, dass ich mitten in einem Drama steckte. Es war meine Pflicht, hochzusteigen und den beiden zu helfen. Außerdem wollte ich die Route klettern.

Also stieg ich weiter.

Ein paar Minuten später erschien ein Hubschrauber und näherte sich langsam dem tief eingeschnittenen Couloir.

Wir saßen zu dritt auf einem kleinen Absatz, die Füße in den Rucksäcken, die Gurte an die Reste der Seile gebunden, die die Franzosen bei ihrer langen und gefährlichen Rettung hängen gelassen hatten. Ich schlief und wachte, schlief und wachte. Der Platz für meinen Hintern war nicht größer als ein Brotlaib, nur leider nicht so weich. Nach der Rettung waren wir am oberen Ende der Felsbarriere geblieben, um uns brach die Dämmerung herein. Die Schwärze des nächtlichen Couloirs verschlang nicht nur uns Kletterer, sondern selbst das Sternenlicht.

Mit der Morgendämmerung kam Thierry.

Er und sein Partner wohnten in Chamonix. Sie hatten keine Lust, die Nacht auf einem Berg zu verbringen, wenn die heimischen Betten so nahe waren. So beschlossen sie, in der Nacht zu klettern.

Zitternd und müde fühlte ich mich nach der schrecklichen Nacht am Berg. Ich schämte mich, so langsam zu sein, so schlecht, so unzulänglich; kurzum, so britisch, als er zum Stand hochkletterte, mit einem kurzen Grunzen an mir vorbeistieg und sich eine Zigarette drehte. Ich versuchte zu lächeln, in der Hoffnung, er könne sehen, dass ich vielleicht langsam war, aber trotzdem Spaß an der Sache hatte. Aber er konnte hinter mein aufgesetztes Lächeln blicken und fuhr fort, mich zu ignorieren. Ohne Zweifel verfluchte er uns stümperhafte Briten, die ihn mit ihren campingurlaubähnlichen Aktivitäten aufhielten. Damals war er für mich nur ein weiterer französischer Kletterer. Aber später, als ich zurückschaute, war ich beeindruckt von seinen Fähigkeiten und seiner Motivation: Er war in nur wenigen Stunden die Strecke hinaufgeklettert, für die wir den ganzen Tag gebraucht hatten. Er war in seinem Element, während wir uns an der Grenze des für uns Machbaren befanden. Als ich ihn betrachtete, wie er so dastand und eine Zigarette rauchte, in seinem Anzug aus Goretex, der über und über mit Sponsorenaufnähern bestückt war, überkam mich gleichzeitig Neid und Begeisterung. Ich konnte das Feuer in ihm sehen, ein Feuer, das ich selbst nicht besaß, aber das ihn immer weiter brachte, zu neuen Erfolgen und immer härteren Routen. Und ich – ich war ein Brite. Ich würde mein Leben lang mit Ach und Krach Routen klettern, die jeder Idiot hochkam. Routen, die erstbegangen worden waren, lange bevor ich überhaupt auf die Welt kam. Ja, ich sah es in seinen Augen – er war getrieben. Hungrig nach Erfolg. Er war ein Profi, und er glaubte an sich und seinen Weg.

Vielleicht hätte er lernen können, wie man Gitarre spielt. Dann hätte er eine Band gegründet und etwas getan, was ihm Spaß machte. Aber stattdessen nahm er sich zwei Eisgeräte und fing an, eine Nische für seine Existenz an den eisigen Bergen zu hacken.

Sein Partner kam außer Atem an. Er trug ihren einzigen, kleinen Rucksack. Dann waren die beiden fort, während wir uns aus dem Bett quälten.

Wir packten zusammen und folgten ihnen. Als der Tag fortschritt und die Kletterei schwieriger wurde, blieben wir ihnen auf den Fersen. An einer Stelle hielten sie an und begannen, eine Steilstufe technisch zu klettern. Steve überholte sie, indem er sich dort mit den Eisgeräten hochhookte und weit von der Sicherung wegstieg, während sie mühsam Haken für Haken anbrachten. Es kam eine Art Wettkampfstimmung auf, die Kletterei wurde zu einem Rennen. In der Nähe des Ausstiegs kam es fast zu handgreiflichen Auseinandersetzungen, als uns die Franzosen überzeugen wollten, dass wir sie vorlassen sollten. Sie sagten, wir wären zu langsam. Vielleicht waren wir es. Ich konnte erkennen, dass hinter der Fassade aus Goretex und jugendlicher Angeberei die gleiche Sorge über die Route herrschte wie bei uns. Sie wollten schnell zum Gipfel. Wir ließen sie vorbei. Durch das Eis, das sie von oben herunterfallen ließen, verminderte sich unser Tempo. Als ich sah, wie er in die schattige Düsternis kletterte, spürte ich, dass ich an einen Wendepunkt in meiner Kletterlaufbahn gekommen war, dass ich nun auch anfing, an mich selbst zu glauben, daran, dass alles möglich ist, wenn du nur willst. Und es ist alles möglich. Hatte ich das durch die Routen, die ich gemacht hatte, nicht bewiesen? Auf dem Papier war es unmöglich für einen Kletterer wie mich, sie zu bewältigen. Obwohl ich so wenig Selbstvertrauen hatte, gab es irgendwie, irgendwo in mir auch einen Glauben.

Abermals fiel die kalte Nacht über uns herein. Wir seilten von der Grand Dru ab. Ich fühlte etwas Heißes und Neues, das sich in mir bewegte.

Ein paar Monate später wachte ich im Schmutz des Camp 4 auf. Es war mein erstes Mal im Yosemite, überhaupt das erste Mal, dass ich über den Tellerrand der Alpen hinausschaute. Ich war mit Paul Tattersall dort, der von seinem Virus genesen war und Bigwalls klettern wollte. Nach meinem Kampf in der Techno-Länge im Dru-Couloir hatte ich beschlossen, dass ich alles lernen wollte, was man für schwere Routen brauchte: nicht nur das Freiklettern, sondern auch das technische Klettern, das Jümarn, das Hochziehen von Haulbags. Eben alles, was ich auch brauchen konnte, wenn ich wieder in den Alpen unterwegs war. Das war mein Ziel. Ich Anfänger wollte zurückkommen und nach drei Routen in den Alpen in die härtesten Wintertouren einsteigen.

Paul hatte den El Cap schon zweimal bestiegen. Ich fragte mich damals, warum er mit einem Anfänger zurückkam. Ich vermute, er sah die wilde Entschlossenheit in mir, das Ignorieren aller Umstände. Es war ein gutes Zeichen dafür, dass ich das Zeug für unsere gemeinsamen Ziele hatte.

Ich wachte auf. Ein Franzose schrie herum, dass jemand sein Essen aus den bärensicheren Boxen geklaut hatte. Er wollte wissen, wo sein

Brot, seine Butter und sein Käse geblieben waren. Seine Ecke in der bärensicheren Box aus Stahl war leer. Ich kroch aus dem Zelt und sah ihm zu, wie er sich aufregte. Wütend schnaubte er alle an, die verschlafen um ihn herumstanden. Ein verdreckter Kletterer aus Nordengland namens Di sagte ihm, dass ein Bär sich die Sachen geholt hätte. Das stimmte auch. Di war so betrunken gewesen, dass er die Box offen stehen gelassen hatte.

«Alles, was übrig ist, ist mein Kaffee», schrie der Franzose.

«Hey Junge», sagte Di und kratzte sich am Kopf, «Bären trinken keinen Kaffee.»

Ich erkannte den Franzosen sofort. Es war Thierry.

Wir waren vor ein paar Wochen angekommen und hatten uns mit Haut und Haar ins Klettern geworfen. Wir wollten das Maximum aus unseren kostbaren vier Wochen Ferien herausholen. Sofort stiegen wir ein. In fünf Tagen gelang uns das Shield, eine tausend Meter hohe Kletterei, wo jede Seillänge schwieriger ist als die vorige. Es war die perfekte Einführung ins Bigwallklettern, denn wir hatten überhaupt keine Ahnung davon. Unser erster Fehler war, dass unser Nachziehseil zu kurz war. Paul schaffte es nicht, zum ersten Stand zu kommen, weil das Seil nicht reichte. Weil wir nicht wegen eines so dummen Fehlers umdrehen wollten, band ich ein Stück Seil hinzu, das ich unter dem El Cap gefunden hatte. Obwohl wir nun immer über einen Knoten haulen mussten und von den anderen Teams erstaunte Blicke mit hochgezogenen Augenbrauen kassierten, konnten wir weitermachen. Der zweite Fehler war das Fehlen von Klopapier. Wir ersetzten es durch ein paar Fetzen Aluminiumklebeband, das wir ein Stück höher vorfanden. Jemand hatte versucht, eine scharfe Kante abzukleben. Es war zwar nicht ideal – die glatte Seite saugte nichts auf, die klebrige Seite verursachte Schmerzen –, Paul kam aber damit zurecht. Ich selbst ging nicht aufs Klo.

Unser ehrgeiziges Ziel verursachte Kopfzerbrechen. Die Route war nur ein einziges Mal geklettert worden, ohne Haken zu schlagen. So entschieden wir uns, einen Hammer mitzunehmen.

Dann fummelten wir aber mit schlecht sitzenden Klemmkeilen herum, wo man einen fetten Haken hätte reinhauen können. Statt die

Sicherung in solide Haken zu hängen, rauften wir uns weite Strecken an mäßig sitzenden Friends hoch. So ging es drei Tage.

Ich konnte es kaum glauben, dass ich am El Cap war. Ich saß auf einem Portaledge, stieg mit Jümars am Seil auf, haulte die Säcke hoch. Wir alberten herum, wenn wir abends auf dem Ledge saßen, müde und zufrieden, angefüllt mit den Eindrücken eines spannenden Klettertages. Wir lebten unseren Traum. Aber es war kein Traum. Es war der erste Teil eines Alptraumes.

Am vierten Tag wachten wir zu den Zeichen eines drohenden Sturmes auf. Ich stieg die Schlüsselseillänge vor, die sogenannten «Triple Cracks». Wir hofften, drei Seillängen zu schaffen und es uns auf einem großen Absatz gemütlich machen zu können, bevor das Unwetter richtig loslegte. Die Triple Cracks wurden 1972 von Charlie Porter erstbegangen. Es waren Risse so dünn wie Haare. Porter brauchte Dutzende von RURPS, jenen winzigen Messerhaken, die meist nicht tiefer als ein Fingernagel in den Fels drangen. Nun, Jahrzehnte später, waren die Risse mit tiefen Löchern übersät. Man konnte hier breite V-Haken schlagen, von denen man zuvor die Spitzen abschnitt. Dann saßen sie besser. Ohne diese Haken mussten wir uns mit Skyhooks und äußerst schlecht sitzenden Klemmgeräten begnügen. Immer wieder konnten wir altes, fixes Material klippen, zum Beispiel hineingedroschene Klemmkeile oder korrodierte Copperheads. Je weiter ich vorstieg, desto größer wurde meine Angst. Die schwindelerregende Tiefe saugte mir das letzte Vertrauen aus dem Körper. Dieser Teil der Wand war absolut glatt und überhängend. Unter sich hatte man nichts als siebenhundert Meter Luft. Ich bewegte mich absolut konzentriert. Egal wie viel Angst ich hatte, ich wusste, dass es an mir lag, hier hochzukommen, an niemandem sonst. Ich musste die Länge schaffen.

Dann, auf halbem Weg, ich hatte schon lange keine gute Sicherung mehr legen können, streckte ich mich weit zu einem kleinen fixen Copperhead. Den sicheren Friend, an dem ich hing, nahm ich heraus, weil ich davon ausging, dass ich ihn weiter oben noch mal brauchte.

Als ich so dahing, der Sturm das Seil unter mir nach links und rechts schlug, bemerkte ich plötzlich, dass etwas nicht stimmte. Eine unbeschreibliche Kälte überkam mich, die Haare standen mir zu Berge. Die

Drähte des Copperheads, die vor Jahren mit einer Aluminiumhülse zusammengepresst worden waren, brachen unter meinem Gewicht nacheinander durch, Stück für Stück. Ich war starr vor Angst. Der Horror vor dem mir bevorstehenden Sturz ist nicht mit Worten wiederzugeben.

Und dann fiel ich.

Es war der erste richtig weite Sturz in meinem Leben. Und er war richtig WEIT.

Ich fiel so lange, dass ich Zeit hatte, zu denken: *Scheiße, ich falle von einem Bigwall!*

Dann dehnte sich das Seil langsam, als ob es der liebe Gott selbst in die Hände genommen hätte. Ich hielt an und schaute in Pauls Augen, der geschockt am Stand hing und nicht glauben konnte, was für einen großen Satz sein Partner gemacht hatte.

«Gib mir die Haken», sagte ich.

Ein paar Tage nach dem Vorfall mit der Bärbox kam Thierry auf dem Campingplatz zu mir rüber. Ich sortierte gerade das Kletterzeug.

Er war klein und sah sehr französisch aus, die Sonnenbrille steckte in seinen Haaren. Er fragte, ob ich ihm Tipps für das Shield geben könnte. Er wollte die Route ohne Hammer klettern. Ich fragte ihn, was er sonst noch so vorhatte, und er erzählte, dass er «gekommen sei, um A5-Routen zu machen». Ich wusste, dass er mich nicht erkannte, aber warum sollte er das auch. Mein Gesicht war damals ja auch hinter einer Fleecemaske versteckt gewesen.

Er stand eine Weile herum und unterhielt sich mit Paul und mir. Er erzählte, dass er vor einigen Wochen am Moonflower Buttress am Mount Hunter in Alaska gescheitert war. Ein anderer Bergsteiger kam ums Leben. Ich fragte mich, ob der Fehlschlag in Alaska ihn zum Nachdenken gebracht hatte. Wie lange kann man daran glauben, dass alles möglich ist? Wie lange kann man den Bogen spannen, bis er bricht? Ich sah, dass das Feuer in ihm weiterbrannte, stark wie eh und je. Aber jetzt verstand ich, wie es ihm ging. Ich spürte diese Energie, die sich auch in mir entwickelte.

Das nächste Mal trafen wir uns unter einer Route namens Zenyatta Mondatta. Sie ist ein Hardcore-Klassiker am El Capitan, viele Legenden ranken sich um sie. Ein Solokletterer war vor ein paar Monaten gestorben, weil sein Seil bei einem Sturz über einer scharfen Kante durchgeschnitten wurde. Wir hatten eine Woche zuvor die Pacific Ocean Wall geklettert, eine steile und schwere Route, die an unserem Limit war. Am Gipfel dachte ich statt über Pizza und die Bar oder die Rückkehr zu Mandy sofort: «Was kommt als Nächstes?» Wir waren beide schon ziemlich fertig, aber ich wollte unbedingt eine mit A5 bewertete Route klettern, bevor wir heimflogen. Ich überredete Paul. Nur noch diese Route, dann nach Hause.

Ich saß auf dem Boden unter der ersten Seillänge und sicherte Paul. Die Länge war härter und ungesicherter als alles in der Pacific Ocean Wall. Thierry kam vorbei, nahm ein winziges Büschel Karabiner mit sechs Haken, zwei Hooks und drei Aliens aus dem Rucksack und ließ sich dazu herab, mich zu fragen, ob das «genug für A5» sei. Ich sagte, ja natürlich. Natürlich war es nicht genug, aber das verschwieg ich.

Wir saßen und beobachteten Paul. Die Angst, die ihm diese schwierige Seillänge und der mögliche Sturz auf den Boden bereiteten, schien sich durch das Seil zu mir nach unten zu übertragen.

«Ich habe dich schon mal getroffen», sagte ich zu Thierry, während ich den Kopf in den Nacken legte und Paul beobachteten, «letztes Jahr im Dru-Couloir.»

«Oh!», sagte er und sah überrascht aus.

Er fragte mich, ob ich im kommenden Winter wieder zurück nach Chamonix ginge. Als ich die Frage bejahte, fragte er mich, was für Routen ich klettern wollte. «Erstbegehungen», hörte ich mich selbst sagen. Ich beobachtete den Ausdruck auf seinem Gesicht. Dann glitt mein Blick wieder nach oben zu Paul.

Als Paul den Stand erreichte und die härteste Länge seines Lebens hinter sich hatte, sah er herunter und meinte nur: «Hol eine Gabel, stech sie in mich rein und dreh mich um. Ich bin durch, Andy. Ich bin fertig.» Und das war das Ende meines Traumes, meine erste A5 zu klettern.

Ein paar Monate später hörte ich, dass Thierry ebenfalls an Zenyatta Mondatta gescheitert war. Er hatte stattdessen das Shield im Alleingang gemacht.

Im kommenden Winter trafen wir uns wieder. Ich stromerte durch Chamonix, war nach zwei Fehlschlägen in den Bergen deprimiert. Ich hatte solche Hoffnungen für den Winter in mir getragen, konnte aber keinen Partner finden. Paul war mit den gleichen Träumen in die Alpen gekommen wie ich: große Wände an hohen Bergen, Mixedkletterei, Bigwallklettern an den höchsten Felsfluchten. Ich war davon überzeugt, dass uns nichts aufhalten konnte. Den ganzen Herbst hatte ich trainiert und Pläne geschmiedet. Die Firma Berghaus war von unserem Trip ins Yosemite angetan gewesen und hatte uns ein Paket mit Fleecejacken und Goretexanzügen für den Winter geschickt. Sie dachten wohl, dass wir in der Lage seien, etwas Beeindruckendes zu klettern.

Meine Träume lösten sich jedoch schnell in Nichts auf. Paul, der härteste Mann, den ich kannte, erklärte nach zwei Wochen und zwei Fehlschlägen, dass er die Arena des alpinen Winterbergsteigens verlassen würde, es sei «zu kalt, zu beängstigend und zu teuer». Ich wohnte in einer Gite mit einem Haufen Bergsteiger, aber keiner wollte etwas Größeres machen. Der bekannte Kletterer Andy Cave aus Sheffield wohnte auch dort, mit seiner Freundin Elaine. Er erholte sich vom Changabang, wo ihm vor ein paar Monaten Schreckliches passiert war. Sein Freund Brendan Murphy war umgekommen. Andy war ein ehemaliger Bergwerksarbeiter, der während eines Bergwerkstreiks angefangen hatte zu klettern. Sowohl Andy als auch Brendan waren meine Vorbilder gewesen, seit ich im Hitch and Hike das Magazin *Mountain Review* zu lesen anfing. Ich hatte erwartet, dass Andy ein krasser Typ war, immer zu allem bereit, so wie ich. Aber er war ganz anders, er schien zögerlich und abweisend zu sein. Ich war enttäuscht. Wolken legten sich über meine Leidenschaft, als ich sah, dass die Liebe dieses Mannes zu den großen, kalten Bergen vom Gewicht der Lawine zerstört wurde, die seinen Freund in den Tod gerissen hatte.

Eines Abends, als ich mich über mein Pech beschwerte, fragte mich jemand, ob es vielleicht daran lag, dass die Routen, die ich auswählte, zu schwer für mich waren. Die Worte trafen wie Schwerter in mein gut geschütztes Herz. Der Gedanke, dass sie die Wahrheit ausdrückten, überwältigte meine Illusion, wer und was ich war.

Wir schüttelten uns kurz und herzlos die Hände und fragten uns gegenseitig, was wir so gemacht hatten. Beide hingen wir in der Luft, waren ziemlich schlecht drauf. Das Wetter war schlecht: Regen im Tal, graue Wolkenschleier zwischen uns und unseren Träumen dort oben. Aber die Glut in unserem Innern gab es noch. In diesem Moment hätten wir uns zusammenfinden können, um eine Route gemeinsam zu machen. Wir hätten es machen sollen, wir wollten schließlich dasselbe: harte Routen klettern, herausragend sein, etwas Erstaunliches fertigbringen. Über uns selbst ins Staunen kommen.

Aber es geschah nicht. Ich mochte ihn nicht. Er war Konkurrenz.

Jeder kehrte mit seinen eigenen Plänen nach Hause.

In jener Nacht brach das Feuer wieder aus, geriet außer Kontrolle. Ich wälzte mich schlaflos im Bett. Bar jeden vernünftigen Gedankens stand ich auf und verließ das Haus früh am nächsten Morgen. Ich hinterließ einen Zettel, auf dem stand: «Konnte nicht schlafen. Gehe nach Chamonix. Bin heute Abend wieder da.»

Der Wind blies in die Glut, als ich ein paar Stunden später durch den tiefen Schnee zur Nordwand der Midi Plan watete, zur Fil à Plom, einem sechshundert Meter langen Eisschlauch links des Frendopfeilers. Das Feuer trieb mich weiter, zwei Wochen Untätigkeit hatten es angefacht, es knisterte und prasselte. Fast vom wilden Gesang meiner brennenden Seele erstickt, hörte ich im Hintergrund eine leise Stimme, die fragte, was ich machte, und für wen ich es tat. Ich dachte an Mandy, wie hoch die Gefahr war, dass ich abstürzte, dann aber wieder an die Worte «Sind diese Routen nicht zu schwer für dich?» Der Mangel an Selbstvertrauen tat weh, egal ob er von außen kam – von Lehrern, Vorgesetzten, Freunden – oder schlimmer noch, von innen. Es gab Scherben in meinem Herzen; eine Unzufriedenheit, die jeden Glauben an mich unterminierte. Egal was ich tat, egal wie gut es mir ging, sie würde da sein und mich wieder nach unten ziehen. Jetzt würde ich etwas unternehmen, das diese Unzufriedenheit für immer beseitigen konnte.

Ich begann zu klettern.

Rechtes Eisgerät. Linkes Eisgerät. Rechtes Steigeisen. Linkes Steigeisen.

Ich stieg hoch, Meter für Meter. Steiler und steiler. Kein Seil bremste mich. Keine Hoffnung gab es, falls ich stürzte.

Wie ich so an Höhe gewann, bemerkte ich Fußstapfen im Schnee, die zu einer nahe gelegenen Route führten. Ich fragte mich, ob ich vielleicht nicht alleine war.

Dann konzentrierte ich mich wieder auf das Eis.

Ich stieg weiter. Ich hoffte, je höher ich käme, desto gesünder würde ich. Aber erst als ich den Ausstieg der dunklen Nordwand erreichte und in der Sonne zusammensank, fühlte ich, wie Frieden und Kontrolle über mich kam.

Ich saß eine lange Weile so da, ein Fuß im Schatten der Wand, der andere in der Sonne. Ich dachte angestrengt darüber nach, was ich gemacht hatte, durch welche Emotionen ich gegangen war. Ich ging alle Fragen durch und wusste doch, dass ich nicht zu fragen brauchte.

Ich erinnerte mich an meinen Vater, der, mich immer beobachtend, zum ersten Mal in seinem Leben sagte, ich solle «vorsichtig sein», als ich wegfuhr. Vielleicht sah er in mir, was ich in Thierry gesehen hatte.

Einige Stunden später war ich zurück in Chamonix. Nun war ich groß und stolz. Ja, nun schaffte ich es, meine Minderwertigkeitsgefühle abzuschütteln, die mich untergraben hatten. Die Scherben waren weg. Ich hatte erkannt und durchdrungen, was mich antrieb. Ich spürte das Feuer in mir. Ich fühlte, dass ich nun alles kontrollieren konnte, dass alles möglich war.

Ich lief durch die Straßen und hoffte, auf Thierry zu treffen. Jetzt konnten wir zusammen eine Route klettern. Vielleicht akzeptierte ich jetzt, dass ich ihm ähnlich war. Im Patagonia-Laden hörte ich zufällig, wie zwei Leute über einen Unfall an der Midi Plan redeten. Dann sah ich, wie ein Hubschrauber an der Wand entlangstrich. Damals dachte ich, jemand hätte ihn losgeschickt, damit sie nach mir suchten.

Zwei Tage später stand ich unter der Nordwand der Droites.

Alleine.

Ich betrachtete die Wand, während die Sonne den Gletscher erreichte. Dort waren die beiden Felstürme im Nordostgrat. Wir waren erst vor einem Jahr dort hochgestiegen, dieses gigantische Eisfeld, darüber das Schloss aus Granit. Ich erinnerte mich daran, wie ich die Wand angeschaut hatte und mir das Unmögliche vorgestellt hatte: wie ich dort hochkletterte. Ich dachte an Dick Turnbull, der die Nordwand in den 80ern gemacht hatte. Doug Scott persönlich hatte ihn angerufen, um zu gratulieren. Und jetzt war ich hier. Nichts als meine Eisgeräte, eine Wasserflasche, die Geräte und die Steigeisen, ein Helm, ein einfaches Seil zum Abseilen auf der Rückseite des Berges. Tausend Meter Eis zwischen mir und dem Gipfel, auf dem ich vor einem Jahr gestanden war.

Ich dachte daran, was mich hierher gebracht hatte.

Ich dachte daran, was ich verlieren konnte.

Ich dachte daran, was ich gewinnen konnte.

Ich fühlte mich leer und verloren.

Mein Feuer war in der Nacht zuvor durch einen Anruf von meinem Freund Andy Parkin, einem in Chamonix lebenden Kletterer und Künstler, ausgelöscht worden. «Übrigens, hast du Thierry gekannt?», fragte er.

Er sagte nicht «kennst du?», sondern «hast du gekannt?». Das sagte alles. Er war abgestürzt, bei einem Alleingang in der Nordwand der Midi Plan.

Jetzt fühlte ich mich kalt, beängstigt vom Bergschrund, und wartete auf den richtigen Moment. Ich wollte spüren, wer ich war. Nach dem, was ich vor mir hatte, würde ich nie mehr derselbe sein.

Ich fragte mich, ob ich wirklich wusste, wo die Grenze war. Ob ich das Feuer unter Kontrolle hatte. Ich vergaß wohl, dass es nicht half, hier zu sein, um diese Frage zu beantworten. Ich wollte nicht, dass alles so kompliziert war. Ich wollte doch die Liebe spüren. Aber es war etwas anderes. Ich fragte mich, ob ich die Wand klettern konnte, ohne jemals irgendjemand davon zu erzählen. Mir selbst zu beweisen, dass ich es für mich und nur für mich tat, dass es keine andere Motivation gab.

Dann nahm ich ein Foto auf für meine Sponsoren und fing an zu klettern.

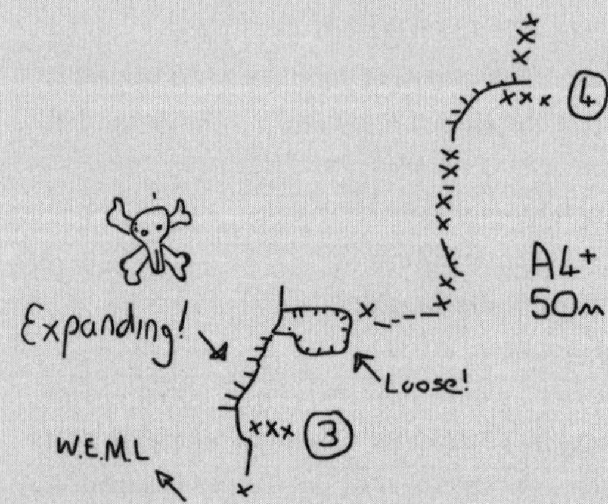

4
A4+
50m
Expanding!
Loose!
3
W.E.M.L

Seillänge Nr. 4 Reticent Wall

Expando

Die Seillänge begann wie alle anderen – direkt von meinem Bett aus. Eine seichte Verschneidung zog über mir mehrere Meter in die Höhe.

Ich stand auf den Rohren meines Portaledges und setzte das erste Teil des Puzzles – einen Messerhaken. Der Haken drang leicht in den Fels. Mit einem dumpfen Geräusch verschwand er. Der Fels hatte offensichtlich nachgegeben, sonst hätte der Haken die typischen, immer höher werdenden Klänge von sich gegeben, die man bei festem Felsen hört.

Expando.

Der Riss war ein Expando. So nennt man Risse in schlechtem Fels, die nicht stabil sind, sondern sich unter Belastung weiten. Elastische Risse sozusagen. Jedes Stück Material, das man dort anbringt, stemmt den Riss weiter auf. Wenn man die Sicherungen wieder herausnimmt, schnappt der Riss zurück. Das allein bereitete genügend Kopfzerbrechen. Die Grenze zwischen Expando und losem Fels ist schmal, besonders wenn der Riss durch eine Schuppe gebildet wird, die viele hundert Tonnen wiegt und unsicher über deinem Stand hängt.

Das Problem mit einem Expando-Riss ist, dass zwar die erste Sicherung dein Gewicht hält, aber herausfällt, wenn du das nächste Placement anbringst. Der Riss weitet sich dann noch mehr, die untere Sicherung sitzt nicht mehr richtig. Schon oft ist es vorgekommen, dass bei einem Sturz des Vorsteigers alle Sicherungen herauskamen, dass alle harte Arbeit zunichte gemacht wurde. Ganz oben konnte man den einsamen Haken sehen, den der Vorsteiger gerade in den Riss treiben wollte.

Die einzige Methode, wie man solches Terrain einigermaßen sicher klettern kann, ist, die Selbstsicherung in den Haken einzuhängen, den man schlagen möchte. Dann treibt man ihn mit wenigen, möglichst kräftigen Hammerschlägen in den Fels. Der Riss wird geweitet, die Sicherung drunter, an der man hängt, fällt heraus, aber man hängt am Haken, den man soeben angebracht hat. Natürlich ist das keine Wissenschaft, aber ein aufreibendes Spiel für die Nerven und die Konzentration. Als Kletterer geht man ans Limit des Materials und seiner eigenen mentalen Belastbarkeit. Ohne Zweifel ist es die gruseligste Technik, die es beim Bigwallklettern gibt. Aber es blieb mir nichts anderes übrig.

Ich hängte die Leitern in den ersten Haken und stieg hoch. Mit dem Gurt machte ich mich direkt am Haken fest, so konnte ich den nächsten Haken möglichst weit entfernt setzen. Mit einem zarten Klopfen befestigte ich den oberen Haken so, dass er gerade sein eigenes Gewicht hielt. Dann hängte ich meine Selbstsicherung ein, belastete sie aber nicht. Mit kräftigen, schnellen Schlägen sank der Haken in den Fels, während derjenige, an dem ich hing, mit jedem Schlag weiter zu rutschen begann. Aber beide hielten. Ich stieg langsam höher.

Mein Herz schlug bis zum Hals, während ich mich dem Riss entlang emporhämmerte. Jede Bewegung, jedes Placement musste perfekt sein. Trotzdem spürte ich, dass ich jeden Moment fallen konnte, und nichts würde mich halten. Ich würde auf den Haulbags und dem Portaledge aufschlagen und dann noch einmal die gleiche Distanz in der Tiefe verschwinden. Neben der Gefahr, dass ich mir etwas brach oder verstauchte, hatte ich vor allem Angst, dass die ganze Schuppe abbrechen konnte. Wenn das geschah, war alles vorbei.

Ich machte weiter. Tack ... Tack ... Tack ... Jeder Hammerschlag wurde so ausgeführt, dass der Haken saß, aber die Erschütterungen auf die tiefer sitzenden Haken möglichst gering blieben. Wenn ich spürte, dass der oberste Haken mich halten konnte, schlug ich kräftiger. Sobald er hielt, hörte ich auf. Meine Hände zitterten vor Angst, in meinem Kopf hämmerte es weiter, während ich den Haken belastete und weitermachte. Mit jedem Hammerschlag wurde mir bewusst, dass ich mich am Rand einer Katastrophe bewegte.

Weiter ging es.

Zum wiederholten Male hielt ich an und versuchte, meine Nerven zu beruhigen.

Eine Stunde war vergangen, seit ich angefangen hatte. Zeit bedeutete hier nichts. Alles war bedeutungslos, außer dem nächsten Placement. Ein ganzes Leben an Sorge und Kontemplation brauchte ich für jeden Haken. Sobald ich den nächsten setzte, war der vorige sofort vergessen.

Endlich kam ich am oberen Ende des Risses an, wo er auslief und ein Teil der glatten Wand wurde. Der Haken, den ich hier schlug, sang.

Ich schlug ihn bis zum letzten Millimeter ein, er war mein Rettungsanker. Das Gefühl von Sicherheit, das durch meinen Körper schoss, war unbeschreiblich.

Ich hängte den Haken ein und sah mich um, wie die Kletterei nun weitergehen sollte.

Ich hatte doch jetzt sicher den härtesten Teil der Seillänge hinter mir!

Die Wand über mir war blank, bis auf ein folienähnliches Granitstück, das wie eine große Flechte am Fels zu meiner Rechten klebte. Die Struktur war etwa zwei Meter lang und so dick wie ein Finger. Es war furchteinflößend zu sehen, wie sie der Schwerkraft spottete. Und dort sollte ich klettern! Jeder erfahrene Kletterer hielt sich von so etwas fern. Sobald man sich an der Struktur festhielt, würde sie zerbrechen und man selbst nach unten stürzen.

Die Kletterei am Expando-Riss war nur eine Aufwärmübung gewesen. Das hier war das nächste Stück im Puzzle. Ich musste an dieser Schuppe nach rechts traversieren.

Ich klopfte mit dem Finger auf die Schuppe. Sie bewegte sich.

Ich klopfte mit dem Hammer drauf. Es hörte sich an, wie wenn man eine riesige Tasse auf einen Unterteller stellt.

Die Schuppe schien nur auf meiner Seite mit dem Fels verbunden zu sein. Der Rest war total lose. Es war doch krank, sich daran festzuhalten. Es war unerhört gefährlich. Ich würde es niemals wagen.

Aber ich wusste, dass es dort langging. Andere Kletterer hatten das Gleiche gedacht, waren trotzdem diesen Weg gegangen, und die Schuppe hatte sie gehalten.

Du hast keine Wahl. Es gibt nur diesen Weg.

Ich dachte an einen Bekannten, der seinen Finger verloren hatte, als so eine Schuppe weggebrochen war. Das Bild von vier auf einem Felsabsatz liegenden blutigen Fingerkuppen kam mir in den Sinn. Wenn die Schuppe hier brach, verlor ich mehr als die Finger.

Ich versuchte, positiver zu denken. Die Schuppe hatte mehr als zehntausend Jahre hier gehangen, der Winterkälte und der Hitze des Sommers getrotzt sowie Erdbeben und der Kontinentalverschiebung.

Sie wird dich halten.

Ich holte die Skyhooks von der Materialschlaufe und setzte einen vorsichtig auf die Schuppe. Vom Kratzen des Stahls auf dem Granit wurde mir übel. Es klang wie Fingernägel auf einer Wandtafel. Ich kroch hinüber, verlagerte das Gewicht auf den Hook und stand da. Ich selbst war der einzige Beweis, dass er mich halten konnte.

Und er hielt.

Ich setzte den zweiten Hook weiter draußen, hängte die Leitern ein und belastete ihn. Dabei versuchte ich, so leicht wie möglich zu sein.

Wieder bekam ich vor Angst Gänsehaut. Kalter Schweiß kroch mir den Rücken hinunter. Das war das Dümmste, was ich je getan hatte.

Ich nahm den ersten Hook, schob ihn hinüber und belastete ihn wieder.

Was machst du da eigentlich?

Geh zurück!

Ich stand auf beiden Hooks. Die Schuppe befand sich genau über meinem Stand. Wenn sie brach, durchschlug sie meine Seile. Wir würden zusammen in die Tiefe stürzen, die Schuppe und ich, viele hundert Meter, bis auf den Schuttkegel und zu den Bäumen unter der Wand.

Geh zurück!

Ich *wollte* zurück. Es war *alles,* was ich zu diesem Zeitpunkt wollte.

Breche nicht, breche nicht, breche nicht, breche nicht, murmelte ich. Es war kein Platz für Gebete. Nur für Handlung.

Geh weiter. Geh zurück.

So viel Angst hatte ich noch nie gehabt.

Meine Beine fingen an zu zittern. Sie bebten so stark, dass ich Angst hatte, die Schuppe aus ihrem prekären Gleichgewicht zu stoßen. Ich hatte den Eindruck, eine Art von Tunnelblick zu entwickeln. Die Welt um mich herum wurde grau, an den Rändern sogar schwarz.

Ich wollte mehr denn je zurück. Mehr als alles andere in meinem Leben. Ich hatte Angst, weil ich wusste, dass ich nicht zurückgehen würde.

Ich bewegte mich seitwärts und belastete den nächsten Hook.

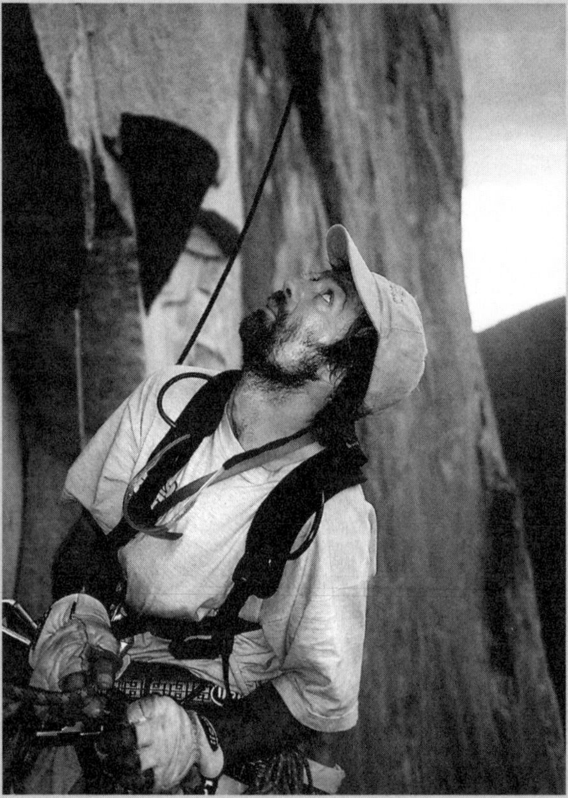

Iron Hawk am El Cap mit Andy Perkins: «Ein Kletteridol zu treffen ist eine Sache, aber mit ihm zu klettern noch einmal etwas ganz anderes.»

Yosemite, USA. September 1998

Flieg oder stirb

Ich verschlang Bücher über Bergsteiger und ihre Abenteuer, ich wollte erfahren, was sie bewegte, und, mehr noch, was sie drauf hatten, dass sie es immer wieder schafften, dem Tod von der Schippe zu springen. Während meiner Zeit als Verkäufer im Bergsportgeschäft, als ich viele Tage herumgesessen war und das Mountain Review Magazin gelesen hatte, waren viele Vorbilder für mich aufgetaucht. Ein besonders herausragendes war Andy Perkins, ein Kletterer aus dem Norden Englands, der das Spiel immer bis zum Extrem trieb. Er kletterte gut in Fels und Eis, war ein hervorragender Bergsteiger, der von den Alpen bis zum Himalaya, vom Yosemite bis Patagonien alles kannte. Ich hatte ihn ein paar Mal im Klettergarten getroffen. Er war stark und bewegte sich kontrolliert. Sein Körper und sein Auftreten unterschieden ihn jedoch von anderen Kletterern. Er war weder dünn noch athletisch, sondern eher einem festen Knoten ähnlich.

Das erste Mal, als ich mit Andy sprach, war in Nordwales. Wir waren dorthin mit der Belegschaft des Ladens zu einer Fortbildung gefahren. Andy arbeitete für eine Bergsportfirma namens Troll, deren Produktion in der Nähe von Oldham war. Paul Tattersall und ich waren am Abend davor hingefahren. Wir wollten noch ein wenig Biwakerfahrung an der 400 Meter hohen Wand des Llwidd in der Nähe des Snowdon sammeln, bevor wir am nächsten Tag den Rest der Belegschaft und Andy trafen. Wir waren nach der Arbeit losgefahren und kamen spät am Abend am Parkplatz an. Pauls winziger Bedford-Bus wurde vom Wind hin und her geschaukelt, der Schnee trieb an den Scheinwerfern vorbei, die kaum den Weg beleuchteten. Es wäre einfacher gewesen, ins Tal runterzufahren, in die warme Kneipe zu gehen und dort zu zelten, als in den Sturm hinauszugehen und die Nacht in einem feuchten Schlafsack an den Berg gedrückt durchzuzittern. Aber wir dachten gar nicht darüber nach, und genau deswegen war Paul ein großartiger Partner. Er war genauso sturköpfig und begierig wie ich. Das Leben war zu kurz, um sich zu vergnügen.

Wir gingen los, schlurften mit den Plastikbergschuhen den verschneiten Pfad hinauf. Etwa um Mitternacht erreichten wir den Beginn der Wand und fingen an zu klettern. Wir freuten uns bereits auf das Biwak. Das Gelände war leicht, Schnee sowie gefrorene Grasbüschel, in die man die Eisgeräte gut versenken konnte. Mit der Absicherung sah es nicht so gut aus, deswegen kletterten wir weiter und hofften, einen schönen Absatz zu finden, auf dem wir gut sitzen konnten. Aber es kam keiner.

Wir kletterten bis ein Uhr morgens, bis wir plötzlich auf die andere Seite des Berges hinuntersehen konnten. Wir waren gleichzeitig erleichtert und enttäuscht. Statt in der Wand zu biwakieren, trotteten wir nun vom Gipfel herunter, nass und müde, und schliefen zwischen den Müllcontainern auf dem Parkplatz.

Ein paar Stunden später waren wir im Café. Alle warteten. Andy trank mit dem Rest der Belegschaft des Outside Tee und erörterte, was man an einem so miesen Tag überhaupt machen könne. Die meisten der Leute, mit denen ich zusammenarbeitete, interessierten sich nicht fürs Klettern. Kein Zweifel, wir sahen komisch aus, wie wir zu spät ankamen, durchnässt von unserem nächtlichen Ausflug.

Wir saßen herum und redeten übers Klettern. Wir freuten uns, nicht im Laden stehen zu müssen und trotzdem bezahlt zu werden. Die üblichen Klettergeschichten machten die Runde, während wir Tee tranken. Paul und ich drückten uns eng an die Gasheizung, um zu trocknen, bevor wir wieder rausgingen und nass wurden. Andy sprach nicht viel. Ich studierte ihn, seine überkreuzten, riesigen Unterarme, sein Gesicht mit Falten und Spuren, die zumindest in meiner Fantasie von vielen Jahren Abenteuern in der Sonne und im Sturm berichteten. Mit seinem schwarzen Bart und seinem strähnigen Haar sah er mehr aus wie ein salziger Seehund denn wie ein Bergsteiger.

Dann, als das Gespräch für einen Moment verebbte, sprach Andy.

«Welches ist der größte Sturz, den ihr je erlebt habt?»

Auf die Frage folgte Stille im Raum. Jemand erzählte, er hätte mal einen weiten Sturz gemacht und sei nur mit einem Seil um die Hüfte angebunden gewesen. Er hätte tagelang Blut gepisst. Andere erzählten davon, wie sie eine halbe Seillänge runtergeflogen waren.

«Also, ich bin mal zweihundert Meter runtergefallen», sagte Andy.

«Hast du überlebt?», fragte ich. Alle lachten. Die von Andy aufgebaute Spannung löste sich für einige Zeit.

Andy ignorierte mich und fuhr fort. «Wir kletterten am Creag Meagaidh in einer Route, die mit dem fünften schottischen Grad bewertet ist. Mein Partner kletterte über mir, ich sicherte im Schnee. Plötzlich stürzte er.»

Im Raum war es wieder still.

«Er fiel an mir vorüber und ich wusste, dass der Stand nicht viel aushielt. Also ließ ich das Seil durchlaufen, um den Schock zu vermindern. Ich hoffte, sein Sturz würde gebremst, bevor ich das ganze Gewicht abbekam.» Ich stellte mir vor, wie es war, wenn man kurz vorm Sterben stand. Wie konnte man die Kontrolle über sich behalten, wenn man vor Angst steif und entscheidungsunfähig war?

«Und dann riss es den Stand heraus.»

Andy beschrieb, wie sie über die Wand nach unten stürzten, über Steilstufen aus Eis und fast senkrechtem Schnee, bis sie mit zwei dumpfen Schlägen im Schnee unter dem Einstieg einschlugen.

«Wir waren ziemlich übel zugerichtet», sagte Andy. «Mein Kumpel hatte ein Eisgerät in seiner Brust stecken, und bei mir war der Knöchel kaputt. Wir haben verdammt viel Glück gehabt.»

Die Fortbildung war großartig. Andys Humpeln erinnerte uns an die Geschichte, während er uns seine Seile demonstrierte. Der ganze Laden raufte sich einen schneebedeckten Felsen hoch. Andy hatte eine professionelle Einstellung zum Klettern. Er war absolut verlässlich. Das war wahrscheinlich auch der Grund, warum er so viele gefährliche Routen überlebt hatte. Nur ein Jahr zuvor hatte er zusammen mit einem Norweger eine Route am El Cap namens Sunkist geklettert. Sie waren mehrere Tage in einem Sturm gefangen gewesen. Eiskalte Wasserfälle trafen ihr Zelt, sie starben fast an Unterkühlung. Nur weil sie sich zu zweit in einen Schlafsack zwängten und so zwei Tage ausharrten, überlebten sie. Dann wurde ihnen von oben ein Seil heruntergelassen, an dem sie hochjümarn konnten.

Am letzten Abend der Fortbildung schauten wir den Diavortrag eines Bergsteigers namens Adam Wainwright an, der ebenfalls von Troll gesponsert wurde. Er berichtete vom El Cap, wo er mit zwei sehr guten amerikanischen Kletterern die Route Aurora geklettert hatte. Sie war im Jahr 1981 erstbestiegen worden und mit A5 bewertet. Etwas

Schwierigeres hatte noch kein Brite geschafft. Ich konnte mir kaum vorstellen, wie man so eine lange und anspruchsvolle Route klettern konnte. Mit offenem Mund hörte ich von Copperheadreihen, die kein Ende nahmen, von winzigen Hooks und der niemals endenden Angst vor dem Abgrund.

Dann trat Andy mit einem Vortrag über eine beinahe geglückte Expedition zum Cerro Kishtwar in Indien auf, wo er im Jahr 1991 mit Brendan Murphy mit wenig Essen und unzureichendem Material bis ans Limit ging und wieder heil zurückkam. Mir schwanden die Sinne, als ich hörte, dass es Leute gab, die alle Arten des Kletterns kombinierten – Fels, Eis, Mixedklettern – und dann auf einen Bigwall im Himalaya anwandten, um dort viele Tage zu verbringen. An diesem Abend entschied ich mich, dass ich von all meinen Vorbildern am ehesten Andy nacheifern wollte. Ich wollte mein Leben dem Besteigen von wilden Bigwalls widmen.

Ein paar Jahre gingen vorbei, und nach der Rückkehr vom Yosemite und von den Alpen schrieb ich Andy, was mir an der Ausrüstung von Troll gefallen hatte oder was man verbessern könnte. Wahrscheinlich belästigte ich damit eher mein Idol, als dass ich etwas Sinnvolles tat. Nach meiner Alleinbesteigung der Droites-Nordwand schickte ich ihm eine E-Mail, in der ich berichtete, wie es gewesen war, dass ich nur sechs Stunden gebraucht hatte. Leider vertippte ich mich bei der Höhe der Route, die nun statt 1000 Meter 10 000 Meter hoch war. Andy antwortete nur: «Du musst ja ein ganz schön schneller Kletterer sein, Junge.»

In diesem Jahr plante ich einen weiteren Trip ins Yosemite. Nachdem Paul hoch in den Norden von Schottland gezogen war, suchte ich einen Partner. Damals konnte man die Briten an einer Hand abzählen, die harte Bigwalls klettern konnten. Als ich hörte, dass Andy ebenfalls ins Valley wollte, kamen wir ins Gespräch. Unsere Pläne waren ähnlich, und am Ende taten wir uns zusammen.

Ein Kletteridol zu treffen ist eine Sache, aber mit ihm zu klettern, noch einmal etwas ganz anderes. Und am El Cap zu klettern noch eine weitere Dimension. Mit Paul war alles immer ganz leicht gewesen. Obwohl Paul ein phänomenaler Kletterer war, sahen wir uns auf ironische Art und Weise immer als unfähig und nutzlos an. Wir sahen alles aus dieser Sicht. Wir konnten nur besser werden. Mit Andy war es ganz anders. Ich spürte, dass er seinem Ruf gerecht werden musste. Er war ein verlässlicher, kompetenter Bergsteiger, in vielerlei Hinsicht ein Mann der alten Schule. Schwächen oder Fehler gab er nicht so schnell zu. Für mich waren Inkompetenz und Versagen ein Teil meiner Persönlichkeit. Das machte mir den Anfang mit ihm schwer. Ich kam mir oft vor wie ein Lehrling. Die Rolle nahm ich gerne an, denn von Andy konnte ich alles lernen, was ich zum Klettern brauchte.

Schon von Anfang an lief es nicht so gut. Andy rief mich am Mittwochabend an und fragte, ob ich alles schon gepackt hätte. Ich verneinte – meiner Erinnerung nach flogen wir am Freitagmorgen von Manchester ab. Leider stellte sich heraus, dass wir am nächsten Morgen flogen. Ich war gerade dabei, einen Parkettboden in unserem neuen Haus zu verlegen. Mandy war im Urlaub. Ich hasse «Do it yourself»-Heimwerkerei. Meiner Ansicht nach sollte es besser «Don't involve yourself» heißen – also «Lass die Finger davon». Nun musste ich in Windeseile packen und dazu noch den Boden fertigmachen. Als ich ein paar Tage später im Staub des Camp 4 die Säcke ausleerte, kamen ein Dutzend mit Klebstoff verschmierte Parkettstücke zum Vorschein. Einige endeten in den Rissen am El Capitan. Zweifellos haben sich manche Kletterer gewundert, die dort hochstiegen.

Beim Sortieren im Camp 4 fiel uns auf, dass wir eine «Shit Tube» für die Fäkalien vergessen hatten. So fragten wir herum, ob jemand eine hätte. Die Bewohner des Camp 4 sind entweder Kletterer, Wanderer oder Volltrottel. Wir teilten uns den Platz mit einem Typ, der zur letzteren Sorte gehörte. Er war ein Vietnam-Veteran, der sich als Überlebenskünstler betätigte. Er hatte kein Zelt und zog es vor, seine Sachen auf einer Plane neben unserem Esstisch auszubreiten: Messer, Schlafmatte, Camouflage-Kleider und noch mehr Messer. Er tat sich schwer, unseren englischen Akzent zu verstehen. Als Andy ihn fragte, ob er eine «Shit Tube» hätte, verschwand er mit der Bemerkung in die Büsche, er würde mal nachsehen und wir sollten auf seine Sachen aufpassen.

Irgendwann tauchte ein anderer Typ auf einem Fahrrad auf und fragte, ob wir eine «Rohrbombe» bräuchten. Er holte ein abgenutztes weißes Plastikrohr hervor. «Jungs, passt auf», sagte er, als er uns das Rohr gab, «die Bombe ist noch geladen.»

Wir schraubten den Deckel an einem Ende ab und sahen, dass das Rohr tatsächlich «geladen» war. Der Inhalt stank dermassen, dass man am liebsten davongelaufen wäre. Ich hatte die Idee, wir könnten eine Pfanne voll Wasser kochen. Ich hielt das Rohr am gestreckten Arm von mir weg, und Andy schüttete das Wasser hinein. Dann schraubte Andy den Deckel wieder drauf, während ich das Rohr so hielt wie Männer ein Baby mit vollen Windeln. Ich schüttelte das Rohr, damit der Inhalt sich löste.

WWUUMMMSS. Der Deckel flog in hohem Bogen davon, und ein großer Schwall von braunem Wasser und Klopapier schoss aus dem Rohr. Als Nieselregen rieselte er zu unserem Schrecken auf die Plane des Überlebenskünstlers. Alle sorgfältig ausgelegten Messer waren versaut.

Wir entschlossen uns, es sei Zeit, in eine Wand einzusteigen.

Die Route, die wir wählten, hieß Iron Hawk. Für beide von uns war sie ein großes Unterfangen. Der erste Teil hatte den schlechten Ruf, losen Fels zu haben und gefährlich zu sein. Paul und ich waren dort im letzten Jahr eingestiegen, hatten aber die Route verfehlt. Vielleicht war der unübersichtliche, einschüchternde schwarze Fels daran schuld. Der Diorit zieht die kalifornische Sonne an wie ein Magnet. Wie in Wellen steigt die Hitze über dem Fels auf, und wir kamen uns wie Würstchen vor, die von oben und unten, von vorne und hinten gebraten wurden. Andy begann sich in der Hitze etwas seltsam zu benehmen. Sein schwarzer Helm ließ die Temperatur noch weiter ansteigen. Er streckte sich unter dem einzigen Baum am El Cap, dem «El Cap Tree», aus, während ich die erste Schlüsselseillänge führte. Es war klar, dass Andy unter einem Hitzschlag litt. Obwohl ich Angst hatte, dass Andy ohnmächtig werden könnte, während er mich sicherte, konzentrierte ich mich voll auf die Kletterei. Die Seillänge war eine Horrorshow mit losen Blöcken und Schuppen, die sich bewegten. Alles, was man dort sehen oder anfassen konnte, war gefährlich. Es kam mir vor, ich müsste an einem durch ein Erdbeben zerstörten Hochhaus emporsteigen: Zieh am falschen Griff, und das Ganze klappt wie ein Kartenhaus zusammen. Die einzige Art und Weise, sich dort fortzubewegen, war eine Kombination aus Freiklettern und Skyhooken: berühren und fühlen, testen und vertrauen. Bei jedem Griff musste man sich fragen: Ist er sicher genug, dass ich mich daran festhalten kann? Es gab zwar Risse, aber keinen, der eine Sicherung vertragen hätte. Ich begutachtete alles mit kritischem Blick. Risse waren hier Zeichen von Schwäche anstatt Zeichen von Sicherheit. Es war eine schwierige Wahl, aber es schien mir besser, einen Sturz ohne Sicherung bis auf das blockige Band zu riskieren, wo Andy lag, anstatt den ganzen losen Krempel mit mir in die Tiefe zu befördern. Oder einfacher gesagt: Hier durfte man nicht fallen. Langsam kletterte ich bis unter ein riesiges Dach. Davor versperrte eine riesige Schuppe meinen Weg, die die Ausmaße eines Autos hatte. Ich ging davon aus, dass dieses große Stück Fels gut mit der Wand verbunden sein müsse, ansonsten wäre es ja schon vor langer Zeit in die Tiefe gestürzt. Es war unwahrscheinlich, dass mein geringes Gewicht die Schuppe von der Wand stoßen konnte. So legte ich mehrere Friends, einen nach dem anderen, und kletterte hoch. Es war mir klar, dass mein Seil unter der Schuppe vorbeilief. Wenn die Schuppe abbrach, war das Lied aus.

Auf halbem Weg legte ich so weit oben wie ich mich strecken konnten, einen Friend zwischen Schuppe und Wand. Dann belastete ich ihn langsam.

In diesem Moment bemerkte ich, dass etwas nicht stimmte. Ich sah hoch und beobachtete das Klemmgerät. Die vier Backen, die eigentlich ruhig und geschlossen liegen sollten, öffneten sich langsam. Durch mein Gewicht stemmte ich die Schuppe von der Wand weg. Bevor ich etwas unternehmen konnte, hörte ich ein lautes, unheimliches Knirschen, das sich anhörte, als käme es tief aus dem Inneren des El Cap und dränge bis zu mir nach draußen. Es hörte sich archaisch an, wie eine zweihundert Jahre alte Eiche, die sich mit der letzten Faser dagegen wehrt, umzufallen. Die Schuppe, die wahrscheinlich schon eine Million Jahre hier hing, war durch meinen Friend von der Wand gelöst worden und im Begriff, hinunterzustürzen.

Vor Angst zitternd griff ich den weiter unten liegenden Friend und hielt mich dort fest.

Das Knirschen wurde langsamer. Dann hörte es auf. Das Monster fiel wieder in seinen Dornröschenschlaf.

Ich klammerte mich am tiefer sitzenden Friend fest und kam mir vor, als stehe ich auf einer schaukelnden Holzleiter.

Meine Zähne klapperten unkontrolliert, ich konnte kaum glauben, dass ich noch lebte. Das war knapp an mir vorübergegangen. Ich hätte umdrehen können, aber stattdessen rief ich Andy zu, mir den «Cheaterstick» heraufzuschicken – eine lange Zeltstange, die man benutzen konnte, um mit den Händen unerreichbare Bohrhaken einzuhängen, wenn der Fels zu glatt war, um sonst etwas anzubringen. Ich konnte zum Bohrhaken hinaufreichen und so die Schuppe umgehen.

Ein paar Jahre später brach die Schuppe ab, durchschnitt die Seile und verfehlte den Sicherungsmann nur um Zentimeter. Wie durch ein Wunder blieben beide am Leben.

Als ich das Dach kletterte und ein paar alte, rostige Haken einhängte, fragte ich mich, auf was ich mich da eingelassen hatte. Mein Hemd war nicht nur vom Schweiß der Anstrengung nass, sondern auch von der Angst. War ich überhaupt so weit, um in dieser Liga mitzuspielen?

Ich wusste nur, dass ich diesen Alptraum nicht mit Angst bannen konnte. Ich musste tief in mich selbst steigen und die Kraft finden, die auch meine Vorbilder vor mir gefunden hatten.

Die Route hatte man nach den zwei großen Dächern benannt, die die Wand weiter oben teilten. Sie sahen aus wie die ausgebreiteten Schwingen eines Falken. Deswegen «Iron Hawk» – eiserner Falke. Mehrere Tage krochen wir dort hoch. Für mich war es ein großer Erfolg, dass ich am ersten Tag nicht gestorben war. Andy war in meinen Augen nach seinem Hitzschlag menschlicher geworden. Wir waren nun ein ausgeglichenes Team. Es gab keine Arbeitsteilung je nachdem, ob jemand in etwas gut oder schlecht war. Wir wechselten uns in den Seillängen ab, so wie sie kamen. Es war toll, wieder am El Cap zu sein, und in vielerlei Hinsicht fühlte ich mich dort wohler als Andy. Natürlich deswegen, weil er dort fast gestorben war. Das konnte man daran sehen, dass er jede Wolke kritisch begutachtete.

Das Schlimmste an Andy war meiner Meinung nach seine Verdauung. Er musste jeden Tag einmal groß aufs Klo, ich nur einmal in der Woche. Er hatte die Gabe, seine Hosen herunterzulassen und im nächsten Moment scheißen zu können. Er erklärte, das sei nur der jahrelangen Erfahrung mit dem «Delhi Belly» (Delhi-Bauch) in Indien zu verdanken. Eine seiner Geschichten handelte davon, wie er am Changabang eine Lebensmittelvergiftung bekam und der aggressive Durchfall zehn Meter die Wand hinunterspritzte. Das war wohl so eine Art Rekord. Das eigentlich Schlimme mit der Verdauung war, dass er quasi im Moment aufs Klo ging, in dem er mit dem Essen aufhörte und ich damit anfing. Zum Frühstück teilten wir uns eine große Dose mit Früchten. Jeden Morgen aß er zuerst seine Hälfte, reichte mir die Dose, holte im nächsten Augenblick einen Papiersack heraus, zog seine Hosen runter und schiss in den Sack. Es ist wohl gut verständlich, dass ich so manches Mal den Appetit verlor. Der Anblick, der Geruch und die mit Andys Toilettengang einhergehenden Geräusche vertrugen sich einfach nicht mit einem Mund voll mit Trauben und Pfirsichen.

«Kein Hunger, Junge?», fragte Andy normalerweise und nahm die Dose mit einer Hand wieder zu sich, während er den Papiersack mit der anderen Hand in das immer voller werdende Rohr steckte.

Am letzten Abend kamen wir zum einzigen natürlichen Biwakplatz in der Route. Wir schlugen unser Portaledge auf, saßen auf dem Fels und schauten dem Sonnenuntergang zu. Wir waren beide zufrieden mit dem, was uns gelungen war. Wir waren eine harte Route geklettert, ohne zu stürzen oder in andere Katastrophen zu geraten. Mal abgesehen von der Todesschuppe. Andy war ein guter Begleiter. Für mich war es erstaunlich, dass ich mit ihm unterwegs war und noch mehr, dass ich mich ebenbürtig fühlte. Wie weit war ich gekommen, seit ich ihn an dem Messestand getroffen hatte, aber mich nicht getraute, mit ihm zu sprechen. Andy war ein großartiger Kletterer. Er war auch ein Mensch, der sich in fast allem von mir unterschied.

Wir kamen am nächsten Abend zurück ins Camp 4 und trafen einen Freund von Andy, der Ian Parnell hieß. Er war ein ziemlicher Neuling im Bigwallklettern, war aber als harter Kletterer bekannt. Wir waren erleichtert, in Sicherheit zu sein, saßen um den Tisch, redeten Quatsch, hielten ein wachsames Auge auf den Zeltplatz, um dem Überlebenskünstler zu entgehen, wenn er wieder auftauchte.

«Und Junge, was geht als Nächstes?», fragte Andy.

«Warum tun wir uns nicht zusammen und klettern gemeinsam eine Route?», antwortete ich. «Nur diesmal eine, die noch viel schwieriger ist.»

Die Schuppe stöhnte wie ein alter Mann.

Wie bei den letzten vier Versuchen, sie zu belasten, gefror mir das Blut in den Adern. Ich stieg schnell wieder hinunter zum Birdbeak. Der Dreck, der hinter der Schuppe herausfiel, klebte in meinen verschwitzten Augen fest, an meinen zitternden Händen. Es war Nacht. Es war, als sei ich ein Gefangener, der sich einen Fluchttunnel aus einem zusammenbrechenden Gefängnis gräbt. Wenn die Schuppe von der Größe einer Tür wegbrach, dann war ich tot. Ich konnte es nicht fassen, dass ich schon wieder mit einer losen Monsterschuppe den Kampf aufnahm.

«Die Schuppe ist Expando», rief ich hinunter in die Nacht. Die Worte glitten dem Seil entlang nach unten zu meinen beiden Freunden, die dreißig Meter tiefer hingen. Zwischen ihnen und mir war keine gute Sicherung, nur kleine Haken und Copperheads. «Ich glaube, dass ich um die Schuppe frei klettern muss», rief ich.

«OK», kam es zurück.

Ich wusste, dass es ihnen eigentlich egal war. Sie wollten nur, dass ich endlich weitermachte und sie bald einen Platz zum Schlafen hatten.

Ich hängte meine Daisys aus den Leitern und aus dem Birdbeak aus, nacheinander, automatisch. Ich versuchte, die Kräfte auf die Freikletterei zu konzentrieren. Nur an den Händen und Füßen würde ich im schwarzen Nichts hängen. Ich wünschte, ich hätte meine Kletterschuhe mit der Reibungssohle angezogen statt der Laufschuhe. Dann sortierte ich das Material, ließ alles, was mir zu schwer vorkam, am letzten Placement hängen. So war ich leichter und reduzierte die Last, die bald an den Armen hing. Schließlich wischte ich den Dreck von meiner Stirnlampe und von meinen Händen auf meine schmuddeligen Shorts.

«Okay, pass auf!», rief ich. Die beiden da unten interessierte es nicht. Sie saßen auf dem Portaledge, schwatzten und wunderten sich wohl, warum ich so ein Getue dort oben veranstaltete.

Ich setzte meinen Fuß links der Schuppe auf einen kleinen Tritt von der Form eines Tellers. Mit den Händen hielt ich mich an der Schuppe und zog mich hoch. Die Angstgefühle kamen schnell, als ich den Fuß aus der sicheren Leiter nahm, wo er eine halbe Stunde gestanden und zu vermeiden versucht hatte, was jetzt passierte.

Ich setzte meinen linken Fuß ein paar Zentimeter höher. Dann griff ich mit den Händen höher, zuerst mit der rechten, dann mit der linken Hand. Es war, als hinge ich an einer Regenrinne. Mir war bewusst, dass ich jeden Moment fallen konnte, zum Beispiel wenn ein Fuß vom Tritt rutschte oder die schmierigen Hände sich nicht mehr an der runden Granitschuppe festhalten konnten. Aber Stürzen hätte das Ende bedeutet, und so vermied ich diesen Gedanken.

Ächzend, stöhnend und mit dem Herz in den Hosen kletterte ich weiter. Ich war froh, dass es dunkel war und ich den Abgrund nicht sehen konnte. Etwa einen Meter über mir sah ich einen Schlitz zwischen der Wand und der Schuppe. Platz für eine Sicherung und um sich auszuruhen außerhalb der Gefahrenzone, wenn die Schuppe abbrach.

An einem Arm hängend, mit brennenden Unterarmmuskeln, suchte ich hastig in den chaotischen Büscheln von Material den richtigen Friend. Ich brauchte den mit der blauen Schlinge. Im gelblichen Schein der Stirnlampe sahen sie alle gleich aus. Ich war schon kurz vor dem Loslassen, als ich einen fand, der passen konnte. Mit letzter Kraft schob ich ihn in den Riss, klippte mich ein und hängte mich hinein. Ich konnte nicht mehr, ich war kurz vor dem Kotzen.

Ich fragte mich, warum ich nicht einfach abgeseilt und diese Stelle jemand anderen überlassen hatte.

Dann brach die Schuppe, und wir fielen beide in die Dunkelheit.

Ich fiel und fiel und fiel. Alles war schwarz. Schwarz und schwer wie die Schuppe, die auf mir lastete, während wir die Wand hinunterstürzten. Ich spürte keinen Zug vom Seil, keine Sicherungen wurden herausgerissen. Das Seil war wahrscheinlich durchgerissen worden, als die Schuppe herausbrach.

Benommen akzeptierte mein Gehirn mein Schicksal.

Dann kam der Zug des Seiles: elastisch, immer noch da, meine Verbindung zum Leben. Der Zug wurde stärker, ich langsamer. Die Schuppe löste sich von meinem Körper, und wir trennten uns. Ich hörte, wie sie fünfhundert Meter weiter fiel, dann kam der verspätete Krach des Aufschlages zu uns hoch. Die Schuppe war tot, ich am Leben.

Ich war immer noch am Leben!

Andy rief: «Ist alles in Ordnung, Junge?»

Ich prüfte, ob meine Finger unverletzt waren, dann meine Beine, das Gesicht. Nur an meiner Schulter war eine Wunde.

«Ja», rief ich zurück. In der Luft hängend, drehte ich mich am Seil.

«Schau nach, ob das Seil nicht beschädigt ist!», rief er.

Ich blickte nach oben. Wenn es beschädigt gewesen wäre, wäre es gerissen. Das war klar.

«Ich steige mit den Jümars nach oben», sagte ich und begann alle Karabiner aus dem Seil auszuhängen, die mit dem herausgerissenen Material am Seil hinuntergerutscht waren.

«Ich versuche, die Seillänge zu Ende zu bringen», sagte ich. Plötzlich fühlte ich mich unverletzlich. Das Adrenalin schoss durch meine Adern.

Ich gelangte zum höchsten Punkt, einem alten, rostigen Rivet. Es war unglaublich, dass so eine schlechte Sicherung gehalten hatte: eine dünne Schraube in einem Loch von ein oder zwei Zentimeter Tiefe. Darunter gab es keine Sicherung mehr. Mein Leben war von einer Schraube gerettet worden, die der Erstbegeher wahrscheinlich auf dem Boden einer Garage gefunden hatte.

Ich begann das herausgerissene Material wieder in den Fels zu hämmern. Es schien wie eine Wiederholung dessen, was ich vor einer oder zwei Stunden schon einmal getan hatte, bis ich den Ausbruch erreichte, wo die Schuppe gewesen war. Statt Granit befand sich dort nur noch Dreck. Ich hämmerte Birdbeaks in den schwammartigen Untergrund. Ein, zwei, drei, vier Beaks versanken, bis ich den Ausbruch überwunden hatte und an einem Skyhook hing. Plötzlich war ich sehr müde. Es war, als würde ich schmelzen. Ich hängte das Seil in den Hook, als sei er eine Sicherung. Natürlich konnte er nichts halten, allein der Seilzug würde ihn von seinem Platz wegreißen. Ich stieg in den Leitern hoch und schlug einen Haken. Die Stahlklinge versank mehrere Zentimeter tief im Fels, bis sie nicht mehr weiterging. Ich band den Haken ab, hängte das Seil ein, band auch das Haulseil fest und seilte zum Portaledge ab. Der Rest konnte auf morgen warten.

Ich wachte in der Früh auf. Mein erster Gedanke war der: Du musst jetzt wieder dort hochsteigen und weiterklettern, wo du gestern hinuntergefallen bist! Der nächtliche Adrenalinrausch war vorbei. Während ich einen Bagel kaute, konnte ich einzig und allein dran denken, dass das Seil auf mich wartete und ich bald in der Luft hängend hochjümarn musste. Wenn ich ein wenig mutiger gewesen wäre, hätte ich vielleicht einen der andern gebeten, das für mich zu übernehmen. Schließlich hatte ich dort oben gestern fast mein Leben gelassen. Aber als ich das Material an den Gurt hängte, schien es mir am einfachsten, das Ding durchzuziehen. Hätte mich jemand gefragt, ob er nicht für mich vorsteigen solle, hätte ich mich ohnehin geweigert. Es war mein Vorstieg. Das Haulseil hing weit draußen in der Luft. Mein Magen drehte sich fast um, als ich es herzog und meine Jümars einhängte. Andy schwieg. Auf einmal wünschte ich mir, ich hätte dort oben eine bessere Sicherung hinterlassen, als nur einen einzigen, abgebundenen Haken.

Das Gefühl schwindelerregender Tiefe überfiel mich in dem Moment, als ich mit meinem Hintern vom Portaledge in die Luft glitt. Andy ließ mich am Seil langsam hinaus. Ich hing so weit weg von der

Wand, dass ich nicht einmal die vage Sicherheit hatte, wenigstens den Fels berühren zu können. Ich dachte daran, was wohl passieren würde, wenn der Stand oben nicht hielt. Alle Sicherungen darunter würden herausgerissen, ich würde weit stürzen und die scharfen Haken der Jümars das Seil durchschneiden, sobald es sich spannte. Dann wäre mein Lebensfaden durchtrennt.

Dann brach der Stand aus.

Ich fiel. Meine Innereien zogen sich zusammen.

Dann hielt ich.

Ein Haken rutschte am Seil herunter. Mein Stand.

Jedes Molekül in mir wollte nur noch eines: kein Gewicht mehr haben, das Seil nicht mehr belasten. Woran hing ich jetzt eigentlich? Ich versuchte zu verstehen, was passiert war.

Am Seil hängend gelang es mir noch nicht ganz zu begreifen, warum ich nicht tot war. Dort oben verschwand das Seil und war nicht mehr zu sehen. Wahrscheinlich hing es an einem der Birdbeaks, die ich gestern in der Nacht gesetzt hatte.

Ich überlegte, zwischen welchen Optionen ich wählen konnte. Wenn Andy oder Ian mich zurück zum Portaledge zogen, würde sich der Zug auf das Seil von oben erhöhen, und was auch immer mich hielt, würde wohl herausgerissen. Ich konnte auch hängen bleiben und auf Hilfe warten, aber das würde Tage dauern. Oder ich konnte einfach am Seil aufsteigen. Das war die gruseligste Option, aber auch die beste.

«Also Andy», sagte ich und versuchte, meine Angst zu verstecken. Meine Stimme klang seltsam krächzend. «Ich jümare langsam hoch.»

Im Endeffekt war die Wahl einfach. Entweder gelang es, oder ich fiel.

So vorsichtig wie jemand, der eine Bombe entschärft, schob ich mich Zentimeter für Zentimeter am Seil hoch. Dabei versuchte ich, jedes zusätzliche Gramm Gewicht zu vermeiden.

Je höher ich kam, desto näher kam auch die Wand, bis ich sie schließlich berühren konnte. Es war eine eher obskure Art von Sicherheitsgefühl, denn es gab keine Griffe, an denen ich mich hätte festhalten können. Ich murmelte ein Gebet und bat den allmächtigen El Cap, mich zu verschonen.

Ich machte weiter. Die Füße berührten nun die Wand. Da war die Angst, hochzusehen und zu erkennen, was mich noch am Leben hielt.

Als ich über ein kleines Dach gelangte, konnte ich es sehen. Ein kleiner, sich unter der Belastung biegender Hook hing in einer Schuppe, die nicht größer war als ein Keks. Es war der Hook, den ich gestern Abend aus unerfindlichen Gründen ins Seil gehängt hatte.

Ich erreichte den Hook und hängte mich ein. Dann bereitete ich alles vor, um diese schwierige Seillänge zu Ende zu bringen.

Als ich die Karabiner, Haken und alles andere an den Gurt hängte, wurde mir eigentlich erst richtig klar, was gerade passiert war. Woher hatte ich den Mut gefunden? Hatte ich mir je vorstellen können, so mutig zu sein? Es war, als sei das nicht ich, sondern jemand anderes gewesen. Jemand, der viel stärker war. Jemand, für den ich alles gäbe, um zu sein wie er.

Ich kletterte los.

Am letzten Tag in der Wand führte ich die Schlüsselseillänge der Route. Die Erstbegeher hatten sie «Fly or Die» genannt. Es war eine stumpfe Rissspur für Copperheads, die uns vom Gipfel trennte. Die Sonne stieg gerade über den Horizont, als ich einstieg. In meinem Hirn musste nun alles verfügbar sein, was ich je übers Bigwallklettern gelernt hatte. Wie hoch war die Gefahr, zu stürzen, wie hoch die Chancen, dass ich es schaffte? Die Seillänge hatte ihren Namen bekommen, als der Vorsteiger herunterschrie, er müsse «fliegen oder sterben», wenn er jetzt einen Fehler machte und stürzte. Unter ihm war eine Platte, auf der er aufgeschlagen wäre. Ich dachte daran, warum ich in den letzten Wochen drei Mal fast gestorben war, im letzten Jahr ein halbes Dutzend Mal, vielleicht fünfundzwanzig Mal in den letzten fünf Jahren. Diese Beinahe-Katastrophen hatten mir sehr viel gegeben. Aber wie lange würde es dauern, bis es so weit war und nicht ich die Geschichten erzählen konnte, sondern die Geschichten von mir erzählten?

Als ich weiterkletterte und die Sonne mir auf die Waden schien, fühlte ich jedoch keinerlei Angst, nur eine immense Freude, dass ich hier an dieser Stelle der Welt war. Ich genoss es, leben zu dürfen. Dieses Hochgefühl war durch die Angst vor dem Tod entstanden, der mich jederzeit holen konnte.

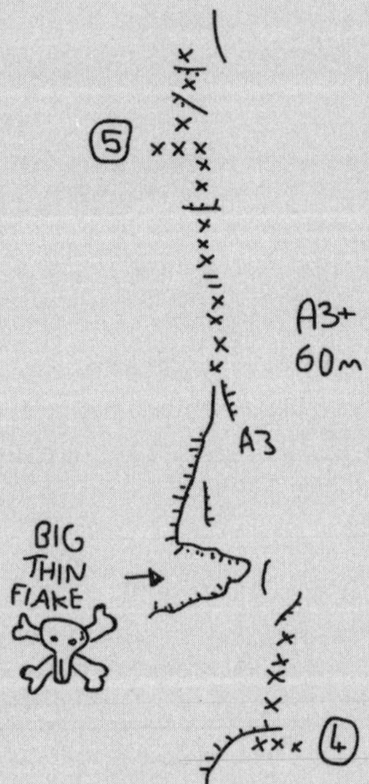

5
A3+
60m
A3
BIG
THIN
FLAKE
4

Seillänge Nr. 5 Reticent Wall

For Emily

Ich zog langsam den zweiten Haulbag hoch. Nach einer Woche Klettern und Haulen waren meine Schenkel zerkratzt, an den Hüften gab es Druckstellen, meine Fingerspitzen waren durchgeklettert, und meine Füße schmerzten. Ich gewahrte, dass ich, ohne es zu merken, bei jedem Hinsitzen und Ziehen stöhnte. Ich war fix und fertig, total erschöpft, aber glücklich, dass wieder ein Tag und wieder eine Seillänge vorüber waren.

Nur noch neun Seillängen.

Der Tag hatte etwas düster angefangen. Ich war aufgewacht, und das Erste, worüber ich mir Gedanken machte, war, ob ich auch am Abend noch am Leben wäre. Es war eine ganz einfache Frage, ähnlich wie «Was soll ich bloß zum Frühstück essen?» oder «Soll ich duschen?». Am Vorabend hatte ich gesehen, dass auf dem Topo eine Schuppe mit einem Totenkopf und sich kreuzenden Knochen versehen war. Nach der Schuppe in der vierten Seillänge zweifelte ich, ob ich in der Lage war, mit noch Schlimmerem umzugehen. Aber letztendlich bereitete die Schuppe keine großen Probleme. Vielleicht war ich ja besser geworden. Oder der Mensch hat nur eine gewisse Reserve an Angst, und die hatte ich in den letzten Tagen schon verbraucht.

Ich dachte, wie seltsam es war, dass ich mich an die Gefahr und an das mögliche Sterben gewöhnte. Die Gedanken erinnerten mich an den Motorradstuntman Evel Knievel, als er versuchte, im Londoner Wembley Stadion über dreizehn Doppeldeckerbusse zu springen. Gerade als er auf seinem Motorrad auf die Rampe zuschoss, vor der alle Busse aufgereiht standen, wurde ihm klar, dass er es nicht schaffen konnte. Auf die Frage, warum er trotzdem gefahren sei, antwortete er: «Was hätte ich denn sonst machen sollen?» Knievel stürzte in die Busse und brach sich das Becken.

Eines war klar: Ich war nicht Evel Knievel. Ich hatte noch nie solche Angst vor einer Route gehabt. Wahrscheinlich lag es zum Teil daran, dass ich alleine unterwegs war und niemand meine schwarzen Gedanken oder meine Angst vor dem Fallen mildern konnte. Aber wahrscheinlicher war, dass Angst hier ganz normal war. Es *war* eine der gefährlichsten Routen, die es überhaupt gab.

Wie gelang es mir nun, gegen die Angst anzukämpfen? Die Route schien jeden Tag schwieriger zu werden. Vielleicht gelang es deswegen.

Jede gekletterte Seillänge räumte den Weg für die nächste frei. War mir die erste Seillänge nicht unmöglich vorgekommen? Hatte ich nicht gedacht, diese Kletterei wäre jenseits meiner Fähigkeiten? Und doch war es so, dass ich am Abend höher war als zuvor, dass die Seillänge unter meinen Füßen überwunden war.

Das war immer das Problem zwischen Mandy und mir gewesen. Sie war normal. Sie wollte und konnte nicht akzeptieren, dass ich etwas liebte, das mich auch umbringen konnte. Sie kannte mich besser als irgendein anderer Mensch und wusste, je härter ich kletterte, desto größer war mein Wunsch, noch Härteres anzugehen. Sie hatte Angst, dass ich eines Tages nicht mehr zurückkam. Jedes Jahr standen wir kurz vor der Entscheidung, uns zu trennen. Ich wollte ein Leben frei von Schuld und Verpflichtung. Niemand sollte sich meinetwegen sorgen. Ich wollte klettern, wo und wann ich wollte, und nicht mit ihr über alles verhandeln, als wäre sie mein Vorgesetzter. Sie wollte einen normalen Mann, einen Lehrer oder Juristen, jemand, der das Auto wusch und sich auf eine gemeinsame Mittagspause in der Stadt oder den Urlaub am Meer freute. Sie wollte ein ganz normales Leben und ich ein ganz abnormales. Aber jedes Mal, wenn es so weit war, blieben wir doch zusammen. Wir hatten uns getroffen, als wir noch Kinder waren. Wir kannten ja nichts und niemanden außer uns selbst.

Aber jetzt war ich Vater, ich hatte eine Arbeit, und ich musste die Schulden von unserem Haus abzahlen. Bald war ich dreißig, und ein zweites Kind war unterwegs. Meine Kletterpartner machten weiter, verbrachten Monate im Himalaya, wurden Bergführer in den Alpen, während ich weiterhin Schuhe verkaufte und jedes Wochenende in Scarborough am Strand saß. Ich hatte Angst vor dieser Route. Vor allem hatte ich Angst, dass ich etwas falsch machte und unser aller Leben ruinierte.

Hast du so sehr Angst, dich damit zu konfrontieren, was du wirklich willst, dass du hier oben dein Leben aufs Spiel setzt?

Die Sonne stand tief am Himmel, als ich den letzten Sack hochzog, ihn in den Stand einhängte und die Hintersicherung am zweiten Bohrhaken befestigte. Die Geschichte von den drei Kletterern, die den Sack falsch eingehängt hatten, hatte mich nachdenklich gemacht. Der Sack war die volle Seillänge hinuntergefallen, die Sturzwucht hatte den Stand ausgerissen, worauf alle die ganze Wand hinunterstürzten. Einer meiner Freunde war damals am El Cap gewesen – er hatte laute Geräusche gehört und verschiedene Gegenstände die Wand hinunterfallen sehen. Erst als er Arme und Beine um sich schlagen sah, wusste er, dass es sich um Menschen handelte. Dann hörte er das Geräusch, als sie am Wandfuß aufschlugen.

Geschichten wie diese halten einen am Leben und bei wachem Verstand. Ich beugte mich hinunter und hängte den Sack mit dem Portaledge aus. Ich sehnte mich danach, mich hinsetzen und ausstrecken zu können. Als es endlich ausgeklappt war, legte ich mich nieder. Jetzt waren es nicht mehr die Muskeln, die mein Gewicht trugen, sondern der Stoff. Für eine Minute lag ich so, entspannte mich. Dann saß ich auf und zog mir die Schuhe, Handschuhe und Knieschützer aus. Ich hängte sie an den Rand des Portaledges, damit ich sie am nächsten Morgen greifbar hatte. Danach löste ich die Beinschlaufen meines Gurtes, um etwas Luft an die Schenkel zu lassen. Ich war nun nur noch mit meinem Hüftgurt gesichert. Wenn ich fiel, würde ich nicht sehr lange hängen, bis ich das Bewusstsein verlor. Aber ich hatte keine Angst, ich war sicher. Auf einem Portaledge zu sitzen war nun nicht gefährlicher als im Oberdeck eines Busses.

Ich zog meine Fleecejacke über, holte ein Erfrischungstuch aus meinem Erste-Hilfe-Beutel, um meine Hände vom Felsstaub und von den schwarzen Aluminiumresten zu reinigen. Die Haut fühlte sich gut an, der leichte Luftzug trocknete sie.

Meine Augen waren schwer von Müdigkeit, aber ich zwang mich dazu, den Sack mit dem Essen aufzumachen und eine Dose Cola sowie einen Apfel herauszuziehen. Dann saß ich mit den Füßen im Leeren baumelnd und mit dem Rücken am El Cap.

Der Abend ist immer die beste Zeit bei einem Bigwall. Der harte Klettertag ist vorbei. Man kann essen, die Wunden können heilen. Der nächste Tag ist zu weit weg, um sich darüber Gedanken zu machen. Es gibt nur den Genuss des Augenblicks, die Erleichterung, wenn die Last abfällt. Die Wertschätzung des Augenblicks ist etwas vom Schönsten am Bergsteigen, etwas, das ich im normalen Leben mit seinen unzähligen kleinen Sorgen vermisse. An einer Wand gibt es keine Gedanken über Geldanlagen, Beförderungen oder die Rentenansprüche. Deine Zukunft reicht nur bis zu den beiden glänzenden Bohrhaken am Stand über dir.

Ich musste aufs Klo gehen. Seit dem Lay Lady Ledge hatte ich nicht müssen, aber langsam wurde das Problem drängend. Schon immer war es mir zuwider gewesen, auf dem Portaledge aufs Klo zu gehen. Andy Perkins hatte mal den Rat erteilt, man solle zu Hause üben, in einen Papiersack zu machen, bevor man in einen Bigwall einstieg. Er formulierte es so: «Du denkst vielleicht, dass du weißt, wo dein Arschloch ist. Aber bevor du nicht in den Sack getroffen hast, weißt du es nicht.»

Ich konnte warten. So lehnte ich mich über dem Rand des Portaledges ins Freie und zog mit letzter Kraft die Säcke mit dem Essen hoch. Ich aß ein wenig Bagel und etwas Käse. Vor Müdigkeit brachte ich nichts mehr herunter. Dann nahm ich meinen Walkman aus dem Sack und hängte ihn an die Bänder des Portaledges. Während ich aß, hörte ich Musik.

Ich hatte etwa zwanzig Kassetten mitgenommen, aber leider war am ersten Tag eine Tube mit Sonnencreme geplatzt und hatte alle bis auf ein einziges Band zerstört. Simon und Garfunkels «Bridge over Troubled Water». Nicht gerade mein Lieblingsalbum für einen Bigwall. Es war mir schleierhaft, wie ich überhaupt zu der Kassette gekommen war. Aber jetzt war ich froh darum.

Beim Bigwallklettern ist fröhliche, fetzige Musik am besten. Dann glaubt man für eine halbe Stunde, dass es der Soundtrack zur Kletterei sei, sozusagen der Trommelmarsch zum Gefecht. Trotzdem leisteten mir auch Simon und Garfunkel gute Gesellschaft. Meine einzige Gesellschaft. Als die Sonne unterging, drückte ich auf «Play».

In einer Wand ist Musik etwas ganz Besonderes. Zusammen mit der Erschöpfung und dem Adrenalin schärft sie deine Sinne. Dann hört man Dinge, die man nie zuvor wahrgenommen hat, subtile Untertöne und die Momente, in denen sich der Rhythmus ändert, genauso wie den Beat im Hintergrund und Melodien, die einem davor nicht aufgefallen sind. Vor allem ist Musik eine Art von Flucht, zumindest für kurze Dauer.

Ich lag im Dunkeln auf dem Portaledge und lauschte der Melodie. Fledermäuse schwirrten um mich. Es war, als sei ich zu einer der Personen aus den Liedern geworden: vom Leben verlassen und mit gebrochenem Herzen, der einsamste Mensch am El Cap. Ich betrachtete die Sterne, die nun hell schienen, und erkannte die Silhouette des nächtlichen Berges. Das vereinzelte Aufblinken einer Stirnlampe machte einen glauben, die Nacht würde langsam auf den Fels übergreifen.

Das nächste Lied begann: «For Emily. Whenever I may find her». Ein schönes und bewegendes Lied. Die Worte schwebten in mein Ohr und durch die Nacht. Ich war zwar militanter Atheist, aber als die Musik begann, glaubte ich, dass so etwas wie ein Gott existierte.

Garfunkel sang sein Liebeslied, und ich dachte an zu Hause, an Mandy und Ella. Ich fragte mich, was die beiden jetzt gerade machten und ob sie mich vermissten. Ich vermisste sie. Ich dachte an Ella, die sich sicherlich wunderte, wo ich hingegangen war. Für ein Kind ist eine Woche ein halbes Leben und ein Monat eine Ewigkeit. Ich hätte alles gegeben, um sie in diesem Moment zu sehen. Sie war ein Wunder. War all das, was ich hier sah und trieb, nicht absolut sinnlos im Vergleich zu ihr? Wie hatte ich jemals denken können, dass ein Leben aus Klettern, Führen und Monaten im Himalaya mich glücklich machen könnte? In ein paar Monaten würde mein Sohn auf die Welt kommen. Ich stellte mir vor, was wir alles Lustiges zusammen unternehmen konnten. Welche Abenteuer auf uns warteten. Waren meine Kinder, ihr Lächeln, ihre Fragen und ihr prustendes Gelächter nicht unvergleichlich viel mehr wert als alleine auf ein bedeutungsloses Stück Fels zu klettern, das keine Seele hatte? Ich lehnte mich zurück und dachte an Scarborough, Filey, an die Hood's Bay. An die kleinen Städte der Ostküste. Wie ich am Strand saß und meinen Kindern beim Spielen zusah. Mandy war an meiner Seite, lächelte mir zu ...

Als das Band mit einem Knacken zu Ende ging, wachte ich auf. Es war dunkel.

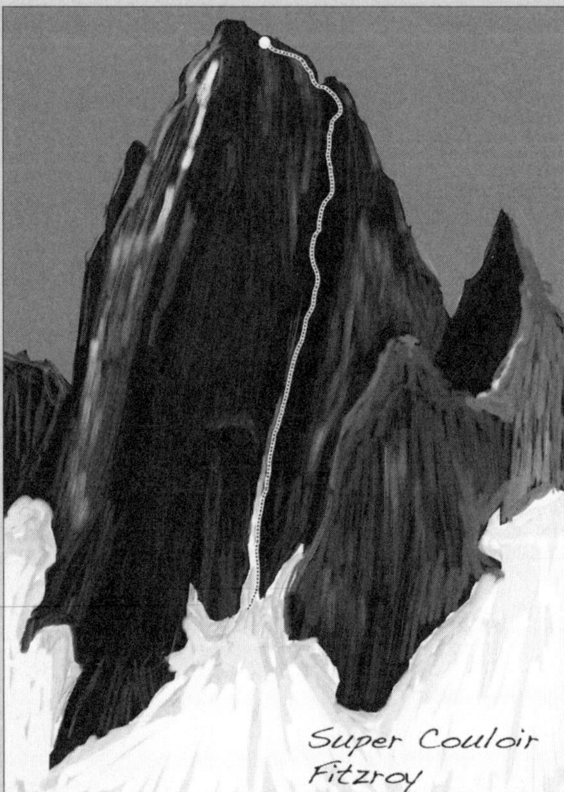

Fitz Roy mit Paul Ramsden, Nick Lewis und Jim Hall: «Meine erste Expedition – und was für eine! Hier war ich und bereitete mich auf die längste, kälteste und gefährlichste Route meines Lebens vor.»

Patagonien. Juni 1999

Wenn die Hölle zufriert

Mitternacht. Wir vier standen im Kreis und richteten unsere Ausrüstung her. Ich blickte flüchtig zu Paul, Jim und Nick, deren Augen nervös hinter den Schlitzen in ihren Sturmmasken hin und her huschten. Wir hängten uns das Material an den Gurt, legten die Seile aus und zogen die Steigeisen an. Niemand sprach. Ich fühlte eine tiefgehende Art von Beunruhigung, fast Panik.

Ein Viermannteam ist besser dafür geeignet, eine Route gemütlich zu machen, als schnell zu sein. Und ein kleines bisschen Gemütlichkeit brauchten wir hier unter dem fast zweitausend Meter hohen Supercouloir in der gewaltigen Nordwestwand des Fitz Roy, wo die Temperatur so tief war, dass man die Skala auf dem Thermometer nach unten hätte erweitern müssen. Warum stand ich hier mit diesen Männern? Paul Ramsden, Nick Lewis und Jim Hall waren ein eingespieltes Team, das viele harte Erstbegehungen in Alaska, der Antarktis und im Himalaya auf dem Konto hatte. Sie waren harte, krasse Männer. Ich kannte sie kaum. Mit Sicherheit konnte ich sagen, dass ich diese Route nicht klettern mochte. Was machten wir überhaupt? Es war Selbstmord, aber ich getraute mich nicht, offen über meine Meinung zu reden. Sie hatten mich gefragt, ob ich mitkäme. Wahrscheinlich gefiel ihnen etwas an mir, oder sie sahen in mir etwas, das sie brauchten. Jetzt konnte ich keinen Rückzieher mehr machen, selbst wenn ich wollte. Wie immer kam ich nicht darauf, dass alle dasselbe voneinander dachten.

Es war Juni in Patagonien, am südlichsten Ende Argentiniens, Hochwinter auf der Südhalbkugel. Meine erste Expedition – und was für eine! Man konnte die Expeditionen an einer Hand abzählen, die hier im Winter versucht hatten, etwas zu klettern. Wenn man sich genauer mit dem Wetter in Patagonien auseinandersetzte, war es nicht verwunderlich. Selbst im Sommer gab es hurrikanähnliche Winde und Stürme, die Wochen dauerten.

Hier war ich und bereitete mich auf die längste, kälteste und gefährlichste Route meines Lebens vor. Sie überstieg meine wildesten Träume. Trotzdem wollte ich jetzt nicht mehr. Ich dachte immer, dass ich für Momente wie diesen gelebt hatte, aber nun war etwas anders. Außerdem war ich ein anderer geworden.

Bald begannen wir zu frieren, es war Zeit, aufzubrechen. Wir konnten es nicht länger hinausschieben.

Ich nahm meine Eisgeräte und folgte den anderen in den schwarzen Schlund unter dem weiten, sternenübersäten Himmel

Ich dachte einzig und alleine an sie.

Mandy hatte immer ein Baby haben wollen. In einer unserer ersten Unterhaltungen hatte sie mir erklärt, sie würde später gerne eine ganze Schar Kinder haben.

Irgendwie schaffte ich es fast zehn Jahre, mich vor dem Thema Kinder zu drücken. Ich behauptete immer, es wäre nicht der richtige Zeitpunkt. Ich erkannte damals nicht, dass es so etwas gar nicht gibt, den richtigen Zeitpunkt.

Erst als Mandy mir erzählte, sie müsse weinen, wenn sie Mütter mit ihren Kindern sah, war mir klar, dass ich mich nicht mehr aus der Verantwortung ziehen konnte.

Wir beschlossen, es drauf ankommen zu lassen.

Wir pflügten uns durch den knietiefen Pulverschnee nach oben und verschwanden bald in dem engen, von Schneeeis ausgekleideten Couloir, das die schwindelerregende Wand zerklüftete. Überall um uns herum sahen wir im schwachen Schein unserer Stirnlampen die Überbleibsel früherer Versuche. Da hingen die weißen Litzen von sich auflösenden Seilen steif und gefroren von den Steinblöcken wie zerschossene Flaggen nach einem Kampf. Haken, Klemmkeile und Friends waren in den Wänden verteilt: eine Galerie von erfolglosen Unternehmungen. Ich dachte an die Geschichte, als hier jemand einmal einen Körper in einem Riss stecken fand. Die Haare sollen so geweht haben wie die Enden der zerfledderten Seile, an denen wir vorbeigestiegen waren. Ich hielt meinen Kopf gesenkt und stieg weiter.

Mitternacht. Die Wehen begannen. Mandy weckte mich auf und fragte mich, ob ich den Zeitabstand zwischen den Wehen messen könnte. Als die nächste kam, war ich schon wieder eingeschlafen. Enttäuscht von meinem Desinteresse schubste sie mich aus dem Bett und sagte, ich solle das Krankenhaus anrufen. Dann wünschte sie, dass ich das Album *The Sound of Music* auflegte, damit sie sich entspannen konnte, bevor es losging.

Mit dem Telefon in der Hand saß ich nackt auf der Treppe und zitterte. Ich wartete, dass jemand den Hörer abnahm. Ich fühlte mich nicht wohl beim Gedanken an die bevorstehende Geburt. Vielleicht stimmte irgendetwas mit mir nicht.

Es war zu kalt, als dass der Schnee hätte schmelzen und zu Eis werden können. So kletterten wir die ersten dreihundert Meter gemeinsam über schneebedeckte Platten hoch, ohne zu sichern.

Meine Ängste und Zweifel wurden bald von der Bürde der schweren Rucksäcke verdrängt. Auch die Sorgen über die kalten Füße sowie – erstaunlicherweise – die Freude am Klettern, am so schnell Vorankommen, halfen dabei.

Die alpinen Horrorgeschichten, die sich um die Route rankten, traten desto mehr in den Hintergrund, je mehr wir ihre Realität statt ihres Mythos begriffen. Das taube Gefühl in den Händen und Füßen, das Zusammenkleben der Lider beim Schließen der Augen erinnerten mich daran, wie sehr ich die Kälte liebe. Teile meines Gesichtes schauten brennend unter der Gesichtsmaske hervor.

Das Licht des silbrigen, toten Mondes beschien die glatten Wände um uns herum, beleuchtete auch die gezackten Türme und das Inlandeis dahinter. Es sah irreal aus, wie ein mit Airbrush gemaltes Science-Fiction-Poster. Hart und fremd. Eine andere Welt.

Es war mir immer so vorgekommen, als hätte man mich zu allem gedrängt: zu heiraten, ein Haus zu kaufen, Auto fahren zu lernen. Vielleicht war das mit dem Kinderkriegen nicht anders? Ich hoffte, dass ich ähnlich wie bei allen anderen Sachen irgendwann mit den Schultern zucken und sagen würde: «Na gut, so schlimm wie ich gedacht habe, ist es ja gar nicht.» Mandy fragte mich einmal, was das Schönste in meinem Leben sei. Ohne nachzudenken, antwortete ich: «Wenn du glücklich bist.» Sie wollte ein Kind, viel mehr als ich. Ich wusste, dass es unvermeidlich war. Es war so einfach, und ich wusste es.

Mit jeder Seillänge nahmen die Schwierigkeiten zu. Aus dem Schnee wurde altes, splittriges Eis. Das Couloir wurde nun schmaler, das Eis an seinem Grund glich einer zerbrechlichen, dünnen Ader. Einen Fuß im Eis und den anderen im senkrechten Absatz aus schlechtem Diorit, kletterten wir vorsichtig empor. Die Hauen schlugen wir ganz vorsichtig in die etwas dickeren Stellen des Eises und hofften, dass sie hielten. Man war nie sicher, ob das Seil bis zum nächsten Stand reichte.

An einer schlechten Eisschraube und einem alten Haken festgemacht, wartete ich, die Steigeisen auf die Seite gedreht. Paul schlich sich langsam eine 70 Grad steile Rinne hoch, während ich versuchte, den Stand nicht zu belasten. Zwischen uns war keine Sicherung, und ich vergaß meine kalten Füße. Er arbeitete sich sehr vorsichtig am Eis hoch, jede Bewegung ein Teil dieser heiklen Sequenz von Zügen. Das Eis war so breit wie ein Fuß und kaum dicker als ein Buch. Jim und Nick beäugten uns von unten, das herunterfallende Eis hinterließ Schrammen und Wunden. Keiner von beiden sagte etwas. Wir wussten, was passierte, wenn er fiel.

Alle Augen waren auf Pauls Steigeisen gerichtet.

Als er einen Tritt belastete, brach dieser ohne Warnung aus. Das Eisstück traf mich am Stand, verschwand dann in der Tiefe. Zumindest hatte der Stand mein Gewicht gehalten. Paul balancierte wackelig auf einem einzigen Frontzacken, das Gewicht des Rucksackes zog ihn nach hinten. Dann setzte er mit extremer Vorsicht das zweite Steigeisen über das erste und stieg höher, bis er wieder etwas sicherer dastand.

«Das Eis wird hier dicker und ich kann einen Haken sehen!», schrie er herunter, aber seine Stimme klang unsicher.

Ich sah zu Jim und Nick hinunter. Die Erleichterung stand ihnen im Gesicht, sie lächelten. Das wärmte mich.

Die ganze Sache mit dem Kinderkriegen wurde zu einer Belastung. Nichts passierte. Plötzlich wurde aus Liebe ein Chemielabor. Ich verabscheute es, verabscheute die Art und Weise, wie ich gezwungen wurde, ein Baby zu machen.

Mit der Zeit fragte ich mich besorgt, ob ich es vielleicht gar nicht konnte, ob da was nicht stimmte. Gleichzeitig brach die Realität über mich herein. Vielleicht hatte ich ja gar keine Wahl.

Mitternacht. Ich fiel auf meine geschundenen Knie und hackte wie ein Verrückter auf einem winzigen Fleck mit gefrorenem Schutt herum: mein Zuhause für die Nacht. Nach vierundzwanzig Stunden Nonstop-Kletterei war ich total erschöpft.

Wir wussten, dass wir knapp unter dem Gipfel waren. Aber die Erfahrung lehrte uns, dass wir ein paar Stunden ausruhen mussten, anstatt unsere Körper noch weiter in den roten Bereich zu treiben. Wir mussten mit unseren Kräften haushalten. Schließlich konnte der schwierigste Teil erst kurz vor dem Gipfel noch kommen.

Trunken von Müdigkeit versuchte jeder eigensinnig, für sich das Beste für diese Nacht herauszuholen: eine Schlinge für die Knie, einen Rucksack, um hineinzustehen. Wir wollten eigentlich gar nicht viel.

Der Absatz war winzig, unsere Füße baumelten über den immensen schwarzen Abgrund.

Paul band sich erschöpft vom Seil aus, verfing sich mit einem Steigeisen in Jims Isoliermatte und stürzte fast über den Rand in den Abgrund. Sie schrien sich gegenseitig an, aber ich war zu müde, um mich dafür zu interessieren. Alles, was ich wollte, war die Zufluchtsstätte meines Schlafsacks und etwas Heißes zum Trinken.

Die Temperatur fiel jenseits der Skala auf unserem Thermometer.

Keiner von uns hatte mehr als einen halben Liter Wasser getrunken, seit wir das Zelt am Vortag verlassen hatten. Als ich erst einmal im Schlafsack war, versuchte ich, den Kocher in Gang zu setzen. Müde, ausgelaugt und mit einem Blutzuckerspiegel gegen null, stritten Nick und Jim neben mir, während ich mit gefühllosem Hinterteil und kalten Füßen versuchte, so lange wach zu bleiben, bis ich einen Topf mit dreckigem Schnee zu Wasser geschmolzen hatte.

Ich fragte mich, was sie gerade in diesem Moment machte, ob sie wach war oder schlief. Ich fragte mich, ob sie an mich dachte.

Jim saß neben mir und schlürfte ein paar halbgekochte Nudeln hinunter. Ab und zu gab er einen Kommentar darüber, wie gut «gewürzt» sie seien: Im Schnee waren Gesteinssplitter gewesen, diese steckten jetzt zwischen den Nudeln. Bis zu dieser Expedition hatte ich Jim nie getroffen, ja nicht einmal von ihm gehört, aber man hatte mir dann erzählt, dass er ein Meister sei, wenn es darum ging, Entbehrungen auf sich zu nehmen. Auf dem Flug von England nach Südamerika erzählte er mir, wie er zusammen mit einem Freund in Alaska den Denali über den Südgrat und den Südostpfeiler im absolut reinen Alpinstil bestiegen hatte. Sie waren zu Fuß zur Zivilisation zurückgelaufen, statt auszufliegen, wie sonst üblich. Die Besteigung und der Abstieg nahmen achtundzwanzig Tage in Anspruch. Ich fragte ihn, wie man eine Route mit so viel Essen und Brennstoff klettern konnte. «Im Prinzip ist es einfach. Man schleppt enorm große Rucksäcke und isst so gut wie nichts. Zumindest das mit dem Essen fiel uns leicht, weil sowieso alles mit Benzin durchtränkt war», erklärte er.

Auf dem Todesmarsch zurück waren sie nicht nur halb verhungert, sondern wurden auch noch von Bären verfolgt. Das wenige Essen, das sie noch besaßen, verloren sie zusammen mit einem Großteil der Ausrüstung beim Durchqueren des McKinley Rivers. Als sie endlich am Alaska Highway ankamen, waren sie mehr tot als lebendig.

«Wie ist das im Vergleich mit dem hier?», fragte ich.

«Das hier, was wir machen, ist nichts im Vergleich zu der Sache am Denali», sagte Jim, spuckte die sandigen Reste der Nudeln in die Dunkelheit aus und schlief mehr oder weniger an Ort und Stelle ein.

Obwohl ich mich in der absolut ungemütlichsten Lage befand, die man sich vorstellen konnte – die Füße steckten im Rucksack, damit ich nicht abstürzte, der Kopf lag auf den Knien –, machte ich es Jim bald nach.

Die Schwangerschaft begann wie ein durchsichtiger Schimmer, den man kaum wahrnimmt. Aber sie war da, sie war echt. Mandy sprang mit glühendem Gesicht herum, ihr Traum kam nun zur Erfüllung. Ich versuchte, glücklich auszusehen und alles so zu tun, wie man es von einem Vater oder Ehemann erwartet. Tief drinnen fühlte ich das Unbehagen wachsen. Ich hatte Angst. Meine einzigen Gedanken waren diejenigen an die Flucht.

Das Baby, das in Mandy wuchs, war nicht mehr als ein Baby: vier Buchstaben, die für mich keine Bedeutung hatten. Es war Mandys Kind, nicht meines. Sie hatte es gewollt. Ich war es nicht, der es gebraucht hatte. Ich begann darüber nachzugrübeln, ob ich verschwinden sollte, ob wir uns nicht besser trennen sollten, bevor das Baby zur Welt kam. Ein Freund hatte mir erzählt, dass ein Kind das Ende deines Lebens einläutet, aber auch den Beginn eines neuen. Es hörte sich wie eine schöne Idee an, aber ich konnte nur die negative Seite daran erkennen.

Mir wurde klar, dass ich ein Problem mit Verantwortung hatte. Es war schwer für mich, für eine andere Person die Verantwortung zu übernehmen. Und jetzt sollte ich auch noch für ein Baby verantwortlich sein? Warum? Was hielt mich zurück? Ich hasste solche Gefühle. Ich war kein schlechter Mensch, aber meine Gedanken waren düster. Mir blieb nichts anderes übrig, als mit gesenktem Kopf weiterzuleben, während Mandys Baby wuchs.

Das Geräusch des Windes drang in meine Träume wie das Donnern eines Jumbojets. Ich wusste nicht, dass es echt war, bis ich aufwachte und sah, dass es keinen Mond gab, auch keine Sterne, sondern nur dieses unwirkliche Geräusch in der schwarzen Leere des Raumes über uns.

«Oh fuck», sagte ich und weckte die anderen auf. Ein Sturm zog herauf. Ich wusste, dass wir absteigen mussten: Es war bekannt, dass die Route bei schlechtem Wetter eine Todesfalle war. Aber wir hatten so viel gegeben, um diesen Punkt zu erreichen, wir waren über einen Kilometer geklettert. Wie konnten wir umdrehen, wenn wir so nahe am Gipfel waren?

Der Wind peitschte auf die andere Seite des Berges nieder. Bei uns war es noch ruhig, wir hatten Zeit zur Flucht. Ohne Zweifel war das das einzig Richtige. Alle wollten hinunter. Aber weil es für uns selbstverständlich war, dass jeder so dachte, sprach niemand darüber, und jeder ging davon aus, dass die anderen weitermachen wollten. Es war purer Wahnsinn. Aber wir kletterten weiter.

Um Wasser zu schmelzen oder Essen zu kochen, blieb uns keine Zeit. Schnell verstauten wir unsere Schlafsäcke und brachen auf. Vor Angst bewegten wir uns fast wie Roboter. Wir waren wie Spieler, die alles auf eine einzige Karte setzten: dass das schlechte Wetter uns noch eine Galgenfrist von einem Tag ließ.

Ziemlich schnell waren wir wieder mitten im Trubel der Kletterei, kratzten mit den Steigeisen über dünne Eisauflagen auf glatten Platten, fügten das Puzzle aus Verschneidungen, Verhauern und Eisspuren zusammen, das uns aus dem Couloir bringen sollte. Endlich kamen wir an. Die Wand öffnete sich wie ein gigantisches Amphitheater. In so einem Gelände zu klettern war absolut begeisternd, und bald schwanden die Angst und der Sturm aus unserer Wahrnehmung. Wir waren schon hoch über den umliegenden Bergen, kletterten schnell, sahen auf Gipfel hinab, die wir vor zwei Tagen noch von unten ungläubig angestarrt hatten. Das Problem war, dass wir nun auch zum ersten Mal die gigantischen, ambossförmigen Wolken sahen, die sich schnell vom Inlandeis her näherten. Mir blieb nur übrig, wegzusehen und das Bild schnell zu verdrängen. Dann sahen wir ihn, weiß von Anraum und unglaublich nahe: den Gipfel des Fitz Roy. Ich konnte kaum glauben, dass er so nahe war.

Paul und ich gingen eine Weile gleichzeitig, ohne Stand. Wir kraxelten über große eisige Blöcke aus dem Couloir bis zu einer Scharte im Ostgrat. Wir hielten uns gut fest, als wir die Köpfe in den grausamen Wind streckten und auf der anderen Seite den Cerro Torre tief unter uns sahen. Wir konnten uns nicht einmal gratulieren, der Wind und der Lärm waren zu stark. So schützten wir uns hinter einem Felsblock und warteten auf Nick und Jim. Von unserem breiten Grinsen wurden die Gesichter warm.

Als wir wieder alle zusammen waren, holte Paul tief Luft und wagte sich in die nächste Seillänge. An kleinen Unebenheiten, die von Wind und Wetter herausgearbeitet worden waren, stieg er über eine exponierte Platte aus der Scharte und traversierte dann auf die Nordseite des Grates, wo er einigermaßen windgeschützt war. Mit am Gurt flatterndem Material und Seilen, die sich wie eingefrorene Peitschen waagerecht in der Luft hielten, glich er einem Stuntman, der auf den Flügel eines Flugzeugs hinausklettert.

Wir waren nun zurück im Schutz des Grates und gelangten zum Ausstieg des Couloirs, wo wir zum letzten Col queren konnten und dann nur noch über einfaches Gelände zum Gipfel klettern mussten.

Es sah aus, als ob wir in ein paar Minuten dort sein konnten – bis unsere Querung im Nichts endete und wir uns gezwungen sahen, hinauf auf den Grat zu klettern.

Nick kletterte hoch, kam aber bald wieder zurück. Man konnte dort oben vor lauter Wind nicht atmen, geschweige denn klettern. Es war halb fünf am Nachmittag, und der Himmel wurde zunehmend dunkler. Wir standen eng aneinandergedrängt und wussten, dass wir den Gipfel nicht vor Einbruch der Nacht erreichen konnten.

Ich wollte umdrehen. Ich hatte meinen Teil gegeben. Aber die anderen wollten warten und das schlechte Wetter aussitzen. Sie spekulierten darauf, dass der Wind am nächsten Morgen abflauen und es uns erlauben würde, auf den Gipfel zu stürmen. Ich wusste, dass Stürme in Patagonien oft Monate dauern. Der Gedanke, hier noch weiterzubleiben, machte mich krank.

Den Leuten zu erzählen, dass man bald ein Kind bekommt, ist wie ein Ritual des Erwachsenwerdens. Ähnlich wie ihnen zu erzählen, dass man gerade eine schwere Route geschafft hat. Sie wissen dann, dass du ein echter Mann bist. Ein Kind zu haben heißt, dass du ein anderer geworden bist, dass du es geschafft hast, dass du deine biologische Pflicht erfüllt hast. Das einzige Problem dabei war, dass ich bei meiner Arbeit genügend Väter sah, die fett, müde und schlecht gelaunt aussahen und sich darüber beschwerten, dass die Kinder alle ihre Träume vermasselt hatten. Die Leute sagten mir, dass ich nun ein ruhiges, geregeltes Leben führen müsste und mit dem Klettern aufhören sollte. Wenn du mal Kinder hast, so hieß es, verschieben sich die Prioritäten. Keine harten Routen mehr.

Aber es gab noch so viel, was ich tun wollte.

Wir kletterten zu einem kleinen Eisfeld hinunter, das knapp über dem Abgrund hing. Eineinhalb Kilometer tiefer war der Gletscher. Wir hackten einen Absatz für unser winziges Dreimannzelt heraus. Schon wenige Minuten nachdem wir hineingekrochen waren, spannte sich der hauchdünne Stoff unter den peitschenden Hieben der Windstöße und riss an den Verankerungen der Eisschrauben.

Der Wind drehte sich langsam, jetzt traf der Sturm auch unsere Seite des Berges. Uns wurde klar, dass wir in der Falle saßen, bis der Sturm sich gelegt hatte oder wir vom Berg geblasen wurden. Auf den Planen des Zeltes herrschte ein derartiger Druck, als würden Millionen von verängstigten Seemöwen dagegenfliegen. Das untere Ende, wo unsere Füße waren, hob sich wie von Geisterhand hoch und fiel wieder herunter, wenn der Wind seine Finger darunterstreckte.

Der Wind nahm zu. Er heulte lauter als jemals zuvor und nahm trotzdem immer weiter an Kraft zu.

Plötzlich hob sich das Zelt, und wir befanden uns in der Luft.

Ich stellte mir ihr Gesicht vor. Wenn das hier das Ende war, wollte ich als letztes Bild dieser Erde das ihrige behalten.

Die Blutungen fingen am Morgen an. Mandy war erst seit acht Wochen schwanger. Es war ein schlechtes Zeichen. Wir waren damals in London, deswegen gingen wir in das lokale Krankenhaus und warteten dort in der Notaufnahme. Mandy weinte. Sie hatte Angst, das Baby würde sterben. Ich legte meinen Arm um sie und fühlte mich ebenfalls, als müsste ich gleich losheulen. Aber ich hielt mich im Griff. Ich musste stark sein. Ein tiefes Gefühl von Traurigkeit war in mir, wenn ich daran dachte, dass das Kind sterben konnte. Ich wusste, wie viel es ihr bedeutete. Ich fragte mich, ob sie das überleben würde, ob wir das überleben würden, wenn es sterben würde.

Das Zelt überschlug sich, als ritte es auf einer Welle in der stürmischen See. Alles purzelte durcheinander. Ich hörte Menschen schreien und wurde gewahr, dass ich einer von ihnen war. Ich hielt mich an Paul fest, der neben mir war. Wir waren davon überzeugt, samt dem Zelt durch den Raum zu fliegen und bald beim Sturz über die Wand zerschlagen zu werden.

Dann krachten wir zurück auf den Absatz.

Die Sicherungen hatten gehalten.

Der Arzt zog den Vorhang zurück, lächelte und erklärte uns, dass alles in Ordnung zu sein schien. Er hatte Mandy untersucht, das ungeborene Kind sah gesund aus. Es gab keinen Grund zur Sorge. Ich fühlte mich erleichtert, wollte seine Hand schütteln. Alles war in Ordnung. Mandy wischte sich die Tränen weg. Sie sah schön aus, wenn sie glücklich war.

Mitternacht. Die Zeit zog sich, lange und schrecklich. Alle zehn Minuten wurde das Zelt in die Luft geblasen. Die unablässigen Geräusche des Windes und der flatternden Zeltplanen machten uns verrückt. Bald waren alle Adrenalinvorräte in meinem Körper aufgebraucht. Weil es unfähig war, weiter mit dem Druck umzugehen, begann mein Gehirn abzuschalten. Alles, an was ich denken konnte, war meine Dummheit, ihre Liebe, was passieren würde, wenn ich hier sterben würde. Ich wünschte, ich wäre nicht so besorgt, ich wünschte, ich könnte ohne jede Reue egoistisch sein.

Der Morgen kam, aber die Intensität des Windes nahm zu statt ab. Ich rief den anderen zu, dass wir uns hinunterkämpfen sollten, solange wir noch etwas Energie hatten. Aber die anderen überstimmten mich. Sie sagten, wir sollten bleiben, wo wir waren. Aus Angst wurde gefühllose Resignation. Wir fingen an, uns Geschichten von anderen haarsträubenden Abenteuern zuzurufen, die wir durchlebt hatten. Wir waren alle unsicher, ob wir lange genug lebten, um diese Geschichte zu erzählen.

Nach siebzehn Stunden wechselten wir das Thema. Nicht mehr Bergdramen standen nun im Mittelpunkt, sondern Alltägliches und Banales. Schließlich landeten wir bei den Frauen. Nick erzählte eine Geschichte von einer Liebe, die unter keinem guten Stern stand. Einmal hatte er in Warschau – er war nach Polen gefahren, um zu klettern – eine schöne und bekannte Balletttänzerin kennengelernt, die großes Interesse an ihm fand. «Sie war umwerfend. Aber ich hatte schon eine Freundin in England und sagte ihr, dass ich nicht untreu sein wollte.»

«Hast du deiner Freundin von ihr erzählt?», fragte Jim.

«Ja, als ich nach Hause kam, wollte ich sie anrufen und ihr erzählen, wie treu ich ihr geblieben war. Aber sie sagte, sie hätte jemand anderes kennengelernt, und es sei nun vorbei.»

Hysterisches Gelächter durchbrach die von Angst und Zermürbung angespannte Stimmung. Wir lachten nicht nur über Nicks Pech, sondern auch über den Gedanken, dass vier verrückte Männer mitten im Winter hoch oben am Fitz Roy in der Falle saßen und über Sex und Ballerinas redeten. Tränen liefen über unsere Wangen.

Zu dieser Zeit begann der Sturm das Zelt in Stücke zu reißen.

Unser Vermieter Jon fuhr uns ins Krankenhaus.

Mandy lag mit Schmerzen im Bett, ich saß an ihrer Seite und versuchte, wach zu bleiben. Der Tag zog sich hin, ohne dass die Geburt näher kam. Geschäftige Ärzte und Krankenschwestern kamen hin und wieder, um nach Mandy zu sehen. Ich lief im Gang hin und her, wo auch andere müde Väter zu sehen waren. Keiner von diesen schien sich allzu sehr auf die Sache zu freuen. Ich ging zur Eingangshalle und rief alle Leute an, die informiert bleiben mussten. Danach setzte ich mich wieder zu Mandy. Ich versuchte, mit ihr zu sprechen, das zu tun, was Väter tun sollten, aber ich lenkte wohl nur vom eigentlichen Geschehen ab. Also setzte ich mich und las.

Im einen Augenblick waren wir noch in den Schlafsäcken und lachten, im nächsten schrien wir. Das Zelt füllte sich mit Schneestaub und löste sich vor unseren Augen auf. Mein Schlafsack verwandelte sich in einen eisigen Windsack. Panisch steckte ich ihn in den Rucksack und kroch ins Freie, wo ich mich an einem wirren Knäuel vereister Seile festhielt. Es fühlte sich an, als ob ich zwischen den Segeln eines Schiffs sei, das gerade das sturmumtoste Kap Hoorn umschifft.

Eisiger Anraum bedeckte im Nu alles. Ich sah, wie Nick und die anderen auftauchten. Jedes Gesicht war hinter mehreren Masken und einer Skibrille versteckt. Wir hatten die großen Daunenjacken an. Der Gipfel spielte keine Rolle mehr. Mit dem starken Wind und dem Schnee, der von unten nach oben blies, kam es uns vor, als müssten wir die Route ein zweites Mal besteigen, nur diesmal von oben nach unten. Die Schwerkraft hatte offenbar ihre Richtung gewechselt. Beim vorsichtigen Absteigen auf den Spuren hinunter zur Scharte und zum Couloir hielten wir uns an allem fest, was es gab. Wir wussten nicht, über welche anderen Routen man abseilen konnte. Wir hatten keine andere Wahl, als über den Weg abzusteigen, über den wir heraufgestiegen waren. Der Ort war so ziemlich der letzte auf der Welt, den man während eines Sturmes besuchen wollte. Eine Art Todesurteil, aber gleichzeitig unsere einzige Fluchtroute.

Im Krankenhaus hatte ich ein australisches Journal durchgeblättert und dabei ein bisschen Hausaufgaben gemacht. Dort stand etwas über eine Winterbesteigung des Supercouloirs am Fitz Roy drin: eine Route, die ich im nächsten Sommer vorhatte. Ich spürte Unbehagen bei dieser Unternehmung, meiner ersten richtigen Expedition.

Wie würde ich mit Nick, Jim und Paul zurechtkommen? Ich kannte sie ja nur von der Arbeit her. Schon lange wollte ich nach Patagonien, aber niemand hatte meine Begeisterung geteilt, bis ich Paul davon erzählte, als er kam, um neue Steigeisen zu kaufen. Sein Onkel war mal dort im Winter herumgereist und hatte erzählt, dass das Wetter in dieser Jahreszeit stabiler war. Jim und ich fingen an zu organisieren. Patagonien im Winter – das war immer noch eine sehr verrückte Idee. Ich dachte daran, dass ich der einzige Vater im Team sein würde. Ob das einen Unterschied machte, Vater zu sein? Ob man dadurch abgebremst oder vorsichtiger wurde?

Eine Krankenschwester kam herein und sagte, dass ich heimgehen solle. Ich war vierundzwanzig Stunden wach gewesen. Die Krankenschwester vermutete, dass die Geburt frühestens am nächsten Tag beginnen würde. Froh darüber, endlich ein wenig schlafen zu können, verzog ich mich.

Wir kletterten ab. Bei schwierigeren Stellen ließen wir uns gegenseitig mit dem Seil ab, weil wir Angst hatten, wir könnten die Seile aus Versehen loslassen, wenn der Wind uns hin und her beutelte. Dann erreichten wir das obere Ende des Couloirs, wo wir uns an den Felsen festklammerten und den ersten richtigen Abseilstand bauten. Müde und hungrig wie ich war, stellte ich mir vor, dass wir nun über den Rand der Welt in den leeren Raum abseilten, aus dem Wolken heraufströmten. Der Wind rüttelte an unseren Kleidern. Wir wussten genau, dass sich im engen Schlund des Couloirs die Kraft des Windes verzehnfachte und es vor Steinschlag oder den Lawinen kein Ausweichen gab. Ich erinnerte mich daran, dass ich von einem Kletterer namens Gino Buscaini gelesen hatte, der hier im Couloir einen Tornado fotografiert hatte. Ich fragte mich, welche Schrecken weiter unten auf uns warteten, und ob ich stark genug wäre, es mit ihnen aufzunehmen. Wir begannen abzuseilen.

Mitternacht. Das Telefon läutete. Ich war keine fünfzehn Minuten im Bett gewesen.

«Mr. Kirkpatrick, Sie müssen so schnell wie möglich kommen! Die Geburt fängt an!» Ich legte auf und ließ den Kopf auf das Kissen sinken.

Das Telefon läutete wieder.

«Mr. Kirkpatrick, sind Sie schon unterwegs?» Dieses Mal sprang ich aus dem Bett.

Als ich zu Mandy kam, war sie am Gebären, ein Arzt und eine Hebamme standen ihr bei. Die Geburt dauerte schon lange, es gab Komplikationen, weil das Baby sich unglücklich gedreht hatte. Ich stand neben ihr und versuchte, ihre Hand zu halten. Ich war passiv, geistig abwesend, unbeteiligt. Es zog und zog sich dahin. Ich fühlte mich fremd. Ich fühlte gar nichts.

Die Uhren gefroren, die Zeit blieb stehen, während wir langsam abseilten. Jeder war allein mit seiner Angst. Es gab nichts zu sagen, und wenn schon, es hätte mich ja auch keiner hören können. Wir dachten nicht weiter als bis zum nächsten Abseilstand und dankten den Göttern jedes Mal, wenn die Seile sich abziehen ließen, ohne dass sie sich verhängten. Man durfte gar nicht daran denken, dass die Seile im Sturm hätten verloren gehen können, vom Wind weggeblasen, hinter einer unerreichbaren Schuppe verklemmt oder von herabfallenden Steinen zerschlagen.

Wir versuchten, das Couloir so gut wie möglich zu vermeiden, und riskierten den Abstieg über die glatten Granitwände: Hier ging es schneller, aber wir waren vollkommen ausgesetzt. Wir konnten nur raten, wo wir uns befanden. Die Wände waren von einer gleichförmigen Schicht aus federartigem Anraum bedeckt, dicke Wolken umhüllten uns. An einem Stand hingen wir zu dritt an einer wackeligen Schuppe und einem einzigen Haken. Die Füße baumelten im Leeren. Paul seilte ab und schaute nach dem nächsten Stand. Wir wussten, dass noch Schlimmeres folgen konnte, aber akzeptierten die Dinge so, wie wir sie antrafen.

Die Hebamme schaute besorgt aus und fing an zu schwitzen. Der Arzt kam zurück. Sie sprachen miteinander. Ich stand auf und versuchte herauszufinden, was los war.

«Mrs. Kirkpatrick ... Mandy ... wir vermuten, dass die Nabelschnur sich um den Hals des Babys gelegt hat. Sie müssen jetzt sehr fest drücken.»

Ich fing an zu weinen. Ich griff Mandys Hand fest und drückte sie. Ich wollte, dass das Kind endlich käme. Ihr Gesicht wurde rot. Ich konnte nicht aufhören zu weinen. Ich wollte nicht, dass unser Kind starb.

Es wäre keine gute Idee gewesen, die beiden anderen Seile aus dem Rucksack zu holen, sie wären im Nu steifgefroren und unbrauchbar geworden. So stiegen wir alle zusammen als Team langsam ab, gelangten wieder zum Couloir, wo wir einen uns bekannten Stand fanden. Als wir alle dort waren, blieben wir ruhig stehen, bis wir die Seile abgezogen hatten. Wir konnten ein wenig ausruhen. Nun kannten wir den weiteren Abstieg, selbst wenn es sich dabei um eine Kegelbahn mit herabfallendem Schnee und Steinen handelte, die viele Gefahren barg.

Ich machte ein Foto von Jim. Er lachte. Ich wollte daran glauben, dass ich so lange lebte, um es einmal anschauen zu können, wenn es entwickelt war.

«Ich denke, von hier aus sind es noch dreißig Abseilstellen», sagte Nick, als er Paul langsam in die Tiefe abließ. Hagelkörner wurden von unten nach oben geblasen.

Der Wind legte sich für eine Sekunde. Sofort kamen Pulverschneerutsche wie Schnellzüge von oben und ergossen sich über uns. Unfähig, uns aus der miserablen Lage zu befreien, hingen wir zu dritt am Stand, während Paul unten nach den Haken suchte. Wir waren bis zur Hälfte von den anschwellenden Fluten aus Schnee bedeckt. Denk nicht weiter als bis zum nächsten Stand, sagte ich mir. Es war eine gute Strategie.

Mandy wurde befohlen, stärker zu drücken, und irgendwie gelang es ihr. Dann sagte die Hebamme, dass sie den Kopf des Babys sehen könne. Ich war ein Feigling, schaute weg, weil ich Angst vor dem hatte, was ich hätte sehen können. Wenn das Baby tot war und ich es nie gesehen hatte, blieb es vielleicht für immer unreal.

Nur der Anbruch der Nacht zeugte davon, dass die Zeit nicht stehen geblieben war. Die Welt war nun nicht größer als die flackernden Kegel des Stirnlampenlichtes. Wir hatten aufgehört, die Längen zu zählen, die wir abgeseilt waren. Ich war wie betäubt, sowohl körperlich als auch mental. Ich stellte mir vor, wie wir den Gletscher und unser Zelt erreichten, aber der Gedanke war eine Tortur: Die Möglichkeit schien nicht näher als damals, als wir den Biwakplatz verlassen hatten. Ich fragte mich, ob wir vielleicht schon gestorben waren und das die Hölle war, in der wir die Ewigkeit verbringen mussten.

Ich stand da, unfähig, mich zu bewegen, und wartete darauf, dass der Augenblick vorbeiginge: Was immer passierte, die Probleme würden sich auf die eine oder andere Art lösen. Wenn das Baby tot war, dann würden wir es verschmerzen müssen. Wir hatten genug Zeit, noch einmal ein Kind zu bekommen.

Gott im Himmel, was war los mit mir? Warum war ich so gleichgültig? Warum hatte ich so viel Angst?

War es meinem Vater auch so ergangen, als ich geboren wurde?

Vierzehn Stunden nachdem die teuflische Abseilfahrt in die Tiefe begonnen hatte, kletterte ich alleine ab. Ich fror zu sehr, um darauf zu warten, bis ich mit dem Abseilen an die Reihe kam. Ich hatte Mühe, mich zu konzentrieren. Ich rutschte aus und hielt wieder an. Das Licht meiner Stirnlampe war erloschen, genauso wie jeder Gedanke in meinem toten Gehirn. Ein weiterer Windstoß peitschte gegen die

Wand. Ich hielt in meinen Stufen an und wartete, bis er vorüber war. Das Heulen schreckte einen bis ins Mark auf, schwarze Erinnerungen überkamen mich, wie ich damals als Kind zur Weihnachtszeit ins stürmische Meer gefallen war.

Ich lehnte mich gegen den Hang, um meinen Rücken zu entlasten, presste den Kopf eine Sekunde in den Schnee und fragte mich, wie weit es noch bis zum Bergschrund war. Ohne Vorwarnung zischte eine Spindrift über mich weg, verklebte mir die Augenbrauen, machte mich blind. Ich bekam Panik, rutschte aus und verschwand Hals über Kopf im Schnee, der mich nach unten in die Dunkelheit spülte.

Kurz vor dem Bergschrund kam ich zum Halten und kroch aus dem Schnee. Ich war zu erschöpft, um mein Glück zu begreifen. Ich versuchte aufzustehen, aber jedes Mal wurde ich durch die Windböen wieder umgeworfen. Mir blieb nichts anderes übrig, als auf allen vieren wegzukriechen. Ich war an der Grenze der absoluten Erschöpfung. Jim kam hinter mir her und holte mich ein. Auch er war gefangen in seinem Überlebenskampf. Dann kamen die anderen.

Ich kam wieder auf die Beine und wankte hinter ihnen durch die Nacht.

Die Hebamme wollte gerade «warte!» sagen, aber es war zu spät, das Baby war schon in ihren Händen. Ich drehte mich um, um es zu sehen. Ich konnte nicht anders. Der Kopf der Hebamme war tief heruntergebeugt, sie streichelte das graue, leblose Ding. Sie weinte.

Ich dachte zum ersten Mal darüber nach, was für eine Art Mensch aus diesem Baby werden würde ... hätte werden können. Davor hatte ich nie so gedacht: dass es ein Mensch war. Ich fragte mich, wem es ähnlicher gewesen wäre, in der Farbe der Augen, den Haaren, dem Lachen, dem Lächeln, den ersten Worten. Ich dachte daran, wer ich hätte werden können. Ich dachte daran, wie mich das Kind hätte lieben können und ich es geliebt hätte.

Jetzt halluziniere ich. Ich sehe Napoleons Soldaten neben mir wanken, die Gewehre schleifen im Schnee. Der Gedanke quält mich, dass ich es nie nach Hause schaffen werden, egal wie stark ich bin.

Deine Familie. Sie warten auf dich.

Ich schleppe mich durch den tiefen Schnee, froh über die Spuren der anderen, obwohl sie schnell wieder zugeweht werden. Alle paar Meter wirft der Wind mich über den Haufen, aber ich weiß, dass er den Kampf verloren hat, dass er mich nicht mehr umbringen kann. Ich habe gewonnen.

Ich habe meine Energien gut eingeteilt, so wie ich es schon oft davor tun musste. Aber noch nie war ich so leer. Ich bin gereinigt von allen Emotionen, es gibt keine Gefühle mehr, mein Inneres ist zu einem Knoten von Muskeln geschrumpft. Ich bin absolut leer. Ich bin daran, den Geist aufzugeben, aber der Wind fährt mir in den Rücken, lässt mich weiterstolpern, zurück zum Basislager. Ich denke an unsere Oase aus Nylon, an Tee und Kekse, an Licht und Lachen. Ich denke an zu Hause.

Ich blinzelte und konnte kaum glauben, was geschah. Noch einmal wischte ich mir die Augen frei, sah, dass es wahr war, dass es eine Veränderung gab. Das Baby wurde weiß, dann rosa. Es öffnete seinen Mund, seine Hand zuckte. Der winzige Körper lag eingebettet in den Armen der Hebamme, die ihren Kopf hob und sagte: «Es ist ein Mädchen.»

Meine Tochter.

Ella.

Mitternacht. Wir knieten in einem Kreis im Schnee. Hier war unser Zelt gestanden. Jetzt rollte es irgendwo über das Patagonische Inlandeis. Nichts ist übrig als ein paar Fetzen Stoff, die wie verletzte Glieder wild im Wind flattern. Ich bin zu ausgetrocknet, um zu weinen, und weiß, dass zugefrorene Augen den Schmerz nur noch größer machen würden. Ich denke an Ella, die zu jung ist, um zu verstehen, wo ich bin, aber ich bin alt genug, um zu wissen, dass ich nicht dort bin. Ich möchte bei ihr sein, nicht hier mit diesen Fremden. Ich denke an die Phantomsoldaten, die an mir vorübergezogen sind, und an das Leben, das neue, das alte und den Wandel.

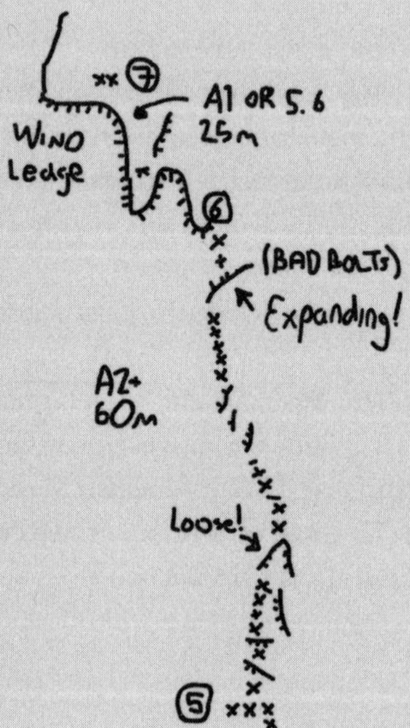

7
A1 OR 5.6
25m
WIND
Ledge
6
(BAD BOLTS)
Expanding!
A2+
60m
Loose!
5

Seillängen Nrn. 6 und 7 Reticent Wall

Wino

Ich war nun schon sieben Tage allein. Aber einsam war ich nicht. Mein ganzes Leben bin ich ein Einzelgänger gewesen und war mir selbst Gesellschaft genug. Als Kind streunte ich oft allein umher. Selbst wenn ich mit anderen zusammen irgendwo hinging, war das so. Ich lief allein vorne weg, dachte über etwas nach. Oder ich fuhr mit dem Fahrrad durch die Stadt, stieg in einen Zug und ging zelten. Kein einziges Mal fühlte ich mich einsam. *Ich* war ja immer da.

Je älter ich wurde, desto verwirrender erschien mir die Welt: Menschen, Gefühle, die Vergangenheit und die Zukunft, Bestimmung und Schicksal, wer ich war, wieso ich so war, wie ich war. Ich fragte mich oft, ob ich gerade deswegen ein Besessener war: von Science Fiction, Zeichnen, Fahrrädern, Klettern. Ich füllte mein Gehirn mit allem möglichen Krempel, bis es so voll war, dass es keinen Platz mehr für andere Gedanken, für andere Gefühle gab.

Ich erinnere mich, wie meine Mutter ein paar Jahre lang eine Beziehung zu einem Polizisten hatte. Sein Platz in meinem Leben änderte sich: Langsam wurde aus dem Freund meiner Mutter mein neuer Vater. Sein eigenes Haus und seine Kinder waren draußen auf dem Land, weit weg von unserem Wohnblock und den Kindern, mit denen wir aufwuchsen. Er bot uns die Chance eines neuen und besseren Lebens. Dann sagte meine Mutter eines Tages überraschend, dass sie sich getrennt hatten.

Ich war ungefähr elf. In mir brannte ein Schmerz, als ob jemand einen Pfropfen ausgerissen hätte und alles Glück ausgeflossen wäre. Nichts war übrig. Es tat weh. Dann dachte ich daran, dass ich mit meinem Taschengeld ein Modellflugzeug kaufen könnte, eine Airfix Harrier. Ich stellte mir vor, wie ich das Flugzeug anmalen und es auf ein altes Brotbrett aus Holz stellen würde, das ich so gestrichen hätte, als wäre es ein Flugplatz. Dann würde ich kleine Figuren kaufen und dazustellen. In diesem Moment ließ der Schmerz nach. Ich wollte mich nie wieder so fühlen.

Du denkst zu viel nach.

Während ich kletterte, gab es keine Zeit für Einsamkeit und ausschweifende Gedanken. Es gab keine Vorstellungen davon, was es hieß, haltlos und alleine in dieser Wand zu leben. Meine Gedanken waren immer auf etwas Bestimmtes fokussiert: auf das «was nun» und «was, wenn».

Konzentriere dich. Konzentriere dich. Konzentriere dich.

Scheinbar endlose Tage voll von harter Arbeit wechselten mit dem Schlaf der Erschöpfung ab. Der Übergang vom einen zum anderen war oft verschwommen; ich fiel in den Schlaf mit einem Mund voll Bagel, oder wachte auf, wenn meine Hände schon über den Fels strichen.

Allmählich wünschte ich mir Gesellschaft, etwa ein Team in einer nahe gelegenen Route. Es hätte mir geholfen, meinen Geist vom eigenen Tun abzulenken. Ein anderes Team hätte den Raum weniger leer erscheinen lassen. Die nächste Seilschaft kletterte rechts von mir in der Pacific Ocean Wall. Ich konnte sie nicht sehen, sie waren durch die Überhänge verdeckt. Nur ihre Rufe konnte ich hören, vor allem im Dunkeln, wenn sie den letzten Stand aufbauten und das Portaledge ausklappten. Ich vermisste die Kameradschaft, die man in einem Team zu zweit oder zu dritt hat. Am Ende des Tages sitzt man zusammen, lacht und scherzt über das Leben. Der Schmerz, die Angst, die harte Arbeit werden dadurch geteilt und somit leichter für jeden Einzelnen.

In meinem Teil der Wand gab es jetzt keine anderen Teams. Alle paar Tage konnte ich Kletterer sehen, die zum Wandfuß kamen und dort am El Cap knabberten, etwa in der Route Mescalito oder in der New Dawn Wall. Schon nach etwa einem Tag gaben sie wieder auf, manche wegen eines Unwetters, bei anderen waren die «Vibrationen» im Team schlecht. Nun, nach einer Woche, sah ich beim Aufwachen ein Team einsteigen. Sie kletterten höher als alle anderen. Ich war von der Hoffung erfüllt, bald Gesellschaft zu bekommen.

Ich stieg in die nächste Seillänge ein. Die Wand war hier fast ohne jede Struktur: sehr kompakt, nur einige kleine, lose Schuppen und stumpfe Rissspuren, in die Copperheads passten. Die Kletterei war schwierig wie eh und je, aber ich bewegte mich vorsichtig und kam gut voran. Eine Woche Klettern hatte meine Fähigkeiten geschult und meine Sinne geschärft. Ich setzte Hook nach Hook, platzierte Birdbeaks, nahm mir auch die nötige Zeit und genoss die Szenerie mehr als je zuvor. Bring ein Placement an, teste es und steige dran hoch. Bring wieder ein Placement an, teste es und steige dran hoch. Ich fühlte, dass ich Fortschritte machte.

Ja, du machst verdammt noch mal die Reticent Wall im Alleingang!

Nach ein paar Stunden erreichte ich einen Punkt, an dem die Route einen ansteigenden Quergang über einen Wandteil machte, der aussah, als hätte der Fels die Form von Zwiebelschalen angenommen. Hinter jede Felsschicht konnte man einen Birdbeak setzen, von dem man dann gerade wieder den nächsten anbringen konnte.

Ich balancierte über die Wand, testete die Beaks gut, um sicher zu sein, dass sie nicht herausrissen, während ich an ihnen hing. Jeder der aggressiven Teststöße erhöhte mein Vertrauen, bis ich nach ausgiebigem Testwippen höher stieg und nach dem nächsten Placement Ausschau hielt.

Es war nur noch ein Placement bis zu einem sicheren Bohrhaken, als ich einen Birdbeak mit dem Hammer in den fragilen Riss zwischen Schuppe und Wand schlug: zunächst ganz vorsichtig, dann mit kräftigeren Schlägen.

KRACK!

Die Schuppe brach auseinander. Nun hatte ich ein fast einen Meter langes Stück losen Fels vor mir. Blitzschnell griff ich mit der Hand zu und hielt es fest. Ich befürchtete, dass es hinunterkippte und beim Sturz mein Seil durchschlug. Dann wäre ich an einem einzigen Beak hängen geblieben. Meine Reaktion war instinktiv und angstfrei.

Es brauchte ein paar Sekunden, bis ich begriff, dass ich sicher war. Die Wand war so steil, dass die Schuppe meine Seile und Haulbags verpassen würde. Ich konnte sie einfach fallen lassen.

Aber was war mit der Seilschaft unter mir?

Als ich hinunterblickte, sah ich, dass die fünfhundert Meter unter mir kletternden Leute genau in der Falllinie der Schuppe waren. Aber ich hatte keine andere Wahl. Es gab nichts, wo sie sonst hinkonnten. Ich musste sie dorthin fallen lassen.

Mit dieser Sturzhöhe würde sie jeden umbringen, den sie traf.

Ich begann so laut ich konnte «Steinschlag» zu schreien. Natürlich wusste ich, dass meine Rufe in den Aufwinden lange verklungen waren, bevor sie die Kletterer erreichten. Ich rief wieder und winkte mit der freien Hand. Vielleicht waren es ausländische Kletterer, deswegen rief ich «Attention» und «Scheiße» sowie jeden Kraftausdruck, der mir einfiel. Nun blieb mir nichts anderes übrig, als die Hand wegzunehmen und die Schuppe in die Tiefe fallen zu lassen. Ich sah zu, wie sie sich langsam in der Luft drehte, dann Geschwindigkeit aufnahm, bis die raketenähnliche Spitze das Geschoss stabilisierte und es mit irrwitziger Geschwindigkeit aus meiner Sicht verschwand.

Ich schrie weiter, nun mit den Händen als Trichter um den Mund. Ich wusste, dass es zu spät war. Entweder traf sie die Schuppe und brachte sie um, oder sie wurden verfehlt.

Es brauchte einige Sekunden, bis der Schall die Kletterer erreichte, der Schall eines schnellen Felsbrockens, der die Luft entzweiriss. Im Moment, in dem der Schall sie erreichte, bewegten sie sich, drückten sich an die Wand, verkrochen sich unter den Haulbags, versuchten so viel wie möglich von ihrem Körper unter den Schutz der Helme zu bringen.

Ich wollte wegsehen, aber war wie gebannt und erwartete, dass der fallende graue Schatten einen von ihnen traf und ein Blutbad anrichtete, ihn zerschmetterte und in Stücke riss. So hätte ich jemanden umgebracht.

Dann sah ich, wie die Bäume zitterten. Die Schuppe war weit außerhalb der Wand aufgeschlagen, das Krachen erreichte mich mit Verzögerung. Die Schuppe hatte die Kletterer verfehlt, die Steilheit der Wand hatte sie gerettet.

Nun hatte ich ihre Aufmerksamkeit.

Mit Erleichterung ließ ich mich zurück in den Gurt sinken und rief «sorry!» Sie gaben keine Antwort. Minuten später sah ich, wie sie zurück auf den Boden abseilten. Ich war wieder allein in der Wand.

Mehrere Stunden nachdem ich mit der Seillänge angefangen hatte, erreichte ich den ersten Absatz, seitdem ich das Lay Lady Ledge vor fünf Tagen verlassen hatte. Ich kam mir vor wie ein Schiffbrüchiger, der nach vielen Wochen Palmen am Horizont sieht. Eine Insel im Himmel. Ich griff den Rand des Absatzes, warf meinen Fuß darauf, ruhte mich aus und genoss diesen speziellen Moment. Bänder und Absätze am El Cap sind so selten wie Inseln im Atlantik. Wie das Lay Lady Ledge hatte dieses ebenfalls einen Namen – Wino Ledge. Es hatte die Größe eines Doppelbettes, unter dem es Hunderte von Metern in die Tiefe ging. Überraschenderweise war es mit Glasscherben übersät.

Der Absatz war durch den ersten Menschen, der ihn erreicht hatte, benannt worden: den legendären Kletterer Warren Harding oder «Batso». Er war durch seine Zähigkeit, seinen Alkoholkonsum und seine Frauengeschichten genauso berühmt geworden wie durch die Tatsache, dass er der Anführer des Teams war, das als Erstes den El Cap durchstieg.

Er hatte die «Nose» im Jahr 1958 gemacht. 45 Tage reine Kletterzeit brauchte die Route, verteilt über ein paar Jahre. Das Team hatte den Fels belagert, Hunderte von Metern Fixseile angebracht. Jeden Tag ging es ein kleines Stückchen weiter, am Abend seilten sie zum Wandfuß ab. Die Massen, die diese für das Klettern in den USA und auf der ganzen Welt entscheidende Route mitverfolgen wollten, wurden so groß, dass die Straßen verstopft waren und der Park Service dem Team verbot, die Sommermonate über zu klettern. Endlich ließen Harding und seine Gefährten die Fixseile hinter sich und gingen zum Gipfelangriff über. Es war die längste und steilste Route, die jemals in Angriff genommen worden war. Das Bigwallklettern wurde von ihnen erfunden, während sie es taten. Die Einzigen, die in der Lage gewesen wären, sie zu retten, waren sie selbst. Und sie hingen dort oben, höher als das höchste Gebäude der Welt.

Das Essen und das Wasser gingen zur Neige, als Harding bei Anbruch der Nacht anfing, eine Bohrhakenleiter über die abschließenden Überhänge zu bohren – von Hand. So hämmerte er im Dunkeln auf den Bohrmeißel ein, seine Gefährten Wayne Merry und George Whitmore hingen unter ihm. Es war kurz vor der Morgendämmerung, als Harding herunterrief: «Habt ihr noch Zeit für einen weiteren Bohrhaken?»

Nach achtzehn Monaten Anstrengung, 600 Haken und 125 Bohrhaken standen Harding, Merry und Whitmore am Gipfel des El Cap.

Der heutige Geschwindigkeitsrekord für die Nose sind zwei Stunden und fünfundvierzig Minuten.

Nach der Nose machte Harding 1970 eine weitere Erstbegehung, die New Dawn Wall. An dieser Stelle kreuzt sie die Reticent Wall. Während der Erstbesteigung wurden Harding und sein Freund Dean Caldwell von einem großen kalifornischen Weingut gesponsert. Ohne Zweifel trug dies dazu bei, dass die beiden 27 Tage in der Wand verbrachten: So lang hatte es noch keiner in einer Felswand ausgehalten, ohne wieder auf den Grund zurückzukehren.

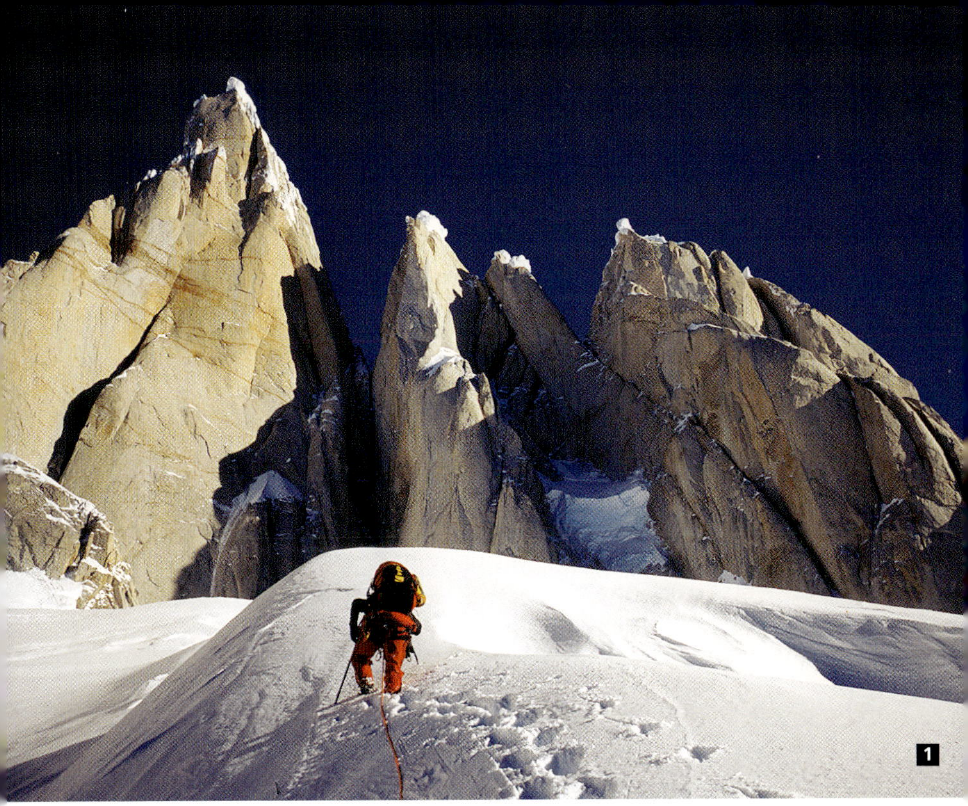

1

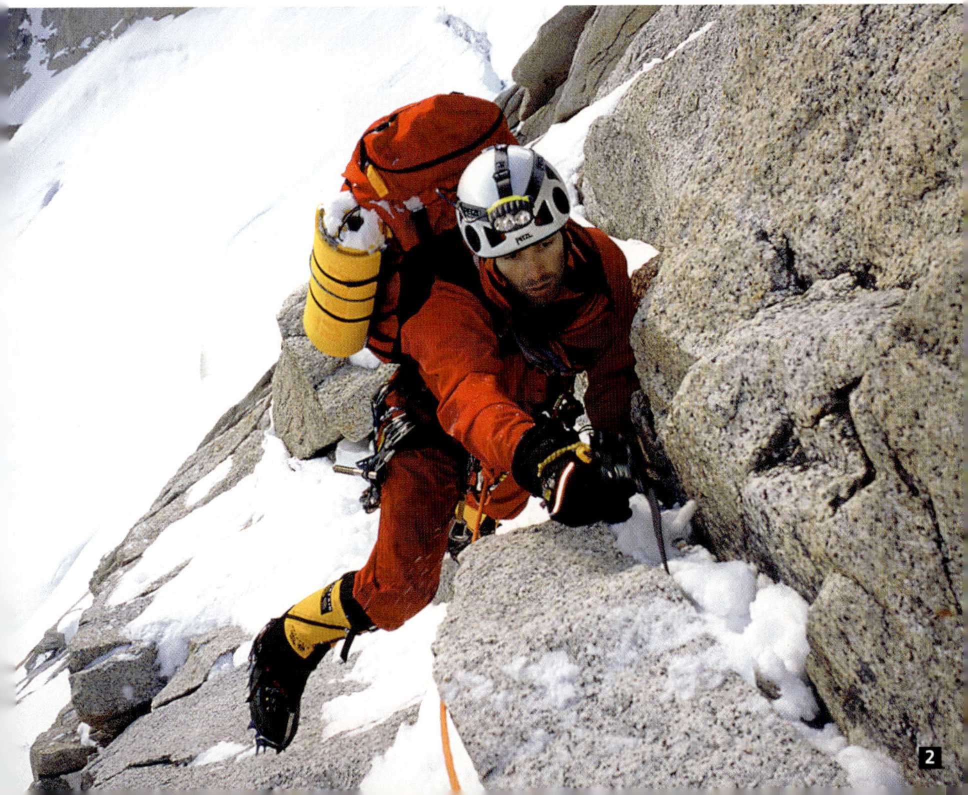

2

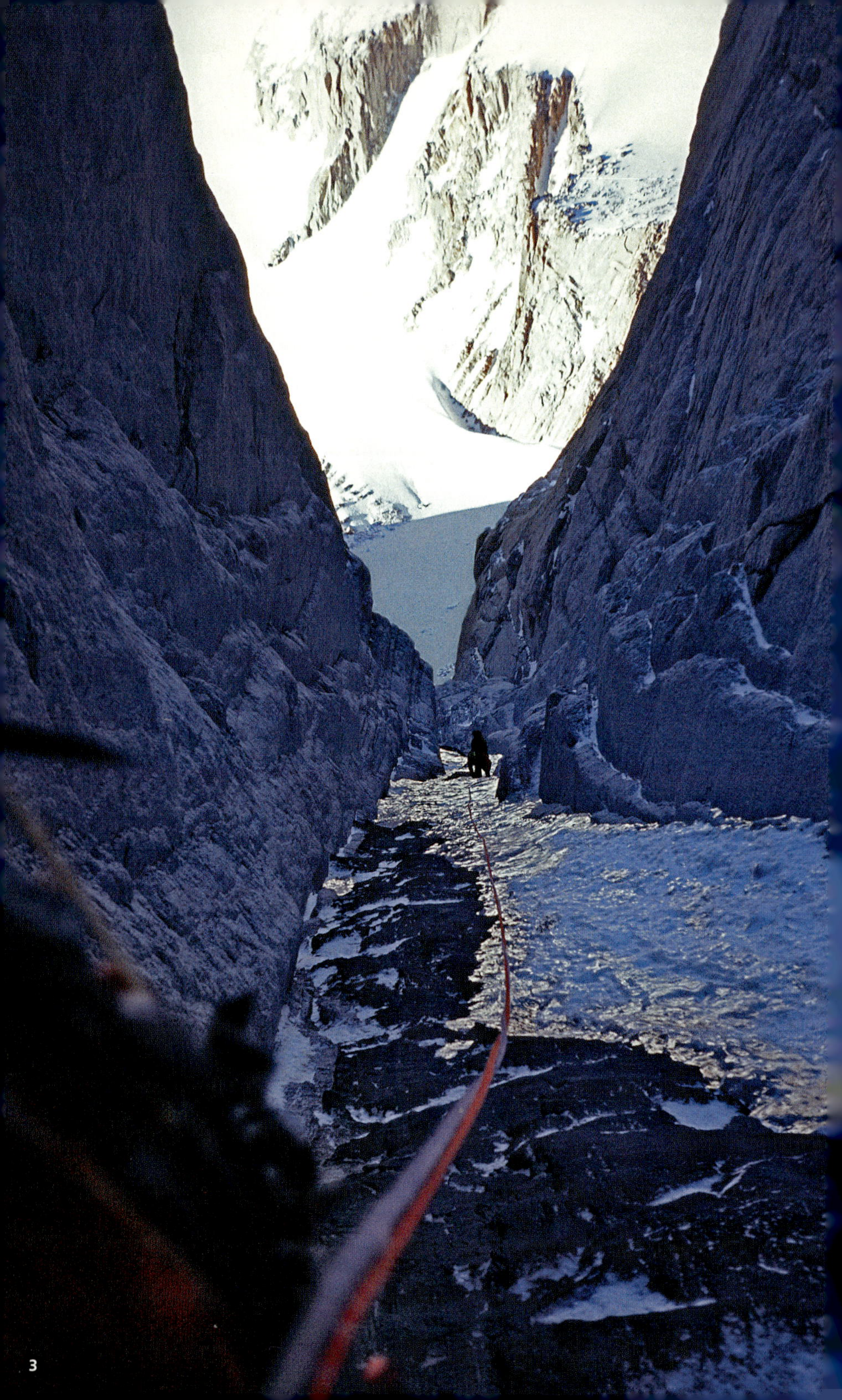

3

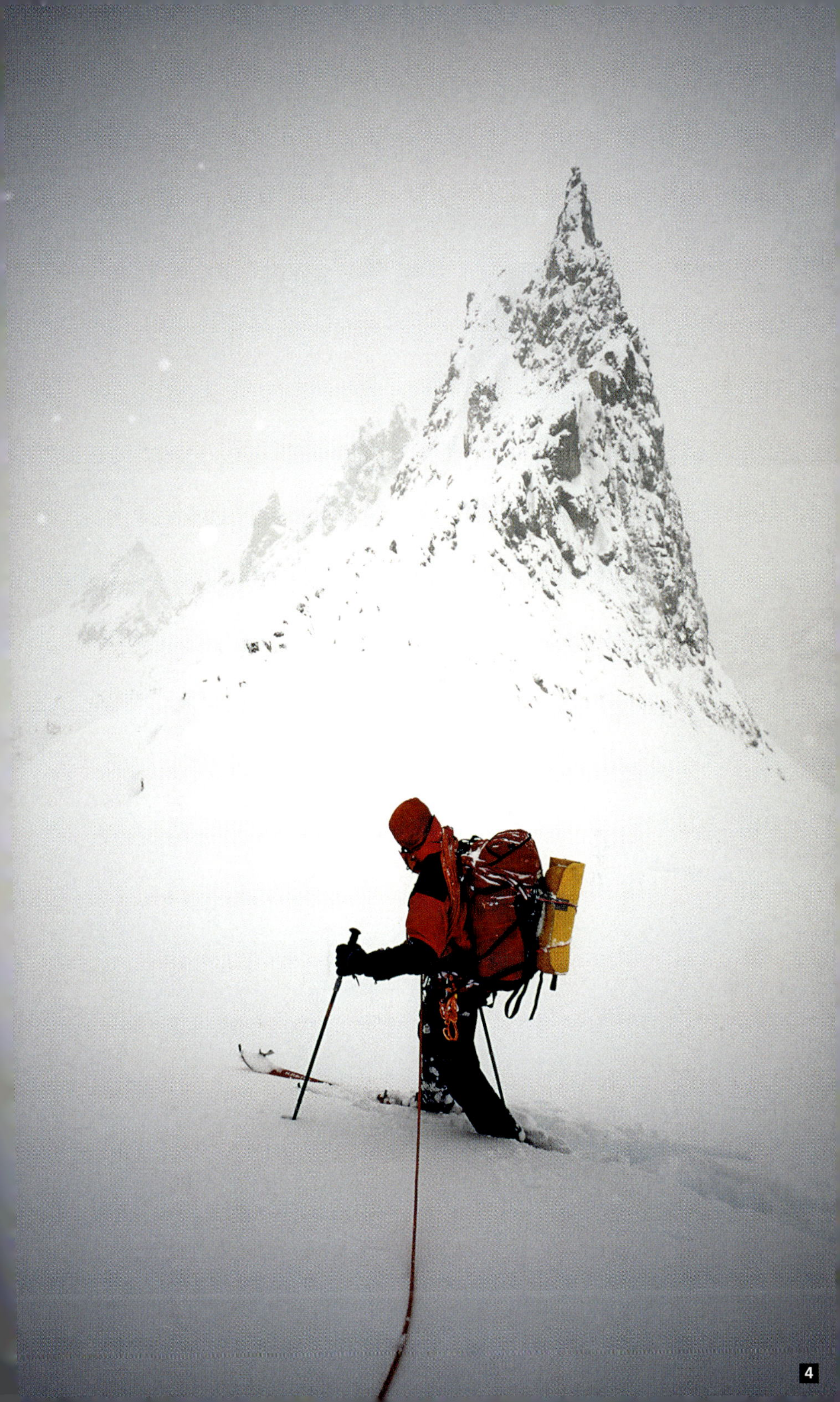

4

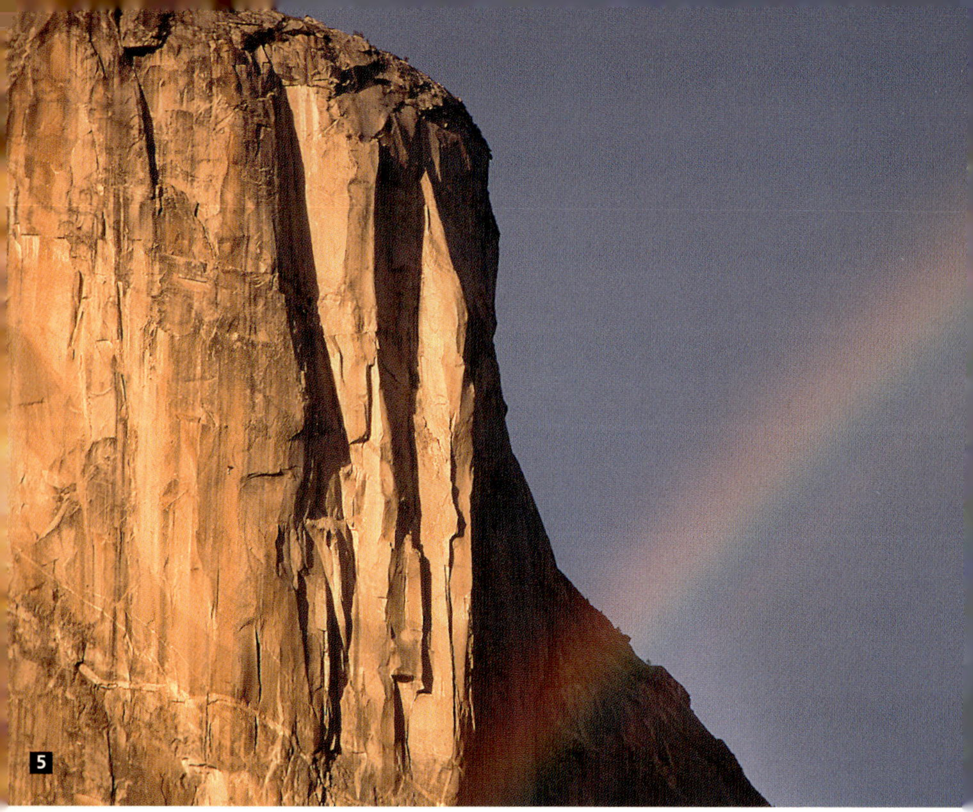
5

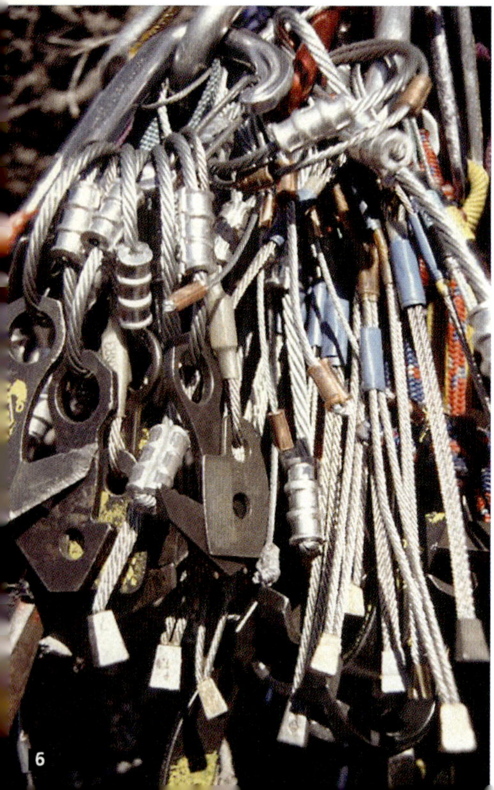
6

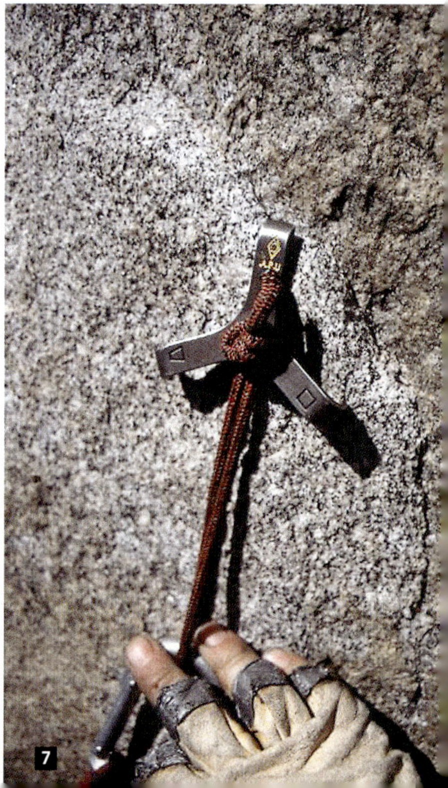
7

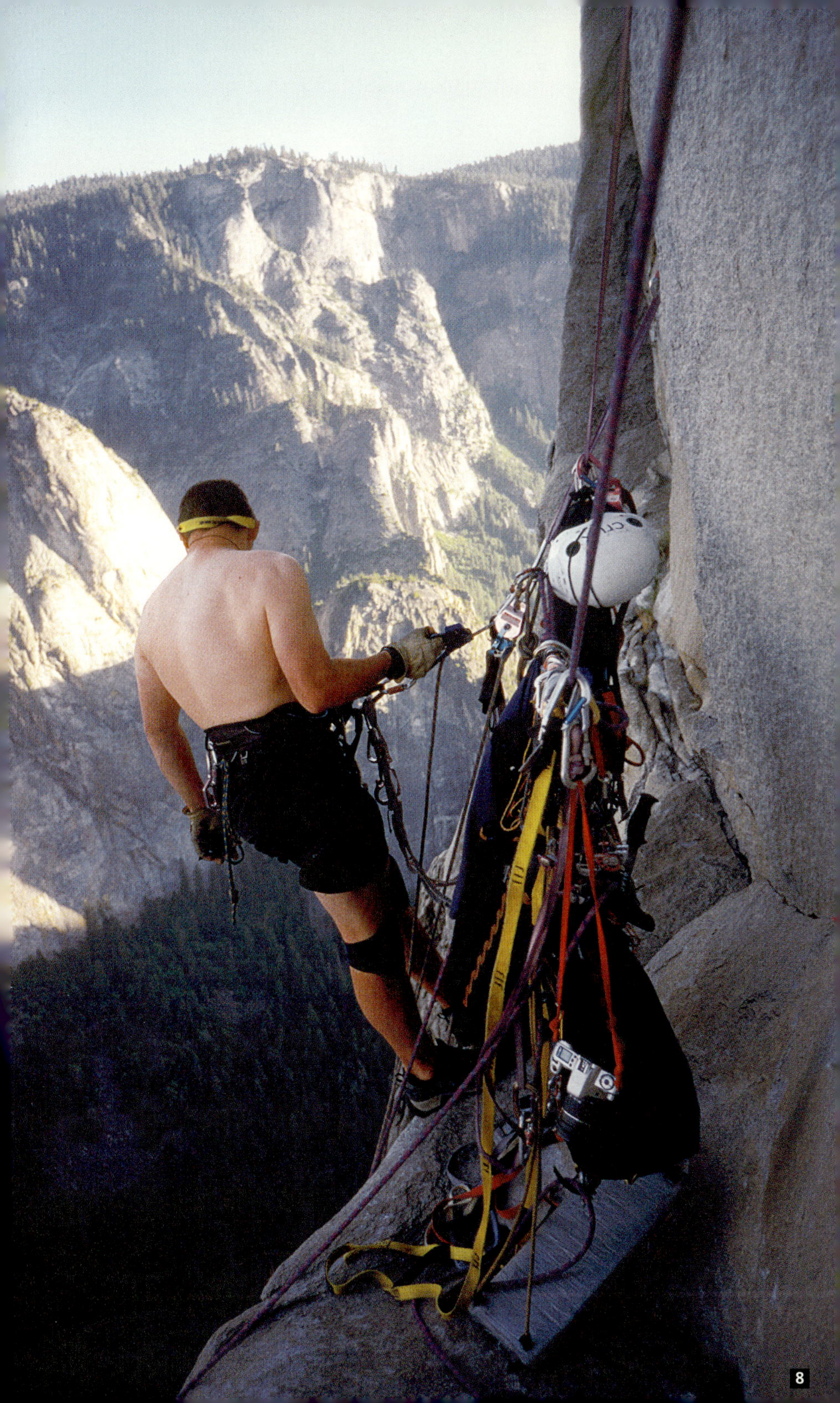

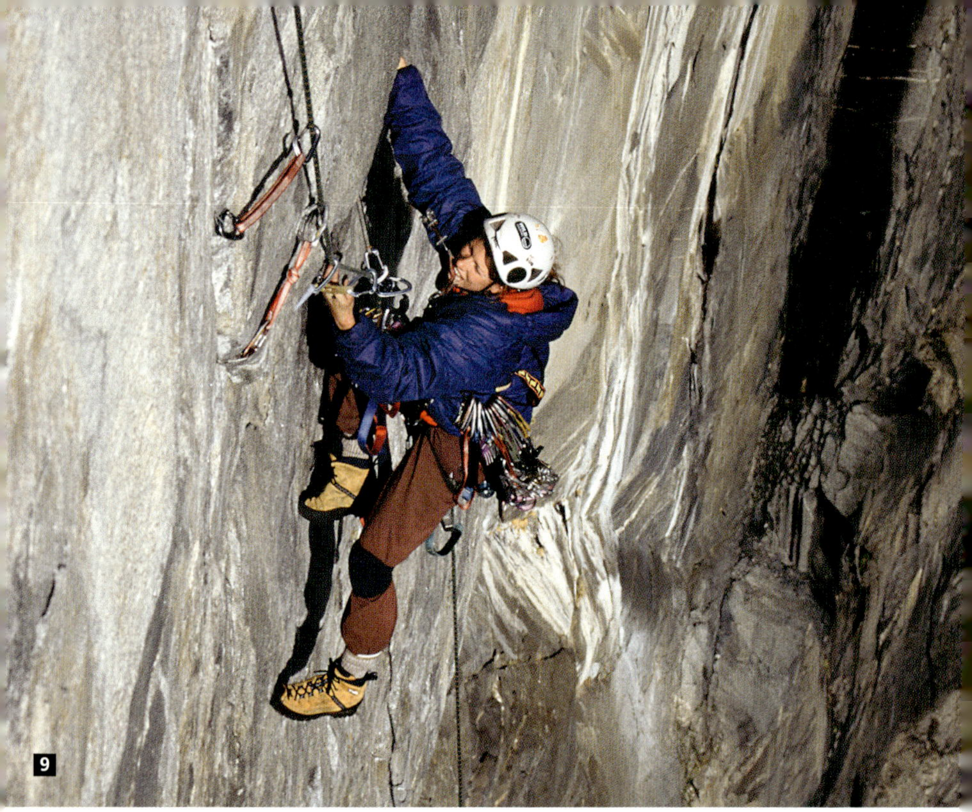

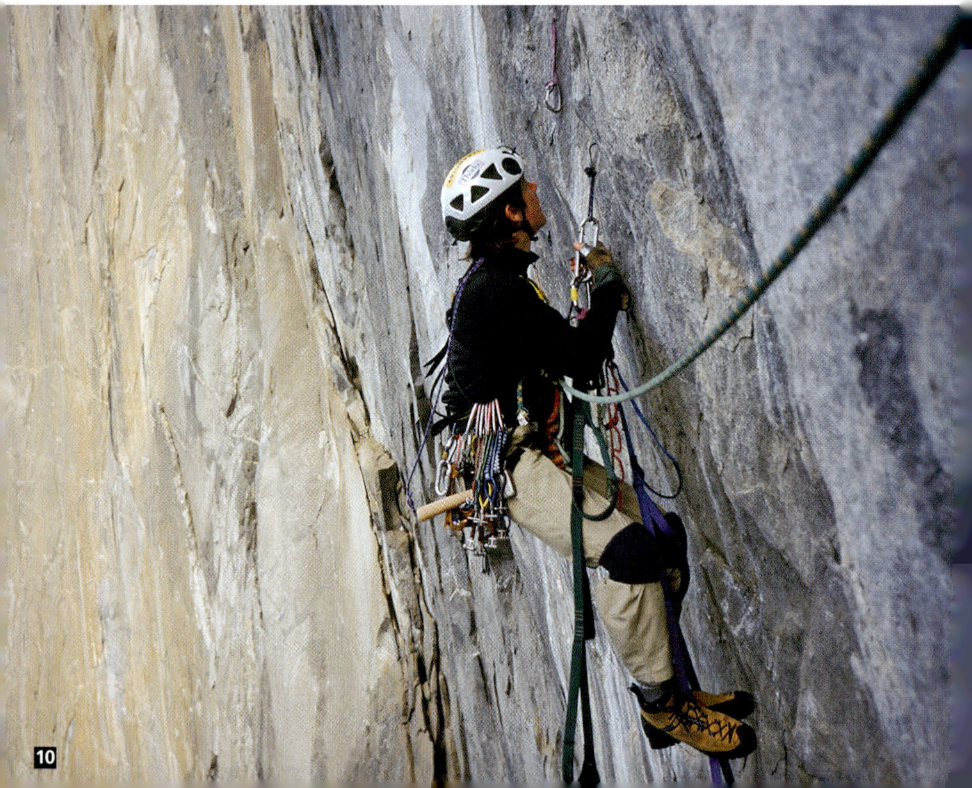

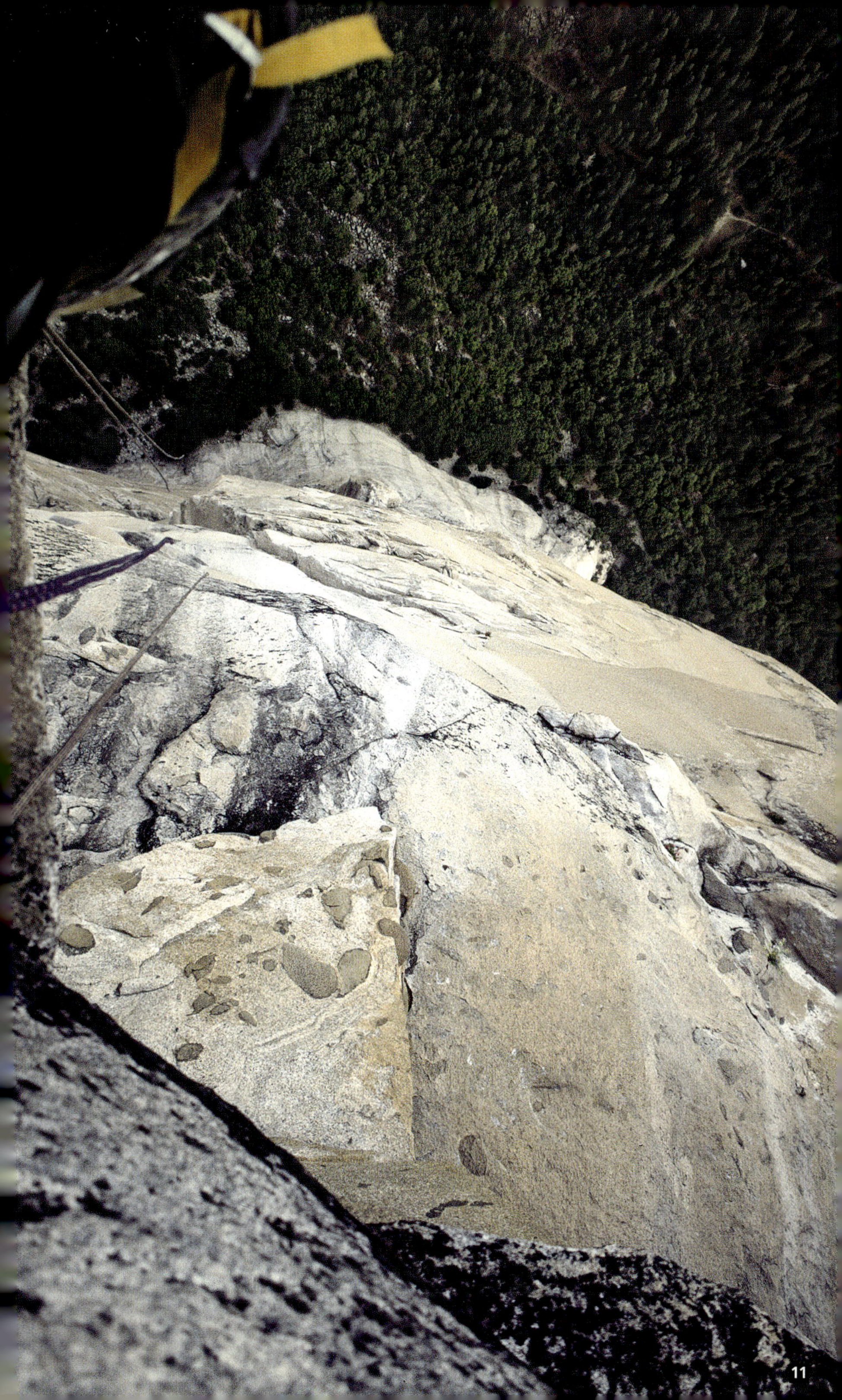

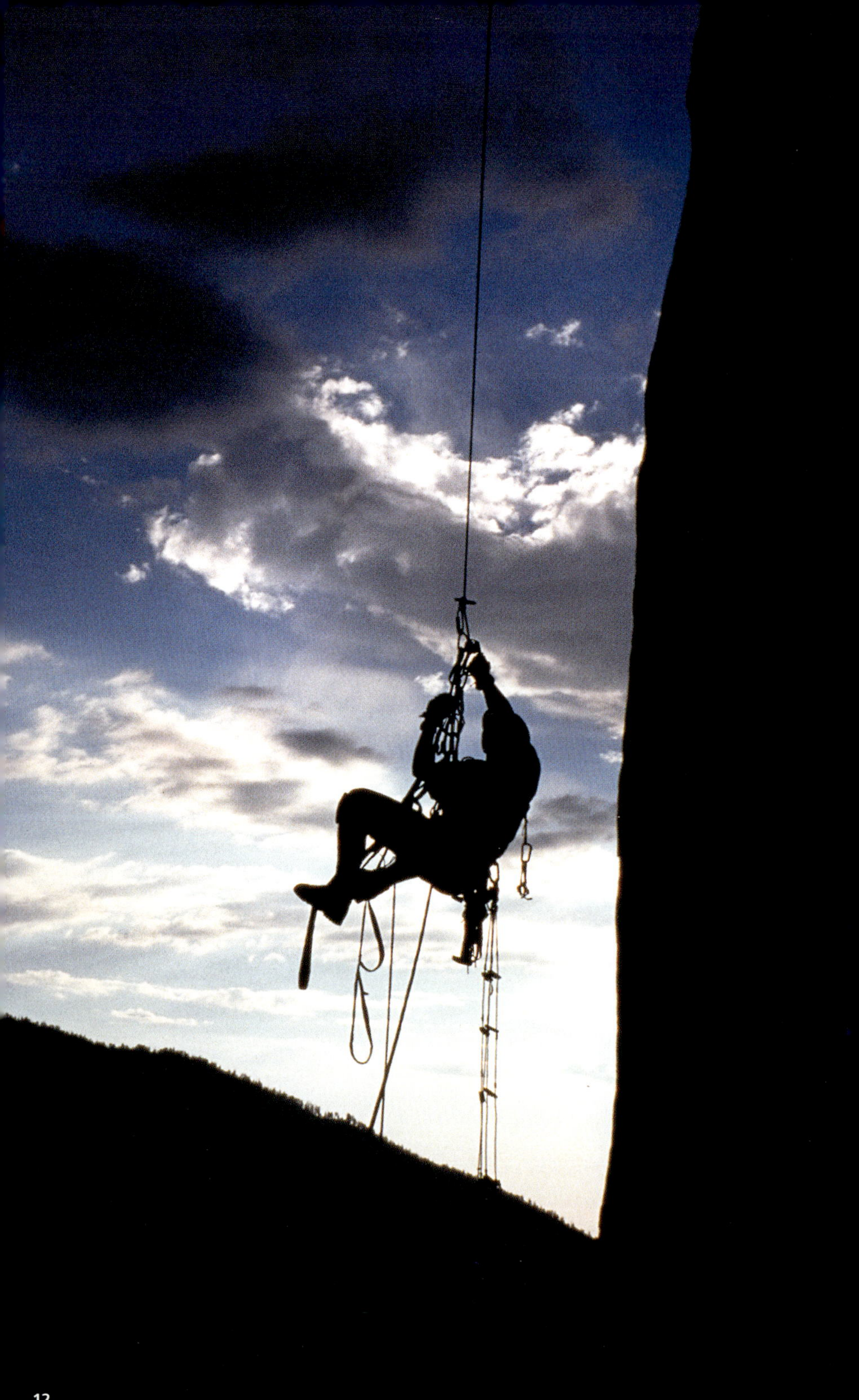

Legenden zu den Farbtafeln

1 Der Weg zum «Altar der Götter» endet im Schneesturm. Zustieg zur Ostwand des Cerro Torre im Juli 2000. In Patagonien ist Winter – kaum ein Mensch geht zu dieser Jahreszeit dort bergsteigen.

2 Wühlerei durch tiefen Pulverschnee, unterbrochen von schwierigen Kletterstellen an kurzen, brüchigen Steilstufen. Und eine Schlechtwetterfront im Anzug. Rich Cross beim Versuch der Maestriroute am Cerro Torre.

3 Im Supercouloir am Fitz Roy, Juni 1999: Ohne Zwischensicherung, das Eis eine zerbrechliche, dünne Ader am Grund der steilen Rinne.

4 So weit gekommen, so viel gelitten, und alles für nichts? Rückzug im Schneesturm am Passo Superior, Patagonien, Juli 2000.

5 El Capitan, Granitmonolith und Klettermekka. So gross, dass er weder in den Sucher einer Kamera noch in das Gedächtnis eines Menschen passt.

6 Materialschlacht: Klemmkeile, Skyhooks, Birdbeaks und Copperheads werden nach jeder Seillänge geordnet und geprüft.

7 Moderner Skyhook mit drei verschiedenen Spitzen. Hooks sind eine prekäre Art der Fortbewegung, aber oft die einzig mögliche.

8 Haulen, das Aufziehen des Materialsacks, gehört zu den anstrengendsten und unangenehmsten Aufgaben beim Bigwallklettern.

9 Die britische Spitzenkletterin Airlie Anderson beim «Cleanen» einer Seillänge auf «Zenyatta Mondatta», einem Hardcore-A4-Klassiker am El Capitan.

10 Esmond Tresidder übt sich im technischen Klettern auf «Zenyatta Mondatta».

11 Beinahe am Ziel, nach 900 Metern und zwei Wochen Anstrengung, Angst und Einsamkeit. Tiefblick aus der letzten Seillänge der «Reticent Wall».

12 Jümarn – am Seil hochsteigen mit Seilklemmen – gehört zum kraftraubenden Alltag des Bigwallkletterns. Hier in der Route «Iron Hawk».

Harding, dessen Ruf ihm vorauseilte, war dickköpfig und hart im Nehmen. Damals gab es noch keine Portaledges. Man schlief in klaustrophobisch engen Hängematten, die man «Fledermauszelte» nannte. Wenn es regnete, füllten sie sich mit Wasser. Zweifelsohne war es ein Anlass zum Feiern gewesen, als die beiden auf den Absatz kamen. Aber selbst auf dem Band liefen die Dinge nicht so gut. Vier Tage wurden sie von einem Sturm festgenagelt. Sie ernährten sich von einem Stück Käse und vor allem von einigen Flaschen «A Fine Christian Brothers Cabernet».

Der Park Service machte sich so große Sorgen um sie, dass eine Rettung in Gang gesetzt wurde. Eine lange Kette aneinandergeknoteter Seile wurde über die Wand heruntergelassen, obwohl Harding Zettel in leeren Dosen nach unten geworfen hatte, auf denen stand, dass alles in Ordnung sei. Nach vielem Schimpfen und Fluchen gelang es Harding endlich, den Park Service zu überzeugen, dass er weder gerettet werden musste noch wollte.

Die Glassplitter auf dem Absatz waren ohne Zweifel Zeugen des Cabernets.

Harding, der kurz und stämmig gebaut war und einen rabenschwarzen Bart mit daraus wild hervorstechenden, verrückten Augen hatte, war mir immer ein Vorbild gewesen. Er war das Gegenteil eines Athleten. «Zum Teufel mit der Fitness», so formulierte es Harding. Er war dafür bekannt als Chaot beim Klettern, doch sein unbeugsamer Wille brachte ihn nach oben. Einmal, als er mit einem britischen Topbergsteiger unterwegs war, meinte dieser, der Oberchaot Harding könne nichts richtig machen. Darauf antwortete Harding: «Ich weiß, aber das kann ich bis zum Umfallen.»

Viele Kletterer wären beim Anblick der Glasscherben enttäuscht gewesen und hätten an Vandalismus und Verschmutzung gedacht. Aber ich war in Straßen und Spielplätzen aufgewachsen, die mit Glassplittern übersät waren. Es machte mir nichts aus, sondern trug zur historischen Aura des Ortes bei. Es ist selten, dass man die gleichen Ängste und Sorgen wie seine Vorbilder hat, dass man fühlt, wie es ihnen gegangen ist, als sie an der Wand hingen, dann endlich einen Absatz erreichten und zum ersten Mal seit einer Woche festen Boden unter den Füßen spürten. Ich hatte noch etwas anderes mit ihnen gemeinsam. Einen guten Drink hätte ich nicht verachtet.

Ich stand eine Weile da, spürte das Gewicht, das nun nicht mehr am Gurt hing, sondern auf den Füßen verteilt war. Dann fiel mir eine Flasche mit gelbem Inhalt und ein Sack mit weißem Pulver auf. Sie sahen aus wie ein Liter Pisse und ein Kilo Kokain.

Ein Geschenk der Russen. In Wirklichkeit waren es Trinkpulver und eine Flasche mit angerührtem Getränk. Ein schönes Geschenk am El Cap, wo man für kein Geld der Welt etwas zu trinken kaufen kann, wenn die Flaschen leer sind. Für jeden war es ein schönes Geschenk, außer für mich: Meine Säcke waren noch zum Bersten mit Wasser voll.

Nachdem ich die Säcke hochgezogen hatte und das Portaledge aufgebaut war, traute ich mich, alles auszuziehen, was ich anhatte: Kleider, Schuhe, sogar meinen Gurt. Zur Not hatte ich mich mit einem Seil gesichert, das um meinen Knöchel gebunden war. Ich legte meinen Schlafsack auf dem Absatz aus, setzte mich hin und spürte die Sonne, die auf meine Haut brannte. Ich sah auf meinen Körper, der sich verändert hatte: An manchen Stellen war ich dünner geworden, an anderen die Muskeln dicker. Meine Schenkel und Hüften waren ein Flickwerk aus Schrammen, meine Füße geschwollen und übel zugerichtet. Meine Schuhe waren zu weich, was hieß, dass das ständige Stehen in den Leitern Druckstellen auf den Außenseiten meiner Füße verursacht hatte und meine Zehen eingequetscht wurden. Nichtsdestotrotz fühlte es sich gut an, hier zu sein, bis hierher gekommen zu sein.

Wie würde es mir gehen, wenn ich ein Weichei gewesen wäre und weiter unten aufgegeben hätte?

Ich war weiter gekommen, als ich jemals gedacht hatte. Ich hatte es erstaunlich gut geschafft, mit meinen Ängsten und Sorgen fertigzuwerden, mich selbst zu überwinden.

Aber das Härteste kam noch. Morgen stand die zweitschwierigste Seillänge der Route an.

Morgen starb ich vielleicht, hier an Ort und Stelle, auf dem Absatz. Dann würde sich mein Blut mit altem, eingetrocknetem Wein und Glasscherben mischen.

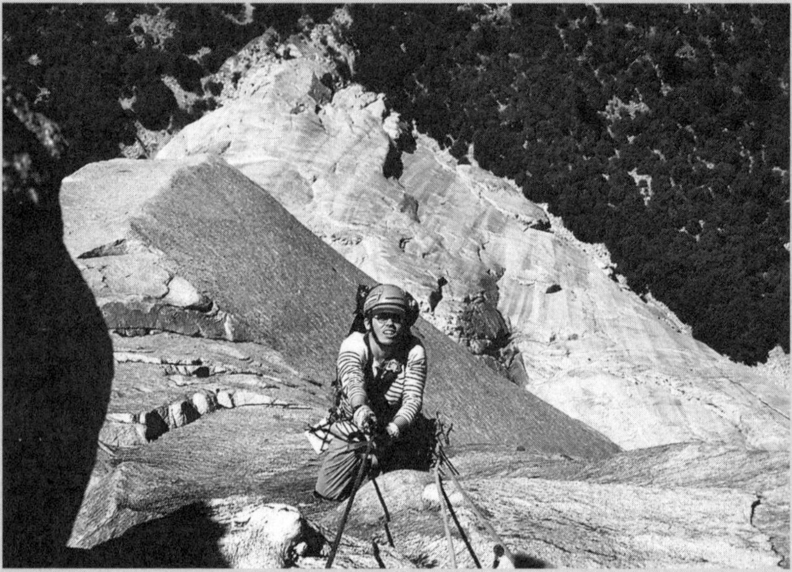

Ein Tiefblick von 1000 Metern.
Andy Kirkpatrick erreicht zum ersten Mal den Gipfel des El Capitan: «Egal wie hart die Routen waren, die ich machte, ich schien nie damit zufrieden zu sein, was mir gelungen war.»
(Foto Paul Tattersall)

Yosemite. Oktober 1999

Wahrheit und Lüge

Egal wie schwer ich kletterte: Das, was mich antrieb, war nicht zufriedenzustellen. Am Gipfel war ich frei davon, aber in den Tagen danach schlich sich der Trieb zurück. Manche Leute haben dieses Gefühl als Ratte beschrieben, die in dir nagt und gefüttert werden will. Für mich war es etwas anderes: eine Ratte, die nicht gefüttert werden wollte. Egal wie hart die Routen waren, die ich machte, ich schien nie damit zufrieden zu sein, was mir gelungen war. Ich untergrub meine eigenen Erfolge.

Auf dem Papier sah es so aus, als hätte ich bei meinen letzten beiden Reisen ins Yosemite zusammen mit Paul und später Andy ein paar ziemlich harte Nüsse geknackt. Aber bald verschwand die anfängliche Freude und Zufriedenheit darüber, und die Zweifel stiegen in mir hoch. Hatte ich meinen Teil auch wirklich geleistet? War es nicht Andy, der die härtesten Seillängen geführt hatte? War ich nur ein Angeber?

Es gab nur einen einzigen Weg, um alle Zweifel zu beseitigen. Man musste eine Route ganz alleine klettern: einen Bigwall im Alleingang machen.

In dem Moment, als mir diese Idee kam – ich stand in der Abteilung für das Kletterzeug im Bergsportladen und verkaufte –, begann ich zu kichern. So verrückt war die Idee. Sie war außerdem genauso unmöglich. Ich musste lachen. Es war, als hätte man mir eine Million Pfund gegeben, die ich für alles ausgeben konnte, was ich wollte. Ich konnte alles tun. Nur war es eine Million Pfund an Potenzial, die mich faszinierte. Niemand außer mir selbst konnte mich von dem Plan abbringen. Natürlich gab es eine Menge Gründe, warum ich es besser hätte bleiben lassen, die Idee fallen lassen, weil sie grotesk war. Aber im Grunde gab es nur zwei wichtige Worte: «warum nicht».

Wie üblich begann ich damit, über einen Plan nachzudenken. Ich brauchte eine Wand, und ich musste lernen, wie man solo klettert. Eine große alpine Route wie die Droites solo zu klettern, war einfach. Man nahm seine Eisgeräte, und los ging's. Einen Bigwall solo zu klettern, ist so ähnlich, wie segeln zu lernen. Man braucht dazu eine ganze Sammlung komplizierter Techniken. Ich fing an, alles zu lesen, was mir zwischen die Hände kam. Doch das war nicht viel. Die Kunst des Bigwall-Sololetterns ist exotisch und wird nur von wenigen ausgeübt wie etwa das Höhlentauchen. Ich kannte nur vier andere britische Kletterer, die einen größeren Bigwall solo geklettert waren. Zwei von ihnen waren fast gestorben, einer hatte ein Bein gebrochen, der andere musste gerettet werden, sonst wäre er verdurstet.

An meinen freien Tagen ging ich in den lokalen Klettergarten, wo ich verschiedene Techniken ausprobierte und lernte, mich selbst zu sichern. Ich lernte, indem ich nachdachte, das Ausgedachte probierte und danach überlegte, was man verbessern konnte. Ich hatte keine Zeit und kein Geld, um einen einfachen Bigwall solo zu klettern. Ich musste alles, was ich brauchte, zu Hause lernen.

Meinen ersten richtigen Alleingang hatte ich dann in einem Sommer gemacht: im Dunkeln an einem der alten Schiefersteinbrüche über Llanberis in Nordwales. Es war unheimlich, ganz allein nachts zu klettern. Nur das Brummen des Kraftwerkes tief im Berg leistete mir Gesellschaft. Damals wusste ich schon, dass das Wichtigste, was es zu lernen galt, nicht die Technik mit Karabinern, Knoten und Flaschenzügen war, sondern die Fähigkeit, meine Angst zu kontrollieren. Angst tötet alle großen Ideen.

Es hatte ewig gedauert, bis ich den Stand gebaut hatte und meine Seile sortiert waren, und noch länger, bis mein Material geordnet am Gurt hing. Ich sorgte mich, ob ich nicht ein wichtiges Stück Ausrüstung am Boden vergessen hatte. Mit der Stirnlampe leuchtete ich herum, ob noch etwas da lag. Ich versuchte mir vorzustellen, wie es wohl war, wenn ich mehrere Tage ganz allein auf mich gestellt war, vielleicht sogar Wochen. Konnte ich überhaupt so lange Zeit konzentriert bleiben? Würde meine Ungeschicklichkeit mir nicht den Tod bringen? Irgendwann war alles so weit, und ich begann zu klettern. Im Kopf ging ich all die kleinen Sachen durch, die ich richtig machen musste: gute Sicherungen legen, in der richtigen Reihenfolge in den Leitern hochsteigen, aufpassen, dass das Nachziehseil gut lief. Ich war ungefähr fünf Meter oben, als ich einen grundlegenden Fehler in meinem System entdeckte: Ich hatte vergessen, mich ins Seil einzubinden. Es lag sauber aufgeschossen unten am Einstieg. Ich hätte mich in den Arsch treten können.

Vorsichtig stieg ich ab und fing wieder von vorne an, nur dieses Mal mit dem Seil. Knapp zehn Meter höher suchte ich gerade nach einer

Sicherung, als es plötzlich dunkel wurde. Die Batterien meiner Stirnlampe waren aus dem Batteriefach auf der Rückseite des Helmes herausgefallen. Ich musste also wieder runter.

Etwas später in dieser Nacht, als ich die Route zu Ende geklettert hatte und den Steinbruch verließ, dachte ich nochmals darüber nach, was richtig gelaufen war und was ich anstellen musste, um die Fehler zu vermeiden, die aufgetreten waren. Es war klar, dass es viel zu lernen gab und dass noch viele unerwartete Probleme überwunden werden mussten, bis ich so gut war und einen richtigen Bigwall im Alleingang wagen konnte. Aber ich war nicht naiv. Ich wusste, dass es hart sein würde. Ich wollte, dass es hart war.

Ich lachte wieder in mich hinein, wissend, dass ich es schaffen konnte.

Ich erzählte niemandem von meinem Plan.

Wie immer suchte ich mir zunächst eine Wand aus, die machbar war: die Verdonschlucht in Frankreich, dann etwas Schwierigeres, die Dru, den Grand Capucin. Schließlich warf ich ein Auge auf die furchterregende Trollwand in Norwegen, die höchste und gefährlichste Wand in Europa. Ich wusste, dass Mandy schreckliche Angst haben würde, wenn sie erfuhr, was ich vorhatte. Deswegen erfand ich einen imaginären Kletterpartner namens «Matt», den ich dort irgendwo treffen würde.

Einen Monat später stand ich im Regen unter dem schreckenerregendsten und einschüchterndsten Stück Fels, das ich je erblickt hatte. Wie ein schlechter Traum schaute die Wand aus den Wolken. Ich wusste, dass ich noch nicht gut genug dafür war, aber wahrscheinlich ging es jedem so. Nie ist man für so eine Wand gut genug. So fing ich an, mein Material Sack für Sack zum Wandfuß hinzutragen.

Der El Cap ist still und majestätisch, die Trollwand dagegen bewegt sich dauernd, Felsen brechen ab und stürzen in die Tiefe, Steinschlag schlägt auf, Funken sprühen im Dunkeln. Es ist eine Wand wie aus einem Horrorfilm: ein mit einem bösen Bann belegtes schwarzes Schloss, der Eingang zu Mordor, die Tür zur Hölle. Ich versteckte mich hinter meinen Haulbags, schwitzend und nass vom Regen, und wusste, dass das jenseits meiner Möglichkeiten war.

Ich hatte mir nicht vorgestellt, wie einsam das Soloklettern sein konnte.

Da das Wetter weiterhin schlecht war und ich gute Gründe hatte, nicht einzusteigen, rief ich Mandy an. Vielleicht beruhigte sie das. Ihre Stimme ließ mich bedauern, dass ich hierhergefahren war. «Was denkt Matt über die Sache?», fragte sie.

«Alles gut», sagte ich und wünschte, ich hätte die Stärke meines imaginären Partners, als ich so allein in der abgelegenen Telefonzelle stand.

Die Route stellte sich als Illusion heraus. Es regnete zehn Tage ohne Unterbrechung. Jedes Mal, wenn ich wieder etwas Material zum Wandfuß hochbrachte, wurde meine Angst größer. Je mehr Regen auf mein Zelt hämmerte, desto mehr löste sich meine Entschlossenheit auf, einzusteigen. Ich merkte, dass ich dazu nicht in der Lage war.

Ich lag in meinem Zelt und hörte «The River» von Bruce Springsteen.

Mit der Zeit flüchteten alle anderen Kletterer, die auf besseres Wetter warteten und in die Wand einsteigen wollten, in Gegenden mit besserem Klima. Zurück blieben ein Finne, der ebenfalls die Wand im Solo machen wollte, und ich.

Ich wusste nicht einmal seinen Namen, trotzdem beschlossen wir, uns zusammenzutun und eine Seilschaft zu bilden. Vielleicht dachten wir, wenn die Motivation beider zusammengezählt würde, dann könnte es reichen. Aber als ich ihn am ersten Stand eine Zigarette rauchen sah, mit zitternden Fingern, das Glimmen fast vom Nebel erstickt, und er krampfhaft versuchte, sich zu motivieren, da fragte ich mich, ob er genauso überfordert war wie ich. Als er fertig war, nahm er die Kippe und steckte sie in einen Riss. In diesem Moment wusste ich, dass ich nicht mit ihm klettern wollte.

Man behandelt die Berge nicht so respektlos. Sie mögen es nicht. Eine Stunde später erhielten wir die Rechnung. Er stürzte, riss alle Sicherungen heraus und sackte direkt an meinem Stand zusammen. Er war ziemlich durch den Wind, aber trug keine Verletzungen davon. Mit unserer Route war es vorbei.

Ich grub seine Kippe mit den Fingern aus und nahm sie mit nach unten. Dann fuhr ich nach Hause.

Ein paar Monate später lag ich auf meinem Portaledge unter dem El Cap und dachte an die Trollwand und an die maßlose Enttäuschung, die ich gespürt hatte, als ich wieder nach Hause gefahren war, ohne etwas geklettert zu haben. Eine Weile war mein Herz wie gebrochen, meine Träume vernichtet. Zum Glück hatte ich niemandem etwas erzählt. Aber langsam bauten sich neue Pläne auf. Ich würde stattdessen den El Cap klettern, sagte ich mir. Dort spielte das Wetter keine große Rolle. Ich hatte keine Zeit, eine einfache Route zu machen, und wählte deswegen sofort eine, die schwieriger war als alles andere, was ich gemacht hatte: Aurora. Von dieser gruseligen Route hatte Adam Wainwright vor ein paar Jahren erzählt, als er die Fortbildung für die Leute vom Outdoor gemacht hatte.

Ich spürte das bekannte Kichern in mir aufsteigen. Ich war aufgeregt. Morgen würde ich losgehen, die Seile hochjümarn, die ich über die ersten fünf Seillängen fixiert hatte. Konnte ich es schaffen? Ein Haulbag flog hoch oben vom Ausstieg der Route Zodiac nach unten und krachte ein paar hundert Meter rechts von mir auf den Boden. Er war wohl von ein paar Kletterern, die sich einen unbeschwerten Abstieg wünschten, absichtlich in die Tiefe befördert worden. Der Sack erzeugte einen beängstigenden Krach, als ob etwas zerrisse. Dann folgte ein dumpfer Knall mit mehreren Echos. Es hörte sich an, als wäre ein Körper auf dem Boden aufgeschlagen.

Ich konnte nicht schlafen.

Ich versuchte nicht daran zu denken, warum ich hier war. Ich versuchte stattdessen wie so oft, mir vorzustellen, dass ich im Gritstone solo klettern war, in Stanage, einem Felsband, das die Moore hinter Sheffield abriegelte. Ich konnte das Heidekraut riechen, spürte den Farn an meinen Füßen vorbeistreichen. Ich hörte meine Schuhbändel quietschen, als ich die Kletterschuhe anzog. Dann kletterte ich meine Lieblingsrouten. Ich war allein, nur ich und der Fels, ein strahlend blauer Himmel, bis auf den Rauch aus den Zementwerken. In meinen Gedanken entstanden alle Griffe, die ich kannte, als gehörten sie zum Körper einer Geliebten. Ich konnte meine Hände fühlen, die sich um runde Kanten legten oder scharfe Griffe fest und sicher umschlossen. Meine Schultern spannten sich, meine Ellbogen drückten sich nach unten durch, ich stieß und zog, stieg höher, kletterte nach oben. Es war nie allzu schwer. Gute Routen verführen einen. Ich konnte spüren, wie ich hoch oben über dem Boden hing und nur mein eigener

Körper mich davon abhielt, hinunterzufallen. Er schützte mich vor der Erde und vor den Gedanken. Ich bewundere die Freiheit des Solokletterers: Er steigt ohne Angst, ist frei von den Zweifeln, die an ihm ziehen wie die Schwerkraft.

Am nächsten Morgen stieg ich ein.

Aurora war genau so, wie ich gehofft und gefürchtet hatte. Die Route verlangte mehr, als ich geben konnte, aber alles, was fehlte, fand sich. Es war fast unmöglich für mich. Meine Chancen waren winzig, aber ich nutzte sie. Und so stieg ich jeden Tag höher und höher.

Wie immer bereiteten mir die kleinen Dinge Probleme, nicht die großen.

Nachdem ich eingestiegen war, stellte ich fest, dass an den Ständen alle Bohrhakenlaschen fehlten. So musste ich an den Stiften, die am Ende jeder Seillänge einige Zentimeter aus der Wand schauten, meine eigenen anbringen. Drei Stahlfinger, die das Ende schlechter Träume aus Copperheads und Hooks darstellten. Das Problem war, dass ich zwar Laschen und Muttern mitgenommen hatte, aber die Stifte nach amerikanischen Maß gefertigt waren und die Muttern nach europäischem. Nichts passte zusammen. Als ich in Seillänge sechs stand und daran dachte, dass ich an den vermaledeiten Stiften irgendwie die Säcke hochziehen musste, wurde ich regelrecht bleich. Da ich nicht umdrehen konnte, nahm ich die Laschen, setzte sie auf die Stifte und band so viel Klebeband wie möglich drum herum. Dann blieb mir nur noch übrig, zu hoffen, dass das Gewicht der Säcke die Laschen an Ort und Stelle hielt.

In diesen Tagen an der Wand lernte ich die Kunst des Bigwall-Solokletterns und fragte mich, warum es keine Schule für so etwas gab, warum man nicht ein Diplom im Bigwallen machen konnte.

Am fünften Tag saß ich auf meinem Portaledge und schnitt die Handschuhe von meinen entzündeten, mit Blasen übersäten Fingern. Der Denkzettel saß: Nächstes Mal würde ich mich besser um die Finger kümmern und eine Erste-Hilfe-Tasche mitnehmen. Drüben in der Dawn Wall sah ich, wie Leo Houlding auf dem Lay Lady Ledge eine Party veranstaltete. Er ist Brite wie ich, jedoch jünger und gut aussehend. Ein Shooting-Star der englischen Kletterszene, der den konservativen Klettersport wieder zum Rocken brachte. Bei ihm schien alles ohne Anstrengung zu klappen, sein Leben war eine einzige lange Party aus Spaß und Klettern. Er war einer der wenigen mir bekannten Kletterer, die ausschließlich vom Sponsoring lebten und tun konnten, was sie wollten. Ich fragte mich, warum mein Leben nicht so war wie seines, was ich wohl erreichen könnte, wenn ich öfter als nur alle heiligen Zeiten mal zum Klettern käme. Dann sah ich mich an, wie ich dasaß, mit Wurstfingern kalte Bohnen aß, während er dort drüben mit heißen Kletterbräuten Tequila trank. Im Grunde meines Herzens wusste ich die Antwort: Er war Single, hatte kein Haus, keinen Job, keine Verpflichtungen. Das war sein Leben. Und für mich nur ein Urlaub. Ich lag im Schlafsack und fragte mich, ob es mir hier gut ging, ob es einen Sinn gab, warum ich nach Hause zurückkehren sollte.

Dann dachte ich daran, was ich Mandy geschworen hatte: Wenn sie mir ihr Herz gab, würde ich es nicht brechen.

Am nächsten Tag erlebte ich kurz nach dem Aufwachen eine Überraschung. Eine Dreierseilschaft kletterte in Windeseile unter mir hoch. Sie versuchten eine Speed-Begehung. Sie waren in den letzten Abendstunden eingestiegen und die ganze Nacht durchgeklettert. Sie waren noch einige Seillängen unter mir, deswegen kletterte ich ein Stück weiter. Als sie nahe genug waren, schrie ich herunter, dass sie vorsichtig sein sollten, weil die Stände in erster Linie mit Klebeband zusammengehalten wurden. Ich vermute, sie hielten das für einen Witz.

Ihr plötzliches Auftauchen brachte mich in ein Dilemma. Ich hätte schon seit einiger Zeit pissen sollen, doch das wäre nicht fair gegenüber denen da unten gewesen. Es zeugt nämlich von schlechtem Stil, auf Leute hinunterzupissen. Besonders dann, wenn sie dich in Kürze einholen. Es gelang mir, den Drang die ganze Zeit über zurückzuhalten. Aber gegen Abend hielt ich es nicht mehr aus. Ich nahm eine leere Dose. Die Seilschaft war nun nur noch eine Seillänge unter mir, was den Drang zu urinieren nicht unbedingt schwächer werden ließ. Der Inhalt der Dose – ein Eintopf, den ich gerade eben aufgegessen hatte – tat ebenfalls das Seinige. Meine Blase war kurz vor dem Platzen. Ich musste so dringend pissen, dass ich in die leere Dose urinierte. Sie füllte sich schnell bis zum oberen Rand. Brocken aus Fett und Tomaten schwammen darin.

Jetzt bestand das Dilemma daraus, wohin ich mit der Dose sollte. Ich war nicht unbedingt erpicht darauf, dass der Vorsteiger zu mir hochkam und mich fragte, warum ich eine leere Dose mit Pisse in der Hand hielt. Deswegen entschied ich mich, die Dose Tropfen für Tropfen zu leeren. Ich hoffte, der Urin würde auf diese Weise verdunsten, bevor er die Kletterer unten erreichte. Ich lag auf dem Bauch, streckte die Hand mit der Dose über das Ledge hinaus und begann, sie langsam zu kippen. Der Plan funktionierte, es dauerte aber zu lange. Von unten hörte ich nichts, deswegen sammelte ich meinen Mut und schüttete die Dose schneller aus. Plötzlich gab es unten Reaktionen. Der Vorsteiger schrie mich an, ich solle aufhören, ihm auf den Kopf zu pissen. Jetzt hatte ich die Bescherung. Wenn er zu mir kam, sah er nämlich, dass ich nicht nur auf ihn gepisst hatte, sondern den Urin sogar extra in einer leeren Dose dafür bereithielt!

Zum zweiten Mal in der Tour griff ich zur Rolle mit dem Tape und wickelte so viel davon um die Dose, bis ich sie in meinem Haulbag verstauen konnte.

Eric, Andrew und ein anderer Kerl, der noch nie zuvor einen Bigwall geklettert hatte, erreichten mich bei Sonnenuntergang. Komisch genug war es, dass ich mir die Hände und das Gesicht wusch, um einigermaßen vorzeigbar auszusehen. Ich kam mir ein wenig wie ein Schiffbrüchiger vor, der sich den Bart und die langen Haar abschneidet, als er seine Retter kommen sieht. Die drei waren ziemlich am Ende. Zwei Tage waren sie bereits nonstop unterwegs, hatten keine Sekunde geschlafen.

Keiner erwähnte den Vorfall mit der Pisse.

Sie hatten vergessen, «Belay Seats» mitzunehmen: Holzbretter, auf die man sich beim Sichern setzen konnte und somit den Gurt entlastete. So waren sie froh, auf meinem Portaledge sitzen zu können. Andrew richtete sich her, um die Schlüsselseillänge zu führen, eine große Expando-Schuppe direkt über uns. Wir waren alle recht nervös, denn die «Gong Flake» hatte ihren Ruf nicht umsonst. Sie hing wie ein großes Klavier über dem Stand. Wenn sie ausbrach, dann würden wir von der Wand geschabt werden. Wir sahen ihm zu, wie er im Dunkeln vorsichtig zur Schuppe hochstieg. Wir hörten den hohlen Klang, der sich anhörte, als würde eine kaputte Kirchturmglocke geläutet. Andrew brauchte all sein Können, um die Stelle zu klettern. Er schlug Haken, die gerade sein Gewicht hielten, aber nicht tief genug eindrangen, um die Schuppe von der Wand abzulösen.

BUMM BUMM – BUMM BUMM – BUMM BUMM – BUMM BUMM

Wie aus dem Nichts hörten wir diesen lauten, pulsierenden Rhythmus um uns herum, der die Luft füllte. Wir starrten uns gegenseitig erstaunt an, bis Eric sagte: «Scheiße Andrew, du musst die Hosen da oben voll haben, wir hören dein Herz schlagen.»

Dann begriffen wir, dass die Geräusche von Leo Houldings frisiertem Ghettoblaster kam, der lauten Techno von sich gab. Er feierte wieder einmal eine Party auf dem Lay Lady Ledge.

Andrew machte weiter.

Ein Schrei fuhr durch die Luft, gefolgt von lautem Rasseln. Andrew stürzte ab. Der Reihe nach brachen die Sicherungen unter seiner Sturzwucht aus. Der Lärm war schrecklich, für eine Sekunde schrumpften wir zusammen und dachten, die Schuppe käme die Wand heruntergekracht zusammen mit ihm.

Andrew stöhnte. Wir sahen nach oben. Alle lebten noch. Er stieg am Seil hoch und machte weiter.

Die Nacht sank weiter herab. Die drei begannen zu halluzinieren, sie hatten zu lange Zeit nicht geschlafen. Andrew stürzte ein weiteres Mal. Diesmal hatte anscheinend eine Fledermaus eines der Klemmgeräte aus dem Riss gestoßen.

Es war lange nach Mitternacht, als sie meinen Stand verließen. Langsam jümarten sie nach oben, riefen: «Danke für die Gastfreundschaft.»

Ich versuchte, wieder einzuschlafen. Aber bald wachte ich durch einen Schrei von oben auf. Ich öffnete meine Augen gerade rechtzeitig, um ein Licht an meinem Portaledge vorbei in die Tiefe fliegen zu sehen. Es drehte sich in der Luft um sich selbst, bis es auf den Felsen am Wandfuß erlosch. Ich war kurz davor, mich zu erbrechen. Einer der Kletterer musste von dort oben abgestürzt und die ganze Wand hinuntergefallen sein. Ich hatte noch nie jemanden sterben sehen.

Dann hörte ich von oben Gelächter, dann Flüche. Es war nur ein Helm mit einer Stirnlampe gewesen, den jemand fallen gelassen hatte.

Ich war froh, wieder alleine zu sein.

Drei Tage später mündete Aurora in die Route Tangerine Trip, und ich kletterte zum Gipfel.

Man stellt sich oft vor, dass die größten Momente im Leben von Fanfaren begleitet werden. Aber dieses Mal war es nur ein einfaches «Himmel, Arsch und Zwirn, zum Glück ist's vorbei», als ich meine fast leeren Säcke zum Gipfel schleppte.

Ich zog meine Kleider aus, legte mich zwischen dem zerstreuten Material hin und dachte über die Route nach. Schon länger hatte ich keine Lust zum Kichern mehr, ich spürte nur noch den Stolz, dass mein Traum wahr geworden war. Es gab auch eine Art Traurigkeit, die mit der Erfüllung einherging.

Ich war fröhlich. Ich hatte mein Versprechen gehalten. Ich hatte nicht aufgegeben. Ich war kein Versager. Es wäre so einfach gewesen, die Route nicht zu klettern. Aber wie so oft in den letzten Tagen und Monaten fand ich die körperliche und geistige Stärke, durchzuhalten. Eine Stärke, die ich nie von mir erwartet hatte.

Ich dachte an den Frendopfeiler, an das Shield, an den Alleingang an den Droites und nun an diese Route. Jede Tour hatte mich verändert, hatte mich zu dem gemacht, was ich war. Aber warum hatte ich immer mehr und mehr gewollt? Wollte ich vielleicht dieses flüchtige Gefühl festhalten, das ich hier auf dem Gipfel des El Cap hatte?

Diese Momente waren hart erkämpft und von Gefahren begleitet. Manch einer mag an meinem Verstand zweifeln, aber es ist immer schwer, Träume zur Realität werden zu lassen. Aber in diesem Moment am Gipfel hätte ich jeden Preis dafür gezahlt, dieses Gefühl haben zu können. Stolz darauf zu sein, wer ich war. An mich geglaubt, nach den Sternen gegriffen und schließlich einen Traum erfüllt zu haben.

Ich sah hinüber zur Dawn Wall und dachte an die Reticent.

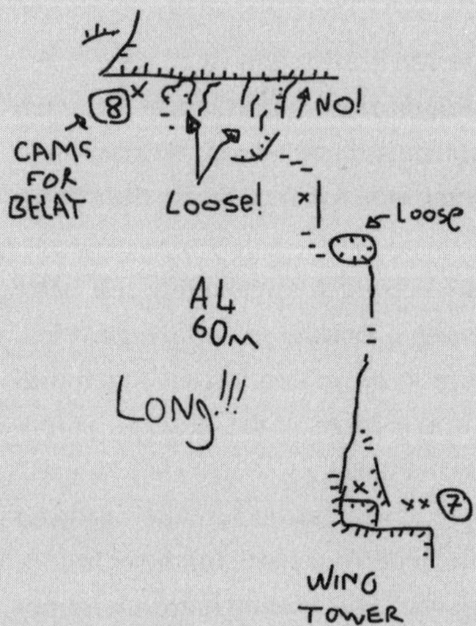

8
NO!
CAMS FOR BELAT
Loose!
Loose
A4
60m
LONG!!!
7
WING TOWER

Seillänge Nr. 8 Reticent Wall

ANGSTOMETER

Ich stand nackt in einem kalten, weiß gestrichenen Zimmer, vielleicht in einem Krankenhaus. Der Raum war leer, bis auf eine große schwarze Tür. Mein Magen zog sich vor Angst zusammen. Ich wusste, dass hinter der Tür etwas Schreckliches wartete, aber ich war gezwungen, sie zu öffnen, obwohl mein Instinkt mir sagte, dass ich wegrennen sollte. Aber wohin? Es gab nur eine Tür.

Ich bemerkte, dass der Boden von Glassplittern bedeckt war.

Ich berührte die Tür. Sie war fest wie Fels, kalt und steinig. Ich drückte sie, und sie schwang langsam auf. Es gab nur schwarze Dunkelheit. Ich hatte Angst vor dem, was dort in der Dunkelheit auf mich wartete, aber ich ging weiter.

Ich stand in einem weißen Zimmer, das gleich aussah wie das vorige und leer war, bis auf eine schwarze Tür. Ich drückte sie auf und sah nur Dunkelheit.

Ich wachte im Dunkeln auf.

Wo war ich?

Ich setzte mich im Schlafsack auf. Die Metallecken des Portaledges schabten an der Wand, das Geräusch brachte mich wieder in die Gegenwart zurück. Ich musste dringend pissen.

Meine Muskeln schmerzten, meine Gelenke waren steif. Wie ein alter Mann stand ich da, pisste über den Rand des Absatzes, die Hitze aus meinem Inneren fiel Hunderte von Metern in die Tiefe. Ich zitterte, unter meinen Füßen spürte ich den glatt geschliffenen Granit, der jetzt in der Nacht kalt war.

Ich bemerkte, dass ich nicht ins Seil eingebunden war. Ich hatte keine Angst. Ich wusste, dass ich nicht fallen würde.

Ich legte mich wieder hin und schloss den Schlafsack. Je näher der Morgen kam, desto klarer war die dunkle Silhouette des Gipfels zu sehen. Ich dachte über meinen Traum nach.

Zu viel Nachgrüblerei.

Obwohl die Kletterei weiter oben mir Sorgen bereitete, war ich guter Stimmung. Die Route hatte mich gelehrt, Vertrauen in meine Fähigkeiten zu haben. Man musste sich einfach immer nur auf das konzentrieren, was man gerade machte. Ich dachte an Royal Robbins und seine Solobesteigung des El Cap. Vor ein paar Jahren war ich ihm bei einem seiner

Diavorträge begegnet. Ein alter Mann, aber immer noch charismatisch. Die Magie des El Cap schimmerte noch in seinen Augen. Ich fragte mich, ob man all die verrückten Sachen, die man so unternimmt, im Alter sinnvoller findet. Vielleicht zweifelten dann die Leute, die einem immer unterstellt hatten, man wäre unvernünftig und pubertär, an sich selbst, dass sie sich nichts getraut hatten? Der Gedanke gefällt mir, dass ich einmal ein alter Mann bin und durch die Trophäensammlung meines Lebens gehe. Dann erinnere ich mich an alle Routen und Abenteuer und denke, dass es das wert gewesen war. Am meisten störte mich, besonders je älter ich wurde, nicht die Angst vor dem Tod, sondern die Furcht davor, alt zu werden und zu erkennen, dass Angst und Zweifel mich davon abgehalten hatten, das Leben zu leben, wie es mir vorschwebte. Mein Dilemma war, dass ein Teil von mir das normale Leben leben wollte, so wie es sich Mandy von mir wünschte: ein normaler Ehemann und Vater. Mein Problem war, dass ich zwei Leben lebte, in zwei komplett verschiedenen Welten. Ich spürte, dass ich zwischen den beiden wählen musste. Es fühlte sich an, als würde ich in zwei Teile gerissen.

Du könntest heute sterben, dann ist nichts mehr von Bedeutung.

Ich habe es so weit geschafft.

Das wird die härteste Seillänge, die du je geklettert hast.

Ich weiß, dass ich sie schaffen kann.

Aber selbst wenn du sie schaffst, wartet oben noch die Schlüsselseillänge.

Ich stand auf. Mit den nackten Füßen auf dem kalten Granit des Wino Ledge stehend, sortierte ich das Material für die nächste Seillänge. Ich war zu aufgeregt, um auf die Sonne zu warten. Es war sehr still.

Wie wird es sein, wenn du fällst und weißt, dass nichts halten wird?

Ich dachte an meine Verantwortung für Mandy und für Ella und ebenso für meinen Vater und meine Mutter, meinen Bruder und meine Schwester. So viele Leben würden verändert, wenn nicht ruiniert, nur deshalb. Wegen dieser Route. Was bedeutete sie? Sie war doch mehr als nur eine Kletterei. Es war ein Kampf um mein Leben, Tag für Tag. Es gab keinen Spaß, nur Erleichterung. Kein Lachen, kein Seufzen, kein Lächeln, nur Grimassen. Es war eine Tortur – mental und physisch. Mit den Schmerzen im Körper konnte ich fertig werden, aber die Qualen der Sorge waren fast nicht zu ertragen.

Aber du kannst die Sorge tragen. Jeden Tag wird die Belastung geringer. Das ist es doch, was du immer haben wolltest. So fühlt sich das Leben an. Ein Leben, das nur aus Klettern besteht. Allein. Ständig in Furcht. Genauso unsicher, wie wenn du zu Hause sitzt.

Ich richtete mein Material her, wie ich es jeden Morgen tat. Methodisch und sorgfältig, ständig überprüfend, ob alles da war. Ich baute den Stand noch einmal um, sah noch einmal alle Knoten an und jeden Karabiner. Dann sah ich noch einmal auf die abgegriffene Routenskizze, obwohl klar war, wohin es ging.

Ein Pfeiler führte einige Meter vom Band an einer Verschneidung hoch, die aussah wie ein geöffnetes Buch. Gute Placements waren nicht in Sicht. Dann verlor sich der Pfeiler, die Verschneidung führte weiter, glatt und ohne jede Struktur. Irgendwo dort musste ich nach links steigen, hinaus in die Wand. Einer der Zweitbesteiger hatte gesagt, die Seillänge sei nicht zu rechtfertigen. Ein Sturz würde unweigerlich dazu führen, dass der Vorsteiger auf dem Absatz aufschlug und starb. Das Fehlen von guten Sicherungen machte mir Sorgen.

Vielleicht war diese Seillänge zu schwer, zu gefährlich.

Versuche es einfach!

Die Sonne erhellte den Himmel.

Ich fühlte mich zu schlecht, um zu frühstücken. Melancholisch dachte ich daran, dass es mir nichts ausmachte, wenn ich starb und mein Magen leer war. Und wenn ich es schaffte und überlebte, machte mir der leere Magen ebenfalls nichts aus.

Ich schlüpfte in meine Schuhe und in den Gurt. Meine Schrammen beschwerten sich, als ich die Beinschlaufen und den Hüftgurt festzog.

Mein Sicherungsseil band ich am schwersten der Haulbags an, anstatt direkt an die Bohrhaken. Im Fall eines Sturzes würde der Sack langsam nach oben gezogen und den Fangstoß mildern.

Es gab nichts mehr zu tun. Ich stieg los.

Ich zerlegte die Seillänge in mehrere große Stücke, die ich von meiner Position einsehen konnte: Pfeiler, Verschneidung, Traverse. Dann zerlegte ich jedes der Stücke in einzelne Bewegungsabläufe. Es begann mit Skyhooks. Sorgfältig befühlte ich jede Kante, um die Hooks optimal zu setzen. Das Bild kam mir wieder ins Gedächtnis: die Geschichte eines Freundes, der einen Kletterer auf ein Band stürzen sah. Er hatte sich beide Füße gebrochen, die Knöchel standen rechtwinklig ab, die Knochen stachen durch die Haut. Überall war Blut.

Denke nicht an so etwas, du Idiot! Konzentriere dich, oder du stürzt ab!

Ich nahm mir Zeit und erreichte bald den Kopf des Pfeilers, wo ich zu meiner Überraschung einen kleinen, leicht geöffneten Riss fand, in den ich erleichtert einen genau passenden Messingklemmkeil legen konnte. Es war meine erste richtige Sicherung. Als ich mein Seil einklippte, fühlte es sich an, als hätte ich es am Gipfel des El Cap befestigt. Vielleicht war ja alles gar nicht so schlimm.

Wenn ich eine schwierige Seillänge vorsteige, sehe ich vor meinem inneren Auge mein eigenes «Angstometer»: ein Gerät, dass misst, wie schwierig und gefährlich die Kletterei ist. Jede schlechte Sicherung lässt den Zeiger weiter in den roten Bereich rutschen. Wenn endlich wieder eine gute Sicherung kommt, federt die Nadel zurück zum Nullpunkt. Je mehr man geklettert hat, desto größer ist der Bereich und die Empfindlichkeit des Angstometers. Stellen, die einen früher leicht in den roten Bereich gebracht hätten, etwa Züge an einem Skyhook, lassen die Nadel später nicht einmal ausschlagen.

Das Problem mit dem Angstometer ist jedoch, dass es eigentlich nichts anderes misst als die Selbsttäuschung. Allein die Tatsache, in einem Bigwall zu sein, würde bei vielen Leuten die Zeiger in den roten Bereich bringen. Den Klemmkeil, den ich gelegt hatte, hätte man in einer anderen Route als heikel empfunden. Aber hier war selbst eine solche Sicherung bombensicher. So wurden aus schlechten Sicherungen passable.

Ich hängte meine Leitern ein und stieg hoch.

Die Seillänge blieb ihrem Stil treu. Jeden Meter fanden sich Stellen für winzige Klemmkeile, Birdbeaks oder Copperheads. Ich bewegte mich langsam. Die Seillänge war mit A4+ bewertet, was übersetzt so viel heißt wie «Wenn du fällst, dann stirbst du».

Das Gelände änderte sich, als ich eine gute Strecke einzig und allein auf Skyhooks traversierte. Der Absatz verschwand aus der Sicht und aus dem Sinn. Unter den Füßen war nun nur noch die nackte Ausgesetztheit. Über mir ragte aus einer schwach ausgeprägten Rissspur ein merkwürdiger Copperhead.

Ich kletterte sehr vorsichtig, zuerst an Hooks, die ich sorgfältig setzte, dann an Heads.

Lass dir Zeit.

Die Sonne brannte herunter. Ich trank einen Schluck. Zeit verging.

Denke nicht weiter als an das nächste Stück.

Müdigkeit überkam mich, ich fühlte mich schlapp. Der niedrige Blutzucker verstärkte die Angst. Je weiter ich stieg, desto schlechter schienen die Sicherungen. Die Nadel in meinem Angstometer schlug immer mehr aus. Ich erreichte den belassenen Copperhead. Er war aus einem Bleigewicht hergestellt, wie man es zum Angeln verwendete. Es war weicher als Kupfer und konnte sich besser dem Fels anpassen. Der Nachteil war, dass so eine Sicherung sehr wenig halten konnte. Das Kabel, das einst durch das Blei gegangen war, fehlte. Wahrscheinlich war es beim Entfernen der Sicherungen herausgerissen worden. Ich überlegte, ob ich einen Hook auf das Bleistück setzen sollte, aber ich hatte Angst, dass es dadurch herausgerissen werden konnte.

Du kannst es dir nicht leisten, hier zu fallen.

Dann kam mir die Idee, das Bleistück herauszumeißeln. Aber ich wusste nicht, ob es mir gelang, etwas Besseres an diese Stelle zu setzen. Das nächste Placement war weit entfernt. Ich musste also an diesem weit hochsteigen.

Sei kreativ.

Ich nahm schließlich einen Birdbeak und hämmerte ihn direkt in das Blei. Die Spitze drang ein, als wäre es Butter. Mit jedem Hammerschlag fuhr der Beak weiter hinein, während die Nadel auf meinem Angstometer zurückfiel. Ich gab dem Beak einen letzten Schlag.

Das Bleistück brach entzwei, fiel aus dem Riss und in die Tiefe.

Die Nadel schoss wieder hoch, fast in den roten Bereich.

Stunden vergingen.

Ich versuchte, zwei oder drei Placements zusammenzubinden – einen Skyhook und zwei Copperheads. Ich hoffte, alle zusammen könnten vielleicht mein Gewicht halten, eventuell sogar einen kleinen Sturz. So viele Sicherungen wie möglich versah ich mit einer speziell vernähten «Ripper-Schlinge», die bei großer Belastung langsam aufriss und so die Sturzwucht absorbierte. Ich wusste, dass es im Ernst-

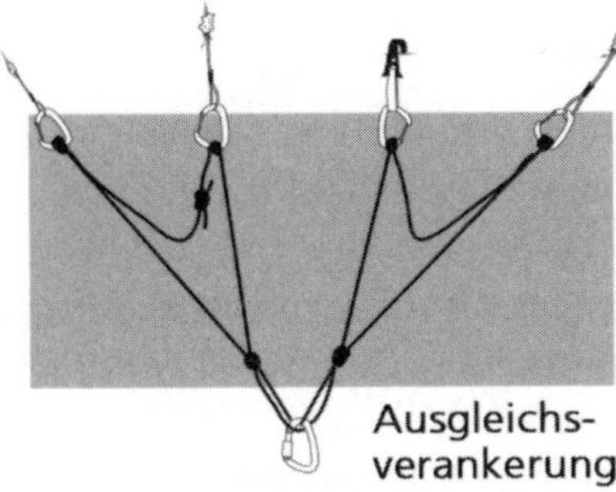

fall wohl nicht viel brachte, aber ich tat alles dafür, dass die Nadel wieder vom Roten ins Schwarze kam.

Drei Stunden war ich bereits im Vorstieg, als ich an einem winzigen Copperhead hing. Ich war kurz davor, dass mir die Nerven versagten. Die Angst in meinem Inneren erzeugte einen solchen Druck, dass es nur noch sehr schwer möglich war, sie zu kontrollieren. Ich war verstört, nicht mehr in der Lage, weiterzusteigen. Die Nadel zeigte eindeutig auf Rot.

Beruhige dich.

Ich hing an dieser winzigen, schlechten Sicherung und wusste, dass es keinen Ausweg und keine Rettung gab. Es gelang mir nicht, mich weiterzubewegen.

Geh weiter!

Ich drückte das Gesicht gegen den Fels. Jeden Moment konnte ich stürzen. Ich hörte schon das Geräusch der herausreißenden Sicherungen, spürte das Gefühl der Schwerelosigkeit, das einem den Magen drehte. Vor mir sah ich die verschwommene Wand, die an mir vorbeiraste, während ich durch den Raum schoss.

Mach weiter!

Ich kann nicht.

Nur ein einziger Zug.

Ich hatte einfach zu viel Angst.

Eine Stunde später hing ich immer noch in der gleichen Position. Ich war noch nicht gefallen. Die Nadel auf dem Angstometer glitt langsam wieder rückwärts, verließ den roten Bereich. Es war an mir vorbeigegangen. Ich stieg in den Leitern hoch und schlug mit dem Hammer einen Copperhead in die Rissspur.

In ein oder zwei Stunden bist du am Stand.

Durch den Schweiß fühlte sich der Hammer rutschig und schwer in der Hand an. Ich musste mich auf jeden Schlag konzentrieren, damit er gut saß. Der Head musste jeden einzelnen Granitkristall umschließen.

Mach weiter bis zum Stand! Dann kannst du zurück zum Wino Ledge und dort die Nacht verbringen. Du musst die Säcke nicht unbedingt heute hochziehen.

Ich nahm ein Büschel mit Material vom Gurt und suchte einen Head, der von der Größe her als Nächstes passen konnte. Wie ich am Karabiner mit den Heads herumfummelte, glitt mir das Büschel aus den Fingern, sprang die Wand hinunter und nahm fast alle meine Heads mit.

SCHEISSE. SCHEISSE. SCHEISSE. SCHEISSE. SCHEISSE. SCHEISSE.

Du bist am Arsch.

Wieder drückte ich mein Gesicht gegen die Wand. Dann sah ich mir das letzte Stück der Seillänge an. Es blieben vielleicht noch zehn Meter bis zum Stand. Die wenigen Heads, die ich noch hatte, waren unten im Haulbag. Das half mir genauso wenig, als wenn sie zu Hause im Schrank gelegen wären.

Vielleicht bekommst du es auch so auf die Reihe. Mach weiter.

Die Seillänge fand kein Ende. Ohne Copperheads verbrauchte ich viel Zeit und Energie, um etwas zu finden, das mich hielt. Zum Glück steckten ab und an noch die Reste alter Copperheads im Riss – sogenannte «Deadheads» –, die aber kein Kabel mehr hatten, weil es beim Cleanen herausgerissen worden oder jemand gestürzt war. Mir blieben noch ein paar Birdbeaks, die ich über die Deadheads schlug und hoffte, dass sie hielten. Andere Stellen überwand ich auf Hooks.

Ich versuchte, die Balance zwischen Hast und Schnelligkeit, zwischen blinder Angst und nützlicher Paranoia zu finden. Noch nie in meinem Leben hatte ich mich so lange konzentrieren müssen. Und immer noch war die Seillänge nicht zu Ende.

Mach einfach weiter. Stück für Stück.

Fast alle Karabiner, Schlingen und Birdbeaks waren verbraucht. Für die Seillänge brauchte man das volle Sechzig-Meter-Seil, bis zum letzten Zentimeter. Der Stand kam langsam näher, links in der Wand war er schon zu sehen. Zwei schöne Bohrhaken.

An denen könntest du die ganze Welt aufhängen.

Leider machte es die Sache nicht einfacher, dass ich sie sah, eher im Gegenteil. Je näher ich ihnen kam, desto schlechter wurde das Material, an dem ich kletterte. Die Copperheads wurden immer kleiner. Viele von denen, die noch zu gebrauchen waren, hatten rostige Kabel.

Ich hätte jeden Preis für einen einzigen gut sitzenden Klemmkeil oder einen Friend gezahlt.

Ich sah hinunter und versuchte herauszufinden, wie weit entfernt die letzte verlässliche Sicherung wohl sein mochte. Ich konnte mich an nichts Gutes erinnern.

Du fällst 120 Meter, wenn du Scheiße baust.

Dann baue ich halt keine Scheiße.

Ich kroch weiter. Die Bohrhaken kamen näher. Ich stellte mir das Geräusch vor, das ein Karabiner macht, wenn er in den Bohrhaken eingehängt wird und einrastet. Diese Euphorie der Befreiung, das Wissen, gesichert zu sein, und die schwierigste Seillänge seines Lebens hinter sich haben.

Ich war so nah dran.

Konzentriere dich auf das Hier und Jetzt!

Ich war noch nicht dort. Bis zum Stand war es noch ein Stück.

Ich erreichte ein kleines Dach, unter dem ich nach links querte. Die Bohrhaken waren nur noch vier Meter entfernt. Ich schaute nach dem nächsten Placement und erspähte einen winzigen Copperhead, den kleinsten, den ich je gesehen hatte. Das Kabel war noch intakt, aber so dünn wie eine Gitarrensaite.

Ich wollte, dass es alles schon vorbei sei. Ich war zu müde, um Angst zu empfinden. Egal, was das Schicksal brachte, ich nahm es an. Ich wusste, dass ich den Copperhead testen sollte, aber er war so klein, dass er leicht dabei herausreißen konnte. Und dann?

Ich hatte nichts dabei, was hier passen konnte.

Ich langte hoch und hängte einen Karabiner in den Head ein. Es sah aus, als ob dieses geringe Gewicht reichen könnte, um den Head aus dem Fels zu ziehen.

Mach einfach schnell.

Dann brach ich das Gesetz Nummer eins, das ich von Anfang an eingehalten hatte. Ich testete den Head nicht.

Mit dem Herz in der Hose verlagerte ich das Gewicht von der schlechten Sicherung, an der ich gehangen hatte, auf diese noch viel schlechtere.

Schnell!

Mein ganzes Leben hing an einem dünnen Stahlkabel, das in einer winzigen Metallhülse steckte. Ein Copperhead für einen Dollar.

Er hielt.

Ich starrte ihn mit offenen Augen an und wunderte mich darüber, wie so etwas Winziges das Gewicht eines Menschen halten konnte.

Die Antwort kam sofort. Der Copperhead riss aus. Mein Herz machte einen Satz.

Du fällst.

Nun geschah alles ganz langsam, als stünde die Zeit still.

Die ersten zehn Meter fühlte ich mich schwerelos. Ich war überrumpelt, schockiert, mein Gehirn versuchte zu errechnen, ob ich wirklich falle.

Das Seil, das von mir durch Dutzende von Karabinern sechzig Meter hinunter zum Haulbag am Stand führte, spannte sich und versuchte, mich zu halten.

Du fällst.

Ich fühlte, wie sich das Seil für eine Sekunde spannte, wie mein Körper noch nicht die Fallgeschwindigkeit erreicht hatte. Es dehnte sich, versuchte die Sturzkraft zu verteilen, versuchte die Last für den höchsten Copperhead erträglich zu machen. Die Zeit verlangsamte sich noch weiter.

Du fällst noch immer.

Ich spürte, wie das Seil sich dehnte. Jede millionstel Sekunde, die es mich weiterhielt, erhöhte die Wahrscheinlichkeit, dass ich überlebte. War das zu viel gefragt, überleben? Ich wusste, es war.

Die erste Sicherung riss aus. Die zweite Sicherung riss aus. Die dritte Sicherung riss aus.

Ich spürte all das durchs Seil, hoffnungslos. Die Sicherungen waren so viel wert wie Reißnägel.

Die vierte Sicherung riss aus. Die fünfte Sicherung riss aus. Die sechste Sicherung riss aus.

Mein Körper flog immer schneller. Zehn Meter, zwanzig Meter, dreißig Meter Fels schossen an mir vorbei.

Man kann die Zeit nicht anhalten. Ich hörte, wie ich flog, wie sich mein Körper in der Luft drehte. Das Material schepperte, mit einem langen, röchelnden Seufzer wurde mir die Luft aus der Lunge gepresst.

Die siebte Sicherung riss aus. Die achte Sicherung riss aus. Die neunte Sicherung riss aus.

Ich fiel. Weiter und weiter. Ich fiel so weit, dass ich meinte, es gäbe kein Ende. Vierzig Meter, fünfundvierzig Meter. Weiter und weiter.

Du wirst auf dem Band aufschlagen.

Du wirst über das Band hinunterstürzen.

Ist das Seil gerissen?

Es gab keine Angst. Angst konnte man nur vor dem Stürzen haben. Jetzt, als ich durch die Luft flog, spürte ich nichts als ... Neugier.

Du wirst sterben!

Ist doch egal.

Fünfzig Meter.

Ich hielt an.

Eine der Sicherungen hatte gehalten. Ein alter, kaputter, verrosteter Copperhead von der Größe meines kleinen Fingers hatte mich zurück ins Leben gebracht.

Alles drehte sich um mich herum.

Ich hing eine Sekunde da, dann schrie ich laut.

Warum schreist du?

Ich weiß nicht, ich bin gerade einen verdammten Kilometer heruntergefallen!

Keiner kann dich hören.

Eine ganze Weile hing ich in der Luft. Es war alles, was ich tun konnte. Alles, was ich tun konnte. Das Schlimmste war passiert, was eintreten konnte, aber ich war unverletzt. Ich hatte Glück gehabt. Ich genoss das Gefühl von Sicherheit, weil ich wusste, dass ich an einer guten Sicherung hing.

Du weißt schon, dass du jetzt hoch und alles noch einmal machen musst?

Ja, ich schaffe das.

Ich hängte die Jümars ein und stieg am Seil auf.

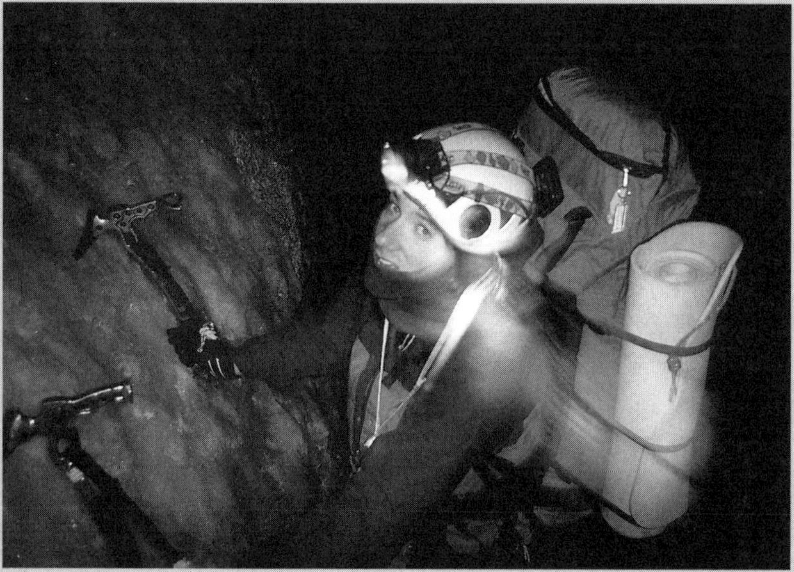

Maria-Callas-Gedächtnisroute in der Nordwand der Droites: «Ich kannte den ersten Teil von meinem Alleingang und wusste, dass er für einen talentierten Anfänger wie Esmond Tresidder zu schaffen war.»

Chamonix, Frankreich. Februar 2000

Verrückte Jugend

Esmond Tresidder war achtzehn und so etwas wie eine alpine Jungfrau, als wir uns in Chamonix begegneten. Es war Winter. Ich kam mit Rich Cross von einem Versuch am Grand Capucin zurück, einer Felsnadel direkt unterhalb des Mont Blanc. Wie immer hatte ich große Pläne für den Winter geschmiedet, aber bevor ich überhaupt ankam, hatte sich Rich an der Nordwand der Grandes Jorasses bereits die Zehen erfroren. Er konnte kein Eis klettern. Die Stöße, die es gibt, wenn man die Frontzacken ins Eis haut, waren für seine Zehen viel zu schmerzhaft. Wir mussten die Pläne ändern.

Der Capucin versprach uns viel Abenteuer, ohne dass wir Steigeisen brauchten. Wir waren in einem der wildesten Winkel des Mont Blanc Gebietes unterwegs, aber nach zwei eiskalten Nächten in der Wand drehten wir um. Wir waren viel zu langsam, weil wir mit dicken Handschuhen und klobigen Plastikbergschuhen im schwierigen Felsgelände fast nicht vorwärts kamen. Wir wollten für eine im kommenden Sommer geplante Reise nach Patagonien trainieren. Aber nur Idioten ruinieren sich beim Training. Während wir auf Ski das Vallée Blanche hinunterfuhren, wich die Erleichterung darüber, dass wir bald in einer wärmeren Welt mit gutem Essen waren, der altbekannten Niedergeschlagenheit. Ich hatte nur noch eine Woche Urlaub übrig; ich musste irgendeine harte Tour machen, bevor das nächste Jahr mit Arbeit anfing.

Wir trafen Es zufällig, als wir unsere Ausrüstung nach Hause trugen. Er sah aus wie ein Schüler, der gerade den Unterricht schwänzte. Seine Haare waren nach der Art der Schulkinder geschnitten, und sein hageres, fast mageres Aussehen erinnerte an einen Fünfzehnjährigen.

Ich kannte Es gut, er hatte einen Sommer im Outside gearbeitet, bevor er an der Universität in Edinburgh zu studieren anfing. Zweifellos hatten ihn meine pausenlosen Schwärmereien vom Winterbergsteigen damals beeinflusst. Deswegen war er hier. Ich war bei seinem Vorstellungsgespräch im Frühjahr dabei gewesen. Er war ein typischer Achtzehnjähriger, sozial unangepasst und scheu. Die Seite des Gehirns, die die Leute Funken und Feuer sprühen lässt, war wohl noch nicht ausgereift. Trotzdem konnte man erkennen, dass er ein begeisterter Sportler war. Er hatte für seine Langstreckenläufe viele Preise gewonnen und fuhr oft achtzig Kilometer lange Umwege zur Arbeit. Auch beim Klettern trainierte er mit eisernem Fleiß, bei jeder Gelegenheit war er draußen am Fels. Ich erzählte ihm, dass die Arbeit im Bergsportladen leicht, aber schlecht bezahlt war. Für einen Kletterer, so sagte ich, sei es jedenfalls ein Paradies, weil man bei der Arbeit viele gute Bergsteiger kennenlernte und Sachen unternehmen konnte, von denen man bis dahin allenfalls träumte. Wahrscheinlich erzählte ich ihm alles so, wie ich es mir in diesem Alter selbst gewünscht hatte.

Als wir durch Chamonix zurück zu unserer Ferienwohnung liefen, unterhielt ich mich mit Es und entwickelte einen Plan, wie ich den Urlaub noch retten konnte. Rich humpelte hinter uns her. Er war froh, wenn er mit seinen Füßen überhaupt noch Ski fahren konnte – im nächsten Winter wollte er die Skiprüfung für die Bergführerausbildung ablegen und brauchte noch dringend Übung. Ich dagegen wollte etwas Hartes klettern. Etwas, das so schwer war, dass ich im Alleingang keine Chance hatte. Deswegen brauchte ich einen Partner.

Bergsteiger, die mehrere Nächte an einem kalten Berg mitten im Winter biwakieren wollen, sind dünn gesät. Es gab nur ganz wenige von dieser Sorte, und mit den meisten, die Ja gesagt hätten, wollte ich nicht klettern. Es waren komische Vögel. So einfach ist es: Wenn du etwas willst, dann kannst du es nicht haben.

Die Alternative bestand darin, jemanden zu finden, der keine Ahnung hatte, auf was er sich einließ. Jemanden, der jung und blauäugig genug war, so etwas mitzumachen. Jemanden, von dem man wusste, dass er es drauf hat, aber noch nichts von seinen Fähigkeiten ahnt.

Er musste bereit sein, sich darauf einzulassen, unter der Voraussetzung, dass ich alles vorstieg. Er würde sichern und nachsteigen. Eine perfekte Symbiose: Ich konnte nicht ohne ihn klettern, und vice versa.

Während wir die Treppen zur Wohnung hochstiegen, fragte ich Es, ob er Lust hätte, eine Route mit mir zu klettern. Er war ja eigentlich hier, um einfache, kurze Routen im Tal zu machen, Wasserfälle mit ein oder zwei Seillängen, die man in einer Stunde vom Dorf erreichen konnte und von denen man zum Abendessen wieder zu Hause war. Was ich vorschlug, war ein klein wenig härter.

Die Tour, die ich mir ausgesucht hatte, hieß Maria-Callas-Gedächtnisroute. Sie war eine tausend Meter hohe, sehr schwierige Mixedroute an meiner Lieblingswand, den Droites. Die Route hatte noch keine zweite Begehung. Erstbestiegen hatten sie drei deutsche Hardcore-Bergsteiger. Ich wusste eigentlich nicht genau, warum ich auf diese Route scharf war. Wahrscheinlich, weil sie dem Führer nach die härteste Tour weit und breit war. Außerdem gefiel mir der Name.

Auf dem Papier, oder besser gesagt bei nüchternem Verstand, war es kriminell, einen Anfänger in eine solche Route mitzuschleppen: siebenhundert Meter steiles Eis, gefolgt von einer zweihundert Meter hohen Wand mit sehr schwieriger technischer und freier Kletterei. Schließlich noch hundert Meter über Eis und Fels zum Gipfelgrat. Es war verrückt, aber umso besser, wenn es uns gelang! Ich kannte den ersten Teil von meinem Alleingang und wusste, dass er für einen talentierten Anfänger wie Es zu schaffen war. Den oberen Teil würde ich vorsteigen, Es käme an den Jümars nach. Wahrscheinlich wusste er nicht einmal, wie man einen Jümar ins Seil hängte, aber ich ging davon aus, dass jemand, der an der Universität studierte, clever genug war, um so etwas herauszufinden. Selbst wenn es nur Umweltwissenschaft war.

Für die Route würden wir zwei Tage brauchen. Am ersten würden wir die Eisfelder hochklettern, am zweiten die Felsbarriere überwinden und zum Gipfel steigen. Die Nacht würden wir an Eisschrauben gesichert auf winzigen Absätzen verbringen, die wir aus dem Eis heraushackten. Am Ende des zweiten Tages mussten wir auf dem messerscharfen Gipfelgrat schlafen. In der Arena des alpinen Winterbergsteigens war es also ein eher kurzer Auftritt.

Ich fragte ihn bei einem Bier.

«Hört sich gut an», sagte Es sofort. Er hatte keinen blassen Schimmer, was seine Worte bedeuteten. Aber in seinen Augen spiegelte sich eine Verrücktheit, wie sie nur die Jugend kennt. Ich wusste, er war der Mann dafür.

Irgendetwas stimmte nicht. Ich saß nicht nur gebückt, sondern so, als würde man mich kopfüber nach vorne stoßen. Für eine Sekunde war mir nicht klar, wo ich mich befand. Festgenagelt und eingeklemmt wie ich war, fiel mir das Atmen schwer. Etwas rieselte über mich wie Sand, häufte sich hinter mir an, versuchte mich wegzudrücken. Meine Füße zappelten haltlos im Schlafsack. Unter mir war nur glattes Eis, nichts, an dem ich Halt finden konnte ...

Ich wachte auf. Um mich herum war ein Brüllen, und Schnee überschüttete mich. Er sammelte sich hinter meinem Rücken und drückte mich immer weiter von der Wand weg. Wir waren in einem tobenden Sturm, und ich fragte mich, ob die Verankerungen der Gewalt standhalten konnten.

Ich öffnete den Schlafsack um einige Zentimeter und sah nach draußen.

Es war unser zweiter Tag in der Wand. Der Sturm hatte uns äußerst ungünstig erwischt, quasi in einem Friedhof für Pechvögel. Wir waren siebenhundert Meter über dem Einstieg und saßen auf einem Absatz, der so schlecht war, dass man die Balance halten musste, um nicht abzurutschen. Der Sturm war gewaltig und unerwartet gekommen – der Wetterbericht hatte für die nächsten Tage gutes Wetter vorausgesagt. Durch die Beschaffenheit der Wand strömte der Schnee hinunter wie das Wasser an den Niagarafällen. Es war ein schreckliches, atemberaubendes Schauspiel.

Ich schrie zu Es hinüber, ob er wach sei. Sein schwarzer Schlafsack war von der Last des Schnees zusammengekrümmt. Das Seil, das von seinem Gurt durch eine Lücke im Reißverschluss nach außen zur Sicherung lief, zu einem Haken und einem Klemmkeil im Fels weiter oben, war gespannt. Es war wach.

Ich sagte ihm, wir müssten abwarten, was weiter passierte. Vielleicht legte sich der Sturm in den nächsten Stunden. Der Wetterbericht war ja immerhin gut gewesen, es konnte also aufreißen.

Aber was, wenn nicht? Ich spähte nach unten zur Eiswand, dort, wo wir gestern hochgestiegen waren. Jetzt war sie ein Strom aus Schnee, metertief an den Stellen, wo sich die einzelnen Bäche zu Flüssen vereinigten. Wir hatten keine Chance, dort abzusteigen, wo wir hochgekommen waren. Nach oben weiterzuklettern stand ebenfalls nicht zur Debatte. Die Pulverschneerutsche hätten uns sofort in die Tiefe befördert. Zudem wären die Gesichter schnell ausgekühlt und erfroren.

Aber hier bleiben ging auch nicht.

Wir waren gefangen.

Ich dachte an die letzte Nacht. In der klirrenden Kälte hatten wir auf den Absätzen kauernd Schnee geschmolzen, müde und hungrig nach dem harten Klettertag. Es erzählte, einer seiner Freunde hätte ihm den Rat gegeben, nicht mit mir klettern zu gehen. Ich fragte, warum, und vernahm, dass jener Freund bei einer meiner Diashows gewesen war und gesagt hätte, ich sei ein «kranker Psycho».

Ziemlich genau ein Jahr zuvor waren die beiden britischen Kletterer Jamie Fisher und Jamie Andrew etwa hundert Meter über uns in einen Sturm geraten. Dort saßen sie eine Woche, ohne jede Hoffnung auf Rettung. Schon bald mussten sie sich der Kälte ergeben. Jamie Fisher erfror. Jamie Andrew war schon beinahe im Sterben, als die Rettung schließlich kam. Er hatte schreckliche Erfrierungen und verlor beide Hände und beide Füße.

Das gleiche Drama kam auch auf uns zu.

Wir waren ebenfalls gefangen. Wir saßen ebenfalls in der Hölle.

Oft werde ich gefragt, was man tun soll, wenn man gar keine Kontrolle mehr über die Situation hat, in der man sich befindet. Die einzige Antwort ist, dass die Reaktion auf die verlorengegangene Kontrolle schon der erste Schritt ist, wieder Kontrolle herzustellen.

«Drei Stunden geben wir ihm noch», sagte ich zu Es und zeigte auf den Sturm. Ich versuchte so zu klingen, als sei alles in Ordnung, als hätte ich mich schon sehr oft in so einer Lage befunden. Tatsächlich hatte ich das, aber es war nie so hoffnungslos gewesen wie hier.

Er murmelte etwas zurück, aber seine Worte verloren sich im Schnee.

Ich saß da und dachte an die beiden Jamies. Was würde mit uns passieren? Was würde mit Es geschehen? Ich schämte mich dafür, Es hierhergeschleppt zu haben. Er hatte doch keine Ahnung. Für ihn war es alles Spaß, ein Spiel, einfach nur Klettern. Aber es war alles andere als das. Was hatte ich mir nur gedacht? Wie hatte ich nur so kaltherzig und egoistisch sein können, um ihn in dieses Unheil mit hineinzuziehen? Was hätte ich getan, wenn er mein eigenes Kind gewesen wäre?

Was ist, wenn er stirbt und du überlebst?

«Lass uns verdammt noch mal von hier abhauen!», rief ich.

Nur fünfzehn Minuten waren vergangen.

Es steckte seinen Kopf aus dem Biwaksack und grinste, als sei alles in bester Ordnung. Ich lächelte zurück und fragte mich, ob wir den Abend des heutigen Tages erleben würden.

Mit dem erbarmungslosen Schnee, der von oben kam und uns langsam, aber sicher von unseren Biwakplätzen stieß, blieb uns nur der Rückzug. Mir war klar, dass ich all meine Erfahrung und mein Können brauchte, damit wir es nach unten schafften. Ich war froh, den höllischen Rückzug am Fitz Roy überstanden zu haben. Jetzt konnte ich mich auf jedes bisschen Wissen, das ich dort gelernt hatte, verlassen.

Das einzige Problem war, dass es dieses Mal noch schlimmer war.

Uns zum Abseilen herzurichten war ein Chaos. Mit klammen Fingern fummelten wir das Material zusammen. Es war vom Schnee verschüttet, zusammengefroren oder bereits für immer verloren. Wir holten die Schuhe vom Grund der Schlafsäcke hoch und versuchten, die Füße hineinzuquetschen. All das geschah im Sitzen, während der Schnee von hinten kam und man kurz vor dem Abrutschen war.

Wir zogen alle Kleider über, die wir hatten. Dann stiegen wir aus den Schlafsäcken und versuchten, im heulenden Wind zu stehen und uns ein System für den Rückzug zu überlegen.

Es war klein und dünn, ich das Gegenteil. Deswegen nahm ich unseren einzigen, gigantischen Rucksack und das riesige Büschel mit dem Kletterzeug. Dann seilte ich als Erster ab. Der Plan sah vor, dass ich an zwei Sicherungen abseilte. An einer hing die Last, die zweite war eine Hintersicherung, falls die erste ausriss. Es, der leicht und unbeladen war, nahm dann die Hintersicherung heraus und seilte an einer einzigen Sicherung ab, im Glauben, wenn sie mich gehalten hätte, müsse sie auch ihn aushalten. Bei einem so langen Rückzug wie diesem gab es keine andere Wahl, sonst wäre uns schnell das Material für die Abseilstände ausgegangen, und wir wären für immer in der Wand hängen geblieben. Die Hintersicherungen garantierten ein gewisses Mass an Sicherheit.

Ich überprüfte drei Mal, ob mein Abseilgerät richtig eingehängt war. Noch einmal stieß ich die Frontzacken ins Eis, hob den Kopf und lächelte Es zu. Ich sah jedoch nur die tief heruntergezogene Kapuze, die von Schneerutschen überschüttet wurde.

Ich klippte mich aus dem Stand und fuhr in die Tiefe. Dabei versuchte ich, das Gewicht auf den Steigeisen zu lassen, um das Seil zu entlasten.

Der schnellste Weg nach unten war zu einer rauschenden Autobahn aus hinunterstäubendem Schnee geworden. Dorthin zu gehen hätte bedeutet, den Tod durch Ersticken zu finden. Wir mussten weiter rechts über eine etwa dreihundert Meter lange glatte Felsplatte abseilen. Es war unsere einzige Chance. Aber auch sie war mit hohem Risiko verbunden. Wenn wir dort hineinseilten, konnten wir unmöglich wieder hinaufklettern. Wir mussten alle sechzig Meter einen Riss oder einen Felskopf finden, um einen neuen Abseilstand zu bauen. Wenn uns das nicht gelang, waren wir in einer Sackgasse ohne Rückkehrmöglichkeit. Dann dauerte es nicht mehr lange, bis uns die Kälte und der Sturm den Rest gaben; wir würden in den Gurten hängend sterben. Es gab jedoch keine Zeit für «wenn» und «aber». Dies war der einzige Weg. Er musste klappen.

Mit eingezogenem Kopf, von herabschießendem Schnee überschüttet, seilte ich ab. In meinen Gedanken war nur der nächste Stand. Die Suche fing an, wenn die Enden der sechzig Meter langen Seile in Sichtweite kamen.

Ich blockierte das Abseilgerät und schwang von einer Seite zur anderen. Irgendwo unter dem verschneiten Fels musste ein Riss oder ein Horn sein. Mit den Fingerspitzen wischte ich das Pulver weg und fand mit Erleichterung eine Stelle für einen Klemmkeil. Als Hintersicherung legte ich einen Friend.

«Seil frei!», schrie ich. Schnee füllte meinen Mund, und meine Stimme erstickte.

Es entfernte die Hintersicherung und rutschte am Seil zu mir herunter.

Es war schwierig, Stände zu finden und zu bauen, alles war mit Schnee bedeckt. Jedesmal blieb mir nichts anderes übrig, als am Ende der Seile nach rechts und links zu schwingen und mit über den Fels scharrenden Steigeisen Ausschau zu halten. Mit meiner freien Hand wischte ich hastig den Schnee weg, bis ich eine Stelle fand, wo ich einen Haken oder einen Klemmkeil hineinhämmern konnte. Manchmal gab es auch Schuppen oder Felsköpfe, über die ich eine Schlinge aus unserer schnell schwindenden Fünf-Millimeter-Reepschnur legen konnte.

Unsere Lage war unbeschreiblich. Wir seilten über eine glatte Wand ab, Schneerutsche krochen schlangenähnlich in Strömen an uns vorbei hinunter zum Gletscher, der Hunderte von Metern tiefer von Wolken bedeckt lag. Bald war mein Handeln automatisch geworden. Ich überprüfte unzählige Dinge, die uns zum Verhängnis werden konnten. Wenn es in meiner Macht stand, etwas Gefährliches zu vermeiden, so vermied ich es. Was übrig blieb und außerhalb meiner Kontrolle stand, überließ ich dem Schicksal: ausbrechende Stände, große Lawinen, durchgeschlagene Seile.

An einer Stelle seilte ich bis ganz an den letzten Zentimeter des Seiles ab. Trotzdem gelang es mir nicht, eine Verankerung zu finden. Das Einzige, was sich auftat, war ein äußerst feiner Riss. Ich versuchte einige lange Minuten, etwas Besseres zu finden, bis die Kälte es schwierig machte, das Seil mit den Händen zu umschließen. Dann tat ich, was ich tun musste. Als Sicherung trieb ich einen einzigen, dünnen Messerhaken in den Fels. Die Spitze drang ein, aber trotz aller Gewalt gelang es mir nicht, ihn mehr als drei oder vier Zentimeter einzuschlagen. Unser beider Leben sollte an diesem wenige Millimeter dicken Stück Stahl hängen. Er war alles, was es gab.

Zum Glück fand ich einen kleinen Absatz ein Stück unterhalb des Hakens. Ich konnte dort Fuß fassen, ohne den Haken zu belasten. Dort stand ich, das Gleichgewicht haltend, und rief zu Es hoch, dass er folgen solle.

Es kam, und ich zeigte ihm den Haken. Sein Kopf war tief gebeugt, Schnee rieselte herab. Ich wusste, dass er die Situation gar nicht richtig begriff. Der Haken war ohnehin schon halb vom Schnee bedeckt.

«Du musst dich nicht in den Haken einhängen, wenn du nicht willst», rief ich. Wenn Es eingehängt war, während ich abseilte und der Haken ausriss, würde er von mir in die Tiefe gezogen werden. «Du kannst dich entweder einhängen oder dich einfach nur an der Wand festhalten und hoffen, dass keine größeren Schneerutsche kommen.»

Die Wahl war nicht leicht. Wenn der Haken ausriss und Es eingehängt war, starb er mit mir. Wenn der Haken ausriss und er nicht eingehängt war, stand er auf der winzigen, prekären Leiste, bis eine Lawine ihn mitriss oder er erfor.

Es hängte seine Selbstsicherung aus.

Ich hatte keine Angst, als ich das Seil abzog und durch den Haken fädelte. Es war offensichtlich, dass wir keine andere Wahl hatten. Es gab keine Optionen.

Beim Einhängen meines Abseilgerätes in die Seile rief mir Es zu, wie weit es noch sei. Wir waren schon fünf Stunden unterwegs, aber noch lange nicht unten. Keiner von uns hatte etwas gegessen oder getrunken. Wenn Es sprach, lag ein übler Geruch in der Luft, der mich fast brechen ließ. Es' dünner, substanzloser Körper hatte begonnen, seine eigenen Muskeln zu verbrennen. Es war fast komisch, die gefährlichste Abseilstelle seines Lebens vor sich zu haben und sich vor dem Mundgeruch des Partners zu ekeln. Ich war fast froh, als ich abseilen konnte.

Ich ging in die Knie und belastete den Haken. Er bog sich unter meinem Gewicht. Dann stieg ich vorsichtig ab und versuchte, an nichts zu denken.

Ich seilte sechzig Meter ab. Wie lange es dauerte? Ich konnte es nicht sagen. Wenn Hoffnung und Erwartungen so eng zusammenkommen, gibt es keine Zeit mehr. Ich stellte mir den plötzlichen Ruck vor, wenn der Haken ausriss und ich in die Tiefe stürzte.

Aber er riss nicht aus. Am Ende der sechzig Meter fand ich einen guten Riss, in den ich einen Klemmkeil so tief und fest einhämmerte, dass er wohl noch in tausend Jahren dort sein wird.

Meine Gedanken waren nun bei Es.

«SEIL FREI!»

Es bewegte sich dort oben, hängte sich in die Seile, kam langsam zu mir heruntergerutscht und hängte sich im Stand ein. Nun war ich zuversichtlich, dass wir es schaffen konnten.

Mit einem Seufzer der Erleichterung zog ich an einem der Seile, um es abzuziehen. Aber es bewegte sich nicht. Es war verklemmt. Ich zog am anderen Seil in der Hoffung, dass wir vielleicht einen Fehler gemacht und uns die falsche Farbe gemerkt hatten. Aber es bewegte sich auch nichts. Es steckte fest.

Ich hängte die Jümars ein und versuchte, das Seil durch mein Körpergewicht nach unten zu ziehen. Wo war das Problem? Warum bewegte es sich nicht? Das Seil steckte weiterhin fest. Wir hatten keine andere Wahl, als uns dem Undenkbaren zu stellen. Einer von uns musste mit den Jümars am Seil, an diesem einzigen, schlechten Haken hochsteigen und nachsehen, warum es verklemmt war.

Ich nahm den Karabiner mit den Jümars vom Gurt und gab ihn Es.

«Sorry. Du musst hoch und nachsehen. Du bist leichter als ich.»

Es nahm sie wortlos, jümarte durch den Sturm nach oben und befreite das Seil.

Vierzehn Stunden später krochen wir bei unaufhörlich tobendem Sturm über den Bergschrund und versuchten, so schnell wie möglich von der Wand wegzuschwimmen. Der Schnee reichte bis in die Achselhöhlen, die Seile zogen wir nach. Das Schneefeld war mit den Resten mehrerer Lawinen bedeckt, und wir wussten, dass eine weitere kommen und uns begraben konnte. Diese Vorahnung im Kopf machte das Waten durch den tiefen Schnee erst recht traumatisch.

Endlich änderte sich das Gelände. Eben. Der Schnee war nicht mehr so tief. Sicher. Wir waren unten. Wir hatten es geschafft.

Ich fiel auf die Knie. Mein Atem war tief und trocken rasselnd vor Erschöpfung und Erleichterung. Es schaute in die Ferne, schwankte im Wind. Seine Augen waren größer als zuvor und von Blut unterlaufen. Ich versuchte, aufzustehen, aber ich hatte keinen Funken Energie mehr.

Es zog mich an der Schulter hoch und lächelte. Er sagte, er könne uns zur Hütte zurückbringen. Er war jetzt stärker als ich. Ich wusste, dass er mich zurückbrachte.

Er nahm den Rucksack, schnallte eines der Seile obenauf und verband uns mit dem zweiten, falls einer in eine Gletscherspalte fiel. Dann war er bereit, loszulaufen. Ich versuchte, mich zusammenzureißen und so viel Energie zu mobilisieren, dass ich das letzte Stück schaffte. Ich versuchte, so zu wirken, als sei alles in Ordnung, und scherzte, der Sinn eines Abenteuers sei ein offenes Ende. Es sah mich nur fragend an. Sein junges Gesicht wirkte alt im Schein der gelben, immer schwächer werdenden Stirnlampe. Alle Verrücktheit der Jugend in seinen Augen war erloschen.

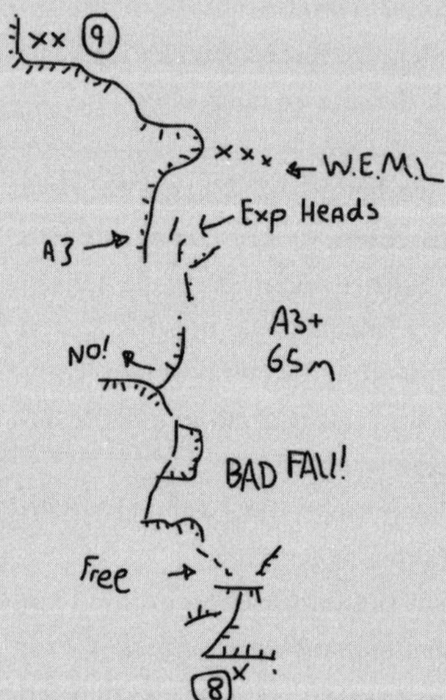

xx 9
xxx
W.E.M.L
Exp Heads
A3
A3+
65m
NO!
BAD FALL!
Free
8

Seillänge Nr. 9 Reticent Wall

Musikunterricht

Mein Karabiner schloss sich um die Bohrhaken am Ende der neunten Seillänge. Ich spürte nichts von der üblichen Euphorie. Ich war einfach nur froh, dass die Seillänge zu Ende war und ich den Stand erreicht hatte. Eine Seillänge weiter, eine Seillänger näher am Ende.

Ich war bedrückt.

Der Stand war außergewöhnlich. Er war wie ein Hochsitz für die Jagd. Ich setzte mich auf meinen Hintern und saß auf dem Thron. Der Platz war gerade groß genug für meine Hüften. Ich rastete mit dem Kopf auf den Knien, schaute die Wand hinunter. Ich war mir noch nie so ausgelaugt vorgekommen. Es gab nichts mehr, was ich geben konnte.

Die letzten beiden Tage waren sehr anstrengend, sehr intensiv gewesen. Wieder zweifelte ich, ob ich das Zeug dazu hatte, weiterzumachen.

Du bist einfach müde.

Ich hatte keine Ahnung, wie ich die Energie finden konnte, wieder abzuseilen, die Route zu cleanen und hochzujümarn. Und dann noch die Säcke hochzuziehen.

Es wird schon gehen.

Die Seillänge hatte sich, wie alle anderen auch, in die Länge gezogen. Am Ende wartete ein breiter Riss, der mit Fledermausscheiße und Knochenstücken von kleinen Tieren gefüllt war. Der Staub war über mich gerieselt, bis ich mich auf den kleinen Absatz ziehen konnte.

Meine Augen waren schwer, ich wollte einfach nur schlafen.

Ich saß eine ganze Weile dort, den Kopf und die Arme auf den Knien abgestützt, und fühlte, wie sich mein ganzes Selbst auflöste. Es gab nichts an meinem Körper, was nicht geschmerzt, geblutet, gepocht hätte. Nichts, was nicht kurz vor dem Zerbrechen war. Ich war fertig. Ich konnte mir einfach nicht vorstellen, wie ich die Energie aufbringen sollte, um die letzten fünf Seillängen zu klettern.

Du musst noch die Schlüsselseillänge klettern. In dieser Geschwindigkeit bist du in zwei oder drei Tagen dort. Du bist schneller als Humar.

Ist mir doch egal.

Ich umarmte meine Beine, wünschte mir, sie könnten die Umarmung erwidern. Ich litt Not und war alleine.

Was hast du gedacht, wie es sein würde? Ein Spaß?

Ich wünschte, ich hätte ein Telefon gehabt, um Mandy anzurufen und ihr zu erzählen, wie sehr ich litt. Aber ich wusste, dass sie nicht zu beeindrucken war. Klettern war eine Krankheit. Klettern war ein Fluch. Das Klettern machte unser beider Leben zu einer Hölle.

Das hat nichts mit deiner Kletterei zu tun.

Ich stellte mir vor, zu Ella zu sprechen. Ihre Stimme zu hören, was sie sagte.

Sie würde fragen, wann ich nach Hause käme.

Ich hatte mich oft gefragt, ob ich ihr nicht einen Brief schreiben sollte, einen Brief, in dem ich ihr beschrieb, wer ich war, warum ich kletterte und warum ich sie verließ, obwohl sie das größte Geschenk war, das ich je bekommen hatte. Aber jedes Mal, wenn ich anfing, klangen meine Worte wie Entschuldigungen. Das Einzige, was ich geben konnte, waren die Bilder, die ich von ihr gemacht hatte. Ganze Kisten voll. An ihnen konnte man meine Liebe zu ihr erkennen. Und ihre Liebe zu mir.

Eines Tages würde ich ein Buch schreiben und hoffen, dass sie verstand, dass auch Väter Kinder sind.

Du musst jetzt abseilen. Es wird bald dunkel.

Ich schaute über die Wand. Links von mir konnte ich einen Kletterer erkennen, der vorstieg. Er war in der fünfundzwanzigsten Seillänge der Pacific Ocean Wall, schrie zu seinem Partner, dass er fast am Stand war.

Ich wünschte mir, ich hätte einen Partner gehabt, dem ich etwas zurufen konnte, der die Seillänge cleante und mir half, die Säcke hochzuziehen.

Ich schaute mich um und versuchte, mir einzureden, was für ein Glückspilz ich war. Mehr Leute waren auf dem Everest gewesen als hier auf diesem Platz. Aber es half nicht.

Dann sah ich etwas ganz in meiner Nähe. Ein Stück einer Papierkarte steckte in einem kleinen Riss über meinem Kopf. Ich zog es mit meinen Fingern heraus. Es war eine alte, zerknitterte Visitenkarte, die Musikunterricht offerierte: «Lance Millo Eagle – Rock and Roll, Blues und Jazz für jeden Anlass. Gebe Banjo- und Gitarrenunterricht». Ich schaute die Karte an und blinzelte. In meinem Kopf ging ein rotes Licht an, mein Gehirn überschlug sich und startete neu. Es war absolut surreal, so etwas hier zu finden.

War die Karte aus dem Tal nach oben geblasen worden? Oder hatte sie der große Lance selber hierhergebracht, etwa, als er schlafwandelnd zum Bigwallklettern ging? Vielleicht war er der weltbeste banjospielende Bigwallkletterer? Es spielte keine Rolle. Die Karte hatte mich aus meinen von Selbstmitleid triefenden Gedanken gerissen. Die Jammerparty war vorüber, das Lachen in meinem Kopf erinnerte mich daran, dass ich noch hier war.

Du bist der glücklichste Mann der Erde.

Ich rappelte mich auf und stand auf meine steifen Beine. Dann richtete ich mich her, um zum Stand weiter unten abzuseilen. Ich erinnerte mich daran, was der Taxifahrer gesagt hatte. Harte Arbeit tötet Pferde.

Mach dich ein wenig locker.

Wenn man solo klettert, darf man sich auf keinen Fall vorstellen, man wäre so hart und kalt wie der Fels, an dem man klettert. Man muss das Weiche in sich entdecken. Es ist keine Schwäche, sondern eine Art Mitgefühl und Unterstützung. Man muss lernen, so über sich zu denken wie über einen Freund, einen geliebten Menschen, eine Mutter, eine Tochter. In all der Beklemmung und Angst braucht man Zeit, sich selbst zu lieben. Wenn man allein ist, gibt es keine netten Worte, außer deine eigenen. Das Leben hatte mir einst diesen Unterricht erteilt, aber ich hatte das Gelernte wieder vergessen. Ich saß noch eine Weile, genoss die Aussicht und nahm mir die Zeit, zu verstehen, was ich in dieser Route erreicht hatte.

Ich hängte mein Abseilgerät ein und überprüfte es. Dann seilte ich wieder einmal am Haulseil ab. Der Gipfel sah jetzt sehr nah aus.

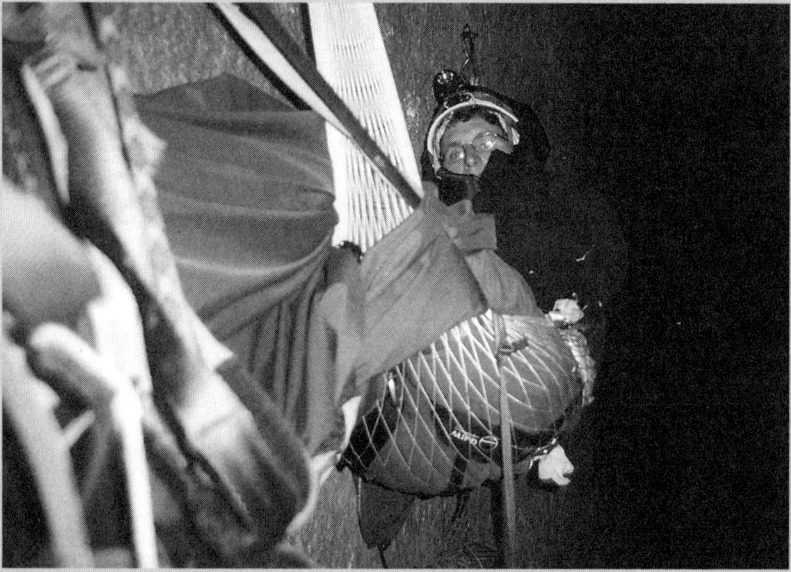

Matt Dickinson in «Tangerine Trip», einer der steilsten Routen am El Cap: «Da wir kein Portaledge hatten, warfen wir eine Münze. Sie entschied, wer die Hängematte bekam.»

Yosemite. April 2000

Stand

Airlie bewegte sich langsam. So langsam, dass man meinte, sie bliebe stehen. Sie schlug einen Haken derart unsicher ein, als sei sie ein übel gelaunter Teenager, der gerade sein Zimmer staubsaugen muss.

«Was machst du?», rief ich hoch. Sie hing gerade mal zwei Meter über uns. Dieser Kommentar wird in Kletterkreisen eindeutig verstanden als: «Warum verdammt noch mal bewegst du deinen Arsch nicht ein bisschen schneller?»

Airlie befand sich seit mehr als einer Stunde am scharfen Ende des Seiles.

Es war der zweite Tag unserer Besteigung der Route «Zenyatta Mondatta».

Esmond und ich saßen zwischen unseren riesigen Haulbags auf den «Belay Seats» aus Holz und froren. Es war erst April, und ein winterlicher Wind fegte durchs Yosemite Valley.

«Ich weiß nicht, was ich machen soll», rief Airlie mit zittriger Stimme. «Vielleicht brauche ich hier einen Mausbeak oder so was.»

«Meinst du einen Birdbeak?», korrigierte ich sie.

Airlie hatte noch nie einen Bigwall geklettert. Genauso wenig wie Esmond. Und bei der Geschwindigkeit, die wir draufhatten, würden sie auch nie einen klettern.

Die Idee, den El Cap mit einem Anfänger zu machen, ist ziemlich außergewöhnlich. Mit zwei Anfängern umso mehr. Aber so war es: Wir waren hier und versuchten, eine der schwierigeren Routen am El Cap zu klettern. Sie war im Führer mit A5 bewertet und zählte zur Zeit der Erstbegehung – 1981 – zu den schwierigsten Bigwalls der Welt. Seit damals waren viele Leute hochgestiegen, und die Route war abgewertet worden. Sie hatte aber immer noch den Ruf, viel losen Fels zu haben und gefährlich zu sein. Vor ein paar Jahren war ein Kletterer gestorben, als sein Seil von einer scharfen Felskante durchgeschnitten wurde.

«Mach weiter», sagte Esmond und versenkte sein Gesicht wieder in der Kapuze der Daunenjacke. «Du machst das gut.» Es hatte sich gerade erst von unserem katastrophalen Abstieg durch die Nordwand der Droites erholt. Nach seiner Rückkehr zur Universität in Edinborough zog er sich vom Alpinismus zurück. Aber er war jung und draufgängerisch, und sobald er seine Erfrierungen ausgeheilt hatte, stand er wieder auf der Matte.

«Wird es dir beim Sichern nie langweilig?», fragte Es und rutschte mit dem Hintern auf dem «Belay Seat» hin und her, einem Holzbrett mit ein paar Seilstücken zum Aufhängen. «Eigentlich nicht», sagte ich, «ich denke, man kann einfach nur froh sein, dass man gerade nicht vorsteigen muss.» Ich erwähnte nicht, dass ich heute schon mal vier Stunden auf dem Brett gesessen war, um Es in seiner ersten Techno-Länge zu sichern. Sie stand mit A4 im Führer und war eine Art Feuertaufe für ihn gewesen. Zu Beginn war er ein hundertprozentiger Anfänger gewesen. Ich instruierte ihn, schrie ihm Befehle hoch, wie man Copperheads setzen und mit den Hooks umgehen musste. Am Ende der Seillänge hatte er alles gelernt, was man zum technischen Klettern brauchte.

«Woher weiß man, ob der Mausbeak was hält?», fragte Airlie. Sie hämmerte schon eine ganze Weile auf dem kleinen Haken herum.

«Du musst einfach fest genug draufhauen, damit er in den Fels geht», rief ich etwas genervt zurück.

Ich fragte mich, warum ich mit den beiden hierhergekommen war. Sie waren Freunde. Außerdem hatte ich vermutet, dass sie das Zeug zu einem Bigwall hatten. Esmond war ein junger Ausnahmeathlet und Airlie Anderson eine der besten Kletterinnen in Großbritannien. Mir war klar geworden, ja vielleicht war es mir auch schon davor immer klar, dass ich ein knallharter Optimist war. Mein Optimismus musste sich auf die beiden übertragen haben. Vielleicht war es genauso wie damals, als mich andere Leute unter ihre Fittiche genommen hatten: Dick Turnbull, Paul Tattersall und Andy Perkins. Jetzt lag es an mir, es ihnen gleich zu tun.

«Ich kann das nicht», sagte Airlie. Es hörte sich an, als ob dort oben jemand weinte.

«Worin liegt das Problem?», fragte ich und versuchte, ruhig zu bleiben.

«Ich bin zu langsam.»

«Dann hör verdammt noch mal auf zu weinen und beweg deinen Arsch!»

In der Nacht regnete es stark. Das Unwetter war auch am Morgen noch nicht abgezogen, das Tal begrüßte uns trüb und nebelverhangen, die Portaledges und Schlafsäcke waren mit dem Regenwasser vollgesogen. Es lief nicht nach Plan. Da wir nahe genug am Boden waren, um ihn mit aneinandergebundenen Seilen zu erreichen, lockten uns trockene Betten und die Dusche zu sehr, als dass wir uns hätten wehren können. Wir seilten ab, ließen aber unsere Haulbags und das Portaledge oben, bereit für besseres Wetter. Ich war mir nicht sicher, ob alle von uns zurückkehren würden, um die Route zu Ende zu klettern. Die Realität überbot die wilden Träume, die wir in Sheffield gehabt hatten.

Beim Hinunterstolpern durch den von Nässe triefenden Wald trafen wir Matt Dickinson, der mit Airlie zusammen war. Ebenso nass und schmutzig wie wir lief er uns entgegen, seit er von der Straße aus gesehen hatte, dass wir abseilten. Matt war ein von seiner Statur her beeindruckender Mensch. Er bestand nur aus Muskeln, da war kein Gramm Fett. Eine Art Frankensteins Klettermonster, dachte ich. Jeder wusste, dass er nicht zu den Normalen gehörte. Einmal hatte er versucht, die Eiger-Nordwand im Alleingang zu klettern, aber er brach sich schon am Anfang das Bein. Weil er keine Krankenversicherung fürs Ausland hatte, schleppte er sich zum Bahnhof zurück und fuhr den ganzen weiten Weg bis nach Leeds. Erst dort ging er zum Arzt. Er hatte auch den Bonattipfeiler oberhalb von Chamonix im Solo gemacht. Diese Route war mystisch, steiler und schwieriger als der Eiger. Matt war ein ziemlich außergewöhnlicher Kletterer und extrem furchtlos. Ich glaube, er hätte bei einer Eliteeinheit der Armee eine gute Figur gemacht. Aber in Wirklichkeit war er Aushilfslehrer, wenn er gerade nicht beim Klettern war.

Er war ins Yosemite gekommen, um die Nose solo zu klettern. Für meinen Geschmack war seine Technik noch nicht ganz ausgereift, jedenfalls hatte er nur ein Seil dabei, und das war sieben Millimeter dick, also eine bessere Wäscheleine. Im Gegensatz zu mir konnte er so eine Route allein durch brutale Kraft schaffen, selbst wenn er sonst alles andere falsch machte. Als ich ihn fragte, wie er am Bonattipfeiler gejümart hatte, sagte er einfach nur: «Ich zog mich mit den

Händen am Seil hoch.» Für seine Kraft und sein Selbstvertrauen konnte man ihn nur beneiden. Auf beide konnte er sich immer verlassen – ganz im Gegensatz zu mir. Deswegen brauchte ich auch viele Seile und Haulbags. Obwohl ich als Felskletterer angefangen hatte, ging es mir nun nicht mehr um den Spaß am Klettern, wie es bei Matt der Fall war. Die Dinge hatten sich geändert, nun stand der Kampf im Vordergrund. In meinem Herzen spürte ich, dass ich kein Freikletterer mehr war, und Leute wie Matt wirkten einschüchternd auf mich, weil sie mich durchschauen konnten. Vielleicht kletterte ich gerade deswegen mit Es und Airlie?

Wir liefen den Pfad hinunter. Matt erzählte, das schlechte Wetter werde am nächsten Tag aufhören, aber schon bald darauf eine zweite große Front durchziehen. Matt musste in einer Woche in den Himalaya fliegen, wo er eine Trekkinggruppe leitete. Es sah so aus, als seien seine Hoffnungen auf die Nose in diesem Wetter genauso gestorben wie unsere.

Wir standen neben dem Auto, als mir der Gedanke kam, dass wir irgendetwas unternehmen mussten, damit wir doch noch eine Route schafften. Die Idee, dass wir den ganzen weiten Weg gekommen waren und mit leeren Händen nach Hause fahren sollten, war unerträglich. Ich nahm den Rucksack ab und legte meine Pläne offen.

«Warum probieren wir zwei nicht, den El Cap an einem Tag zu klettern?», schlug ich Matt vor. «Wir könnten heute um Mitternacht aufbrechen und am Gipfel sein, bevor die Front eintrifft.»

«Welche Route?», fragte Matt. Er half Airlie mit ihrem Haulbag.

«Wie wäre es mit Tangerine Trip?», sagte ich. «Bis jetzt gab es nur eine Eintagesbegehung. Die Route ist ultrasteil, und die ersten fünf und die letzten drei Seillängen kenne ich schon von meinem Solo an Aurora vor drei Wochen. Der Trip geht an einem Tag.»

«Ja Mann, hört sich gut an», sagte Matt. Er hatte keine Ahnung, wie dumm mein Vorschlag war. Er kannte nichts am El Cap außer der Nose.

Airlie drehte sich um, zog die Augenbrauen hoch und begann laut zu lachen. Vielleicht wollte sie damit sagen, dass wir verrückt waren, oder sie war einfach nur froh, nicht mehr vorsteigen zu müssen, während wir dort oben hingen.

Während meines Kletterlebens habe ich mich ziemlich oft gefragt, ob ich nicht geistig krank sei. Fünfunddreißig Stunden später war die Frage eindeutig beantwortet. Mit der linken Hand klammerte ich mich an einem schmierigen Griff fest, mit dem Knie balancierte ich auf einer abschüssigen Platte. Mit der rechten Hand suchte ich im Dunkeln nach einem Griff. Meine einzige Sicherung war ein Skyhook, den ich auf Höhe meiner Füße ins Seil geklippt hatte. Unsere Unterhaltung am Parkplatz schien vor zehntausend Jahren stattgefunden zu haben.

Als wir am Vortag zum Camp 4 zurückgekommen waren, hatte ich unter den Blicken der Zeltplatzbewohner, die unter den Regenplanen saßen, sofort angefangen, meine Sachen zu packen. Tangerine Trip ist eine der steilsten Routen am El Cap, neunzehn Seillängen lang. Zwischen der zweiten und achtzehnten Seillänge gab es nichts, auf das man hätte stehen können. Ohne Portaledge ging nichts. Aber wenn wir eines mitgezogen hätten, wären wir zu langsam geworden, deswegen ließen wir es zurück. Wir dachten, ohne Ledge und ohne Möglichkeit zu schlafen, würde unsere Motivation noch einmal viel größer sein, den Ausstieg schnell zu erreichen. Stattdessen nahmen wir den Belay Seat und eine kleine Hängematte mit, die ich in der Gartenabteilung eines Baumarktes gekauft hatte. Für den Notfall hatten wir einen Einmann-Biwaksack aus Goretex dabei sowie einen Schlafsack. Ich ging davon aus, dass wir ihn über uns legen konnten, wenn wir den Gipfel erreicht hatten. Matt steuerte einen Beutel mit Essen bei, und ich sortierte das Kletterzeug so, dass nur das absolute Minimum mitkam. Den freien Platz im Haulbag stopften wir mit warmen Klamotten aus. Ich fragte Matt, welche Kleider er für den Fall von Regen und Sturm dabei hatte, und er antwortete, er brauche außer dem roten Fleece, den er anhatte, nichts. Er erklärte, er habe eine «exzellente Durchblutung». Das war typisch für Matt, dessen Verhalten immer zu vermeiden suchte, was man als normal bezeichnet hätte. Stattdessen verließ er sich auf seinen Dickschädel und seine Kraft. Beim Klettern trug er Jeans statt dehnbare, schnell trocknende Kleider; eine schwere, beschichtete Seglerjacke statt einer leichten aus Goretex, ein Sweatshirt aus Baumwolle statt aus Fleece.

«Matt, wenn wir dort oben in schlechtes Wetter kommen, sind wir am höllischsten Ort der Erde. Man kann dort nicht abseilen, es gibt keine Rettung. Du wirst verdammt noch mal sterben, wenn du nur mit einer Fleecejacke bekleidet bist.» Matt war nicht einverstanden. Der Gedanke, dass er schon unzählige Abenteuer in Fleecejacken überstanden hatte und immer noch am Leben war, machte mich unsicher. Vielleicht war ich ja übervorsichtig? Aber meine Vorsicht hatte mich ebenfalls am Leben gehalten. So packte ich heimlich Sturmkleider für ihn ein. Beim Packen stellte ich fest, dass ich warme Handschuhe, Socken und Überhosen sowie andere wichtige Gegenstände, etwa die Zeltstangen für den «Cheater Stick», in unseren Haulbags oben in Zenyatta Mondatta vergessen hatte. Wir entschieden, dass Matt an unseren fixen Seilen aufstieg und alles Nötige herunterholte, während ich die ersten Seillängen von Tangerine Trip solo kletterte.

Der Regen hörte auf, ich lag im Zelt und versuchte, ein paar Stunden zu schlafen. Die meisten Speedbegehungen werden von Kletterern durchgeführt, die mehr oder weniger im Yosemite Valley leben. Sie kennen die Routen in- und auswendig, sind ständig bestens trainiert und ruhen sich zwischendrin gut aus. Ich dagegen war Monate nicht geklettert, kannte die Route nicht, war weder fit noch von meinen Fähigkeiten überzeugt. Ich dachte auch an Matt, der so gut wie gar nichts über das Haulen und Jümarn wusste. Ein Team für eine Speedbegehung musste vor allem eines sein: ein Team. Wir dagegen waren eigentlich Fremde. Ich hatte große Zweifel an der Sache. Aber mein brennender Ehrgeiz überwog, und irgendetwas in mir war begeistert davon, so etwas Unmögliches und Dummes zu probieren. Es war, als hätte ich das Schlamassel gesucht.

Kurz vor Mitternacht stand ich auf. Geschlafen hatte ich nicht. Noch einmal ging ich das Material durch. Ich fragte, ob ich Matts Stirnlampe sehen könne. Meine war superhell, mit einer Halogenbirne und jeder Menge Saft in den Batterien. Matts dagegen sah aus, als hätte er sie in einem Überraschungsei gefunden oder an der Tankstelle als Dankeschön bekommen. «Hast du noch Reservebatterien?», fragte ich. Matt zog aus seiner Tasche ein paar dubiose Batterien, die den Anschein machten, als hätte man sie unter dem Polster eines Second-Hand-Sofas gefunden.

Es war zu spät, um sich darüber aufzuregen.

Wir liefen zurück zum Wandfuß. Die Wälder und die Wand waren seltsam still. Wir sprachen wenig, unsere Gedanken waren bei der Route. Das Beste war der leichte Haulbag auf meinem Rücken mit einem Minimum an Kletterzeug, zwei Seilen, Essen und Wasser für einen Tag. Bigwalls an einem Tag zu klettern hatte seinen besonderen Reiz.

Jetzt, vierundzwanzig Stunden später, konnte ich mir nichts Schlimmeres und Blöderes mehr vorstellen, als sich in eine solche Route mit derart wenig Kletterzeug, Schlaf und Talent zu wagen. Es war nur mein Knie, das mich vor dem Abrutschen bewahrte, sonst hatte ich nichts. Matt saß weiter unten am Stand, vermutlich war er eingeschlafen, und wir hatten noch nicht einmal die Hälfte der Wand geschafft.

Ich suchte wieder mit dem Arm nach einem Griff. Selbst der kleinste wäre mir recht gewesen, aber ich fand keinen. Ich hatte mich anscheinend verklettert. Mit dem rechten Fuß suchte ich nach der Leiter, die ich vor kurzem verlassen hatte. Sie hing noch am Skyhook. Ich spürte, wie mein Knie rutschte, die wasserdichte Hose bot zu wenig Reibung auf dem glasartigen Granit. Ich suchte verzweifelt, strengte mich gleichzeitig an, den Hook nicht aus seiner Position zu stoßen. Die nächste gute Sicherung war mindestens vier Meter weiter unten, ein alter, umgebogener Rivet. Ich versuchte, Herr über meine panische Atmung zu werden und mich zu konzentrieren. Aber es half nichts, ich wusste, dass ich kurz vor dem Abschmieren war. Ein Horrorsturz stand mir bevor.

«Achtung, Matt, mach dicht!», rief ich, «mach dicht, mach d...»

Ich fiel.

Es war von Anfang an eine Katastrophe gewesen.

Ich hatte die erste Seillänge im Solo gemacht, während Matt loszog, um an den Seilen zu den Haulbags hochzujümarn. Als ich den ersten Stand erreichte, hörte und sah ich immer noch nichts von ihm. Mit dem Rest des Seiles stieg ich in die zweite Seillänge ein. Bald war es zu Ende, und ich hing im Dunkeln, wartete, machte mir Sorgen, dass Matt einen Fehler gemacht hatte und in der Schwärze der Nacht unbemerkt abgestürzt war. Ich dachte daran, was alles auf mich zukäme, wenn er tatsächlich gestorben war. Ich musste Airlie und seinen Eltern die schreckliche Nachricht überbringen. Hatte ich ihn überhaupt gefragt, ob er einen Jümar bedienen konnte?

Dann hörte ich etwas in den Bäumen unter mir rascheln.

«Matt, bis du das?», rief ich hinunter.

«Ja», sagte er. Seine Stimme klang etwas nervös.

«Was machst du?»

«Meine Stirnlampe ging aus. Deswegen konnte ich das Zeug nicht finden», rief er zurück. «Jetzt suche ich nach irgendetwas, das wir als Cheater Stick verwenden können.»

«Hmm, also wenn du nicht zufällig einen zusammenklappbaren Stecken von acht Meter Länge findest, dann lass es lieber bleiben», sagte ich kalt.

Ich war sauer auf Matt. Ein Holzstock brachte uns nichts. Außerdem, mit Shorts, ohne Socken, Handschuhe oder Hosen war es unverantwortlich, weiterzumachen. Es war bereits zwei Uhr morgens, die Zeit rannte uns davon. Es war eigentlich klar, dass wir die Aktion abbrechen und zurück zum Camp 4 gehen mussten.

«Was hast du vor?», rief Matt hoch. In der Sprache der Kletterer hieß das so viel wie «Ich habe keine Lust mehr, lass uns abhauen.»

Es war meine letzte Chance, eine Route zu klettern, bevor ich wieder Monate im Bergsportladen stehen musste. Ich hatte fast mein ganzes Erspartes für diese Reise ausgegeben und wusste, wenn wir aufgaben, dann würde ich mir ewig vorwerfen, es nicht zumindest versucht zu haben. Das einzige Problem war, dass diese Route kein «schauen wir mal» kannte. Es gab kein Zurück, sondern nur ein Vorwärts.

«Jümar einfach hoch», rief ich, «wir sollten mal in Fahrt kommen.»

Nach einem langen, harten Klettertag, an dem wir so schnell wie möglich geklettert waren, aber offensichtlich nicht schnell genug, hatte ich mich verklettert und stürzte nun in die Tiefe.

Ich hätte wahrscheinlich geschrien, aber bevor ich den Mund aufmachen konnte, kam ich scheppernd zum Halten. Ich war nur einen Meter gefallen. Der Skyhook, dessen Spitze nicht dicker war als die Feder eines Füllers, hatte mich gehalten.

Ich wünschte, mir wäre schlecht geworden.

Ich wusste, dass ich alles gegeben hatte. Aber an diesem Tag war nicht mehr drin. Ich kletterte zum letzten Rivet ab, seilte zu Matt hinunter, der zusammengesunken am Stand hing. Mit dem Kopf lehnte er gegen die Wand. Er schien sich nicht mehr für mich oder das Leben im Allgemeinen zu interessieren.

«Ich brauche ein wenig Schlaf», sagte ich und hängte meine Selbstsicherung am Stand ein. Plötzlich spürte ich die Erschöpfung. Die Aussicht auf etwas Erholung raubte mir den letzten Rest meiner Energie. Da wir kein Portaledge hatten, warfen wir eine Münze. Sie entschied, wer die Hängematte bekam. Aber es gelang mir nicht, die Münze aufzufangen, und sie fiel in die dunkle Nacht. Also bekam Matt die Matte.

Ich hatte Matt kaum gesehen, seit wir eingestiegen waren. Wir wendeten eine Technik an, die man «Short Fixing» nennt. Dabei wartet man am Stand nicht auf den Nachsteiger, sondern klettert mit dem Rest des Seiles gleich weiter. Wenn Matt zum Stand hochgejümart kam, war ich schon ein paar Meter darüber.

Normalerweise ist ein Bigwall eine tolle Möglichkeit, jemand kennenzulernen. Aber hier war es nicht so. Wir versuchten einfach nur, die Sache so angenehm wie möglich zu machen.

Ich bekam den Schlafsack und legte ihn um meine Schultern. So setzte ich mich auf den Belay Seat. Ich band mir auch eine Schlinge um, die verhindern sollte, dass ich in der Nacht aus Versehen hinunterfiel. Der Helm war mein Kissen. Es war genau so, als würde man auf einer Kinderschaukel sitzend die Nacht verbringen.

Ich hatte keinen Bissen zu mir genommen, seit wir das Camp 4 verlassen hatten. Mein Magen knurrte vor Hunger, und mir war schlecht. Ich fragte Matt, ob er mir den Sack mit dem Essen geben könne, den er für uns im Camp 4 vorbereitet hatte. Er zog ihn aus dem Haulbag und reichte ihn mir. Als ich ihn öffnete, fand ich statt der erwarteten Bagels und des Käses nur ein großes Glas mit Salsasauce.

«Ich habe auch noch Schokolade mitgenommen», sagte Matt verlegen. Bei der Menüplanung war er wohl von einer äußerst kurzen Eintagesbegehung ausgegangen.

«Wo ist sie?», fragte ich und dachte, dass die Schokolade zumindest helfen konnte, den Blutzuckerspiegel zu heben.

«Ich habe sie beim Sichern gegessen.»

Als ich aufwachte, fühlte ich mich wie ein Penner. Wir ächzten und stöhnten und rieben unsere Gelenke im ersten Morgenlicht. Ich sah hinauf zu Matt, der in seiner Hängematte aussah wie ein schiffbrüchiger Pirat, der am El Cap gestrandet war. «Nichts für ungut, Matt», sagte ich und fing an, mir das Kletterzeug an den Gurt zu hängen. Zum Frühstück hatte es nur ein paar tiefe Atemzüge kalter Luft gegeben. «Wir machen die letzten paar Seillängen, solang es Tag ist. Der Rest ist dann einfach, den kann ich mit den Händen in der Hosentasche klettern.» Matt sah zu mir herunter. Sein Helm hing schief, ohne Zweifel fragte er sich, woher ich meinen Optimismus nahm. Er wusste ja nicht, dass ich nichts außer Worte hatte. Wolkenbänke schoben sich ins Tal.

Der Tag ging schneller vorbei, als wir klettern konnten.

Ich hing auf halber Höhe in einer Seillänge und rief zu Matt, der unter mir an zwei Bohrhaken hing und den Sack hochzog: «Schick mir die restlichen Haken hoch!»

«Welche Haken?», erwiderte er.

Es stellte sich heraus, dass Matt gar nicht gemerkt hatte, dass ich Haken geschlagen hatte. Beim Nachsteigen hatte er sie nicht entfernt, weil er davon ausgegangen war, dass das Material von unseren Vorgängern stammte. Dazu kam noch etwas anderes. Ich hatte ihm zwar gezeigt, wie man die Klemmgeräte sorgfältig entfernte. Man musste am Steg und an den Hebeln ziehen und sie dann aus dem Riss nehmen. Matt jedoch bevorzugte es, wie ein Wilder an ihnen zu reißen. Ein paar Stück waren deswegen schon kaputt gegangen. Ich war nahe dran, ihn für einen Idioten zu halten. Dabei vergaß ich, dass es viele Jahre gebraucht hatte, bis ich das Bigwallklettern gelernt hatte, ich durfte also nicht von ihm erwarten, dass er alles an einem Tag begriff. Ich war es, der der Idiot war.

Den ganzen Tag über braute sich das Unwetter zusammen. Zum Glück waren die Überhänge, die uns das Leben schwer machten, gleichzeitig auch ein Schutz. Der Schnee fiel einige Meter hinter unserem Rücken. Es war, als kletterten wir hinter Glas. Ich redete mir ein, dass wir es bis zum Gipfel schaffen konnten, aber die Dunkelheit kam lange bevor wir den Ausstieg sehen konnten. Und mit der Dunkelheit kam die Angst. Jede Sicherung wurde zu einer Zeitbombe, jeder Riss zu einer Expando-Schuppe, jede Schuppe ein loser Todesblock. Ich hatte drei Tage so gut wie nicht geschlafen, langsam war ich nicht mehr ganz bei Sinnen. Ich konnte etwas flüstern hören. Auch mein Körper verhielt sich seltsam. Stechende Schmerzen zogen sich durch den Magen, Lichtblitze zuckten durch meine Augen, wenn ich sie schnell bewegte. Selbst meine Hände schlossen sich ohne meine Willen, wenn ich die Arme ausstreckte, um eine Sicherung anzubringen.

Um Mitternacht war ich kaputter als kaputt. Ich wusste, dass wir das Unvermeidliche tun mussten und eine weitere Nacht biwakieren. Der dritte Tag unserer Speedbegehung war gekommen. Matt jümarte still nach oben, während ich apathisch den Sack hochzog. Ich fühlte mich schuldig für diesen dummen Einfall. Matt sagte kein Wort.

Diesmal warfen wir keine Münzen. Matt bekam die Hängematte. Er musste oberhalb von mir in ihr sitzen. Die Bohrhaken waren nicht weit genug auseinander, dass er sie hätte aufspannen können. Er wickelte sich in den Biwaksack und trug all die Kleider, die ich für ihn in den Haulbag gestopft hatte. Mit jeder Seillänge hatte er ein Kleidungsstück mehr angezogen.

Mein Arsch tat noch von der vorangegangenen Nacht weh. Aber die Erschöpfung ist ein gutes Schmerzmittel. Selbst meinen Hunger konnte sie bändigen, als ich in Schlingen gewickelt, die Füße auf den Haulbag gelegt, in wenigen Augenblicken in einen tiefen Schlaf sank. Nichts konnte unkomfortabler sein als diese Stellung. Aber wenig später wachte ich auf und fand heraus, dass es noch schlimmer kommen konnte. Matts Hängematte hatte sich unter seinem Gewicht gedehnt. Nun hing er so, dass sein ganzes Gewicht auf mir lastete und meinen Kopf gegen den Fels drückte.

«Matt», rief ich, «du sitzt auf meinem Kopf!» Als Antwort kam jedoch nur ein lautes Schnarchen. Ich hätte schluchzen können, aber dazu fehlte mir die Energie. Weil ich zu müde war, um etwas zu unternehmen, schloss ich die Augen und verbrachte die Nacht mit Wachen und Schlafen, mit immer größeren Schmerzen.

Wir wachten auf und fanden uns von Wolken umhüllt. Dichter Nebel bedeckte alles, ein leichter Wind trieb Schneeflocken zu uns. In meinem Kopf dröhnte es, und ich fühlte mich krank. Endlich ließ der Druck von oben nach. Matt erhob sich und richtete sich zum Weiterklettern ein. Ich wunderte mich, warum niemand die Bergrettung gerufen hatte, schließlich waren wir bereits zwei Tage überfällig.

In der Tat waren Airlie und Es bereits beim Rettungsdienst gewesen. Man hatte ihnen gesagt, mit uns wäre alles in Ordnung, wir müssten das Unwetter in unserem Portaledge aussitzen. Die beiden erzählten nicht, dass wir gar kein Portaledge hatten. Als sie zu den Wiesen unterhalb des El Cap kamen, hatten sich viele Leute versammelt, um mit Ferngläsern nachzusehen, wie es ihren Lieben in der umstürmten Wand ging. Wir waren die Attraktion, alle Gläser und Teleskope waren auf uns gerichtet, wenn die Wolken eine Lücke ließen. «Schau, die verrückten Russen klettern selbst im Unwetter weiter!», sagte jemand.

Es war später Nachmittag, als wir zum senkrechten Teil der Wand kamen. Die trockene, überhängende Welt mit ihrem gähnenden Abgrund, die nun unter uns war, veränderte sich nach wenigen Kletterzügen in ein Inferno aus Wasserfällen und Schnee. Matt sicherte mich, während ich die drittletzte Seillänge anging. Eiskaltes Wasser rann über ihn, bald war er nahe der Unterkühlung. Obwohl wir miteinander verbunden waren, musste jeder für sich selbst ums Überleben kämpfen. Als ich an einer Reihe von Rivets nach oben stieg, sah ich, wie Matt auf dem Belay Seat Gymnastikübungen machte und ohne Unterbrechung Kinderlieder sang. Ich wurde platschnass, das Wasser strömte zu den Ärmeln herein und bei den Füßen wieder heraus. In meinen Schuhen stand das eiskalte Wasser. Meine Beine brannten vom kalten Wind, ich hatte ja nur die wasserdichte Überhose, um mich zu wärmen.

Beim Klettern sah ich nach unten. Die Wand fiel atemberaubend in die Wolken ab, Schnee stob vorüber, Wasserströme vom Gipfel stürzten über den Rand ins Leere. Vielleicht war der Mangel an Essen schuld, aber ich hielt an und machte ein Foto. Zum ersten Mal seit wir eingestiegen waren, dachte ich, und staunte über mich selber.

Erleichtert erreichte ich die vorletzte Seillänge, wo ich vor Kälte zitternd wartete, bis Matt kam. Schnee und Eismatsch häuften sich auf meinen Schultern an. Die Finger presste ich an meinen Nacken, um sie ein wenig zu wärmen. Ich fühlte, wie meine Körpertemperatur Sekunde für Sekunde weiter abnahm, wie das letzte Gramm trockene Kleidung sich mit Wasser vollsaugte. Jetzt musste ich wirklich alles anwenden, was ich über den Kampf gegen die unerbittliche Kälte gelernt hatte. Ich bewegte meine Muskeln, bis sie sich verkrampften. Wenn einer von uns der Kälte erlag, dann starben wir hier in wenigen Stunden. Wir wären nicht die Ersten gewesen.

Matt tauchte auf, sein Gesicht war grau vor Kälte. «Mach dir keine Sorgen», sagte ich und nahm ihm das Material ab. «Die nächste Seillänge ist einfach, und die letzte ein Pisser.» Ich war froh, mit Matt unterwegs zu sein, weil ich wusste, dass er viel zu starrköpfig war, um sich zu ergeben und zu sterben.

Ich stieg los. Zuerst war es einfache technische, dann freie Kletterei. Ich bewegte mich langsam und bedächtig über die kleinen Schuppen. Schnee bedeckte die Griffe, ich musste ihn mit bloßen Fingern abwischen. Jedes Mal wenn ich die Arme hob, rann mir das Wasser in die Ärmel. Ich dachte daran, wie uns Vater trotz Regen zum Klettern mitgenommen hatte. Alle jene miserablen Tage waren das beste Training für so etwas wie das hier gewesen. Obwohl ich verzweifelt war, kam ich voran. Es war eine schreckliche Situation, aber doch erfüllte sie mich gleichzeitig Begeisterung. Vielleicht war es so, weil schon das Ende in Sicht war. Vielleicht auch, weil ich so erstaunt darüber war, dass ich trotz der schlechten Bedingungen weiterklettern konnte, ohne Handschuhe und Socken. Oder war es der pure Überlebensinstinkt, der mich von allen anderen Sorgen befreite? Wir mussten es auf jeden Fall schaffen.

Ich stand im knöcheltiefen Schnee, tanzte, hüpfte, schrie und wartete, bis Matt das erste Band der Route erreichte. Der Ausstieg war nicht weit, nur ein kurzer Riss und eine einfache Platte, keine zwanzig Meter.

Matt kam nicht.

Ich schrie wiederum *«Stand!»* und verfluchte ihn, dass er auch in Sichtweite des Ausstieges so langsam war. Nur noch ein bisschen leichte Kletterei, dann der Abstieg zu warmen Kleidern, Essen und der glorreichen Waagerechten.

Matt war immer noch nicht aufgetaucht.

Ich schaute die Wand hinunter, die mit dem Fallen der Temperatur fast vollkommen weiß geworden war. Ich sah, dass der obere Teil innerhalb einer Stunde zu Eis gefroren sein würde. Dann waren wir gefangen.

Ich griff an das Seil. Es war gespannt. Matt kam also. Dann sah ich ihn, wie er langsam aus dem Sturm heraufstieg. Ich hatte nicht gewusst, dass seine Jümars am eisigen Seil gerutscht waren, sodass er eine schreckliche Fahrt zurück in die Tiefe gemacht hatte, bis sie wieder griffen, als es eine Stelle ohne Eis gab.

Matt zog sich auf den Absatz.

«Ich brauche deine Kleider», sagte er.

«Was?», fragte ich.

«Ich ... ich ... ich sterbe vor Kälte. Ich brauch deine Kleider», fuhr er fort. Mit blauen Lippen und klappernden Zähnen trat er im tiefen Schnee auf und ab.

«Ich sterbe genauso vor Kälte», sagte ich, «wir müssen einfach weitermachen.»

Ich gab ihm das Kletterzeug und sagte ihm, er solle die letzte Seillänge führen, dann würde ihm ein wenig wärmer.

Matt war ein fantastischer Kletterer, er konnte Routen ziehen, die um Welten schwieriger waren als meine schwierigsten. Aber als er zu klettern anfing, konnte ich sehen, dass er an der Grenze war. Er sah steif und hölzern aus. Er kletterte den Riss hoch und kam zu der

Platte. Sie war glatt und sah aus wie der Rücken eines Wales. Statt Kletterschuhen hatte Matt Skateboardschuhe mitgenommen, deren glatte Gummisohlen auf dem schneebedeckten Fels überhaupt keinen Halt fanden. Sie zwangen ihn, auf und ab zu klettern, es hier und dort zu versuchen. Wenn es trocken gewesen wäre, hätte man die Platte hochlaufen können, ohne die Hände zu benutzen. Jetzt war es fast unmöglich, dort zu klettern. Mit dem Schnee war die Reibung gleich null.

«Ich packe es nicht», schrie Matt.

«Komm wieder runter, dann mach ich es», rief ich zurück. Mich ergriff ein irrationaler Zorn.

Ich band mich in die dick vereisten Seile und kletterte zur Platte hoch. Bald würde es dunkel werden, deswegen musste ich mich schnell entscheiden. Ich nahm einen Skyhook und kratzte damit auf dem Fels herum, bis er an einer unsichtbaren Kante unter dem Schnee hängen blieb. Ich hängte eine Schlinge ein und stieg vorsichtig dran hoch. Mir war eines klar: Wenn der Skyhook abrutschte und ich zurück auf das Band flog, brach ich mir wahrscheinlich die Beine.

Vom Hook aus spürte ich eine sichelförmige Vertiefung auf. Ich wischte den Schnee weg, stieg mit den Füßen hinein und richtete mich auf. Ich presste den Körper gegen den Fels, um so viel Reibung wie möglich zu erzeugen. Ich wagte es nicht, auch nur einen Muskel zu bewegen. Ich hatte ungefähr zwei Meter an Höhe gewonnen. Ich sah hoch und bemerkte einen kleinen Baum, der auf einem Band über mir etwa drei Meter in die Höhe spross. Wenn ich es bis zu ihm schaffte, war alles vorbei.

Ich zog ein paar Meter des Nachziehseils hoch und fing an, es wie ein Lasso nach oben zu werfen, um den Baum einzufangen. Ich versuchte es wieder und immer wieder, aber das nasse Seil war zu schwer. Jedes Mal rutschte es wieder die Platte herunter. Ich nahm das Seil noch einmal auf, nur hängte ich diesmal einige Klemmkeile und Friends daran. Dann schwang ich das Bündel im Kreis und ließ es los. Das Seil segelte diesmal am Baum vorbei und landete auf dem Absatz.

Ich zog es langsam ein, bis es sich straffte. Es hatte sich verklemmt. Ich stand da, zugleich vor Angst bleich und vor Erregung rot. Ich hatte keine andere Wahl, deswegen zog ich mich langsam am Seil hoch, mit den Knien stützte ich mich am Fels ab und versuchte, die Belastung auf den unsichtbaren Anker dort oben möglichst gering zu halten. Er konnte jeden Moment versagen.

Aber er hielt.

Ich erreichte das Band und sah, dass das Seil sich um einen Stein gewickelt hatte, der nicht größer als ein Telefonbuch war. Ich hatte jedoch keine Zeit, mir darum Gedanken zu machen, und kletterte zu einem Riss, wo ich ein paar Friends legte und das Seil festband.

Meine Welt war nun plötzlich eben und weiß. Die Dunkelheit würde in fünf Minuten hereinbrechen, und der lange Abstieg stand uns noch bevor. Es war jenseits des für mich Möglichen gewesen. Und doch hatte ich es geschafft.

Ich setzte mich in den Schnee und zog das Seil hoch, das steif wie ein Kabel war. Eine Stunde später, und wir wären für immer dort geblieben.

«Stand!», rief ich in den Sturm.

Zwei Tage später kletterten Airlie, Es und ich Zenyatta Mondatta.

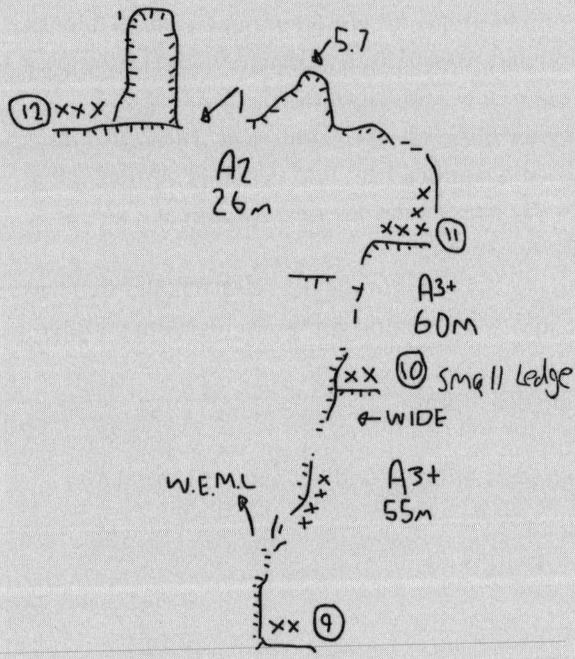

5.7
12
A2
26m
11
A3+
60M
10
Small Ledge
WIDE
W.E.M.L
A3+
55m
9

Seillängen Nrn. 10, 11 und 12 Reticent Wall

Masters of Stone

Der Morgen begann mit Haken. Vielen Haken.

Ich kletterte langsam eine steile Verschneidung hoch. Mein Rücken hing weit draußen in der Luft, als ich die kurzen, dicken Haken, die man «Lost Arrows» nennt, in den Riss hämmerte.

Die Haken sangen. Der Ton nahm beim Einschlagen zu, fing tief an und wurde hoch, bis der Haken tief in den Fels biss. Haken zu schlagen ist eine harte Arbeit. Aber so wie bei jeder harten Arbeit empfindet man eine gewisse Belohnung, wenn man auf das sieht, was man verrichtet hat. Eine lange Reihe von Haken führte hinunter bis zu meinen Haulbags. An jeden Haken hatte ich eine rote Schlinge gehängt, damit das Seil sauber lief.

Du kommst gut voran.

Meine Schulter und meine Hand machten mir heute Probleme. Ohne Zweifel kam es davon, dass ich in den letzten Tagen viele Haken eingeschlagen hatte. Beim Aufwachen hatte ich bemerkt, dass meine Unterarme taub und eingeschlafen waren, als wäre ich die ganze Nacht darauf gelegen. Nach einigen Minuten Schütteln kam das Gefühl und auch der Schmerz zurück. Meine Schulter fühlte sich an, als ob tief drinnen ein Stück Kohle glühte. Wenn ich Haken schlug, konnte ich nur wenige Schwünge ausführen, bis ich anhalten musste. Mit zusammengebissenen Zähnen wartete ich, dass der Schmerz nachließ. Ich sagte mir, dass der Schmerz etwas Gutes war, so ähnlich wie eine Geschwindigkeitsbegrenzung. Er hielt mich davon ab, es zu weit zu treiben mit meinem Körper. Aber jedes Mal, wenn ich die Augen schloss, wünschte ich mir, ich hätte Schmerzmittel mitgebracht.

Mein Erste-Hilfe-Set bestand aus einem Fläschchen Teebaumöl.

Die Füße machten mir ebenfalls Sorgen, die Schmerzen an der Sohle und in den Zehen wurden jeden Tag schlimmer. In den Leitern musste ich so lange herumtänzeln, bis ich die süße Stelle fand, auf der das Stehen keine Schmerzen bereitete – eine sinnlose Übung, sie taten immer weh. Der geringste Druck von der Seite führte dazu, dass ich von Krämpfen geplagt wurde. Ich beschädigte offenbar meine Sehnen ganz erheblich. Noch ein paar Tage, dann war es vorbei.

Auf eine seltsame Art und Weise war mein Körper überflüssig, wie alle Ausrüstungsgegenstände, die ich jeden Tag aus Versehen fallen ließ.

Alles, was du tun musst, ist, dich zusammenzureißen und bis zum Gipfel durchzuhalten.

In der Verschneidung war es kühl, hier fand ich für kurze Zeit Schutz vor der Sonne. Der Fels war kalt, hart und fühlte sich an wie Kreide. Manchmal sah ich im Riss Insekten oder langbeinige Spinnen am Fels hängen.

Der Stand war nur wenig über mir, eine kleine Leiste, zu der ich mich durchstrecken und mich dann hochziehen musste. Ich richtete mich her, klippte all das schwere und überflüssige Klettermaterial an einen Haken, um so leicht wie möglich für die kurze Freikletterstelle zu sein. Sich auf einen Absatz zu «manteln» ist immer beängstigend und eine große Herausforderung. Hier trug ich überdies statt der Kletterschuhe meine Laufschuhe.

Ich war bereit, stieg in den Leitern so hoch wie möglich und streckte die Finger Zentimeter für Zentimeter weiter aus, bis ich den Rand der Leiste halten konnte. Die Oberfläche war glatt poliert, fast wie Glas. Der Absatz maß etwa dreißig Zentimeter mal einen Meter. Ich griff überkreuz mit der zweiten Hand hinzu und tastete in den Chalkbeutel, damit ich nicht abrutschte. Dann nahm ich die Füße aus den Leitern, getraute mich und zog mich hoch.

Meine Arme waren durch die Belastung der letzten Tage stark geworden. Ich machte einen Klimmzug und warf einen Ellbogen und ein Knie auf den Absatz.

Doch beide rutschten. Irgendetwas stimmte nicht. Ich überlegte kurz und sah nach, was nicht in Ordnung war. Die glasige Felsoberfläche war mit Müsliflocken übersät, deswegen konnte ich keinen Halt finden.

Das Müsli konnte nur von den Russen stammen. Sie hatten mir wohl eine Tüte mit Müsli zurückgelassen, das von den Vögeln aufgepickt worden war.

Die Situation wäre zum Lachen gewesen, wenn ich nicht in der Reticent Wall gewesen wäre. Ich hielt mich mit einer Hand fest und wischte mit der anderen die Flocken weg. Als mein Bein vom Absatz rutschte, gelang es mir gerade noch rechtzeitig, mit der zweiten Hand hinzugreifen und mich zu halten. Ich hing an beiden Armen, schabte verzweifelt mit den Füßen am Fels und versuchte erfolglos, mit den Schuhspitzen wieder zurück in die Leitern zu kommen.

Noch einmal zog ich mich hoch und blies so viele der Müsliflocken weg wie möglich. Dann warf ich meinen Oberkörper mit einem Satz auf den Absatz. Ich hoffte, es mit der Reibung des ganzen Körpers zu schaffen. Es funktionierte, und ich richtete mich vorsichtig auf, um die Bohrhaken einzuklippen. Was für ein Start in diesen Tag!

Die nächste Seillänge führte weiter durch die Verschneidung und dann entlang eines dünnen Risses, der aussah wie ein Haar, das am Fels klebte. Ich klopfte alle Meter einen Messerhaken hinein. Die Wand hatte die Form eines Fasses, die Ausgesetztheit war immens. Ich stellte fest, dass es in dieser Seillänge gewesen sein musste, in der Steve Gerberding vor einigen Jahren für das bekannte Klettervideo «Masters of Stone» in Aktion gefilmt wurde.

Wer hätte gedacht, dass du eines Tages diese Seillänge klettern würdest?

Die Risse liefen in ein paar kleinen Verschneidungen aus, für die ich Copperheads brauchte. Ihre mageren Haltekräfte sorgten dafür, dass sich meine Sinne wieder schärften.

Verkacke es dir hier nicht!

Ich wusste, dass ich kurz vor den letzten Seillängen war.

Die Schlüsselseillänge ist nur noch wenige Meter entfernt.

Ich zog meine Säcke bis zum Stand am Ende der elften Länge. Sie waren leichter geworden, die Hälfte des Wassers war verbraucht. Ich hatte die letzten beiden Seillängen schneller geklettert und gecleant, als ich erwartet hatte. Bis zur Dunkelheit blieb mir noch eine Stunde. Es war nur noch eine Seillänge, bis ich zur Crux kam. Noch drei bis zum Gipfel. Ich wusste, dass ich schneller kletterte als an irgendeinem Tag zuvor, aber ich war mir nicht sicher, ob es daran lag, dass die Kletterei leichter wurde oder ich besser. Ich wusste ebenfalls, dass eine Seillänge höher ein größerer Absatz war. Dorthin wollte ich, zu dieser kleinen horizontalen Oase in der Senkrechten.

Vielleicht willst du ja auch die Schlüsselseillänge sehen, nachdem sie so lange in deinem Kopf herumgespukt hat?

Die Seillänge begann mit einem leichten Riss, der zu einer geneigten Platte führte. Der Anfang war technisch, dann konnte ich freiklettern. Das ungelenke Hin und Her des technischen Kletterns ließ ich unter mir, tauschte es gegen Kletterschuhe und Finger. Das Gefühl von Freiheit war fantastisch. Der Fels besaß viel Struktur, überall waren kleine Warzen, auf die man stehen, und eine Schuppe, die man wie ein Geländer greifen konnte. Es war einfach genug, um Spaß zu machen.

Nach zwölf Tagen entsetzlicher Langsamkeit schien es mir, als ginge diese Seillänge mit Lichtgeschwindigkeit vorbei. Ich kletterte nach links, die Finger hinter einer Schuppe versenkt, voll den Armen und Füßen vertrauend. Ich war vorsichtig, setzte meine Füße ganz präzise, denn ich wusste, dass unter mir ein gigantischer Abgrund war. So viel Raum! Ich genoss das Ganze.

Das könnte deine letzte Nacht in der Wand werden.

Nach ein paar weiteren Zügen nach links trat ich auf ein breites Podest, die größte flache Stelle, die ich in den letzten beiden Wochen gesehen hatte. Über mir war die Schlüsselseillänge.

Das könnte deine letzte Nacht sein. Punkt.

Ich hängte die beiden Bohrhaken ein, zog die Schuhe aus und legte mich hin. Der Fels war uneben, eine Erhebung stach mir in den Rücken. Aber der Boden unter mir verschob und bog sich nicht, klapperte und dehnte sich nicht. Es war eine Wonne, so etwas Festes unter sich zu haben.

Ich starrte hoch zu den Überhängen, die den Gipfel verdeckten, nur zwei Seillängen entfernt. Es kam mir wie eine Ewigkeit vor, seit ich unten losgeklettert war. Ich hatte diesen Menschen, der ich damals war, und seine beschissene Welt schon fast vergessen.

Wenn du die Schlüsselseillänge kletterst, stehst du morgen auf dem Gipfel.

Ich studierte die Crux. Ein Riss, Expando. Dann eine Rissspur, weit offen und nach hinten geschlossen. Dann eine Schuppe, lose dahängend. Wenn mir morgen nur der kleinste Fehler unterlief, lag ich wieder hier auf dem Absatz, nur unter ganz anderen Umständen. Ich dachte eine Weile darüber nach. Wie es wohl war, wenn man auf dem Absatz aufschlug? Wie sehr würde das wehtun?

Kannst du es schaffen?

Morgen würde ich die Schlüsselseillänge der Reticent Wall klettern: eine der schwierigsten Technolängen der Erde.

Konnte ich es schaffen? Ich dachte, schon.

Morgen war mein dreizehnter Tag in der Wand, die dreizehnte Seillänge der Route. Aber ich machte mir keine Sorgen wegen Zahlen. Ich dachte daran, wie es war, den Gipfel zu erreichen, auf die weiche Erde zu liegen. Ich stellte mir den Frieden vor.

Ich dachte an Mandy.

Ich dachte an Ella.

Ich dachte an meinen ungeborenen Sohn.

Ich dachte an Pizza.

Ich dachte, dass alles gut ausgehen würde.

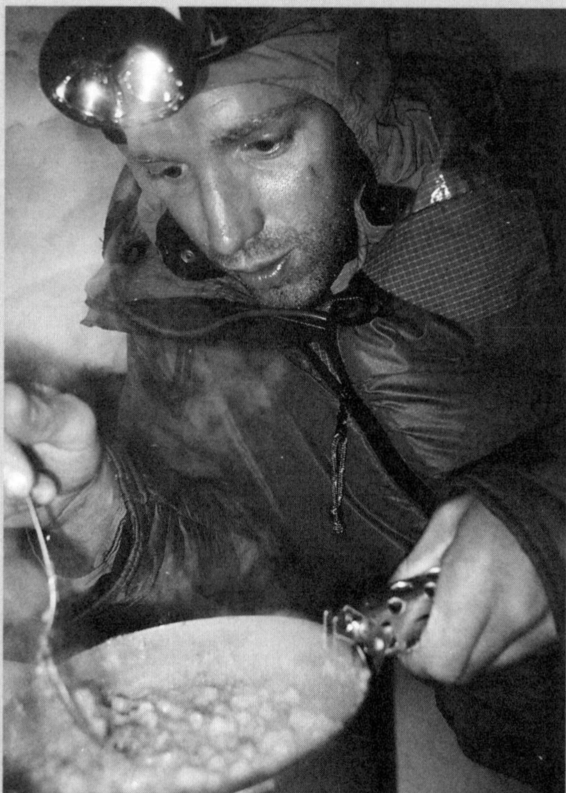

Mit Rich Cross in einer Schneehöhle
in Patagonien: «Wir haben kaum mehr
Vorräte. Alle Gedanken ans Klettern
sind durch solche an Essen, Sauerstoff
und Flucht verdrängt worden.»

Patagonien. Juli 2000

Kalter Krieg

«*Usted no sabe sobre mama del la?*», fragte mich die Frau hinter dem Schalter. Ihr Gesicht sah besorgt aus.

«We don't understand», sagte ich und sprach sowohl für mich als auch für meinen Partner.

«La mama, la mama», wiederholte die Frau und zeigte aus dem Fenster auf einen Schneehaufen. Wir zuckten mit den Schultern. Alles, was wir wollten, waren zwei Busfahrkarten. Ich fragte mich schon, ob sie auf die Erlaubnis ihrer Mutter warten wollte, um uns die Fahrkarten zu verkaufen, aber dafür sah sie zu alt aus.

«La mama», sagte sie ein letztes Mal. Jetzt machte sie mit den Fingern Schneeflocken nach, die vom Himmel fallen.

Wir waren am Flughafen von Rios Gallegos, in Argentinien, auf dem Weg nach Patagonien. Rich und ich schüttelten den Kopf. Was immer sie auch meinte, es schien nichts Gutes zu sein.

Verärgert über unser schlechtes Spanisch, verließ sie uns und schnappte sich am Ende des Ganges eine andere Frau, die übersetzte.

Es stellte sich heraus, dass «La Mama» ein Wettersystem war, das man am besten als den bösen Bruder von El Niño bezeichnen konnte, der den ohnehin schon winterkalten Teil Südamerikas mit einer ungemeinen Kälte heimgesucht hatte. In einigen Teilen war zum ersten Mal seit vierzig Jahren Schnee gefallen.

Sie sprach schnell, unsere Ignoranz ließ sie beinahe schimpfen. Die Kaffee-Ernte in Brasilien hatte schwere Einbußen erlitten, in vielen Teilen des Landes war der Strom ausgefallen. Zahlreiche Straßen waren unpassierbar, blockiert von meterhohem Schnee. Mit dem Finger auf der Karte erklärte uns die Frau, wie viele Straßen seit Wochen unbefahrbar waren. Sie zweifelte daran, ob wir das Dorf Chaltén erreichen konnten. Geschweige denn die Berge. Wir sollten zurück nach Buenos Aires.

Wir standen am Schalter und sahen uns gegenseitig an. Die zum Platzen vollen Rucksäcke waren neben uns aufgestapelt. Wir besprachen unsere Lage. Es war ein kurzes Gespräch. Wir hatten all unser Geld in diese Expedition versenkt, was bedeutete, dass wir keine Möglichkeit hatten, unsere Ziele zu ändern. Wir waren schon pleite, und waren noch nicht mal am Berg. Ich dachte daran, in welchem

Chaos ich mein Leben zu Hause verlassen hatte. Ich war von Mandy und Ella, von Rechnungen und der Arbeit fortgerannt. Alles setzte ich auf eine Karte: eine Winterbesteigung in Patagonien. Und hoffte, sie würde mein Leben wieder richten. Ich konnte mir nicht erlauben, mir vorzustellen, dass aus dieser Reise nichts wurde. Das war meine große Chance: ein perfektes Ziel, ein perfekter Partner, eine perfekte Saison. Wenn wir diesen Berg schafften, dann würde ich endlich ein zufriedener Mensch sein. Für mich gab es nichts Schwierigeres. Wir mussten es versuchen.

Und so kauften wir Tickets.

Der Bus rumpelte durch die Nacht, heiß und stickig, auf dem Fernseher über meinem Sitz lief ein Kriegsfilm aus Hollywood auf Spanisch in voller Lautstärke. Durch das Fenster erhaschte ich ab und zu eine Ahnung von dem, was auf uns wartete: Schnee wurde von Bulldozern meterhoch aufgeschoben, dahinter nur Leere. Ein bekanntes Gefühl stieg in mir auf, eines, das Unwohlsein erzeugte, das mich in der Tiefe der Seele verloren und traurig werden ließ. Ich hatte dieses Gefühl so lange gespürt, wie meine Erinnerungen zurückreichen, aber ich wusste nicht, warum. Ich versuchte, es zu verdrängen. Ich dachte stattdessen an Ella, an ihr Gesicht, ihre Haare, ihre Augen. Wie ich ihre Hand hielt, sie drückte und spürte, wie sie zurückdrückte. Wir erreichten Calafe, den letzten Ort vor Chaltén, nach Mitternacht. Wenn wir keine Mitfahrgelegenheit nach Chaltén fanden, endete unsere Expedition hier. Wir lagen in einer eisigen Lagerhalle und warteten auf den Morgen.

Durch einen Mann, der Säcke auf den Dachträger seines Lkws lud, wurden wir aufgeweckt. Wir schälten uns schnell aus unseren Schlafsäcken und fragten ihn in gebrochenem Pidgin-Spanisch, ob er nach Chaltén fuhr. Er nickte. Wir verwechselten gute Planung mit Glück und fuhren per Anhalter mit.

Die Straße nach Chaltén war lang und rau; kalt, voller Schlaglöcher. Die Landschaft flach und ohne Konturen, eine Wüste aus Steinen und trockenen Büschen. Es war schwer, sich vorzustellen, dass wir in die

Berge fuhren. Der Lastwagen schlingerte und holperte durch Schneeverwehungen und eisige Tümpel. Die tiefen Spurrinnen schleuderten uns nach links und rechts. Die Landschaft führte Rich auf eindrucksvolle Art und Weise vor, was hier auf ihn wartete. Wir starrten durch die vereisten Scheiben hinaus in die endlose, gefrorene Pampa. Neben der Straße sahen wir immer wieder Lamas herumliegen, denen die Kälte, die Winde und der Hunger den Garaus gemacht hatten. Wir hatten uns nie vorgestellt, dass es so grimmig werden würde.

Rich war unkompliziert wie immer, unbeeindruckt und optimistisch. Er sagte, wir könnten mit den Ski zu den Bergen, wenn die Straße gesperrt sei: eine Rundreise von 250 Kilometern. Er war in meinem Alter, hatte keine Frau, keine Kinder, war frei zu klettern und zu arbeiten, wo und wann er wollte. Ich beneidete ihn. Wieso konnte ich nicht so sein? Wo hatte ich meinen Weg verloren? Warum kam ich zurück in die Wildnis mit einem derart bedrückten Herzen? Es machte keinen Sinn. Patagonien flößte mir Angst ein. Schon vor der Reise wachte ich auf, Horrorvisionen von dem, was auf uns zukam, Gedanken an die Kälte, den Wind und endloses Abseilen plagten mich.

Ich nehme an, dass ich zurückkam, weil ich einfach nicht wusste, was ich sonst tun sollte. Klettern war das Einzige, was richtig schien; das Einzige, was Sinn machte.

Acht Stunden zog sich die Reise auf dieser Straße durch die Pampa dahin. In der Ferne sahen wir den Fitz Roy, eine Schneefahne von etwa einem Kilometer Länge hing an seinem Gipfel. Ich dachte an den schrecklichen Sturm vom Vorjahr, und wie wir dort oben in der Falle saßen. Bei unserer Rückkehr ins Dorf hatte ein alter Mann gesagt, wenn die Steinhäuser im Dorf zu ächzen anfingen, dann wussten sie, dass wir tot waren. Der Berg erschien langsam. Er war so groß, dass man es kaum begreifen konnte, dass solche Berge existieren. Die meisten Leute hätten ihn mit dem Wort «schön» beschrieben, für mich sah er aus wie ein Schläger aus Stein.

Schlingernd und rutschend fuhren wir durch zwei Meter hohe Schneewälle, die von Bulldozern freigeräumt wurden. Endlich Chaltén. Der Ort sah aus, als hätte er unter einer Belagerung gelitten. Die Dächer bogen sich von der Schneelast, die Leute liefen herum und führten notdürftige Reparaturen durch. Viele Augen beobachteten uns, die Fremden, die außerhalb der Saison auftauchten. Wir klopften an der Tür eines Freundes, Ruban Vasquez, der die einzige Herberge im Dorf besitzt, die geöffnet hat. Als er uns sah, sah er erschrocken darüber aus, dass wir gekommen waren. Wir schleppten unsere Sachen hinein und begannen sogleich, alles für den nächsten Tag zu packen.

Ich löste meine Fangriemen von den Ski, für den Fall, dass das Eis unter mir brach. Dann glitt ich auf den gefrorenen See. Rich stand am Ufer und wartete ohne Rucksack mit dem Seil in der Hand, um mir zu Hilfe zu eilen, falls ich einbrach. Wir wussten nicht, dass das Eis einen Meter dick war.

Seit 4 Uhr morgens waren wir unterwegs. Das Mondlicht lag auf Chaltén, das Bellen von Hunden und das erstickte Knirschen des Pulverschnees beim Aufsetzen unserer Ski begleiteten uns, als wir es verließen. Im ersten Morgenlicht sahen wir unser Ziel: den Cerro Torre, eine fast zwei Kilometer hohe Felsnadel am Ende des Gletschers. Wenn man ein Kind bitten würde, einen Berg zu zeichnen, bekäme man so etwas wie den Everest: 45 Grad steile Hänge, die auf einen Gipfel zulaufen. Der Cerro Torre hingegen käme heraus, wenn man einen Teenager fragte. Alptraumhaft senkrechte Felswände, messerscharfe Grate und ein grausiger Eispilz, der auf dem Gipfel hängt. Er ist einer der härtesten Berge, die sich Kletterer überhaupt nur wünschen können, kein anderer bietet solch schauderhaftes Gelände. Eine Besteigung im Sommer war eine aufsehenerregende Sache. Mehr Leute waren auf dem Mond gestanden als auf dem Gipfel im Winter. Es war klar, warum.

Ich sagte Rich, das Eis sei dick genug, um uns auszuhalten. Er vertraute mir und folgte mir hinaus auf den See.

Unsere Rucksäcke waren unglaublich schwer. Die Arme wurden kalt, denn die Riemen schnitten sich tief ein und stoppten die Blutzirkulation. Man behauptet oft, dieser Expeditionsstil sei leicht und schnell: Man nimmt nur mit, was man tragen kann, hat keine Träger, keine großen Mannschaften, auf die man die Last verteilen kann. Leider fühlte sich diese Art der Kletterei für uns alles andere als leicht an.

Wir brauchten kein Thermometer, um zu sagen, dass die Temperatur unter minus 30 Grad Celsius lag. Die Luft brannte auf jeder Stelle der Haut, die offen lag. Die Atmosphäre schien ein Vakuum zu sein, als ob alle Atome vor Kälte schwer geworden und auf den Boden gefallen wären. Als ich die dicke Daunenkapuze und meine Gesichtsmaske abzog, war es, als hätte ich den Kopf in das Wasser des arktischen Ozeans getaucht. Die Haut wurde vor Kälte steif. Ich bekam Kopfweh, ähnlich wie wenn man zu viel Eiscreme isst. Wie konnten wir hier nur klettern?

Nach unserem dreitägigen Alptraum im Vorjahr am Fitz Roy kamen wir tief beeindruckt von den Erlebnissen nach Hause. Man könnte sagen, dass wir an posttraumatischen Stresssymptomen litten. Jeder sah mit neuen Augen auf das Leben und die Zukunft, jeder ging das Leben neu an: mit Konfrontation, mit Verantwortung, mit Liebe. Das Ergebnis war ein Jahr mit Hochzeiten, Kindern und Scheidungen.

Als ich nach Hause fuhr, kam ich mir wie ein Soldat vor, abgemagert und müde. Es war nicht leicht, sich wieder umzustellen, aber ich war erleichtert, wieder bei Mandy und Ella zu sein. Eines Tages, als wir zum Strand fuhren, sagte ich, dass ich es bleiben lassen würde. Wie jeder Abhängige meinte ich es ernst. Aber Worte sind schnell gesagt. Einen Monat später hatte ich die beiden wieder verlassen.

Es würde nie aufhören.

Ich halte mich selbst für einen einfachen Menschen. Allmählich jedoch wurde mir klar, dass etwas mit mir nicht stimmte, dass innen drin etwas zerbrochen war oder vielleicht nicht verheilt. Ich hasste die Unruhe, die mich in die Berge trieb. Es ging schon lange nicht mehr ums Klettern. Ich suchte nach etwas Bestimmtem, aber ich wusste nicht, nach was. Ich hatte auch Angst davor, was ich dort letztlich finden würde. Es schien nur eine Sache zu geben, die mich heilen konnte, die mir Frieden brachte. Ein Endspiel.

Wir liefen über den See dorthin, wo der Gletscher begann. Unsere Augen ruhten auf dem goldenen Licht der Torres über uns. Die Feuchtigkeit und die Kälte ließen meine Wimpern zusammenfrieren, als ob sie verklebt wären.

Ich dachte über unseren Weg nach und träumte davon, dass wir am Cerro Torre vielleicht von der Sonne gewärmt würden. Aber ich wusste, dass es nicht so sein konnte. Dann starrte ich wieder auf meine Füße und versuchte, über andere Dinge nachzudenken wie die Dicke des Eises. Später kamen abstrakte Gedanken: ob die Strahlen der Sonne nicht auch gefrieren und alles, was ich sah, in dem Zustand belassen konnten wie den See, bis der Frühling kam.

Rich füllte Schnee in den Topf und stellte ihn vorsichtig auf den Kocher. Dann schloss er mit einem theatralischen Zittern den Schlafsack wieder. Wir hatten den Fuß des Berges bei Einbruch der Nacht erreicht, wo wir Schutz bei einem hausgroßen Felsblock fanden, unter den wir uns eingruben. Es war jedoch bei weitem kein Campingplatz. Die Kälte, das Gewicht unserer Rucksäcke und der tiefe Schnee hatten uns auf unserer zwanzigstündigen Plackerei an die Grenze zur Erschöpfung gebracht. Im Sommer hätte man die Strecke in wenigen Stunden laufen können, mit kurzen Hosen und einem T-Shirt.

Ich zog ein Bild von Mandy und Ella heraus, sie waren im Park. Das Gras auf dem Bild war das einzige Grün, das man hier sehen konnte. «Vermisse ich euch schon?», fragte ich mich. Seltsam, wenn man so früh schon so etwas denkt. Wenn ich bei ihnen war, dachte ich an nichts außer an das Bergsteigen an diesen frostigen Bergen.

Wie konnte das Sinn machen, was konnte ich hier überhaupt finden? Ich dachte an den Tag meiner Abreise; daran, wie mich Mandy in der Küche angeschrien hatte. Sie machte sich Sorgen, wenn ich weg war. Sie hasste mich dafür, dass ich ihr so etwas antat. Ich wusste, dass mein Leben kein Gleichgewicht kannte. Es gab keine herzlichen Verabschiedungen, wenn ich wegfuhr, nur einen kurzen, kalten Kuss. So verabschiedet man sich, wenn jemand geht und man nicht versteht, warum.

Was war, wenn ich morgen starb?

Würde das irgendetwas besser machen? Am Berg würde es keinen Spaß und nichts zu lachen geben. Keine Einsichten, keine Gedichte würden in meinem Kopf entstehen. Nur Angst und Kälte und Bedrückung. Aber ich musste daran glauben, dass diese Route es wert war.

Wir kochten das Abendessen, aßen ein wenig von dem Gewicht, das wir sonst am anderen Tag zum Wandfuß hätten tragen müssen.

Dann lagen wir schlaflos, lauschten, redeten über nichts. Worte, deren Klang zu Frost wird und sich an den Felsen über unseren Köpfen niederschlägt.

In der kältesten Stunde des frühen Morgens krochen wir unter dem Felsblock heraus und fingen an, in den schwarzen Raum zwischen den Sternen zu klettern. Dort, wo der Torre steht.

Die Route ist ein schwindelerregender Pfeiler, der sich am Torre in die Höhe windet. Auf der rechten Seite wird er von einer abweisenden, riesigen Granitwand begrenzt. Um den Grat zu erreichen, müssen wir etwa vierhundert Meter über Schnee, Eis und Fels klettern – eine Route für sich. Dann können wir eine Scharte am Beginn des eigentlichen Grates erreichen.

Wir steigen los, machen viele Pausen, in denen wir versuchen, die zunehmend kälter werdenden Hände wieder aufzuwärmen. Wie ein Archäologe suche ich nach den alten, frostgebeutelten Weichstahlhaken und den ausgeblichenen Seilen, die, vom sich bewegenden Eis gespannt und zerrissen, nun wie ausgeweidet vor uns liegen. Ich frage mich, wer diese Fremdkörper hinterlassen hat und was sie erzählen könnten, wenn sie Worte gehabt hätten.

Die Dämmerung zieht wunderschön herauf, aber auch mit einem schweren Preis. Das schimmernde Rot und Gold verheißt aufziehendes Schlechtwetter. Ich möchte absteigen, aber etwas lässt nicht zu, dass ich es ausspreche. Rich kennt die patagonischen Stürme noch nicht. So behalte ich die Ängste für mich selbst und klettere weiter, die zerrissenen Wolken in den Augenwinkeln, die kurz nach der toten Sonne an den Himmel stiegen.

Die ersten vierhundert Meter sind eine Wühlerei durch tiefen Pulverschnee, unterbrochen von schwierigen Kletterstellen an kurzen, brüchigen Steilstufen. Je höher wir kommen, desto tiefer wird die Angst in mir. Alle Kraft, die ich zu haben meinte, hat mich verlassen. Der Schnee und die Kraxelei nehmen kurz unter dem Col Patience ein Ende. Rich gibt alles, um zu den nächsten Schneehängen zu gelangen.

Ich hatte immer gedacht, wenn dieser Tag käme, würde ich es schwer finden, zu glauben, dass ich auf der Maestriroute am Cerro

Torre sei, mitten im Winter. Unglücklicherweise bin ich mir nun allzu bewusst, wo ich bin und was ich mache. Ich habe Angst bis zum Hals, versuche, meinen Körper warm zu halten. Mein Gehirn ist ein Durcheinander von dunklen Gedanken: Es ist zu viel, die Erfahrung, die Dosis ist zu hoch.

Zitternd bete ich, dass Rich umdreht und wir nach unten gehen können, bevor es aus ist mit mir. Ich hatte ihn überzeugt, hierherzukommen; nun kann ich ihn schlecht überreden, umzukehren. Ich will auch nicht, dass er sieht, wie ich die Nerven verliere. Noch schlimmer wäre es jedoch, wenn ich sehen würde, wie er aufgibt.

Das Wetter schlägt rasch um, der Sturm kommt auf mit seinen brutalen Böen. Jedes Mal, wenn uns ein Windstoß trifft, ist es, als streifte uns der Tod. In den ruhigen Momenten kann ich das musikalische Klimpern der Eisstücke hören, die vom Eispilz am Gipfel tausend Meter herabfallen zum Gletscher. Rich ruft herunter, dass wir auf dem Col eine Schneehöhle graben könnten, um auf gutes Wetter zu warten. Wir haben nur Essen für vier Tage dabei, und mein Instinkt sagt mir, dass die Tür gerade knarrend zugeht. Ich sage mir, dass Rich genauso wie ich nach unten will, aber nicht der Erste sein will, der es zugibt. Fröstelnd schaue ich hoch zu ihm. Noch ein paar Meter, und es wird einfacher sein, den Sturm auszusitzen, als umzukehren. Ich will es nicht.

«Scheiß drauf», rufe ich, «das gefällt mir nicht – lass uns abhauen.» Rich schaut nach oben, dann wieder nach unten zu mir und antwortet nichts. Er streitet nicht, sondern lässt sich am Seil ab.

Wir treten den Rückzug zum Gletscher an.

«Vergiss nicht, wie es dir jetzt geht», sage ich mir, als ich durch den Schnee nach unten wanke. «Komm nicht hierher zurück.» Der Sturm dauert sechs Tage.

Wir brauchten zwei Tage, bis wir unten in Chaltén waren. Wir kamen gerade rechtzeitig für eine selbstgemachte Pizza. Ruban Vasquez war froh, uns wieder heil zu sehen. Mit letzter Kraft klopften wir den Schnee von unseren Schuhen und ließen uns auf die Eckbank fallen. Die verhassten Rucksäcke blieben draußen. Ich saugte die Wärme in der Küche mit Erleichterung und Freude ein. Im Licht des Vordachs fiel dichter Schnee. Ich fühlte mich, als wollte ich nie wieder klettern.

Eine Woche später kämpfe ich mich einen weiten, überhängenden Riss hinauf und schreie mich an, dass ich zu langsam, zu blöd bin. Der Rucksack zieht mich nach unten, und die Steigeisen stören mich. Ich weiß, dass ich Zeit verliere. Ich schreie wieder, wohl wissend, dass es nichts bringt.

In einem überschwänglichen Augenblick hatte ich zu Rich gesagt, dass ich bis jetzt jede Tour geklettert hatte, die ich klettern wollte. Jetzt stecke ich auf halber Wandhöhe in einem Riss, schrubbend und schreiend und ohne Erfolg: «Vol de Nuit». Eine Route von Andy Parkin an der Ostwand des Mermoz aus dem Jahr 1993, eine 600-Meter-Wand unterhalb des Fitz Roy. Je mehr ich schreie, desto hoffnungsloser wird mein Kampf. Ich hasse die Welt und beschuldige alles in und auf ihr – außer mir.

Endlich erreiche ich das Ende der Seillänge. Mit den Füßen unsicher im Schnee stehend, stemme ich mich gegen Richs Gewicht, als er anfängt, die Seillänge zu jümarn. Ich wünschte, er würde nicht sehen, an was für einem schlechten Stand er nachkommt.

«Das sah schwer aus», meint er fürsorglich, während ich seine Jümars verfluche, die ihn davon abgehalten haben, zu erfahren, wie schwer es wirklich war. Rich nimmt sich das Material und macht sich an die nächste Seillänge, eine überhängende Verschneidung mit verklemmten Blöcken. Der wolkige Tag und das niedrige Tageslicht kommen zu einem Ende.

Zwei Stunden stehe ich in der Dunkelheit. Es ist gefährlich kalt. Eigentlich würde ich gerne meine Daunenjacke aus dem Rucksack nehmen, aber ich habe zu viel Angst, das Seil loszulassen. Rich hängt in der Schlüsselseillänge. Es ist dunkel, und er bleibt hoffnungslos stecken. Wir diskutieren, wo wir die Nacht verbringen sollen. Jeder argumentiert so, wie es für ihn am leichtesten geht. Soll ich hochsteigen oder er herunterkommen? Die Schwerkraft ist auf meiner Seite, Rich befestigt die Seile und kommt herunter. Wir hacken zwei

Fenstersimse aus dem Eis, eines über dem anderen. Wie immer stoßen wir auf Fels, bevor es breit genug zum Liegen ist, aber wir sind zu müde, es woanders noch einmal zu probieren.

Ich schaue zu, wie Rich sich in seinen Schlafsack zwängt, während ich vorsichtig den Kocher herausnehme und auf den Knien balanciere. Im Schutz meines Biwaksacks mische ich billiges Kartoffelpulver mit rohen Zwiebeln und üblem Käse. Keine Mahlzeit, um die Moral zu heben. Das Essen, das wir auf die Expedition mitgenommen haben, ist miserabel. Zu wenige Kalorien, zu wenig Essen. Es schlägt mir auf die Psyche. Ich frage mich, ob alle meine Zweifel von der schlechten Ernährung kommen. Nach ein paar Löffeln gebe ich Rich den Topf, und er isst ihn leer. Ströme aus Spindrift ergießen sich über die Säcke. «Iss auf», sagt er und gibt mir den Topf wieder. Das Essen ist nun mit Schnee gepfeffert. Ich muss fast kotzen, als ich es hinunterschlucke. Dann versuche ich zu schlafen. Mit einer Schlinge um meine Hüften und meine Knie.

Um Mitternacht fängt es an heftig zu schneien. Wir stecken auf halber Wandhöhe. Alle Minuten schüttle ich den Schnee von meinem Biwaksack. Das klamme, kalte Gewicht ist zu schwer, als dass man es ignorieren könnte. Ich drehe mich auf die Seite, die Knie hängen in der Luft, dann falle ich in einen klaustrophobischen Schlaf.

Der Schnee rutscht zwischen meinen Rücken und die Wand. Meine Gedanken werden von warmen Erinnerungen erfüllt. Ich liege im Bett, meine Tochter ist noch im Bauch ihrer Mutter. Ich fühle ihn warm an meinem Rücken, fühle sie strampeln. Irgendwann schlafe ich ein und träume von kalten, erfrorenen, toten Babys. Ich höre Ella, die jetzt zwei Jahre alt ist, wie sie «Hoppe hoppe Reiter» in mein Ohr flüstert. Dann klettert sie mir ins Gesicht und beginnt mich zu ersticken.

Ich wache auf mit dem Gefühl, als habe jemand eine Plastiktüte über meinen Kopf gezogen. Wieder schüttle ich den Biwaksack und schicke den Schnee hinunter auf Rich. Ich atme schwer, huste. Schneefall. Ich habe zu viel Angst vor dem Einschlafen und suche in meiner Tasche nach dem laminierten Foto von Ella. Ich hoffe, dass es mir Kraft gibt, doch es macht mich nur schwächer, erinnert mich daran, was für ein sinnloses Spiel ich spiele. Das spröde Plastik erinnert mich nur an meine Dummheit. Was bin ich für ein Vater? Ich denke an meinen eigenen Vater. Dann versuche ich, nicht an ihn zu denken. Ich fühle mich, als ob ich zerbreche.

Ich fange an zu weinen.

Um drei Uhr morgens reicht es uns. Wir halten es nicht länger aus. Wir wissen, dass wir am Ende sind, warum also weiter hier herumsitzen. Wir richten uns her. Rundherum zischt Spindrift vorbei. Rich jümart zum höchsten Punkt und holt die Seile, während ich unten von Schnee überschüttet werde. Ich weiß, ich darf nicht vergessen, wie ich mich jetzt fühle. Ich habe mich noch nie so einsam gefühlt.

Der Abstieg gehört zu den Dingen, die ich in Patagonien wirklich gelernt habe. Schnell seilen wir ab. Als der Abend dämmert, sind wir wieder unten bei den Ski, schlecht gelaunt und durchgeschwitzt. Unsere Spuren sind längst verwischt, und wir haben nichts, an das wir uns auf dem Weg zum Paso Superior halten können.

Ich habe Angst, als ich in die Bindung steige. Selbst wenn wir es zurück zum Pass schaffen, sind die Hänge auf der anderen Seite hinunter nach Chaltén doch voller Lawinen. Wir wollen nicht sterben. Ich entscheide mich dafür, dass Rich vorausgeht. Er hat keine Kinder. Da wir keine Karte und keinen Kompass haben, suchen wir mit den Stöcken nach unseren alten Spuren und laufen schließlich aufs Geratewohl weiter.

20. Juli. Heute sind wir ans Ende des Rio-Electrico-Tals gefahren. Der Fahrer sprach kein Englisch und wir kein Spanisch, aber ich wusste, dass er dachte, wir seien verrückt, als er wieder umdrehte und zurück nach Chaltén zu seinem warmen Bett fuhr. Wir gingen in die Berge.

Wir verbrachten eine Woche damit, auf gutes Wetter zu warten. Mit der Sonne kam auch die gute Laune wieder zurück. Auch unsere Ernährung war besser geworden. Steaks, Kartoffeln und Eier haben uns wieder Energie und Auftrieb gegeben. Ich fühlte mich besser und vor allem ruhiger. Ich fand Zeit, meine Gefühle und meine Gedanken zu verdauen. Jetzt fühlte ich mich mit den Bergen um mich herum mehr im Einklang und weniger pessimistisch gegenüber ihnen und mir selbst. Uns blieben noch eineinhalb Wochen, bevor wir zurückmussten. Es war unsere letzte Chance, noch mal die Hände an den Fels zu legen.

Zwei Tage später wird es wieder dunkel. Wir wechseln uns beim Graben der Schneehöhle ab. Sie ist der einzige Schutz vor dem Wind, den man hier finden kann. Ein fürchterlicher Sturm tobt über uns auf dem Gletscher, wir verständigen uns schreiend, während wir verzweifelt weitergraben. Über uns liegt die Nordwestwand des Fitz Roy, aber im Moment besteht die Herausforderung darin, zu überleben.

Als wir endlich in der Höhle und von der Welt durch die Schneewände abgeschottet sind, ist alles wieder unter Kontrolle. Wir haben eine ideale Position, um eine Route am Cerro Pellone zu probieren, einer Felsnadel am Rand des Inlandeises, die aus einem der Bücher von Tolkien stammen könnte. Sieben Tage Essen und Benzin haben wir über den Paso del Cuadrado mitgebracht. Ich stelle fest, dass unsere Ziele immer kleiner werden, je mehr wir versuchen, doch noch etwas hinzubekommen. Wir wissen, dass wir die Route ohne Biwak machen können. Alles, was wir brauchen, ist ein einziger guter Tag. Ich drehe eine Eisschraube ein über meinem Kopf, während Rich den Kocher anwirft, um Tee zu machen. Ich hänge die Uhr mit dem Barometer an die Schraube, lege mich zurück und warte.

«Willst du eine Tasse Tee?», fragt Rich und zündet den Kocher an. Sein Gesicht ist ausgemergelt. Aus dem Müllbeutel nimmt er einen ausgebleichten Teebeutel und lässt ihn in den Topf fallen. Der Sturm hämmert mit unverminderter Kraft auf den Gletscher ein. Sechs Tage sind vergangen. Alle Gedanken ans Klettern sind durch solche an Essen, Sauerstoff und Flucht verdrängt worden. Wir haben kaum mehr Vorräte. Durch das viele Liegen sind wir schwach geworden. Unsere Körper haben angefangen die Muskeln zu verbrennen. Am dritten Tag ging Rich nach draußen und erfror beinahe, als er versuchte, bei dem Höllenwind aufs Klo zu gehen. Zum Glück bewegt sich in meinem Bauch nichts.

Das Innere der Höhle ist der reinste Saustall. Zuerst war es wie im Krankenhaus: ans Bett gebunden, drei ärmliche Mahlzeiten pro Tag und weiße, kalte Wände. Jetzt sind die Wände vom Ruß des Kochers schwarz, ölige Tropfen fallen herunter, wenn wir ihn anzünden. Das ständige Teetrinken, unsere einzige Abwechslung, hat mehrere Liter Urin produziert, die auf dem Boden gefroren sind. Am vierten Tag hatte meine Isomatte Feuer gefangen, als ich, müde und apathisch vom Kohlenstoffmonoxid, zu nahe an den Kocher kam. Hektisch wie Astronauten, in deren Raumkapsel ein Feuer ausgebrochen ist, löschten wir schließlich die Flammen und verbrachten den Tag mit dem beißenden Rauch in der Höhle und einem brennenden Kopfweh im Schädel.

Zumindest unsere Gehirne sind beschäftigt. Meist rede ich. Aber es ist trotzdem anstrengend, unterhaltsam zu sein. Kein Wunder, habe ich die Geschichten doch schon zig Mal gehört. Schließlich sind alle Worte und alles Essen aufgebraucht. Wir hören dem Wind zu und wissen, dass wir am nächsten Tag den härtesten Kampf kämpfen müssen: den Rückweg nach Chaltén.

Gegen den Wind gestemmt tasten wir uns zum Col, unsere Ski auf dem Rücken, und versuchen zu atmen. Ich versuche jedes Stück meines Gesichts zu bedecken, aber meine Haut und meine Augen fühlen sich an, als seien sie über eine Schotterstraße gezogen worden.

Ich sehe mich selbst am Tag der Landung an der Normandie. D-Day. Meine Ski sind geheime Waffen und müssen durch den donnernden Geschützhagel des Feindes gebracht werden. Ich bin kurz davor, Erfrierungen zu bekommen, die Füße sind nicht mehr zu spüren. Aber ich habe keine Zeit, mich darüber zu sorgen. Es geht um mehr als solche Kleinigkeiten. Unsere alten Spuren sind vom Wind herauspräpariert und stehen in der Luft. Wir folgen ihnen durch den schreienden Wind. Immer wieder wechseln wir uns erschöpft ab und kommen schließlich zum Skidepot.

«Nicht weit», rufe ich Rich zu, der sich dicht an mich drängt. Wir fühlen uns nackt und ungeschützt trotz der dicken Kleider. Stehen und warten zitternd, bis der Sturm für Augenblicke aussetzt, damit wir über den Col können.

Es ist grausam, so weit gekommen zu sein, so viel gelitten zu haben. Und alles für nichts. Es ist einfach zu sagen, dass ich nicht Pech, sondern Glück habe: überhaupt hierherkommen zu dürfen und den erhabenen Bergen ein paar Augenblicke stehlen zu können. Das Glück zu überleben, egal ob man einen Sieg errungen hat oder nicht.

Aber das stimmt nicht. Es ist alles Geschwätz.

Ich bin gekommen, um zu gewinnen, um wie immer zu zeigen, wer ich bin und was ich kann. Ich habe verloren. Ich weiß überhaupt nichts mehr.

Die Anspannung, die Gier, das Krebsgeschwür der Sehnsucht bricht auf, ist nicht mehr auszuhalten. Jetzt, wo klar ist, dass es keine Befriedigung gibt. Es ist diese bösartige Unzufriedenheit des Kindes in mir, das immer nur klettern will und ohne Berge keinen Frieden findet.

Wenn – falls – ich wieder nach Hause zum normalen Leben komme, werde ich dieses Gefühl mitnehmen.

Was will ich, warum kann ich nicht glücklich mit dem sein, was ich habe? Ich will flüchten.

Ich möchte etwas so Schwieriges klettern, dass ich dieses Gefühl für immer verliere.

Als der Wind seinen Atem anhält, springen wir auf und rennen um unser Leben.

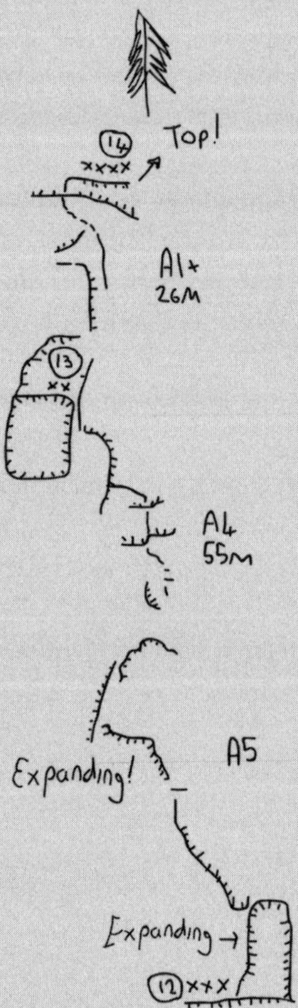

Top!
14
A1+
26M
13
A4
55M
Expanding!
A5
Expanding →
12

Seillängen Nrn. 13 und 14 Reticent Wall

PSYCHO

Ich wachte zur Dämmerung auf. Ich lag eine Weile da und wartete auf die Sonne. Ganz oben in der Wand kam die Sonne früh.

Es gab keine Eile.

Hier oben war es kühler als weiter unten. Jetzt konnte ich den Schnee in der Sierra sehen. Ich war froh um meinen warmen Schlafsack. Ich verkroch mich in ihm.

Nicht jeden Tag steigt man in die härteste, gefährlichste Seillänge seines Lebens ein.

Ich dachte daran, wie viel es gebraucht hatte, um hierherzukommen. Nicht nur die paar hundert Meter Fels unter mir, sondern die vielen hundert Seillängen, Kilometer an Fels, Eis und Schnee, die ich in der Vergangenheit geklettert hatte, um so weit zu sein, wie ich jetzt war.

Es ist doch nur ein Stück Kletterei. Sei nicht so melodramatisch.

Die Sonne beschien die Wand. Ich saß auf, ließ die Beine über die Seite des Ledges baumeln und genoss den Tiefblick. Als ich meinen letzten Bagel aß, wanderte das Licht die Wand hinunter.

Wie lange brauchte ein Krümel, um dort hinunterzufallen?

Ich dachte an die Seillänge, an all das, was man mir erzählt hatte, und an das, was ich sehen konnte.

Der erste Teil war ein Expando-Riss, wie viele zuvor.

Wenn du dort Mist baust, kommst du vielleicht mit einem gebrochenen Bein weg.

Der nächste Teil bestand aus einer nach links ziehenden Rissspur. Dort brauchte man wahrscheinlich Copperheads und Birdbeaks.

Dort musst du vorsichtig sein.

Ich schätzte die Konsequenzen eines Sturzes ab. Vielleicht überlebte ich, aber ich würde mit Sicherheit auf den Absatz fallen. Vielleicht war es sogar besser, sofort zu sterben.

Du willst nicht zerschmettert daliegen, nur halb bei Bewusstsein, und Mitleid mit dir selbst haben.

Zumindest war ich nahe am Gipfel, es gab also die Möglichkeit einer Rettung.

Nur wenn dich jemand fallen sieht.

Die eigentliche Schlüsselstelle war eine zerbrechliche Schuppe, die man auf Hooks queren musste. Es gab keine Sicherungen, die einen

Sturz gehalten hätten. Jeder Fehler war das Ende: ein Sechzig-Meter-Sturz auf ein Band.

Das sind nur Fakten.

Es war seltsam und unerwartet, aber ich empfand keine Bedrückung, keine Angst, keine Gefühle. Ein Strom aus klarem Wasser floss durch mich. Alles, was ich je getan hatte, führte mich zu diesem Punkt. Ich war bereit.

Ich leerte alle Wasserflaschen, die übrig waren, aus. Zusammen mit denen, die schon leer waren, legte ich sie in den Haulbag, den ich so zu einem notdürftigen Crashpad umfunktionierte. Er konnte einen möglichen Sturz abdämpfen. Der Trick bestand darin, die Deckel nur halb aufzuschrauben. So ging die Luft weder zu schnell noch zu langsam heraus, ich wäre weder auf den Fels geschlagen noch in den Abgrund katapultiert worden.

Das Portaledge hängte ich unter den ersten Teil der Seillänge. Es nahm mir so etwas die Angst vor dem Fels, der darunter war. Vielleicht taugte es sogar so viel, dass es einen Knochenbruch in eine Verstauchung verwandelte.

Als Letztes leerte ich das Wasser aus dem Wassersack, den ich in einem kleinen Rucksack auf dem Rücken trug. Ich füllte ihn mit Luft. Ich wusste, dass ich zu beschäftigt sein würde, um ans Trinken zu denken. So war ich ein wenig leichter. Der aufgeblasene Sack könnte meine Wirbelsäule schützen.

Es ist alles eine Illusion.

Dann legte ich das Material aus: Klemmgeräte, Keile, Haken und Hooks. Jedes Teil prüfte ich auf Beschädigungen, bevor ich es an den Gurt hängte. Wir hatten viel gemeinsam: Wir waren müde, hatten schwere Gebrauchsspuren, tausend Kratzer und Wunden von tausend Placements. Wir waren älter geworden. Meine Hände waren immer noch geschwollen, aber der Schmerz fühlte sich jetzt gut an. Sie fühlten sich an wie Hände von jemandem, der fühlen konnte.

So oder so wirst du bald lange Zeit zum Ausruhen haben.

Ich hängte meinen Hammer an den Gurt. Der kantige Kopf war durch die Benützung rundlich geworden, der Hickorystiel war vom Schweiß getränkt. Ich dachte daran, wie er vor vielen Jahren mit der Post angekommen war, neu, glänzend, ein unbeschriebenes Blatt. Jetzt erzählte jeder Kratzer, jede Schramme, jede Delle eine Geschichte. Wir hatten lange Reisen zusammen unternommen. Jetzt waren wir froh, hier zu sein.

Ich nahm die Seile auf. Früher war es eine verhasste Aufgabe gewesen, inzwischen machte ich es gerne: eine Therapie für Hände und Seil. Zuerst das Sicherungsseil, dann das Nachziehseil. Beim Durchziehen prüfte ich mit den Fingern, ob es Beschädigungen gab.

Ich setzte den Helm auf. Als ich einstieg, war er neu gewesen, jetzt war er zerkratzt und geschunden. Die Aufkleber der Sponsoren flatterten wie abgelöste alte Haut daran; sie waren nicht mehr wichtig. Als Letztes schlüpfte ich mit nackten Füßen in die Schuhe. Zuerst links, dann rechts, wie immer. Beim Binden der Senkel dachte ich daran, wie schwierig es mir als Kind gefallen war, diesen Knoten zu lernen. Genauso schwierig, wie die Uhrzeit abzulesen, zu lesen, zu schreiben. Ich wünschte, ich hätte die Zeit zurückdrehen und mich selbst umarmen und trösten können, um mir das Gefühl des Versagens zu nehmen und mir zuzuflüstern, dass all das eines Tages keine Rolle mehr spielen würde, dass eines Tages das Leben wundervoller sein würde, als ich es mir vorstellen konnte.

Es war neun Uhr morgens. Ein schöner, kühler Morgen. Rein und glänzend streckte sich der Schnee über den Horizont der Sierra aus. Es war still. Es hatte noch nie so einen perfekten Moment gegeben.

Ich stieg ein.

Ein Lost Arrow.

Ein Skyhook.

Ein kleiner Friend.

Das Klettern ging automatisch. Es gab keine Emotionen, keine Angst, keine Zweifel. Es gab nur die richtige Wahl.

Ein Messerhaken.

Ein Cam Hook.

Ein Messerhaken.

Die Stunden vergingen langsamer als die Meter, aber das war nicht von Belang. Ich kann nur so gut klettern, wie ich es kann.

Ein Birdbeak.

Ein Birdbeak.

Ein Copperhead.

Ich befühle mit den Fingern die Spuren der Hakenlöcher, um zu beurteilen, was einst dort steckte und was jetzt am besten passen könnte. Ich wippe so stark wie möglich am Material, um die Haltekraft zu testen. Ich schaue nicht hinunter auf den Ort, wo ich aufschlagen könnte. Ich werde nicht stürzen.

Ein Copperhead.

Ein Copperhead.

Ein Birdbeak.

Ich steige an Hooks hoch auf eine große, bröselige Schuppe. Sie ist instabil, schwach, wartet darauf, jemanden zu töten. Das hatte man mir erzählt. Ich musste daraufsteigen, wie auf ein wildes Tier. Ich legte meine Hand darauf und streichelte sie ruhig. Sie verstand. Ich setzte meine Hooks und stieg langsam höher. Sie ließ es zu.

Ein Hook.

Ein Hook.

Ein kleiner Hook.

Die Schuppe hört auf.

Danke dir.

Ich hänge für einen Moment und warte, dass sich die zitternde Nadel des Angstometers wieder beruhigt. Ich atme langsam, mache mir bewusst, dass es keinen Grund zur Eile gibt.

Behalte diesen Moment für immer.

Ich fühle mich friedlich. So hatte ich es nicht erwartet. Irgendetwas in mir hat sich verändert. Ich bin ganz ruhig.

Ich genieße es.

Ich schaue hinunter und staune über meine Position. Gegen die Ausgesetztheit bin ich jetzt immun. Ich versuche, alle Eindrücke aufzusaugen und festzuhalten. Ich werde nie wieder hier sein. Ich bemerke zwei Gestalten, die einige hundert Meter seitlich von mir auf dem El Cap stehen. Es fühlt sich komisch an, nach so langer Zeit, die ich alleine war, beobachtet zu werden. Dann beginnt einer von ihnen zu rufen: «Psycho! Psycho! Psycho!» Die Worte gleiten durch den weiten Raum zwischen uns. Sie erzählen mir, dass die Leute an mich denken. Ich winke zurück.

Zu meiner Linken kann ich einen Riss sehen. Ich weiß: Wenn ich ihn erreicht habe, kann mir nichts mehr passieren. Dort ist es vorbei. Ich werde überleben. Zwischen mir und dieser Rettung liegt ein Stück blanker Fels, dessen Oberfläche von einem Mosaik etwa tellergroßer, abgelöster Schuppen überzogen ist. Es scheint so, als könne man sie mit den Fingernägeln ablösen. So wie auch ich halten sie sich wie durch ein Wunder an der Wand. Ich schaue sie mit großen Augen an. Eine von ihnen muss ich hooken. Genau jene, die mich halten kann. Nimm die richtige, dann hast du's. Es gibt kein Zögern, nur Denken. Ich stelle mir vor, was die anderen gedacht haben. Ich nehme die Schuppe, die am stabilsten aussieht. Dann setze ich meinen Hook, steige in die Leitern, verlagere das Gewicht.

Sie hält mich.

Sie hat eigentlich keinen Grund, es zu tun.

Diese Schuppe ist eine Zeitbombe, aber ich habe schon die nächste Sicherung in der Hand, bin fertig, sie in den Riss zu feuern.

Ich steige höher, strecke meinen Arm aus, der Friend ist schon bereit, gelegt zu werden.

Einst standen achttausend Kilometer zwischen mir und der Zukunft. Dann neunhundert Meter. Jetzt sind es nur noch Zentimeter, ja Millimeter.

Ich ziehe den Steg mit den Drähten des Friends. Wenn ich ihn loslasse, werden die Backen aufgehen, und er wird sicher im Riss sitzen. Das wird es sein. Aber anstatt den Steg loszulassen, halte ich ihn fest. Ich bin nicht mehr länger an diese Welt gebunden.

Ich genieße die atemberaubende Leere um mich herum. Ich genieße es, so viele Male gewählt haben zu dürfen, bis ich es hierhergeschafft habe. Alles, was ich je getan habe, das Gute und Schlechte, alles, was ich wollte, jede Erfahrung führte mich zu diesem Moment.

Diesen einzigen Moment.

Ich lasse den Steg los.

Ich lag im Schmutz, die Schuhe ausgezogen. Es war fast dunkel. Eine kühle Brise nahm meinen üblen Geruch mit und ersetzte ihn durch den Duft der Kieferbüsche um mich herum. Nach so langer Zeit wollte ich jemanden haben, dem ich erzählen konnte, wo ich gewesen war, was ich gemacht hatte. Es war nicht Egoismus oder Angeberei, sondern der Beweis, dass es kein Traum war. Aber es gab niemanden, der zuhören konnte. Es wurde mir bewusst, dass ich noch nie so lange allein gewesen war, seit ich den Bauch meiner Mutter verlassen hatte.

Ich fragte mich, ob es gut war, zu weinen. Es schien, als wäre es das Richtige.

Sei nicht so sentimental.

Man kann auch vor Freude weinen.

Ich sah auf den Haufen aus Kletterzeug und Seilen neben mir. Mein Helm, meine Schuhe, mein Gurt. Da war der Klemmkeil, den mir mein Vater gegeben hatte. Ich fragte mich, was er jetzt sagen würde. Überhaupt, was würde jemand sagen, der mich hier sah?

Ich hatte Mitleid mit meinen Haken, Hooks und den Klemmgeräten. Sie waren so lange Lebensretter gewesen. Jetzt waren sie wieder wertlos, einfach nur schwere Dinge, die ich nach unten tragen musste. Es schien angemessen, ihnen zu danken, wie auch meinen Seilen, den Haulbags und meinem Körper. Ich sagte zu allen Danke.

Dann nahm ich Ellas Spielzeugeisenbahn heraus und hielt sie gegen den Himmel. Ich küsste sie.

Die Schlüsselseillänge hatte nicht mehr als vier Stunden gebraucht. Wie im Rausch. Den Stand zu klippen war kein besonderer Moment gewesen, ich war ja bereits außerhalb der Gefahrenzone. Als es vorbei war, beeilte ich mich, die letzte Seillänge zu klettern, einen Riss durch ein Dach. Ich hätte wissen sollen, dass er mich nicht einfach so durchlassen würde. Er überraschte mich, narrte mich, spielte mir Tricks vor und machte mir Angst. Er frustrierte und ärgerte mich. Warum machte er mir das Leben jetzt noch so schwer, hatte ich nicht genug gelitten? Wusste er nicht, wer ich war, was ich geleistet hatte, um hierher zu gelangen? Ich war zu müde, um zu verstehen, dass es ein Teil des großen Plans war, den die Wand ausführte.

Es war die letzte Stunde im Unterricht, den sie mir erteilte.

Ich erreichte das Dach. Ein Riss mit alten Haken, von meinen Helden geschlagen: Royal Robbins, Warren Harding, Charlie Porter und vielen anderen. Als ich mich von einem zum anderen hangelte, wurde mir klar, wie sie sich gefühlt haben mussten, als sie hier vorbeikamen. Viele Routen kamen hier zusammen. Ich sah hinunter zu den winzigen Bäumen, die nun fast einen Kilometer unter mir waren. Die Höhe erzeugte Schwindel, ängstliches Zittern. Manche denken, jemand, der eine Route wie diese im Alleingang gemacht hat, sei ein Held. Doch das Einzige, was eine Wand dich spüren lässt, ist das Gefühl, sterblich zu sein.

Ich hatte einen der schwierigsten Bigwalls der Erde im Alleingang gemacht. Aber wie auch meine Vorgänger fühlte ich mich demütig und verändert. Ich hatte meine Antwort.

Ich zog mich über das Dach und erreichte einen kleinen Absatz. Die Wand legte sich jetzt zurück, der Gipfel war sehr nahe. Die Gerüche änderten sich, vom herben Gestank zum einfachen Aroma von Erde, Bäumen und Leben.

Ich küsste den Fels ein letztes Mal und kletterte über einfaches Gelände zum Gipfel.

Nun lag ich auf dem Boden. Ich schloss meine Augen und lauschte. Die Welt um mich herum hörte sich schöner an als jemals zuvor. Es gab nur Stille, in mir und ohne mich. Ich war wie ein Junkie, mit Armen voll von Heroin, nicht mehr an den nächsten Schuss denkend.

Ich hatte mich selbst überwunden.

Ich lag lange Zeit so, genoss den neu entdeckten Raum, die Abwesenheit der saugenden Tiefe.

Ich kann nicht mehr stürzen, ich muss die Welt nicht mehr verlassen.

Schließlich wusste ich, dass es Zeit war zu gehen. Ich packte einen Haulbag, den anderen ließ ich liegen, um ihn später abzuholen. Dann lief ich vom Gipfel hinunter, immer nahe an der Kante zum Abgrund, hin zu den Abseilstellen, die mich wieder an den Fuß der Wand bringen würden.

Meine Beine bogen sich unter der Last, fühlten sich schwach. Mein Körper war viel dünner geworden, seit ich vor fast zwei Wochen eingestiegen war. Die Stirnlampe führte mich entlang der steilen

Platten. Auf einmal war ich sehr müde. Ich saß hin und versuchte, mich ein wenig auszuruhen. Dann hörte ich etwas. Etwas so Schönes, dass man es kaum beschreiben kann. Stimmen.

Einen Moment erschrak ich, weil ich dachte, ich würde mir alles nur einbilden, wie so oft zuvor. Dann folgte ich den Lauten, die nun deutlicher wurden. Da war auch Lachen zu hören. Ich fühlte mich, als müsste ich weinen. Ich stolperte den Pfad hinunter und traf auf zwei Männer, die in Schlafsäcken hinter einem Felsblock saßen. Wir waren Fremde, aber doch gleichzeitig Reisegefährten. Sie lächelten mir zu. Ich lächelte zurück. Wir waren gleich.

«Hallo! Macht es euch etwas aus, wenn ich bei euch übernachte?»

Es war schon lange her, dass ich zu jemand außer zu mir selbst gesprochen hatte.

«Klar doch – hol dir einen Stein zum Sitzen», sagten sie und ließen einen zerkratzten CD-Spieler laufen. Neue, unbekannte Musik war zu hören.

Sie schwiegen, einer drehte einen dicken Joint, den er als Erstes mir anbot. «Nein, danke», sagte ich.

«Warum nicht?»

«Rauchen schadet der Gesundheit», sagte ich. Wir lachten.

«Wo kommst du gerade her?», fragte einer von den beiden. Er zog eine Dose mit Bier heraus und wickelte sie in ihre letzten Feuchtetücher ein, um sie zu kühlen.

«Die Reticent.»

Keiner sagte ein Wort.

«Wie war es?», fragte der mit der Bierdose. Er öffnete sie.

«Nicht schlecht», sagte ich. Sie konnte schließlich nicht schlecht sein, ich war sie geklettert.

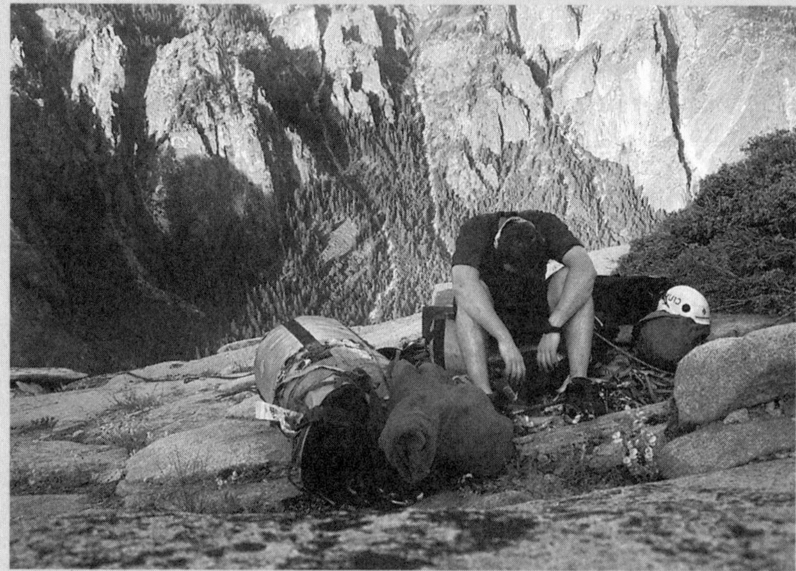

Auf dem Gipfel: «Ich dachte über die Route nach. Sie war gar nicht so schwer gewesen. Ich spürte, wie etwas mich stach – die Enttäuschung. Gab es noch eine schwierigere Route? Was konnte als Nächstes kommen?»
(Foto Ian Parnell)

Unten

Wir wachten auf und sprachen. Wir hatten keine Eile. Es hatte so viel Mühe gekostet, diesen Platz zu erreichen, warum so schnell wieder gehen? Wir hatten viel gemeinsam. Wir sprachen über Musik, über Drogen, über Frauen. Über das Klettern sprachen wir nicht.

Dann wussten wir, dass es Zeit war, zu gehen. Der Abstieg war lang und anstrengend, insbesondere mit den schweren Haulbags. Wenn wir es vor der Dunkelheit nach unten schaffen wollten, mussten wir aufbrechen.

Ich kannte den Abstieg von allen Routen, die ich zuvor am El Cap geklettert war. Die Bäume grüßten mich wie alte Bekannte und die Felsen, als ich auf ihnen herunterrutschte. Die Abseilstellen bereiteten Sorge, wie immer, denn die Haulbags zogen schwer am Gurt. Schließlich blieb nur noch der lange, staubige Weg zum Parkplatz.

Als wir durch den Wald stolperten, schwatzend, um nicht an die schmerzenden Knie zu denken, und immer mit Abstand vor dem Geruch der anderen, da kam mir der Gedanke, wie normal dieses Leben war. Alles war wie zuvor. Ich hatte nichts gemacht. Ich hatte mich dort oben nicht verändert. Oder wenn ich mich verändert hatte, dann war ich schnell wieder zu dem geworden, der ich gewesen war. Ich dachte über die Route nach. Sie war gar nicht so schwer gewesen. Zwei Jahre Erfahrung und viele andere Routen hatten sie leichter werden lassen. Ich spürte, wie etwas mich stach – die Enttäuschung. Gab es noch eine schwierigere Route? Was konnte als Nächstes kommen?

Schließlich traten wir zwischen den Bäumen hinaus ins Freie, auf den Parkplatz. Wir ließen die Säcke fallen, setzten uns auf sie und versuchten, unsere schmerzenden, schweißgetränkten Rücken zu dehnen. Nie wieder.

Ich blickte nach oben und sah zwischen den Bäumen eine alte Bekannte. Ich stand auf und lief ihr entgegen, bis sie den Himmel über mir füllte. Es war die Dawn Wall am El Cap. Obwohl ich sie schon so oft gesehen hatte, waren ihre Größe und Schönheit genauso beeindruckend wie eh und je. Ich ließ meinen Blick der Reticent Wall entlang nach oben gleiten.

Wie hast du das bloß geschafft?

Die anderen kamen zu mir, wir standen zusammen und staunten.

Glossar

Aid Climbing: Technisches Klettern. Dabei hält der Kletterer sich nicht an Griffen fest (Freikletterei), sondern befestigt sich an einem Sicherungspunkt (Haken, Keil, Friend usw.), von dem aus er in den Trittleitern hochsteigt und die nächste Sicherung anbringt. In schwierigen Aid-Routen sind die Sicherungen kompliziert anzubringen und halten gerade das Körpergewicht. Die Gefahr liegt in weiten Stürzen.

Alien: Klemmgerät amerikanischer Produktion, das in schmale Risse passt.

Belay: Standplatz. Von hier aus wird der Vorsteigende oder der Nachsteigende gesichert.

Belay Seat: Holzbrett zum Sitzen. Wird beim Sichern benötigt. Ein Belay Seat ist in Routen nötig, in denen es keine natürlichen Absätze zum Stehen gibt und man lange sichern muss.

Birdbeak: Schnabelförmiger dünner Haken für sehr schmale Risse.

Booty: Von Kletterern aus Versehen fallen gelassenes Klettermaterial, das zum begehrten Fundstück wird.

Bouldern: Klettern ohne Seil in Absprunghöhe.

Cam: Klemmgerät, das durch sich verspreizende Metallbacken in Rissen hält.

Camelot: Marke eines Klemmgerätes mit zwei Achsen, das aufgrund seiner Robustheit und der großen Abdeckungsbreite viel verwendet wird.

Cheaterstick: Stab oder Zeltstange, die zum Einhängen von Sicherungen verwendet wird, die sonst außer Reichweite liegen. Cheatersticks gelten bei vielen Kletterern als Betrug, weil dadurch schwierige Kletterstellen übersprungen werden.

Klemmkeil: Klemmgerät, das aus einem Aluminiumblock besteht, der in einem Riss verklemmt wird. An einem Kabel können Karabiner und Seil befestigt werden.

Cleanen: Herausnehmen und Einsammeln von Sicherungen beim Nachstieg.

Copperhead: Kupferstück mit Kabel, das in seichte Risse gehämmert wird, in die kein Cam oder Klemmkeil passt. Das Kupfer- oder Aluminiumstück passt sich dem Fels an. Copperheads halten meist nur Körpergewichte, aber keine Stürze. Zum Anbringen wird oft ein Meissel verwendet.

Crashpad: Matte zum gefahrlosen Abspringen beim Bouldern.

Crux: Schlüsselstelle einer Route.

Daisy Chain: Schlinge zur Selbstsicherung. Daisychains haben viele Schlaufen, damit man sich in der jeweils gewünschten Entfernung zum Sicherungspunkt einhängen kann.

Deadhead: Beim Cleanen kaputt gegangener Copperhead, bei dem das Kupferstück im Fels geblieben, aber das Kabel gerissen ist. Deadheads stören, da sie die Stelle für einen neuen Copperhead blockieren. Sie sind oft schwierig zu entfernen.

Expando: Am Fels klebende Schuppe, die nicht ganz fest ist. Beim Einschlagen von Haken weitet sich der Riss auf. Expandoschuppen können gefährlich sein, da bei falscher Handhabung oder bei Stürzen die Schuppe abbrechen und das Seil oder den Sicherungsmann verletzen kann.

Flake: Felsschuppe.

Friend: Siehe Cam.

Gritstone: Berühmtes Klettergebiet aus kristallinem Sandstein im Peak District in Mittelengland. Haken sind zur Sicherung nicht erlaubt, nur Friends und Keile.

Haulen, Haulbag, Haulseil: Den Nachziehsack mittels Flaschenzügen nach oben ziehen. Um Seildehnung zu vermeiden, werden Statikseile verwendet. Der Haulbag ist aus robustem Material, da er sonst durch die Reibung am Fels schnell kaputt gehen würde.

Hook: Kleiner, gebogener Metallhaken, der allein durch Aufsetzen auf einem Absatz hält. Psychisch anspruchsvolle, nicht absicherbare Fortbewegungsart.

Hookmoves: Fortbewegungszüge an Hooks.

Jümars, jümarn: Seilklemmen, mit deren Hilfe man an Fixseilen aufsteigen kann. Jümars lassen das Seil nur in eine Richtung durchlaufen, klemmen in der anderen.

Knifeblade: Messerhaken.

Leeper: Hooks, die nach ihrem Erfinder, dem Raketenkonstrukteur Leeper, benannt sind.

Lost Arrow: Dicker, stabiler Stahlhaken.

Manteln: sich auf einen Absatz hochstemmen.

Mixedgelände: Verschneiter und vereister Fels. Der Kletterer hat Steigeisen und Eisgeräte bei sich, muss sowohl Fels- als auch Eisklettern beherrschen.

Piazen: Auf Gegendruck an einem Riss hochklettern. Dabei werden nur die Risskanten benutzt, aber nicht die Hände im Riss verklemmt. Benannt nach dem italienischen Bergsteiger Giovanni Battista Piaz.

Placement: Sicherungspunkt beim Aid-Klettern. Ein Placement kann aus einem Haken, einem Keil, einem Cam, einem Hook usw. bestehen.

Portaledge: Aufhängbares Bett zum Übernachten in senkrechten Wänden, das aus einem Rahmen von Aluminiumrohren und Stoff besteht. Portaledges werden zum Transport zerlegt. Bei Schlechtwetter lässt sich ein Zelt (Fly) darüberziehen.

Rivet: In ein kurzes Bohrloch gehämmerte Schrauben oder Nieten zum Aid-Klettern. Sie halten das Körpergewicht, in der Regel aber keinen Sturz. Rivets werden dort eingesetzt, wo es keine natürlichen Felsstrukturen wie Risse hat.

Ripper-Schlinge: Zusammengenähte Expressschlinge, die sich bei Sturzbelastung verlängert und so den Fallstoß auf den Sicherungspunkt reduziert. Auch Screamer genannt, da die Schlinge beim Aufreißen ein lautes Geräusch macht.

Rurp: Kleiner Metallhaken, der die Form einer Briefmarke hat. Er wird in sehr schmale, horizontale Risse gesetzt und hält nur wenig.

Shit Bag, Shit Tube: Papiersack für den Stuhlgang, Aufbewahrungsrohr für Fäkalien. Im Yosemite Valley darf man Fäkalien nicht die Wand herunterfallen lassen, sondern sie müssen mitgeführt werden.

Skyhook: Siehe Hook.

Spindrift: Schneerutsch aus leichtem Pulverschnee, der sich aus einer Wand löst und durch Rinnen nach unten gleitet. Spindrifts bilden sich vor allem nach Neuschnee und bei Wind. Sie behindern durch Sichteinschränkung, Kälte und Atemnot die Kletterer.

Toprope: Sicherung von oben.

Wall Hauler: Umlenkrolle zum Hochziehen von schweren Lasten. Die Rolle hat eine Rücklaufsperre, damit das Seil nur in eine Richtung durchgezogen werden kann.